LA TERRIBLE VÉRITÉ

PIERRE BELLEMARE

Jean-François Nahmias

LA TERRIBLE VÉRITÉ

26 grandes énigmes de l'Histoire enfin résolues

Documentation Francine Vincent

ÉDITIONS FRANCE LOISIRS

Édition du Club France Loisirs,
avec l'autorisation des Éditions Albin Michel.

Éditions France Loisirs,
123, boulevard de Grenelle, Paris.
www.franceloisirs.com

ISBN: 978-2-298-02306-0

Avant-propos

De l'Histoire inventée à la terrible Vérité

Il est déjà très difficile d'être impartial dans notre vie quotidienne, alors face à l'Histoire de France, comment ne pas embellir le destin des personnages que nous aimons et assombrir ou ignorer la vie des autres ?

Au XIXe siècle, c'est Jules Michelet qui va, l'un des premiers, tenter de raconter notre passé avec rigueur. Cependant des zones d'ombres subsistent et, plus particulièrement, celles qui se trouvent liées à l'intimité des grands de ce monde. Dans cet univers, que nous pénétrons par la confidence, toutes les tromperies sont possibles. Il en va ainsi du frère de Louis XIV, de la fille de l'Empereur de toutes les Russies, de la mort de Napoléon Ier ou encore de l'assassin du bon roi Henri.

Notre monde contemporain génère, lui aussi, ses destins imaginaires mais tellement attirants. Des avions disparaissent dans un lieu devenu magique, un prêtre cache un trésor autour de son église, une malédiction s'abat sur les découvreurs d'un trésor. Nous rêvons sur ces aventures dignes des meilleurs romans-feuilletons.

Jean-François Nahmias, historien par passion, est parti à la chasse aux fausses nouvelles et aux informations truquées et cela nous apprend : la terrible Vérité !

Pierre Bellemare

La grande-duchesse Anastasia

L'inconnue de Berlin

Le 17 février 1920, au soir, un agent de police berlinois repêche une désespérée qui s'est jetée dans le canal Landwehr. La jeune fille d'une vingtaine d'années est conduite au poste, où elle refuse de décliner son identité, ne cessant de répéter avec agitation :

– Qui vous a demandé de me sauver ?

Elle parle allemand avec un léger accent russe. Elle est visiblement dans un état dépressif et anxieux. Elle est internée dans l'asile le plus proche, celui de Dalldorf. Là, elle continue à ne pas dire qui elle est, soit qu'elle s'y refuse, soit qu'elle ait été frappée d'amnésie. Le docteur Rudnev, qui l'a prise en charge, décrit avec une grande précision le tableau clinique qui est le sien : « La patiente est consciente du temps et de l'espace. Elle donne une impression d'anxiété. Elle déclare avec insistance qu'elle doit cacher son nom par crainte de persécutions. Il est évident qu'elle est lasse de la vie : elle refuse de manger et doit être alimentée de force. Elle répugne à tout contact avec les étrangers. Elle cherche par tous les moyens à se rendre méconnaissable. Elle va jusqu'à arracher ses dents de devant, malgré la douleur ; elle passe des heures à changer sa coiffure. Cependant, elle est toujours aimable et donne l'impression d'avoir été très bien élevée, parfaitement éduquée. Elle garde toujours ses distances, elle est même parfois hautaine. »

Les mois passent sans que rien ne change dans ce comportement étrange et inquiétant. L'inconnue promène sa silhouette brune et mince dans les couloirs et les jardins de l'hôpital psychiatrique de Dalldorf. Elle n'est pas désagréable à regarder. Elle serait même jolie s'il n'y avait en elle quelque chose de tragique, semblant résulter d'une grande épreuve. Et, brusquement, le 30 octobre 1920, c'est le coup de théâtre.

Elle a fini par se lier avec une autre malade âgée de quarante ans, Marie Peuthert. Celle-ci, intriguée, a essayé de la faire parler avec douceur, mais n'est arrivée à aucun résultat... Les deux femmes sont assises sur un banc du parc. L'inconnue lit une revue et sa compagne la regarde. Soudain, l'incroyable se produit. Alors que, jusqu'ici, elle n'avait pas manifesté le moindre sentiment, elle se met à trembler de tout son corps, et les pages de la revue, qu'elle fixe avec des yeux hagards, s'agitent. Elle bredouille :

– Non, ce n'est pas vrai !

Marie Peuthert se penche sur la revue et voit la photo qui occupe la moitié de la page. Elle se retourne vers la jeune fille en s'écriant à son tour :

– Ce n'est pas vrai !

À cet instant précis commence une des énigmes les plus retentissantes du XXe siècle, qui va passionner le monde pendant plus de soixante-dix ans.

L'article qu'est en train de lire l'inconnue concerne une actualité récente et particulièrement dramatique : l'assassinat du tsar et de toute sa famille par les bolcheviks, dans la nuit du 16 au 17 juillet 1918.

Nicolas II, ex-empereur de toutes les Russies, et les siens sont alors enfermés dans une maison isolée d'Ekaterinbourg, dans l'Oural. Il est minuit et demi. Depuis quelques heures, les rouges sont sur les dents : les blancs encerclent la ville, qui va tomber d'un moment à l'autre. Revolver au poing, le commissaire Yourovski, chef des gardes, fait irruption, à la tête d'une dizaine d'hommes, dans l'appartement des prisonniers. Il lance un ordre :

– Tout le monde en bas !

« En bas », c'est une pièce du sous-sol. Les prisonniers, tremblants de peur, sont au nombre de onze : le tsar, qui porte dans ses bras le tsarévitch, la tsarine, leurs quatre filles : les grandes-duchesses Olga, Tatiana, Marie et Anastasia, la femme de chambre de la tsarine, le médecin de la famille et deux serviteurs. Le commissaire Yourovski s'approche de Nicolas II. Il lève son revolver.

– Je regrette, nous sommes obligés de vous fusiller.

Et il l'abat d'une balle entre les yeux. L'instant d'après, c'est le carnage, la boucherie. Les coups de feu claquent au milieu des cris d'épouvante. Le silence finit pas se faire, à l'exception d'un gémissement, qui s'élève du tas de corps ensanglantés : c'est la grande-duchesse Anastasia, la plus jeune des filles. Les soldats se précipitent et l'achèvent à coups de baïonnettes.

L'horrible besogne se poursuit. Les corps sont entassés dans un camion et emportés dans la forêt. Ils sont déshabillés, dépecés à la scie, brûlés au vitriol et à l'essence, et les restes calcinés sont jetés dans un puits de mine désaffecté. C'est là que les blancs retrouveront peu après des objets appartenant sans discussion aux victimes : les boucles de ceinturon du tsar et du tsarévitch et les six armatures de corsets des six femmes, ainsi que leurs bijoux. Mais les corps eux-mêmes demeurent introuvables...

Marie Peuthert continue à regarder alternativement la photo du journal et l'inconnue. C'est une photo officielle qui représente la famille impériale au temps de sa splendeur. Les quatre grandes-duchesses sont là, rayonnantes. Marie Peuthert pointe le doigt sur la plus jeune et s'écrie à l'adresse de sa compagne :

– Mais Anastasia, c'est vous !

L'inconnue ne répond rien et éclate en sanglots.

Fin mars 1922. Dans un luxueux appartement, un homme d'une cinquantaine d'années, aux allures aristocratiques, s'adresse à la jeune femme avec un profond respect. C'est le baron Kleist, ancien responsable de la police du tsar. Car Marie Peuthert, sortie depuis peu, a annoncé l'incroyable nouvelle et plusieurs émigrés russes de Berlin sont allés à l'asile de Dalldorf. Certains ont affirmé que l'inconnue était Anastasia, d'autres non. La jeune femme, elle, n'a rien dit. Elle n'a répondu à aucune de leurs questions. Elle s'est contentée de pleurer. Le baron Kleist, qui est persuadé qu'il s'agit de la grande-duchesse, a obtenu de l'héberger chez lui. Il l'interroge avec douceur :

– Voyons, qui êtes-vous ? Essayez de vous souvenir.

L'inconnue se tamponne les yeux avec son mouchoir.

– Je ne sais pas… Je ne sais plus…

– Dites-moi seulement votre prénom.

Et c'est le miracle ! La réponse vient, dans un souffle, mais parfaitement intelligible :

– Anastasia.

Le baron a du mal à cacher son émotion, mais il doit garder son calme pour ne pas brusquer la malade.

– Tout va vous revenir… Que s'est-il passé, Votre Altesse ?

La jeune femme tremble des pieds à la tête.

– Il y a eu du bruit, des cris. Je me suis cachée derrière le dos de ma sœur Tatiana et je suis tombée. Par terre, j'ai senti des coups et je me suis évanouie.

Elle s'arrête un instant, sous l'effet de la terreur, et reprend :

– C'est un soldat qui m'a sauvée. Je me suis réveillée chez lui. Il s'appelait Alexandre Tchaïkovski.

Et elle continue son récit entrecoupé de larmes. Elle a fui avec son sauveur à Bucarest. En décembre 1918, elle a eu un enfant de lui et l'a épousé le mois suivant. Mais son mari est mort peu après, abattu mystérieusement dans la rue par des inconnus. Alors elle est venue à Berlin pour se réfugier chez sa tante, Irène de Prusse. Mais elle a eu trop honte de ce qui lui était arrivé et elle s'est jetée dans le canal…

La nouvelle fait le tour du monde ! Deux camps se forment rapidement : l'inconnue de Berlin est-elle, oui ou non, la grande-duchesse Anastasia ? Une question d'autant plus passionnante que Nicolas II aurait déposé dix millions de dollars dans une banque anglaise, une fortune dont Anastasia serait la seule héritière. Les autorités britanniques démentiront pourtant la nouvelle par la suite : le tsar n'a pas laissé un kopeck dans les banques de Sa Majesté...

Quoi qu'il en soit, de toute l'Europe et même d'Amérique, les membres de la famille impériale et les familiers de la cour de Russie viennent voir l'inconnue. La famille du tsar est presque unanime : non, ce n'est pas Anastasia. Seuls la princesse Xénia de Russie et le grand-duc André la reconnaissent comme la fille cadette du tsar. Les familiers, eux, sont partagés. D'un côté, il y a des détails extrêmement troublants. Le docteur Rudnev, médecin du palais, lui demande, croyant la prendre en défaut :

– Que faisiez-vous le jour de la déclaration de guerre ?

La jeune femme a un petit rire :

– Oh, quelle honte ! Ma sœur et moi, nous faisions des bêtises. Nous lancions des boulettes de papier sur les promeneurs.

Une précision qui ne s'invente pas : le docteur Rudnev avait reçu une boulette en passant sous la fenêtre de la grande-duchesse...

Félix Dassel, capitaine des dragons, a été soigné pendant la guerre à l'hôpital de Tsarskoïe Selo où Anastasia et ses sœurs étaient infirmières. Au moment où il rencontre l'inconnue, il est franchement sceptique. Il a préparé toute une série de pièges.

– Vous avez été si bonne avec moi, Altesse. Avec vos sœurs, vous êtes venue tous les jours à mon chevet en compagnie du tsarévitch.

Son interlocutrice l'interrompt doucement :

– Oh, comme vous avez oublié ! Nous ne venions que deux ou trois fois par semaine et mon frère n'était jamais avec nous.

L'ancien capitaine des dragons ne peut que bredouiller :

– C'est parfaitement exact !

La conversation reprend et, un peu plus tard, Félix Dassel lance son second piège :

– Vous vous souvenez du billard qu'on nous avait installé au premier étage ?

Nouvelle interruption, de la même petite voix :

– Voyons, il était au rez-de-chaussée. Vous n'avez décidément aucune mémoire !

Et la conversation de la jeune femme avec Félix Dassel contient d'autres détails tout aussi précis et véridiques, qui sont reproduits par toute la presse… Alors, l'inconnue de Berlin est-elle la grande-duchesse Anastasia ? Eh bien, rien n'est moins sûr car, avec d'autres visiteurs, le résultat est totalement inverse.

Elle ne reconnaît pas sa demoiselle d'honneur. Et l'entrevue avec Pierre Gilliard, le précepteur français de la famille impériale, est catastrophique. Il est, de toutes les personnes vivantes, celui qui a le mieux connu Anastasia. Il a partagé son existence pendant treize ans. Et, bien qu'il ait été chargé de l'éducation de tous les enfants princiers, c'est avec elle qu'il était le plus lié. C'est la raison pour laquelle la grande-duchesse Olga, sœur du tsar, a insisté pour qu'il aille la voir en Allemagne :

– Et si par hasard c'était vraiment la petite ? Ce serait un tel péché de la laisser seule dans la misère ! Je vous en prie, partez vite !

L'ancien précepteur s'est exécuté. Lorsqu'il arrive devant elle, au début de l'été 1925, elle n'a pas la moindre réaction, lui ne la reconnaît pas non plus. Il s'adresse à elle en français, comme il avait l'habitude de le faire, elle ne répond pas. Il emploie alors le russe, puis l'anglais, sans avoir davantage de succès. Ce n'est que lorsqu'il parle allemand qu'elle répond enfin… Car il faut préciser que, depuis le début, la jeune femme n'a pas prononcé un mot de russe. Elle le comprend, c'est évident. Mais elle s'exprime toujours en allemand. Et cela, Pierre Gilliard le sait, c'est impossible ! Il le dit à son interlocutrice, qui s'indigne :

– Vous savez bien que j'ai appris l'allemand à la cour !

– Oui, la grande-duchesse Anastasia a effectivement appris l'allemand mais, pardonnez-moi l'expression, elle était nulle ! Elle n'a jamais été capable de dire une phrase correctement.

L'accusation de l'ancien précepteur est terrible. Car, d'après ses propres aveux, celle qui prétend être Anastasia est arrivée à Berlin juste quelques mois avant sa tentative de suicide. Que le choc psychologique lui ait fait oublier le français et même le russe, cela peut à la rigueur s'admettre, mais qu'elle ait appris l'allemand aussi vite, c'est tout bonnement impossible !

Toujours est-il que l'inconnue de Berlin, ou Mme Tchaïkovski née Anastasia de Russie, selon les thèses, a désormais des partisans et des adversaires dans le monde entier. Au cours d'un voyage aux États-Unis, elle prend le nom d'Anna Anderson, bien décidée à entamer procès sur procès pour se faire reconnaître comme la fille du tsar.

Le temps passe, les événements se succèdent et vont contrarier le parcours judiciaire de l'affaire. Un premier procès a lieu en 1938, à l'issue duquel Anna Anderson est déboutée. Elle fait appel, mais en raison de la guerre, il faut attendre 1957 pour que le deuxième jugement ait lieu, à Hambourg, avec un verdict tout aussi négatif. Un troisième procès a lieu en 1967, toujours à Hambourg, qui se solde par un résultat identique. Enfin, un quatrième et dernier procès se déroule, en 1970, devant la Cour de cassation de Karlsruhe, la plus haute juridiction allemande. Celle-ci confirme les jugements précédents : Anna Anderson n'est pas la grande-duchesse Anastasia.

Dans les attendus de son verdict, la cour expose longuement ses raisons. La première est que la plus jeune fille du tsar n'a pas pu survivre au massacre.

Comment imaginer, en effet, qu'elle ait pu en réchapper, alors que les corps des victimes ont été dévêtus, dépecés à la scie, et brûlés à l'acide sulfurique et à l'essence ? Comment Tchaïkovski aurait-il pu l'emmener avec lui, au milieu des dizaines de soldats bolcheviks qui l'entouraient ? Et il faut rappeler que ce sont bien six armatures de corsets qui ont été retrouvées dans le puits de mine, six, comme les six femmes qui ont été fusillées : la tsarine, ses quatre filles et sa femme de chambre.

En admettant même que ce soit possible, Anastasia, qui n'aurait pas été tuée sur le coup par la fusillade, a été frappée à coups de baïonnettes. Si ceux-ci n'ont pas été mortels, ils ont fatalement dû laisser des marques sur son corps, tout comme les balles. Or les examens médicaux qui ont été pratiqués sur Anna Anderson n'ont décelé qu'une cicatrice au majeur de la main gauche et une autre à l'oreille droite.

Quant à cette histoire romanesque du soldat Tchaïkovski, elle ne tient pas debout. Nulle part il n'a été trouvé de trace de ce couple soi-disant arrivé à Bucarest fin 1918, ni de ce fils né en décembre de la même année, cinq mois seulement, soit dit en passant, après leur rencontre. Pas le moindre indice non plus du meurtre de Tchaïkovski, abattu en pleine rue par de mystérieux inconnus.

Tout cela sans parler des déclarations du précepteur Pierre Gilliard : il était impossible à Anastasia d'apprendre l'allemand en quelques mois. Ni de l'expertise pratiquée par un professeur suisse sur les oreilles de l'inconnue de Berlin, oreilles qui sont alors, après les empreintes digitales, le meilleur moyen d'identification. Il n'en existe pratiquement pas deux paires identiques. Le résultat a été formel : Anna Anderson ne peut être Anastasia. Même chose pour l'âge. D'après les médecins, l'inconnue doit avoir cinq à dix ans de plus que la grande-duchesse, etc.

Telles sont les conclusions auxquelles est parvenue la cour de Karlsruhe. Si elles sont tout à fait convaincantes, elles ne présentent pourtant pas un degré de certitude absolue. Or, vingt ans plus tard, la disparition de l'URSS et la découverte des empreintes génétiques vont résoudre cette énigme.

Ce n'est pas un hasard si les blancs n'ont trouvé, en arrivant à Ekaterinbourg, que les vêtements et les objets personnels de la famille impériale dans le puits de mine. Les bolcheviks, craignant précisément qu'on les retrouve, étaient revenus sur les lieux, avaient déplacé les cadavres à une dizaine de kilomètres de là.

Ils avaient voulu les faire disparaître entièrement par le feu. Ils avaient mené l'opération à bien pour deux d'entre eux, mais n'ayant pas le temps de le faire pour les neuf autres corps, ils avaient creusé une fosse, les avaient jetés à l'intérieur et arrosés d'acide sulfurique. La fosse avait été recouverte de madriers et de branchages, puis soigneusement refermée, ne laissant plus aucune trace...

Pendant plus de soixante-dix ans, l'endroit est resté inconnu, mais après l'effondrement du régime soviétique, les acteurs du drame ont parlé. C'est ainsi qu'en juillet 1991 les nouvelles autorités exhument les restes impériaux... Neuf squelettes sont bien dans la fosse. Leur bon état de conservation est, selon les scientifiques, paradoxalement dû à l'acide sulfurique, qui a empêché la prolifération des bactéries et des champignons ; sans quoi, après un aussi long délai, les os auraient vraisemblablement été réduits en poudre.

L'identification des victimes est longue, mais finit par aboutir, grâce à la comparaison des photos et des crânes. Étaient bien présents dans la fosse, outre le médecin de la famille et les trois domestiques, Nicolas II, la tsarine et trois de leurs filles, Olga, Tatiana et Anastasia. Manquaient les corps du tsarévitch et de la grande-duchesse Marie, que les bolcheviks avaient détruits par le feu...

La génétique confirme ces résultats. Le 15 septembre 1992, les ossements sont confiés à un laboratoire dépendant du ministère britannique de l'Intérieur. Le plus proche parent de la famille impériale n'est autre que le prince Philip, époux de la reine Élisabeth II, dont la grand-mère était la sœur de la tsarine. En comparant son ADN avec celui de cette dernière, on l'identifie comme telle, ainsi que ses trois filles. Quant à Nicolas II, il est identifié, de son côté, grâce à un petit-neveu vivant à Londres.

Cette fois, l'affaire est donc résolue avec toute l'autorité que peut conférer la science : la grande-duchesse Anastasia n'a pas survécu de manière miraculeuse à la tuerie d'Ekaterinbourg, elle a subi le même sort que le reste de sa famille et elle est aujourd'hui officiellement enterrée dans la forteresse Pierre-et-Paul de Saint-Pétersbourg, avec les siens.

Pourtant si telle est sans discussion possible la vérité historique, cela ne résout pas tous les mystères du dossier.

Que deux des membres de la famille impériale l'aient reconnue comme Anastasia ne prouve rien. La princesse Xénia de Russie avait quitté son pays pour les États-Unis en 1914, à l'âge de dix ans, et le grand-duc René, fervent adepte du spiritisme, ne peut pas être considéré comme un témoin sérieux. Mais il reste les précisions ahurissantes qu'elle a données aux uns et aux autres : les boulettes lancées des fenêtres du palais le jour de la déclaration de guerre, le billard au premier étage de l'hôpital de Tsarskoïe Selo. Détails qui ne s'inventent pas !

Non, mais cela s'écoute et cela peut se retenir. Tous ces exilés russes, ces déracinés en proie à la nostalgie, de quoi parlaient-ils quand ils se retrouvaient ? Du pays évidemment, de la vie d'avant. Ils égrenaient leurs souvenirs. Et, à partir de 1922, Anna Anderson a vécu constamment parmi eux. Ces précisions ont été entendues de la bouche de quelqu'un d'autre, qui se sera peut-être épanché un soir d'ivresse et qui n'aura conservé aucun souvenir d'en avoir parlé devant elle...

Voilà pour le mystère Anastasia. Mais le mystère de l'inconnue de Berlin demeure. Car si elle n'était pas la grande-duchesse, elle avait forcément une autre identité. Eh bien – et c'est peut-être là un des côtés les plus remarquables de ce dossier –, on la connaît aujourd'hui avec certitude !

Le mérite en revient à un homme seul, un détective allemand, Martin Knopf, qui a découvert, à force de patience, la vérité. Agissant pour le compte du grand-duc de Hesse, un descendant des Romanov, il a commencé son enquête courant 1928. Et, en examinant une par une toutes les disparitions survenues à Berlin au début de l'année 1920, il a découvert le nom de l'inconnue. Un nom beaucoup moins prestigieux et beaucoup plus difficile à prononcer que celui de la fille du tsar : Franziska Schanzkowska, une ouvrière polonaise.

Tout concorde : l'âge présumé, la disparition l'avant-veille de la tentative de suicide dans le canal... À cette époque, Franziska Schanzkowska demeurait à Berlin, chez une certaine Mme Wingender. Elle a quitté son domicile le 15 février 1920. Ce jour-là, selon sa logeuse, elle portait « des souliers montants noirs à lacets, une jupe de laine noire et avait jeté sur ses épaules un grand châle noir ». Or tel était précisément l'habillement de la jeune femme repêchée dans le canal Landwehr.

Par la suite, Martin Knopf a retrouvé la mère et les deux sœurs de Franziska, qui habitaient la partie allemande de la Pologne. Elles ont reconnu sa photo et elles ont longuement parlé de Franziska... Franziska, qui avait été internée à deux reprises pour tentative de suicide, Franziska, qui s'était coupé profondément le majeur de la main gauche en faisant la vaisselle et qui avait été blessée à l'oreille droite, alors qu'elle travaillait dans une fabrique de grenades pendant la guerre, Franziska, qui, comme le plupart des Polonais, comprenait le russe sans pouvoir le parler.

Il n'y a pas eu de confrontation entre la famille Schanzkowska et l'inconnue de Berlin. Mais une amie d'enfance de Franziska, Rose Wingender, a pu la voir. En la voyant entrer dans sa chambre, la jeune femme s'est brusquement agitée et, elle qui parlait toujours d'une voix douce, s'est soudain mise à crier :

– Débarrassez-moi de ça !

C'était sans appel. Mais, tout comme pour la grande-duchesse Anastasia, ce sont les empreintes génétiques qui ont apporté une totale certitude.

Franziska Schanzkowska, devenue par la suite Anna Manahan, est morte à Charlottesville, aux États-Unis, le 12 février 1984. Or elle avait été opérée peu avant des intestins et l'hôpital avait conservé une partie de ses viscères. Ceux-ci ont été comparés avec l'ADN d'un lointain cousin de Franziska vivant aux États-Unis : l'empreinte génétique était la même.

Si tous les mystères matériels sont résolus, il en reste un. Le plus passionnant, peut-être : le mystère psychologique. Car le plus étonnant est que Franziska Schanzkowska n'est pas un imposteur. Comme tous les pseudo-Louis XVII, ou d'autres pseudo-Anastasia – car il y en a eu –, elle n'est pas arrivée un jour en affirmant : « Je suis Anastasia. » Au contraire, pendant des mois, alors qu'on la pressait de toutes parts d'avouer qu'elle était la fille du tsar, elle a refusé. Ce n'est que devant le baron Kleist qu'elle a enfin parlé.

En fait, Franziska Schanzkowska n'était pas une aventurière, une simulatrice usurpant une identité par vanité, intérêt ou perversité, c'était tout simplement une malade...

Un triste jour de février 1920, une petite ouvrière polonaise, mélancolique, déprimée depuis son enfance, décide de mettre fin à une existence misérable, grise, inutile, et elle se jette à l'eau. On lui sauve pourtant la vie. Elle se retrouve à l'asile. Mais son passé a disparu en même temps que son geste désespéré. Cette identité qu'elle refuse s'est effacée à tout jamais de sa mémoire.

En lisant, sur un banc du parc, l'effroyable récit du massacre de la famille impériale russe, elle qui jusque-là était insensible à tout est vivement émue par la mort horrible de ces jeunes filles de son âge. Sur le moment, elle ne comprend pas l'agitation de sa compagne Marie Peuthert et elle n'y pense plus...

Et voilà que, deux ans après, de beaux messieurs et de belles dames viennent s'agenouiller devant elle, l'appellent « Votre Altesse », lui donnent des icônes à bénir, lui disent qu'elle est Anastasia, grande-duchesse de Russie. Sur le moment, elle ne veut pas les croire, c'est trop invraisemblable, c'est trop fou ! Mais ils se font plus pressants, le baron Kleist la fait sortir de l'asile et l'accueille chez lui. Alors, elle doit se rendre à l'évidence : elle *est* Anastasia !

Encore une fois, ce n'est pas par intérêt ou par vanité. Mettez-vous à sa place : elle est réellement, médicalement, amnésique. Elle est dans le brouillard, son passé n'existe plus, elle n'a aucun moyen de critique, aucun point de référence. Si tant de gens lui disent qu'elle est Anastasia, elle ne peut logiquement qu'être Anastasia. Ce n'est pas l'identité prestigieuse qui entraîne sa conviction, c'est le nombre de ceux qui veulent la convaincre.

À partir de ce moment, Franziska Schanzkowska recueille chaque information nouvelle et en rajoute d'elle-même. Elle ne joue pas à être la grande-duchesse, elle le devient peu à peu.

Dans sa mémoire vierge, une personnalité nouvelle se compose élément par élément, exactement comme un puzzle. Le cas Anastasia/Franziska Schanzkowska est ce qu'on pourrait appeler une « imposture involontaire ».

C'est aussi un conte de fées comme il y en a peu d'exemples. La petite ouvrière insignifiante et déséquilibrée, qui se croyait arrivée au bout du rouleau un jour de février 1920, est devenue sans le vouloir une des personnalités de ce monde. À partir de 1922, elle a vécu la plupart du temps dans les palais, entourée de prévenances, elle a connu la richesse, la célébrité, le bonheur, peut-être.

En 1968, elle s'est mariée avec John Manahan, professeur d'histoire à l'université de Virginie, de vingt ans son cadet. Elle a vécu depuis dans la ville de Charlottesville et c'est là qu'elle est morte, seize ans plus tard, âgée de plus de quatre-vingts ans, alors que sa raison avait fini par s'égarer. Mais on peut être certain que, dans ce qui lui restait de conscience, elle a été sûre jusqu'au bout d'être la grande-duchesse Anastasia.

Rodolphe de Habsbourg

Le drame de Mayerling

Il fait froid en Autriche, en cette matinée du 30 janvier 1889, il fait même glacial. Un traîneau tiré par deux chevaux blancs glisse rapidement sur une route enneigée. Il est parti il y a peu de Mayerling, à une quarantaine de kilomètres de Vienne, où la famille impériale possède un pavillon de chasse, à côté d'un monastère cistercien. Un des deux occupants, un homme distingué couvert d'une élégante pelisse, s'adresse au cocher :

– Ne peut-on aller plus vite ?

– C'est impossible, Votre Seigneurie, le sol est gelé, nous risquerions de verser.

– Alors, arrêtez-moi à la première gare de chemin de fer...

Peu après, l'attelage stoppe devant la petite gare de Baden. Le passager court trouver le chef de gare.

– Quel est le prochain train ?

– L'express Trieste-Vienne, mais il ne s'arrête pas ici.

– Il faut l'arrêter. Je suis le comte Hoyos.

L'homme connaît ce nom, qui est celui d'un des intimes de la famille impériale. Cela ne l'empêche pas de secouer la tête négativement.

– Je regrette, monsieur le comte, même pour vous, je ne peux pas.

Le comte Hoyos hésite. Il sait que, s'il parle, le train s'arrêtera. Il aurait préféré garder le secret, mais il n'a pas le choix.

– Je dois annoncer à Sa Majesté la mort de son fils, le prince héritier Rodolphe...

C'est ainsi que, quelques minutes plus tard, le comte Hoyos monte dans l'express Trieste-Vienne, porteur d'une nouvelle qui va faire le tour de monde et devenir l'une des plus grandes énigmes de l'histoire.

L'archiduc Rodolphe de Habsbourg, qui vient de trouver la mort à Mayerling, avait juste trente et un ans et, le moins qu'on puisse dire, c'est que sa personnalité sortait de l'ordinaire.

Il était le fils d'Élisabeth et François-Joseph d'Autriche. Il est difficile d'imaginer un couple plus dissemblable. Élisabeth, que tout le monde surnomme Sissi, est la cousine de Louis II de Bavière, lui aussi à l'origine d'une célèbre énigme, dont il est question dans cet ouvrage. Ravissante, Élisabeth est intelligente et brillante, mais c'est avant tout une Wittelsbach, une descendante de cette famille marquée par le destin et la maladie mentale. Si elle n'est pas folle comme son cousin Louis, elle est inquiète, anxieuse. Sa passion du voyage trahit une profonde instabilité.

François-Joseph est, à l'inverse, terre-à-terre, lent, méthodique et sans la moindre imagination. Considérant l'ordre établi comme une chose allant de soi et la nouveauté comme une perversion aussi dangereuse qu'incompréhensible, il fonctionne avec un très petit nombre d'idées simples, qu'il ne révise jamais. L'un de ses familiers dit de lui : « Les deux traits caractéristiques de François-Joseph sont l'étroitesse d'esprit et la conscience professionnelle. Au fond, il a une âme de garde-chasse… »

Il ne faut pas longtemps pour se rendre compte que Rodolphe n'a rien de son père et qu'il est, au contraire, le portrait de sa mère. Tout est fait, pourtant, pour lui inculquer les qualités typiquement germaniques de l'empereur. Il est élevé à la militaire : lever à cinq heures, exercice tous les jours quel que soit le temps, châtiments corporels, etc. Ses éducateurs emploient les grands moyens pour endurcir sa personnalité. Il a peur des chiens : on l'enferme avec des fauves ; il a peur du bruit : on tire des coups de fusil près de ses oreilles. Le seul résultat est de lui rendre les nerfs malades.

Plus il grandit, plus il a des allures d'artiste. Il s'intéresse à la poésie et à la musique, il veut écrire. Il a le don des langues ; comme sa mère, il en parle cinq. Il est anticonformiste, il fréquente des journalistes, des intellectuels et même des juifs. Son intelligence serait vive si elle n'était aussi confuse, c'est un touche-à-tout, un rêveur. Ses idées ne sont pas très claires non plus, mais elles sont sans nul doute à l'opposé de celles de son père. L'ambassadeur de France écrit de lui à cette époque : « Par l'imagination et la sensibilité, il est bien le fils de sa mère. Son adolescence est inquiète de toutes les inquiétudes, les plus nobles comme les plus charnelles. Il a soif de justice, de fraternité comme de volupté. Mais un jour viendra peut-être où, ne les ayant pas rencontrées ici-bas, il n'aura soif que de néant. »

Un autre habitué de la cour a, quant à lui, ce jugement plus concis et plus sévère : « Rodolphe n'a appris à régner ni sur l'Autriche ni sur lui-même. »

Physiquement, il est beau, avec sa haute stature, sa barbe et ses moustaches d'un blond soyeux, son regard bleu un peu lointain. Il adore les bals, ces bals si brillants de la Vienne d'alors, qui est celle des Strauss. Il est la coqueluche de la cour, toutes les femmes sont amoureuses de lui et il les a toutes. Mais il est volage. Pendant des années, c'est la valse des comtesses dans les bras de Rodolphe.

Le jeune prince s'adonne avec la même ardeur à son autre passion : les idées libérales. Il déteste l'Allemagne, Guillaume Ier et Bismarck. Il souhaiterait un renversement des alliances, une union avec la France. Il rédige des articles anonymes en ce sens, dans un journal d'opposition.

Comme si cela ne suffisait pas, il estime que la monarchie est un régime révolu. Il prône le régime parlementaire, le souverain n'ayant plus que des pouvoirs honorifiques, comme en Angleterre. Il écrit ainsi : « L'idée monarchique n'est plus qu'un fantôme. Elle a perdu tout prestige au regard des peuples, qui ne lui témoignent qu'indifférence et mépris. Aujourd'hui, l'homme est émancipé. Il n'entend plus qu'on le gouverne.

C'est pourquoi toutes les monarchies ont actuellement un aspect si misérable et délabré. À la prochaine tempête, elles s'effondreront. »

Ce ne sont que des chimères dans le contexte politique de l'Autriche d'alors, mais elles inquiètent suffisamment son père pour qu'il décide de l'écarter des affaires. Il l'envoie à Prague s'occuper du régiment dont il est colonel. À partir de ce moment, Rodolphe ne saura plus rien de l'empire. Il est tenu rigoureusement à l'écart et en souffre...

En 1881, il a vingt-trois ans et on le marie. Il ne proteste pas. Cela fait partie des désagréments de la condition de prince héritier. L'élue est Stéphanie, la fille du roi des Belges Léopold II. C'est une blonde fadasse, au caractère acariâtre, avec laquelle il n'a pas la moindre affinité. Comble de malchance, deux ans plus tard, Stéphanie accouche d'une fille et, à la suite de cette maternité, ne peut plus avoir d'enfant. Rodolphe n'aura jamais d'héritier, ce qui l'affecte énormément. Il se sent inutile, en trop sur terre.

Son humeur se dégrade. Il était taciturne, il devient sombre, il était désabusé, il devient amer. Ses nombreuses conquêtes, auxquelles, bien sûr, il n'a pas renoncé depuis son mariage, le laissent de plus en plus insatisfait. Il se met même à fréquenter les bouges et les lupanars de Vienne.

En 1886, il apprend la mort, dans des conditions étranges, de son oncle Louis II de Bavière, qu'on venait d'interner comme fou. Il en est terriblement affecté, d'autant que sa mère, dont il s'est toujours senti très proche, en reste inconsolable.

C'est à la même époque qu'il rapporte la syphilis d'une de ses innombrables expéditions dans les bas-fonds de la capitale. Il se rétablit, mais reste diminué. Tous ceux qui l'entourent sont frappés de sa transformation physique et morale. Il a l'air exténué, la peau sèche, le teint blafard, les mains tremblantes. Pour lutter contre sa constante lassitude, il recourt à l'alcool et à la morphine. Il y gagne quelques heures quotidiennes de réconfort et d'exaltation, mais à ce régime, sa déchéance s'accélère de jour en jour.

Vers le milieu de l'année 1888, il se met à discourir sur les mérites de la mort volontaire. L'idée lui vient d'un double suicide avec une femme aimée. Plusieurs fois, jouant avec son revolver à crosse de nacre, il propose à son épouse terrorisée de la tuer et de se tuer ensuite sur son cadavre. Du coup, celle-ci cesse de lui faire des scènes de jalousie. Bien trop effrayée pour lui dire quoi que ce soit, elle ne le considère plus que comme un fou dangereux !

C'est à l'automne 1888 que se produit un événement qui va bouleverser son existence. Au cours d'un bal, on lui présente une jeune fille de dix-sept ans, Marie Vetsera. C'est une brune aux yeux bleus et au charme très frais. De petite noblesse, elle est la fille du baron Albin Vetsera, administrateur des biens du sultan de Constantinople, et d'Hélène Baltazzi, une Grecque de Smyrne. En présence du prince, elle se trouble, bafouille quelques mots et fait une révérence maladroite. Rodolphe en a rencontré de bien plus jolies et de bien plus brillantes, mais il tombe immédiatement fou amoureux d'elle.

Du jour au lendemain, il est transformé. Lui qui ne croyait plus en rien, qui s'imaginait revenu de toutes les sensations et de tous les sentiments, se met à vivre pour la première fois. Elle, de son côté, est très éprise du beau prince depuis son adolescence. Ils se rencontrent tous deux en secret dans une chambre du Grand Hôtel de Vienne. Puis Rodolphe donne rendez-vous à Marie au palais, dans ses appartements privés, dans l'aile opposée à ceux de sa femme.

Pour Marie, c'est un jour inoubliable. Elle ne fait pas attention au corbeau qui volette dans le vestibule, pas plus qu'au revolver à crosse de nacre posé en évidence sur la table de nuit, à côté d'une tête de mort. Elle ne voit que son bien-aimé et se jette dans ses bras…

Rodolphe est décidément amoureux à en perdre la tête. Le 13 janvier 1889, il propose à Marie de l'épouser, ni plus ni moins. Il est marié lui-même : qu'importe, le pape annulera le mariage ! Elle est de toute petite noblesse : qu'importe, il renoncera à la couronne ! Son père ne sera certainement pas de cet avis, il n'y pense même pas. Marie y croit. Elle s'imagine déjà la femme de Rodolphe et elle perd la tête à son tour.

Quelques jours plus tard, le 27 janvier 1889, un grand bal est donné à l'ambassade d'Allemagne, pour l'anniversaire du nouveau Kaiser Guillaume II. Marie Vetsera et sa mère sont là. L'impératrice Élisabeth est absente de Vienne, partie pour l'un de ses innombrables voyages, et c'est Stéphanie, la femme de Rodolphe, qui préside la réception.

Quand elle paraît, tout le monde s'incline, les hommes en claquant les talons à la prussienne, les femmes en faisant la révérence. Mais, brusquement, Stéphanie s'arrête net. Devant elle, toute droite au milieu des invités courbés, une inconnue la défie du regard. Oui, Marie a vraiment perdu la tête ! Sa mère la saisit par le bras et la force à s'incliner.

Le lendemain, toute la cour ne parle que du scandale. Stéphanie, en larmes, court chez son beau-père. François-Joseph convoque ensuite son fils. L'entrevue dure plusieurs heures. Nul ne sait ce qu'ils se disent, mais l'affrontement est d'une violence inouïe. Quand Rodolphe quitte son père, l'aide de camp retrouve l'empereur évanoui ! Seule une émotion considérable pouvait atteindre cet homme dur et même impitoyable.

L'après-midi, Rodolphe retrouve Marie, et ils partent pour le petit pavillon de chasse à quarante kilomètres de Vienne, Mayerling…

C'est une grande bâtisse trapue d'un seul étage, prolongée par une aile basse destinée au logement des domestiques, qui comprend aussi un chenil, des écuries et des granges.

Rodolphe et Marie passent ensemble la nuit du 29 au 30 janvier 1889… À six heures du matin, le prince héritier sort en robe de chambre. Il va trouver son valet Johann Loschek, lui demande de le réveiller une heure plus tard et repart en sifflotant.

À sept heures, le domestique frappe à la porte. Pas de réponse. Il va chercher alors un objet de bois et recommence à tambouriner pendant dix minutes. De l'autre côté, c'est le même silence de mort.

Loschek va trouver le comte Hoyos, ami personnel de Rodolphe… Vu la présence de la jeune femme, la situation est délicate. Le comte décide de s'en remettre à une autorité plus incontestable, le prince Philippe de Saxe-Cobourg qui les accompagnait, lui aussi, à Mayerling. Ce dernier n'hésite pas. Il donne l'ordre au domestique de forcer l'entrée.

Il est sept heures trente lorsque Johann Loschek fait irruption dans la chambre. Il s'arrête, horrifié. Les deux corps baignent dans une mare de sang. Marie Vetsera repose sur le lit, des fleurs dans ses cheveux épars, une rose entre ses mains croisées sur sa poitrine. L'archiduc Rodolphe gît au pied de la table de chevet. Ils ont tous deux la tête fracassée. Dans la main droite crispée du jeune homme, un revolver.

Sur un bureau, deux lettres. L'une, signée de Marie Vetsera, est adressée à sa mère : « Nous sommes à présent très curieux de savoir comment est fait l'autre monde. Pardonnez-moi ce que j'ai fait, je ne pouvais résister à l'amour. » De la même écriture, une phrase, sur un cendrier posé à côté : « Le revolver plutôt que le poison, c'est plus sûr. »

Rodolphe a écrit, lui aussi, à sa mère et à sa sœur Valérie. C'est une longue lettre, avec des phrases d'adieu étranges, qui vont permettre bien des interprétations. Entre autres : « Je n'ai plus le droit de vivre » et : « Je meurs contre mon gré ». Il a rédigé enfin ses dernières volontés, par lesquelles il demande à être enterré auprès de Marie dans le cimetière du monastère d'Heiligenkreuz, attenant à Mayerling.

Le comte Hoyos a la redoutable charge d'annoncer le drame à la famille impériale… Une fois au palais, il se rend chez le comte Édouard Paar, premier aide de camp de François-Joseph. Les deux hommes se concertent et sont d'avis de prévenir en premier lieu l'impératrice. Elle prend sa leçon de grec et a fait dire qu'on ne la dérange sous aucun prétexte. Mais Hoyos ignore la consigne et fait irruption dans ses appartements.

En le voyant, l'impératrice est sur le point de laisser éclater sa colère, mais se fige en découvrant son visage décomposé. Hoyos lui apprend la vérité. Elle a la force de ne pas s'évanouir et lui demande de l'accompagner dans les appartements de son mari. Ils annoncent ensemble la nouvelle à François-Joseph qui, malgré sa force de caractère, chancelle et éclate en sanglots. Quant à Stéphanie, elle ne semble pas surprise. Elle s'attendait à un tel dénouement depuis que Rodolphe lui a proposé le suicide en commun. Il s'ensuit une violente dispute. Le couple impérial l'accuse de n'avoir pas su garder son mari et Stéphanie met en cause l'hérédité des Wittelsbach.

Tout de suite après, l'empereur François-Joseph envoie une commission de médecins examiner le corps à Mayerling. Le jour même, le docteur Hermann Widerhofer revient lui faire le compte rendu du drame.

– Le prince n'a certainement pas souffert, Majesté. La balle qu'il s'est tirée a pénétré dans la boîte crânienne, endommageant le cerveau. La mort a été foudroyante.

François-Joseph refuse d'y croire.

– Il ne s'est pas suicidé. Il n'a pas pu faire cela ! C'est elle, c'est cette créature, qui l'a tué et qui a ensuite mis fin à ses jours !

Le docteur Widerhofer ne se dérobe pas.

– C'est malheureusement impossible, Majesté. La jeune femme a été tuée la première, il ne peut y avoir aucun doute à ce sujet. Elle était allongée sur le lit, les doigts croisés, et une rose avait même été glissée entre ses mains.

L'empereur décide de cacher la vérité à l'opinion et fait paraître dans les journaux le communiqué officiel suivant : « À la suite d'une embolie, Son Altesse impériale et royale le prince héritier a exhalé sa grande âme. » Et il rédige en ces termes le faire-part qu'il adresse aux chefs d'État : « Profondément accablé, j'ai le triste devoir de vous annoncer la mort subite de mon fils, le prince héritier Rodolphe, qui a succombé ce matin d'une apoplexie, à Mayerling où il s'était rendu pour chasser. » Au même moment, les journaux annoncent, de manière beaucoup plus discrète évidemment, la mort de Marie Vetsera, le 29 janvier, à Venise, après une courte maladie. Le corps sera inhumé dans le caveau familial, en Bohême.

Mais la vérité ayant été connue dès le début par des indiscrétions, la famille impériale se résout à avouer le suicide, passant sous silence la présence de Marie. Et pour que Rodolphe ait droit à des funérailles religieuses, elle précise qu'il avait perdu la raison au moment de son acte.

D'où un nouveau communiqué au ton étrange, faisant appel à la science incertaine de l'époque : « Le prince héritier s'est tué lui-même d'une balle dans la tête. Les désordres constatés dans les circonvolutions du cerveau sont des symptômes qui indiquent nettement un esprit anormal et qui permettent de supposer que le suicide est survenu dans un accès de folie. » Grâce à cela, l'Église consent à la cérémonie religieuse, mais on imagine l'effet qu'a pu produire cette mention de la folie de son fils sur l'esprit de Sissi.

Pour elle, c'est un anéantissement. En plus de la douleur d'avoir perdu Rodolphe, qu'elle adorait, elle se sent violemment coupable. C'est le sang des Wittelsbach, le sang de Louis II de Bavière, son sang à elle, qui est cause de tout. Pendant des jours, elle pleure sur le cercueil, pendant des mois elle pleurera sur la tombe. Elle ne se remettra jamais du drame et multipliera en vain ses voyages extravagants pour trouver la paix. Elle ne l'obtiendra que dix ans plus tard, à Genève, dans un attentat, sous le poignard d'un fou...

On fait à l'archiduc Rodolphe de Habsbourg des funérailles grandioses. Il ne reposera pas, bien sûr, au cimetière d'Heiligenkreuz, près de Marie, mais dans la sinistre crypte des Capucins, à Vienne, sépulture de la famille impériale.

Marie Vetsera, elle, est inhumée en secret à Heiligenkreuz. Deux envoyés de l'empereur sont chargés de faire disparaître le corps. Ils trouvent la malheureuse dans une antichambre, sous un paquet de vêtements. Elle est nue, personne n'a songé à l'habiller. Ils la revêtent de ses habits et la conduisent au cimetière tout proche.

Pendant longtemps, aucun monument, pas même une simple dalle, ne recouvre sa tombe et sa mère doit obtenir l'autorisation de la police chaque fois qu'elle veut aller s'y recueillir. Ce n'est que plusieurs années après que la mesure sera levée. Marie Vetsera y repose toujours. Sur sa tombe a été gravée une phrase tirée de la Bible : « Telle une fleur, l'homme éclôt et passe. »

Que s'est-il passé réellement à Mayerling, le 30 janvier 1889 ? C'est une des affaires les plus célèbres de tous les temps. Elle a suscité un nombre considérable d'ouvrages et a inspiré trois films, qui tous ont été des succès : *Mayerling*, en 1936, avec Charles Boyer et Danielle Darrieux, *Le Secret de Mayerling*, en 1948, avec Jean Marais et Dominique Blanchar, et *Mayerling*, en 1968, avec Omar Sharif et Catherine Deneuve.

Quant aux historiens, ils ont apporté à l'énigme toutes sortes de réponses, que nous allons examiner maintenant, de la plus fantaisiste à la plus vraisemblable.

L'une des versions les plus extraordinaires affirme qu'il s'agit d'une machination des deux amants. Ni Rodolphe ni Marie Vetsera ne seraient morts à Mayerling. Leur amour étant devenu impossible à la cour d'Autriche, ils ont décidé de quitter le pays pour vivre ensemble incognito, organisant toute une mise en scène. Le corps de Rodolphe était en fait celui d'un soldat autrichien et le corps de Marie un simple mannequin de cire. Ils les ont revêtus de leurs vêtements et sont partis vivre heureux ailleurs. Mis devant le fait accompli, l'empereur et les autorités se sont tus, pour ne pas révéler le scandale.

Qu'y a-t-il à dire de cette hypothèse, sinon qu'elle est totalement irréaliste, aussi bien sur le plan matériel que psychologique ? Jamais Rodolphe n'aurait trouvé les complicités nécessaires à un tel projet et cette façon de quitter la scène ne lui ressemblait pas. C'est une belle histoire, certes, mais ce n'est pas de l'histoire.

La version suivante est de loin la plus romantique. Elle fait de Rodolphe et Marie des demi-frère et demi-sœur. Il y a une incontestable ressemblance physique entre eux, et ce lien expliquerait la dramatique entrevue entre Rodolphe et François-Joseph. L'empereur aurait révélé à son fils qu'il était le père de Marie Vetsera, ce qui rendrait compréhensible son évanouissement. Car, dans cette hypothèse, il s'agit de son fils et de sa fille. Quant à Rodolphe, apprenant l'inceste dont il s'est rendu coupable à son insu, il n'avait plus d'autre choix que la mort, d'où ses dernières phrases mystérieuses : « Je n'ai plus le droit de vivre » et : « Je meurs contre mon gré. »

Tout cela est effectivement séduisant. Des historiens ont même essayé d'établir que Mme Vetsera avait été séparée de son mari pendant les mois qui avaient précédé la naissance de Marie. Elle fréquentait, en outre, à cette époque la cour impériale. Mais la thèse doit tout de même être écartée en raison de la personnalité de François-Joseph, dont on sait qu'il n'a pas eu d'enfants illégitimes. S'il a très certainement intimé à Rodolphe l'ordre de rompre avec Marie, il n'y a pas besoin d'imaginer un inceste pour cela.

La version de l'inceste reprend, en tout cas, la thèse du double suicide et c'est celle-ci, quelle qu'en soit la raison précise, que nous allons examiner maintenant.

Nous nous trouvons évidemment ici sur un terrain beaucoup plus solide. C'est la version officielle des autorités autrichiennes, après qu'elles eurent renoncé à faire croire à la mort naturelle, et c'est la version qu'adoptent les trois films, pour qui Mayerling est l'histoire d'un amour impossible, qui ne peut trouver son épilogue que dans la mort, comme pour Tristan et Yseult ou Roméo et Juliette. C'était également, jusqu'à une date récente, la version qu'adoptaient unanimement les historiens, balayant d'un trait de plume les autres hypothèses et, quelquefois, ne les citant même pas.

Il faut dire qu'il y a des raisons à cela. Rodolphe de Habsbourg avait toutes les caractéristiques du dépressif suicidaire. Miné par ses divergences profondes avec son père, qui le tenait à l'écart du pouvoir, ravagé par la maladie, qui l'avait conduit à devenir alcoolique et morphinomane, atteint par l'instabilité héréditaire des Wittelsbach, il ne cessait de parler de sa mort à son entourage. Il en avait le pressentiment en permanence. Quelques jours avant le drame, assistant aux grandes manœuvres de l'armée, il avait déclaré :

– Je ne serai jamais empereur d'Autriche.

Quant à Marie Vetsera, qui était folle de lui à en perdre la tête, comme l'avait prouvé son défi insensé à la princesse Stéphanie, elle était prête à faire tout ce qu'il lui demanderait. L'entrevue avec François-Joseph mettant fin à tout espoir et Rodolphe ayant rencontré une femme suffisamment éprise pour le suivre dans la mort, il avait accompli ce double suicide dont il rêvait depuis un moment déjà.

Dans ces conditions, la tragédie de Mayerling ne serait pas autre chose qu'un drame de la folie, comme il en arrive dans toutes les familles, qu'elles soient roturières ou impériales.

Et pourtant, ce n'est pas le double suicide que privilégient aujourd'hui les historiens, mais le double meurtre ! Les dérèglements de Rodolphe, ses déclarations aux uns et aux autres, l'affrontement avec son père, né du scandale qu'avait provoqué Marie, auraient été mis précisément à profit par les meurtriers pour faire croire au suicide. Tout devient alors différent : Mayerling ne serait plus une tragique histoire d'amour, mais un crime parfait.

Dès le début, des indices, dont on n'a curieusement pas tenu compte par la suite, conduisaient vers la piste d'un assassinat. Le corps de Rodolphe portait de nombreuses traces de violence. Sa tante Marie-Thérèse aurait constaté que son crâne était enfoncé, comme sous l'effet d'un coup violent. De fait, les photos le montrent sur son catafalque, la tête bandée, ce qui était inutile pour dissimuler un simple impact de balle. Et ses mains auraient présenté des signes de lutte. Sa sœur aînée, l'archiduchesse Gisèle, aurait même dit que ses poignets étaient sectionnés. Ce qui est certain, en tout cas, c'est que, contrairement aux usages, il a été enterré avec des gants noirs.

En outre, à Mayerling où aucune constatation de police n'a été effectuée, une fenêtre de la chambre avait été brisée de l'extérieur. De plus, dans la chambre même, selon le menuisier Friedrich Wolf, présent sur les lieux et qui contredit en cela les autres témoins, le mobilier était renversé et fracassé et il y avait des traces de sang partout. Enfin, le revolver utilisé et qui se trouvait entre les mains de Rodolphe n'était pas celui du prince, cette arme à crosse de nacre qui trônait sur sa table de nuit et avec laquelle il terrorisait sa femme.

Au moment des faits, la thèse de l'assassinat a d'ailleurs été privilégiée par plusieurs milieux bien informés. Le Vatican en était persuadé et c'est la raison pour laquelle il a accordé si facilement les funérailles religieuses. Le 9 février 1889, l'ambassadeur allemand à Vienne rapporte en ces termes une conversation avec le nonce apostolique Mgr Luigi Galimberti et l'aumônier de la cour Mgr Lorenz Mayer : « Les deux prélats ont exprimé les doutes les plus sérieux au sujet de la version du suicide. » Dans le même temps, le Premier ministre britannique, lord Salisbury, informait la reine Victoria que ses services de renseignements détenaient la preuve du double assassinat.

Enfin, en 1959, des spécialistes autrichiens, accompagnés d'un membre de la famille de Marie Vetsera, ont examiné les restes de son cadavre. Ils ont découvert que le crâne de la jeune femme présentait un énorme traumatisme. Cette blessure pouvait avoir été provoquée par un objet lourd et contondant, du genre gourdin ou marteau, mais en aucun cas par une balle.

Mais ce qui a fait définitivement pencher les historiens en faveur de l'assassinat, c'est l'intervention de Zita de Bourbon-Parme. Elle a décidé de parler en mai 1983, à l'âge de quatre-vingt-onze ans.

Zita de Bourbon-Parme a épousé en 1911 Charles de Habsbourg, petit-neveu de François-Joseph, qui a régné sous le nom de Charles Ier, de 1916 jusqu'à la fin de l'Empire autrichien, en 1918. Elle a donc été la dernière impératrice d'Autriche. Elle n'était pas née au moment du drame, mais elle a entendu beaucoup de choses à la cour, et toutes allaient dans le même sens. Voici une conversation, dont elle jure avoir été témoin :

– À l'âge de douze ans, j'ai surpris un échange de propos entre l'archiduchesse Gisèle, la sœur de Rodolphe, et ma tante Marie-José : « Puisqu'il s'agit d'un assassinat, disait la sœur de Rodolphe, pourquoi n'a-t-on jamais sévi contre les coupables ? – Qui t'a dit cela ? » a demandé ma tante. Et Gisèle a répondu : « J'ai exigé d'être présente au moment de la mise en bière et j'ai examiné attentivement la dépouille de mon frère. Si Rodolphe s'était suicidé, il aurait porté des traces de brûlure à la tempe. Mais ce n'était pas le cas, ce qui veut dire que le coup a été tiré de plus loin... » Alors, dans un soupir, ma tante a ajouté : « Oui, c'est vrai, mais je t'en conjure, ne répète jamais ces propos ! »

Dans sa confession publique, l'ex-impératrice Zita cite bien d'autres témoignages. Celui de l'aide de camp de l'empereur, le comte Édouard Paar, qui a assisté à une conversation entre François-Joseph et l'archiduchesse Marie-Thérèse, est particulièrement net :

– Comment avez-vous pu accepter la version du suicide, qui allait compromettre la mémoire de votre fils ? lui a demandé l'archiduchesse.

Et l'empereur lui a répondu d'un ton extrêmement las :

– Je ne pouvais pas faire autrement. Le véritable enjeu était à ce moment-là le trône, la destinée de la monarchie et, au-delà, l'équilibre de l'Europe. Je ne pouvais pas dévoiler la vérité sans déclencher un grave conflit politique sur le plan national et international. Je n'avais peut-être pas moralement le droit d'agir ainsi. Mais croyez bien que je ne cesse de penser à tous les tourments et à tous les moments terribles que ce pauvre Rodolphe a dû endurer…

François-Joseph devait ajouter qu'il avait consigné par écrit tout ce qui concernait le drame de Mayerling et que, après sa mort, ces documents seraient publiés pour que son fils soit réhabilité. Zita précise que, peu après son avènement, son mari Charles Ier a voulu en prendre connaissance, mais en vain. Soit les documents avaient disparu, soit ils n'avaient jamais existé. L'impératrice explique enfin que son époux a tout fait pour réunir la preuve que Rodolphe avait été tué, mais qu'il n'y est pas parvenu. La guerre, qui battait son plein, lui laissait peu de temps disponible…

Si la thèse du crime est la plus vraisemblable, reste à savoir le nom du ou des criminels. En ce qui concerne l'exécutant, les soupçons les plus sérieux convergent en direction du domestique Johann Loschek, avec, sans doute, des complices. Il connaissait parfaitement les lieux pour y être venu plusieurs fois avec le prince et le fait que personne – pas même lui, selon ses dires – n'ait entendu les deux coups de feu prouve à quel point l'endroit du drame était à l'écart. Mais, en admettant qu'il s'agisse bien de lui, l'identité des commanditaires est beaucoup plus incertaine.

Pourquoi aurait-on tué Rodolphe de Habsbourg ? La réponse est claire : pour des raisons politiques. Si Rodolphe, prince libéral, anti-allemand, francophile et anglophile, avait succédé à François-Joseph, il aurait provoqué un bouleversement à peine concevable sur la scène européenne et même mondiale. Chacun sait alors qu'un conflit éclatera tôt ou tard entre la France et l'Allemagne à propos de l'Alsace-Lorraine. Il suffit d'imaginer ce qui se passerait si l'Autriche se rangeait aux côtés des Français.

Ce sont pourtant ces derniers que Zita de Bourbon-Parme désigne comme les responsables, tout en ajoutant qu'il s'agit d'une opinion personnelle et qu'elle n'a pas de preuve. Clemenceau aurait mis sur pied un complot à l'aide de Cornelius Herz, Américain d'origine bavaroise et homme d'affaires passablement louche. Herz aurait été envoyé en Autriche pour préparer un coup d'État. Il s'agissait de renverser François-Joseph et de mettre Rodolphe à sa place. Ce dernier aurait été mis au courant, mais aurait refusé par loyalisme. Dès lors, il devenait une menace et il fallait l'éliminer.

Cette hypothèse doit pourtant être accueillie avec les plus grandes réserves. Un tel complot paraît bien extravagant. Il lui aurait fallu, pour réussir, s'appuyer sur une partie de l'opinion publique autrichienne, et ce n'était absolument pas le cas. En fait, l'impératrice Zita semble partiale en la matière. Elle détestait Clemenceau, qui avait refusé la proposition de paix séparée de son mari Charles Ier et ruiné toute sa politique…

Dans le même ordre d'idées se situe la piste hongroise, mise en avant par plusieurs historiens. L'Empire autrichien s'appelle alors l'Autriche-Hongrie. C'est un État bicéphale, dans lequel la majorité autrichienne écrase la minorité hongroise. Et le prince héritier Rodolphe, décidément incorrigible, avait des idées tout aussi subversives sur le plan intérieur que sur le plan extérieur. La situation le révoltait. Il ne souhaitait ni plus ni moins que l'indépendance de la Hongrie.

Il est établi qu'il a eu de nombreux contacts avec le chef de l'opposition libérale hongroise. Mais ce dernier s'est trouvé débordé par un mouvement plus radical. Des révolutionnaires hongrois seraient venus trouver l'archiduc et l'auraient mis au courant d'un complot visant à renverser François-Joseph et à mettre Rodolphe à sa place sur le trône. Mais Rodolphe, en fils respectueux, aurait tout révélé à son père. L'assassinat serait la vengeance des révolutionnaires hongrois.

La thèse, possible elle aussi, rencontre pourtant les mêmes objections que celle mettant en cause les Français. Même s'ils avaient été déçus dans leurs projets immédiats, les Hongrois n'avaient aucun intérêt à éliminer le prince héritier, qui serait monté un jour ou l'autre sur le trône et aurait mené alors une politique en leur faveur...

En fait, en vertu de l'adage « à qui profite le crime », c'est en bonne logique vers le camp adverse qu'il faut se tourner, vers ceux pour qui, par son existence même, Rodolphe de Habsbourg représentait un danger.

Selon une version, le commanditaire de l'assassinat aurait été le chancelier allemand Bismarck, inquiet de la francophilie du prince héritier, mais on a également évoqué la piste autrichienne, que l'impératrice Zita s'est évidemment bien gardée de mentionner.

Si c'était dans cette direction qu'il fallait chercher, le meurtre aurait été soit le fait des services secrets ou d'une faction quelconque de la cour, sans que François-Joseph en ait eu connaissance, soit même celui de l'empereur, qui aurait sacrifié son fils à la raison d'État. Il aurait pris cette décision à l'issue de leur entrevue, dans laquelle Rodolphe l'aurait menacé de manière suffisamment grave pour qu'il choisisse de recourir à ce moyen extrême. Ainsi s'expliquerait son évanouissement lorsqu'ils se sont séparés.

Ce n'est pourtant, bien entendu, qu'une hypothèse et, depuis la mort de Zita en 1989, juste un siècle après le drame, il est malheureusement certain que Mayerling ne révélera jamais son terrible secret.

Marilyn Monroe

Le dernier maquillage

Dimanche 5 août 1962, 4 h 30. Le soleil n'est pas très loin de se lever sur la côte californienne... Le sergent Jack Clemmons passe sa nuit de garde dans les bureaux du département de la police de Los Angeles ouest. Tout en se servant de temps en temps un café ou une boisson gazeuse, il feuillette des revues de cinéma. Le sergent Clemmons est un passionné du septième art. N'est-ce pas normal, après tout, puisque Los Angeles ouest est constitué par Hollywood et les quartiers ultrarésidentiels qui l'entourent, avec leurs villas pour vedettes et milliardaires ?

Le téléphone sonne. C'est le premier appel de la nuit.

– Allô, police ? Docteur Engelberg à l'appareil. Il faut que vous veniez tout de suite au 12305, 5e Helena Drive, à Brentwood.

Le sergent Clemmons note l'adresse indiquée sur un carnet.

– Bien. De quoi s'agit-il ?

– Un suicide.

– Le nom de la personne ?

Le sergent s'apprête à noter, mais en entendant le nom, il pousse un cri et devient tout pâle.

– Écoutez, si c'est une plaisanterie, cela vous coûtera cher ! Votre numéro d'appel peut être retrouvé et...

Pourtant la voix au bout du fil n'est pas du tout celle d'un plaisantin.

– C'est à vous que cela coûtera cher si vous ne venez pas immédiatement.

Le sergent raccroche et saute dans sa voiture... C'est la toute fin de la nuit. Un vent chaud venu du désert Mojave balaye la ville, agitant les hauts eucalyptus, qui bordent les avenues résidentielles. En traversant, sirène hurlante, le quartier endormi, le policier ne peut que répéter :

– Ce n'est pas possible !

Et pourtant si. La nouvelle que le sergent Jack Clemmons vient d'apprendre le premier, ce 5 août 1962, va faire dans quelques heures le tour du monde et provoquer partout la même stupeur : Marilyn Monroe est morte ! À trente-six ans, au sommet de sa splendeur...

Mais la mort de Marilyn Monroe n'est pas seulement un fait divers sensationnel et bouleversant. C'est aussi une énigme dont, un demi-siècle plus tard, on parle encore.

Le sergent Clemmons arrive devant le 12305, 5e Helena Drive. Il éprouve une certaine surprise. La villa est grande mais n'a rien de la somptueuse demeure qu'il avait imaginée. C'est une maison cossue, sans plus, que pourrait s'offrir n'importe quel petit industriel ou avocat ayant réussi, voire un acteur de séries télévisées. Il traverse rapidement la pelouse en direction d'une fenêtre allumée. Un carreau a été cassé. C'est là... Il a un pincement au cœur.

Oui, c'est bien elle ! Marilyn Monroe est entièrement nue. Elle est couchée à plat ventre sur son lit. Près de sa main droite, le récepteur de son téléphone. Le sergent Clemmons ne parvient pas à détacher les yeux de ce spectacle tragique qui a, malgré tout, quelque chose de fascinant.

C'est alors seulement qu'il prend conscience de la présence de trois personnes dans la pièce, une femme et deux hommes. Il prend leurs noms : Mme Eunice Murray, sa gouvernante, le docteur Engelberg, qui a téléphoné et qui est son médecin généraliste, le docteur Greenson, enfin, son psychanalyste... Malgré la personnalité de la disparue, le sergent retrouve ses automatismes professionnels.

– Qui a découvert le corps ?

La petite femme d'une cinquantaine d'années, portant des lunettes, s'approche de lui.

– C'est moi.

– Je vous écoute.

Eunice Murray parle d'une voix blanche :

– Vers minuit, j'ai vu de la lumière sous la porte. J'ai voulu entrer, mais la porte était fermée à clé. Alors, j'ai eu peur et j'ai téléphoné au docteur Greenson, puis au docteur Engelberg. Le docteur Greenson est arrivé le premier.

Le sergent Clemmons se tourne vers Greenson.

– Quelle heure était-il, docteur ?

– Minuit et demi.

– Qu'avez-vous fait ?

– La porte était effectivement fermée à clé. Alors, je suis passé par le parc. J'ai cassé un carreau et je suis entré. Marilyn était comme vous l'avez trouvée.

– Elle était déjà morte ?

– Oui.

– Et, selon vous, quelle est la cause du décès ?

Le second médecin intervient.

– Je suis arrivé juste derrière mon collègue et c'est moi qui ai fait le diagnostic : empoisonnement aux barbituriques.

Le sergent Clemmons remarque un petit flacon vide par terre à côté de la morte.

– Ce sont ces médicaments qu'elle a avalés ?

Le docteur Engelberg hoche la tête.

– Vraisemblablement. C'est du nembutal. Elle a dû prendre tout le flacon. Vingt-cinq comprimés.

– Et c'est suffisant ?

– Largement. C'est un tranquillisant à action rapide et brève, un produit très efficace, mais évidemment dangereux...

Le sergent Jack Clemmons a maintenant retrouvé toute sa lucidité. Il est capable de raisonner comme si la morte était la plus anonyme des Américaines moyennes. Et certains détails ne lui plaisent pas du tout. Il continue à interroger le docteur Engelberg.

– Mme Murray me dit que vous êtes arrivé un peu après minuit et demi et vous ne m'avez appelé qu'à 4 h 30. Pourquoi ?

La réponse du praticien est on ne peut plus embarrassée.

– Nous étions tous tellement troublés... Nous avons discuté entre nous de ce qu'il fallait faire.

– Pendant quatre heures ?

– Eh bien oui, pendant quatre heures.

– Et vous n'avez touché à rien ?

– Non, à part le téléphone, qu'elle tenait dans sa main et que j'ai raccroché.

– Alors où est le verre avec lequel elle a pris ses cachets ? Il n'y en a aucun dans la pièce et elle était fermée à clé.

– Elle l'a peut-être rangé.

– Et elle est retournée après s'enfermer dans sa chambre ?

– Il faut le croire.

6 heures... L'aube se lève sur le paysage paradisiaque de Brentwood. Une sirène retentit dans le petit matin. Le sergent Clemmons, qui a entre-temps prévenu ses supérieurs, voit arriver un de ses collègues, le sergent Byron, à la tête d'un petit groupe : des policiers et deux infirmiers avec une civière. Byron s'adresse brièvement à Clemmons.

– Tu peux rentrer chez toi. J'ai ordre de te relever.

Jack Clemmons est surpris de cette précipitation.

– Mais j'ai besoin de noter encore plusieurs choses pour mon rapport.

– Ce n'est pas toi qui feras le rapport, c'est moi. Ordre de Parker.

Parker est le chef de la police de Los Angeles. Il n'y a évidemment qu'à s'incliner. Le sergent Clemmons ne peut pourtant pas se résoudre à se taire. Le jour même, il parle devant les journalistes. Il attire leur attention sur cet étrange retard des témoins à prévenir la police. Une déclaration qui, vu la personnalité de la victime, fait un bruit retentissant. Elle est reproduite aussitôt dans des centaines de journaux américains et étrangers.

Le résultat, d'ailleurs, ne se fait pas attendre. Le sergent Jack Clemmons est renvoyé de la police…

Il n'y aura donc pas de rapport Clemmons. Et le rapport de l'autre sergent, Byron, est tout différent. Qu'on en juge !

Le rapport officiel du département de police de Los Angeles porte le numéro 62-509453. Il commence ainsi : « La mort a été constatée le 5 août 1962 à 3 h 45 du matin. »

Oui, vous avez bien lu : 3 h 45. Plus question de ce mystérieux trou de quatre heures entre la découverte du corps et l'appel à la police. Le rapport poursuit : « Le docteur Greenson est arrivé à 3 h 40. Il a brisé la fenêtre et retiré le téléphone de la main de Marilyn Monroe. Le docteur Engelberg est arrivé vers 3 h 50 et c'est lui qui a annoncé la mort de Miss Monroe. Le bureau de garde de la police de Los Angeles a reçu notification de cette mort à 4 h 25. Les médecins cités plus haut ont été entendus par la police. Raison probable de la mort : dose mortelle de nembutal. Signé : Sergent R.E. Byron. »

Mais les bizarreries ne s'arrêtent pas là. La suite de l'enquête est menée avec rapidité, on pourrait même dire avec précipitation. À la lecture du rapport, le chef de police Parker se dessaisit aussitôt de l'affaire et, selon la juridiction californienne, transmet le dossier à la Commission d'enquête sur les suicides. Cet organisme a visiblement à cœur, lui aussi, de terminer sa tâche au plus vite, puisque, quelques jours plus tard seulement, il remet ses conclusions, qui tiennent en cinq lignes : « Lors de notre enquête, nous avons appris que Miss Monroe, plus d'une fois par le passé, déprimée et déçue, avait tenté de se supprimer au moyen de drogues. Mais elle avait toujours appelé au secours à temps et avait été sauvée. D'après nos renseignements sur les événements du 4 août, notre opinion est qu'il s'agissait d'un renouvellement de ces actes. »

Ces conclusions soulèvent immédiatement des protestations. D'abord, tous ceux qui ont connu Marilyn sont formels : elle n'a jamais tenté de mettre fin à ses jours. Et d'ailleurs, de qui la Commission d'enquête sur les suicides tient-elle ses renseignements, puisque aucun des familiers de l'actrice n'a été interrogé ?

Il reste un dernier élément à verser au dossier : l'autopsie. Elle est pour le moins étrange. C'est le docteur Noguchi qui a le terrible devoir d'ouvrir ce corps qui a fasciné le monde... Le dimanche est le jour le plus occupé pour les médecins légistes. C'est le samedi soir qu'il y a le plus d'accidents, de crimes et de suicides. En prenant son poste à la morgue centrale de Los Angeles, le docteur Noguchi s'attend à une journée de travail chargée, mais routinière.

C'est dire sa stupeur lorsqu'on lui annonce qu'il va autopsier Marilyn Monroe. Il ne veut pas y croire, il pense à un homonyme, mais c'est bien elle ! Et il est surpris non seulement par la nouvelle de cette mort, mais que ce soit lui qu'on ait choisi. C'est un débutant, tout juste sorti de l'université ! Il pensait qu'on aurait confié un examen aussi important à une célébrité de la médecine légale.

Il se met à la tâche dans l'état d'émotion qu'on imagine... Pour l'anecdote, après son examen, le corps de la star est replacé dans un casier de la morgue en attendant d'être confié aux pompes funèbres. Un photographe de la revue *Life*, moyennant une bouteille de whisky, parvient à convaincre l'employé de le laisser prendre des clichés. C'est la dernière séance de photos de Marilyn.

Quant au rapport du docteur Noguchi, il subit une mésaventure bizarre, il « s'égare » et la police le réécrit « de mémoire ». Voici ce curieux document réécrit, qui est publié le 27 août : « Réf. 81128/5 août 1962, 10 h 30 du matin. J'ai effectué l'autopsie du corps de Marilyn Monroe à la morgue du County Coroner de Los Angeles. Il résulte des constatations anatomiques que j'attribue le décès à une intoxication aiguë par barbituriques, due à l'ingestion d'une dose toxique de nembutal. »

Suivent tous les détails techniques...

Or, cette fois, quelque chose ne va plus du tout et le docteur Engelberg le fait savoir sous la foi du serment. Il avait fait à sa patiente deux piqûres les 1er et 3 août. En si peu de temps, les traces ne peuvent pas disparaître. Et le docteur Noguchi a dû les voir, car c'est exactement le genre de détail qu'un médecin légiste recherche en premier lorsqu'il y a empoisonnement.

Alors, pourquoi n'en a-t-il pas parlé, sinon pour que personne ne puisse s'imaginer qu'il s'agissait d'un assassinat, aucune seringue hypodermique n'ayant été retrouvée dans la maison ?

Un assassinat... Beaucoup n'écartent pas cette hypothèse, surtout parmi les journalistes. Patiemment, ils reconstituent l'emploi du temps de Marilyn pendant la dernière journée de sa vie.

Le matin, elle a une entrevue de deux heures avec un photographe. Elle refuse de poser pour sa revue. Elle mange des fruits au bord de sa piscine. Ensuite, elle lit dans la véranda jusqu'à la fin de l'après-midi. Elle lit Dostoïevski, son auteur préféré, qu'elle aurait toujours voulu interpréter au cinéma. À la fin de l'après-midi, elle reçoit le docteur Greenson pour sa séance de psychanalyse quotidienne, puis Patricia Newcomb, une jeune femme chargée de ses relations publiques. À 19 heures, elle reçoit un coup de téléphone de Joe DiMaggio Junior, le fils de son second mari.

À 19 h 30, enfin, nouveau coup de fil. C'est l'acteur Peter Lawford qui l'invite dans sa villa de Malibu, pour une soirée où sera présent Robert Kennedy, frère du président et ministre de la Justice... Voici à quelques mots près leur conversation. Lawford est surpris.

– Nous t'attendions pour le poker de 6 heures.

– Je n'ai pas le cœur à jouer aux cartes.

– Comme tu voudras. Nous nous mettons à table dans trois quarts d'heure. Tu as juste le temps d'arriver. Je te préviens, nous commencerons sans toi.

– Je suis trop crevée, Peter. Je ne viens pas. Dis bonsoir à Pat et salue tous nos amis. Dis au revoir au président et à toi-même aussi. Tu es un chic type. Je suis heureuse de t'avoir connu.

Peter Lawford raccroche. Il n'a pas de réaction devant ces formules d'adieu pour le moins surprenantes, même inquiétantes... Et c'est tout. On ne reverra plus Marilyn Monroe vivante, on n'entendra plus le son de sa voix, à part peut-être – si elle a eu la force de former le numéro – le destinataire du mystérieux coup de téléphone qu'elle a donné juste avant sa mort.

Tout cela, comme on le voit, accréditerait plutôt la thèse du suicide. À une exception près, toutefois : un nom monopolise immédiatement l'attention, Kennedy. Car on va bientôt murmurer que Marilyn a été la maîtresse non seulement de Robert Kennedy, mais aussi de John Kennedy, le président des États-Unis en personne. Dans ces conditions, la mort tragique de la star entre les stars prend une dimension plus sensationnelle encore.

Et pourtant rien de décisif ne va survenir pendant des années. C'est en août 1982, vingt ans exactement après les faits, que l'affaire Marilyn Monroe revient brusquement sur le devant de l'actualité. Ce jour-là, un détective de Los Angeles, Milo Spereglio, donne une conférence de presse sensationnelle.

Un étonnant personnage, ce Spereglio ! La cinquantaine, très brun, petite moustache, il ne paie pas de mine, mais il connaît son métier, ou du moins il sait à merveille assurer sa propre publicité.

Pour sa conférence de presse, il a bien fait les choses. Les murs de l'immense salle sont tapissés de posters géants de l'actrice. Près de l'estrade, un sosie de Marilyn est allongé sur un sofa, vêtu de la robe qu'elle portait dans *Sept ans de réflexion*.

Milo Spereglio prend la parole. Il va faire le point sur vingt ans de recherches. Va-t-on enfin connaître la vérité ?

– Mesdames et messieurs, j'ai commencé à m'intéresser à l'affaire lorsque j'ai rencontré Robert Slatzer, le mari de Marilyn.

Brouhaha dans l'assistance... Personne n'a jamais entendu parler de ce Slatzer. Marilyn a été mariée trois fois : à Jim Dougherty, un marin, du temps où elle était encore une inconnue, à Joe DiMaggio, le champion de base-ball, et enfin à Arthur Miller, l'auteur dramatique. Mais Slatzer, première nouvelle...

Visiblement satisfait de son effet, le détective continue :

– Slatzer a épousé secrètement Marilyn en 1952 au Mexique. Leur mariage n'a duré que cinq jours car Darryl Zanuck l'a appris et a obligé Marilyn à divorcer. Robert Slatzer m'a confié un fait capital. Marilyn Monroe tenait son journal intime sur un carnet rouge qu'elle avait toujours sur elle. Slatzer a vu son ex-femme peu avant sa mort. Elle lui a montré le carnet. Il l'a lu... Eh bien, il contenait des révélations sur John et Robert Kennedy concernant la Mafia, l'enquête sur Jimmy Hoffa, le président du syndicat des camionneurs, et une tentative d'assassinat de Fidel Castro !

Milo Spereglio laisse s'apaiser la rumeur qui monte dans la salle et poursuit :

– C'est à cause du carnet rouge que Marilyn Monroe a été assassinée. Elle a été tuée par une piqûre de barbiturique, alors qu'elle dormait sous l'effet des somnifères qu'elle avait pris. Pour moi, les coupables sont des dissidents fanatiques de la CIA, qui voulaient abattre les Kennedy.

Un journaliste pose la question qui est sur toutes les lèvres :

– Savez-vous où est le carnet rouge ?

– Je ne le sais pas encore, mais je le saurai bientôt...

Pourtant, le carnet rouge ne sera jamais retrouvé... Au contraire, à la suite des discours fracassants du détective, la police décide de réouvrir l'enquête. Et, le 29 décembre 1982, le procureur John Van de Kamp rend sa réponse dans un rapport de vingt-neuf pages : Marilyn Monroe est morte d'une surdose de barbituriques prise accidentellement, ou volontairement.

Mais cela ne suffit pas à clore l'affaire. Depuis la conférence de presse, l'intérêt du public est brusquement réveillé et les enquêtes de journalistes se multiplient. En 1983, Anthony Summers réalise une émission sur la mort de Marilyn, intitulée « Dis au revoir au président », selon l'expression étrange qu'elle avait employée, alors qu'il s'agissait de Robert Kennedy, lors de son dernier coup de fil à Peter Lawford. Summers interroge, entre autres, la gouvernante Eunice Murray, qui ne dit que des banalités. Mais dès que les caméras ont cessé de fonctionner et que les projecteurs se sont éteints, elle change de ton. Heureusement, les micros sont encore en marche. Elle s'adresse au journaliste :

– Pourquoi, à mon âge, dois-je ainsi continuer à dissimuler la vérité ?

Summers lui demande ce qu'elle veut dire.

– Eh bien, pendant toute cette période, cela ne m'a pas du tout surprise que les Kennedy comptent autant dans la vie de Marilyn. Je n'étais pas informée, mais j'étais témoin de ce qui arrivait. Bobby Kennedy était venu plusieurs fois chez elle.

– Et le jour de sa mort ?

– Oui, il est venu. Ils se sont disputés. Ils se sont même battus. C'est devenu si délicat que les gardes du corps ont dû s'interposer pour le protéger.

– Pourquoi ne l'avez-vous pas dit à la police en 1962 ?

– J'ai dit ce que je pensais qu'il fallait dire...

Quant à Robert Slatzer, dont Milo Spereglio a révélé l'existence, il a bien été l'éphémère mari de la star pendant cinq jours et il publie peu après un ouvrage, *Les derniers mois de Marilyn Monroe,* où il multiplie les révélations sensationnelles. Il raconte qu'il a rencontré le jeudi 9 août son exécutrice testamentaire, Inez Melson.

– Elle triait ce qui restait des papiers de Marilyn Monroe. Elle m'a dit que, lorsqu'elle est arrivée là, le dimanche matin, elle avait découvert le meuble classeur fracturé et que beaucoup des affaires personnelles de Marilyn avaient disparu.

Trois semaines plus tôt, à la mi-juillet 1962, Robert Slatzer était venu prendre Marilyn en voiture. En chemin, elle lui avait parlé de ses peurs et de ses souffrances. Après le gala d'anniversaire du président en mai, dont elle avait été la vedette, on lui avait brutalement interdit toute communication avec lui et la ligne privée sur laquelle elle l'appelait avait été coupée. De rage, elle avait téléphoné plusieurs fois à la Maison-Blanche pour avoir des explications. Rien n'y avait fait. Quant à Robert Kennedy, avec lequel elle avait une liaison, il avait rompu avec elle au même moment.

Elle avait sorti alors un carnet rouge de son sac. Robert Slatzer lui avait demandé ce que c'était.

– C'est mon carnet de secrets. Je veux que tu le lises.

Il l'avait feuilleté et avait découvert des notes sur les sujets qu'avait évoqués Milo Spereglio : le projet d'utiliser le syndicat du crime pour assassiner Fidel Castro, les essais nucléaires, les liens de Sinatra avec la pègre, l'enquête sur Jimmy Hoffa, le débarquement manqué de la baie des Cochons, à Cuba. Il lui avait demandé pourquoi elle avait écrit tout cela.

– Parce que Bobby aime parler d'affaires politiques et que je voulais pouvoir parler de ces choses qui l'intéressaient. Alors, je prenais des notes après nos conversations et ensuite j'en apprenais autant que je pouvais sur les sujets abordés pour pouvoir en parler intelligemment.

– Quelqu'un d'autre a vu ce carnet ?

– Personne. Mais je suis tellement en colère que je serais capable de convoquer une conférence de presse et de le montrer au monde entier pour que tout le monde sache qui sont vraiment les Kennedy.

Il avait tenté de l'en dissuader.

– Il est évident que Bobby ne veut plus continuer avec toi. Tu ferais mieux de l'oublier et de te concentrer sur ta carrière.

– Ce n'est pas facile, avait-elle répondu.

À peu de chose près, on en est encore là aujourd'hui. Depuis sa disparition, plus d'une centaine de livres sont parus sur Marilyn Monroe et la quasi-totalité concluent à un assassinat mettant en cause la famille Kennedy. Le suicide le plus célèbre de l'histoire du cinéma a toutes les apparences d'une affaire d'État.

Mais est-ce la vérité ? Il faut tenter de faire le point sans se laisser entraîner dans le sensationnel... Ce qui semble à peu près certain, c'est la liaison de Marilyn avec Robert Kennedy et avec John Kennedy lui-même, ce qui explique le temps mis par les témoins à prévenir la police. Après avoir constaté la mort de l'actrice, ses deux médecins et sa gouvernante n'ont pas « discuté » pendant quatre heures. Ils ont prévenu la police au plus haut niveau, peut-être la Maison-Blanche elle-même, et des spécialistes se sont rendus sur les lieux pour faire disparaître d'éventuels documents compromettants. On peut attribuer aussi à des ordres venus d'en haut la précipitation avec laquelle a été menée la totalité de l'enquête.

Mais le reste est totalement incroyable. On ne peut pas imaginer un seul instant que des hommes de l'envergure de John et de Robert Kennedy se soient laissés aller à confier des secrets d'État aussi explosifs à une jeune femme capable de tout révéler sous l'effet de l'alcool ou d'un moment de dépression. Le carnet rouge n'a pas été retrouvé parce qu'il n'a jamais existé. Ce n'était qu'une invention destinée à se faire de l'argent. Ce n'est pas lui que recherchaient les spécialistes envoyés dans la villa par la présidence, mais des traces éventuelles de la liaison des Kennedy avec l'actrice.

Et pour imaginer ce qui s'est réellement passé, il faut revenir à Marilyn Monroe, tout simplement...

Elle s'appelait Norma Jane Baker. Son père l'a abandonnée à sa naissance et sa mère, qui ne l'avait pas désirée, ne l'a jamais aimée. De plus, cette dernière était gravement déséquilibrée et a fini par mourir folle. Malgré cette lourde hérédité, Norma Jane a réagi et elle est devenue Marilyn Monroe, la star, la vamp, la déesse du cinéma.

Mais sur le plan personnel, qu'a-t-elle réussi ? En laissant de côté Robert Slatzer, aucun de ses trois mariages : ni le premier à seize ans, surtout destiné à l'affranchir de sa mère, ni celui avec Joe DiMaggio, le champion de base-ball, une union publicitaire creuse au possible, ni, enfin et surtout, celui avec le prestigieux auteur dramatique Arthur Miller. Pourtant, c'était un mariage d'amour, mais il a peut-être eu des conséquences plus dramatiques que les deux premiers. Avec les amis intellectuels de son mari, Marilyn ne pouvait qu'éprouver un terrible complexe d'infériorité.

Si encore de l'un ou de l'autre elle avait eu un enfant. Mais elle ne pouvait pas en avoir, et c'est sans doute ce qui l'a fait le plus souffrir...

Quand on est éblouissant à l'extérieur, la fragilité intérieure n'intéresse personne. Hollywood n'est pas tendre avec les monstres sacrés qu'il fabrique et Marilyn a été le plus éclatant d'entre eux. Cette vie, cette représentation perpétuelle, ce sourire obligé, elle a fini par ne plus les supporter. Au fil des années, elle avalait de plus en plus de barbituriques, buvait de plus en plus, et ce n'étaient pas les séances de psychanalyse du docteur Greenson qui pouvaient changer quoi que ce soit. Dans ces conditions, la rupture violente avec les deux frères Kennedy a été l'élément déclencheur, la goutte d'eau qui a fait déborder le vase.

Marilyn Monroe est morte seule parce qu'elle l'avait toujours été. Et si nous avons tant de mal à croire au suicide, c'est qu'inconsciemment nous ne l'admettons pas. Se suicider quand on est Marilyn, on n'a pas le droit, ce serait un crime. Alors il est tellement plus satisfaisant pour l'esprit que cela ait été un vrai crime !

Louis XVII

L'enfant du Temple

Le destin de Louis XVII est exceptionnel à double titre : d'abord, c'est une des plus grandes énigmes de l'histoire – huit cents livres, des milliers d'articles et plus d'une dizaine de films lui ont été consacrés –, ensuite parce qu'il n'y a rien de plus poignant que le sort de ce malheureux enfant, victime d'une situation dont il n'est en rien responsable.

Second fils de Louis XVI et Marie-Antoinette, Louis Charles naît le 27 mars 1785, sous les ors de Versailles. Il est baptisé par le cardinal de Rohan, le plus illustre prélat de France ; son parrain est le comte de Provence, futur Louis XVIII, et sa marraine la reine Marie-Caroline de Naples, sa tante maternelle. Mais comme dans les contes, à côté de tant de bonnes fées, la mauvaise est tapie, dans l'ombre : l'un des témoins qui ont signé le registre paroissial est Louis Philippe, duc d'Orléans, cousin de Louis XVI, qui prendra quelques années plus tard le nom de Philippe Égalité et votera la mort du roi…

Louis Charles passe sa petite enfance à Versailles, avec sa nourrice, Agathe de Rambaud. C'est un enfant fragile. Le médecin qui s'occupe de lui écrit : « Il a les nerfs délicats, le moindre bruit inattendu lui fait peur. Il a besoin pour sa santé d'être beaucoup à l'air. » Cela ne l'empêche pas de survivre à son frère aîné, Louis Joseph Xavier, qui meurt le 4 juin 1789, à Meudon, d'une tuberculose osseuse. Normalement, Louis Charles n'était pas né pour régner, mais le voici dauphin à quatre ans. Pour son malheur.

Les événements se précipitent. Un mois plus tard, c'est la prise de la Bastille. Trois mois plus tard encore, le 5 octobre 1789, la foule attaque le château de Versailles. Le gamin est ramené à Paris, avec le reste de la famille royale, terrorisé, pleurant de faim et de fatigue, et c'est l'installation aux Tuileries. Là, pourtant, tout semble s'arranger. Il est trop jeune pour comprendre ce qui se passe, ce qui lui donne le privilège de l'insouciance. Pendant deux ans, il vit la vie normale d'un petit prince. Il s'amuse dans les vastes jardins du palais, il court dans les allées, élève des lapins ; l'un d'eux le mord à la lèvre et il en garde une cicatrice caractéristique.

L'air de Paris semble même lui réussir. Toutes les personnes qui le voient alors évoquent « sa beauté, sa grâce, ses manières enjouées et engageantes ». Mais la situation politique va le rattraper. La famille royale décide de s'enfuir secrètement. Dans la nuit du 20 au 21 juin 1791, il est réveillé par la femme de chambre et habillé en fille. Après un long voyage en berline, c'est l'arrestation à Varennes et le retour à Paris, qui dure quatre jours, sous une chaleur accablante, au milieu d'une foule qui se déchaîne contre sa mère, « l'Autrichienne ».

Il y a encore un an de répit et c'est le dernier acte qui commence pour l'enfant royal, alors âgé de sept ans. Le 20 juin 1792, les Tuileries sont envahies et les Gardes suisses qui défendent le château massacrés. Il est arrêté avec sa famille et incarcéré au Temple, le 13 août. Ils sont tous logés dans la grande tour. Au premier étage se tient le corps de garde, au deuxième, le roi et son domestique Cléry, au troisième Marie-Antoinette, sa belle-sœur Madame Élisabeth, tante du dauphin, Marie-Thérèse, sa sœur aînée, et lui-même.

Il est transféré le 25 octobre dans la cellule de son père. Il apprécie le changement. Le roi supporte mieux la situation que sa mère, sa tante et sa sœur ou, du moins, il fait semblant. Louis XVI lui donne des leçons de géographie et d'orthographe, il lui fait faire aussi de petits travaux manuels, pour lesquels il a toujours eu beaucoup de goût. À la mi-novembre, Louis Charles tombe malade, le médecin diagnostique une crise de foie sans gravité. Mais le 11 décembre, nouveau bouleversement dans l'existence du jeune garçon : il est confié à sa mère, car le procès de Louis XVI commence.

Le 20 janvier 1793, ce dernier revoit sa famille, pour lui annoncer son exécution et lui faire ses adieux. Cette scène dramatique bouleverse l'enfant, mais ce qui se passe le lendemain est presque aussi impressionnant pour lui. Lorsque, au loin, des salves d'artillerie saluent la décapitation du roi, il voit sa mère faire un geste extraordinaire : elle s'agenouille à ses pieds et incline la tête. Car, désormais, sans qu'il en ait conscience, tout est changé pour lui. Pour ses partisans, pour les Vendéens, qui s'apprêtent à prendre les armes, pour les émigrés et les puissances étrangères, il est Louis XVII, roi de France. Pour les révolutionnaires, au contraire, il devient une menace permanente, car, comme le dit Chaumette, procureur de la Commune : « Charles Ier d'Angleterre est mort sur l'échafaud, mais son fils est monté sur le trône. »

Ces tragiques événements ne semblent pourtant pas l'avoir trop affecté physiquement. Il est toujours beau, avec ses yeux bleus, ses cheveux blonds en frange sur le front, qui lui descendent jusqu'à la nuque. Mais il est de petite taille : trois pieds, deux pouces, soit moins d'un mètre à huit ans... Il reste six mois encore avec sa mère, sa sœur et sa tante. Les conditions de détention sont bonnes. Le confort ne manque pas, il y a une baignoire, la nourriture est abondante et sa garde-robe convenable. Il joue au trictrac, aux dominos et au clavecin. En mai, il tombe malade trois semaines d'une sorte de fièvre, mais il est soigné et guérit. Au printemps, sa mère réussit à avoir des contacts avec l'extérieur et complote pour s'évader.

La tentative est découverte et les autorités prennent des mesures. Le 3 juillet 1793, à dix heures du soir, les commissaires font irruption dans la cellule et l'emmènent. Il est désormais confié à la garde d'un couple, Antoine Simon, savetier, et sa femme Marie-Jeanne, et installé chez eux, dans l'enceinte du Temple, au bas de la grande tour.

Simon entreprend, selon ses termes, de « transformer le fils Capet en véritable sans-culotte ». Il lui apprend *La Marseillaise,* le *Ça ira, La Carmagnole* et les lui fait chanter sous la fenêtre de sa mère. Il lui fait boire de l'alcool jusqu'à ce qu'il soit ivre mort. Dans ces conditions si particulières, Louis Charles acquiert une étonnante gravité, tout en gardant ses côtés enfantins. Quand, le 7 juillet 1793, il reçoit la visite de quatre commissaires, il leur demande :

– Quelle loi permet de séparer un enfant de sa mère ?

Et il retourne jouer avec ses pigeons, ses poulets et ses fleurs... Hébert, l'homme fort de la Commune, lui fait peur. Il lui montre la cellule de sa mère, sa sœur et sa tante et s'écrie :

– Comment ! Ces sacrées putains-là ne sont pas guillotinées ?

Un peu plus tard, alors que se prépare le procès de Marie-Antoinette, on lui fait signer une déposition selon laquelle il a eu « des gestes indécents nuisibles à sa santé, témoignage des habitudes pernicieuses instruites par sa mère et sa tante ». D'après le même document, que l'enfant signe, soit sans comprendre, soit terrorisé, sa mère aurait eu une fois un rapport sexuel avec lui.

En décembre 1793, il a « un épisode vermineux sans scrofule », peut-être une atteinte de tuberculose, mais il est certain que le froid, les liqueurs et les épreuves morales ont atteint son organisme... Ce n'est pourtant pas le pire. Avec l'aggravation de la situation, la guerre civile en Vendée et la guerre étrangère, les autorités craignent que les royalistes l'enlèvent et elles décident des mesures radicales. Le 19 janvier 1794, il est retiré au couple Simon. Quatre commissaires viennent le voir, constatent qu'il est en bonne santé et les Simon reçoivent une « décharge définitive ». Pour l'enfant, c'est le début de l'enfer.

On procède à son « emmurement ». Des travaux l'isolent complètement du monde, on pose des cadenas, des grillages. Il est enfermé dans une pièce, dont il ne sort jamais. Sa nourriture lui est servie à travers un guichet, personne ne lui parle ni ne lui rend visite. Il n'a pas d'eau pour se laver et presque pas d'air. Ses besoins naturels ne sont pas évacués, il règne une odeur infecte. Il est rongé par la gale et vit accroupi, au milieu des poux et des punaises. Cela dure six mois, jusqu'à la chute de Robespierre, le 9 thermidor (27 juillet 1794).

Après le 9 thermidor, Barras, le nouveau responsable, vient lui rendre visite. Il le trouve « les yeux ouverts et hagards, portant un gilet et un pantalon de drap gris, étroit, serré sur des genoux très gonflés ». Le visage est livide, l'appétit nul, le sommeil inexistant. Barras nomme un nouveau geôlier, Laurent, un créole, qui prend des mesures libérales : il ordonne qu'on nettoie sa chambre, lui permet de se promener dans le jardin et l'autorise à voir sa sœur, mais le Comité de Sûreté générale s'oppose à cette dernière mesure : les enfants royaux ne doivent pas communiquer entre eux.

En janvier 1795, l'état de l'enfant s'aggrave. Un témoin le décrit ainsi : « Courbé et accroupi, bas retroussés, une tumeur au genou et une au bras, dans l'impossibilité de se redresser et ayant le cou rongé de gale. » Il répète, en outre, sans cesse :

– Je veux mourir...

De janvier à juin 1795, deux cent vingt-deux commissaires officiels se rendent au Temple. Ils voient un enfant « au teint plombé et à l'air languissant, rachitique, aux jambes, aux cuisses et aux bras longs et maigres, au buste très court, aux épaules hautes et renversées, portant un habit à la matelot de drap ardoise, avec un bonnet de coton blanc, qui cache ses cheveux blonds ».

Début mai, Louis Charles est pris d'une grave indisposition. Le docteur Desault est appelé. Il découvre, effaré, « un enfant idiot, mourant, victime de la misère la plus abjecte, abruti par les traitements les plus cruels ». Il prescrit l'aération de sa chambre, ce qui semble porter ses fruits, mais il est trop tard.

Le 7 juin 1795, son état s'aggrave encore. Il est pris de vomissements et de coliques. Le 8 juin, plusieurs médecins constatent « un pouls déprimé, un ventre tendu et douloureux ». Son état ne cesse d'empirer. Au début de l'après-midi, des sueurs froides apparaissent. Il fait signe à son gardien Gomin qu'« un besoin le tourmente » et il meurt au moment où ce dernier le soulève.

Tel est le martyre qu'a subi l'enfant du Temple, jusqu'à sa mort, à l'âge de dix ans, après trois ans de captivité... Le 9 juin à 14 heures, un délégué de la Sûreté générale annonce à la Convention « la mort du fils Capet, le 20 prairial an IV ». Au même moment, quatre médecins autopsient « le corps qu'on dit être celui du défunt Louis Charles Capet ». Ils trouvent « un vice scrofuleux, qui existait depuis longtemps et qui serait à l'origine de la mort ». En fait, l'enfant est vraisemblablement mort d'une tuberculose généralisée.

On saura plus tard qu'au cours de l'autopsie l'un des médecins qui ont officié, le docteur Philippe-Jean Pelletan, a prélevé le cœur et l'a emporté, tandis qu'une autre des personnes présentes, le commissaire Damon, lui a coupé une mèche de cheveux. Ces deux actes ont été faits à leur initiative personnelle et clandestinement…

Mais celui qu'on a autopsié était-il bien Louis XVII ? Le moins qu'on puisse dire, c'est qu'un doute subsiste. Les circonstances de sa mort ne sont pas claires et il en est jugé ainsi à l'étranger. Le ministre des Affaires étrangères autrichien proclame : « Il n'existe, au vrai, aucune certitude du décès du fils de Louis XVI. » Et, à part la Russie, aucun pays ne reconnaît le comte de Provence, frère cadet du roi, comme son successeur, sous le nom de Louis XVIII. Pour les puissances européennes, jusqu'à preuve du contraire, le roi de France est toujours Louis XVII.

Deux jours plus tard, un arrêté du Comité de Sûreté générale ordonne de « donner sépulture au fils de Louis Capet ». Son acte de décès mentionne : « Louis Charles Capet, fils de Louis Capet, dernier roi des Français et de Marie-Antoinette d'Autriche. » Il est enterré vers 9 heures du soir, au cimetière Sainte-Marguerite. On ne retrouvera jamais sa tombe et il a, selon toute évidence, été mis dans la fosse commune. Des ossements seront dégagés au XIXe siècle et un moment pris pour les siens, mais ils proviennent de plusieurs squelettes, dont le crâne d'un jeune adulte d'au moins dix-huit ans.

La vie de l'enfant du Temple, Louis XVII pour les royalistes, s'est achevée mais le mystère commence. Il va durer deux siècles et prendre des dimensions extraordinaires. Il y a quatre hypothèses :

– Le récit qui vient d'être fait est totalement authentique, Louis XVII est mort au Temple, le 8 juin 1795.

– Louis XVII est bien mort au Temple, mais plus tôt, début janvier 1794, peu avant le remplacement des Simon.

– Louis XVII s'est évadé et il s'agit d'un des prétendants qui se sont manifestés par la suite.

– Louis XVII s'est évadé, mais il n'a pas donné signe de vie, il a vécu et il est mort anonymement...

C'est en 1800 que le mot « évasion » est prononcé pour la première fois, à l'occasion d'un roman à succès : *Le Cimetière de la Madeleine.* Le scénario aurait été le suivant : Louis Charles serait parti dans une charrette de linge et on aurait amené à sa place, dans un cheval de bois, un enfant rachitique et scrofuleux promis à une mort rapide. La substitution aurait eu lieu au départ des Simon, le 19 janvier 1794.

Tout le monde est, en effet, d'accord sur un point : tant que les Simon le gardent, il s'agit bien de Louis XVII. Il se comporte comme quelqu'un qui a reçu l'éducation d'un prince (« On n'a pas le droit de séparer un enfant de sa mère »). Et lorsque son geôlier lui fait chanter des chants révolutionnaires sous les fenêtres de la prison, c'est bien sa voix que sa mère, sa tante et sa sœur reconnaissent.

Mais après, à partir de son enfermement, plus personne n'a de contact réel avec lui. Comme l'a écrit Alain Decaux : « Pour enfermer un enfant tout seul, il faut une raison et, cette raison, c'est de l'enlever. C'est là le début de l'énigme. » À partir de ce moment, on est en présence d'un garçon hébété et malingre, totalement métamorphosé par rapport à ce qu'il était avant ; même ses beaux cheveux blonds sont cachés par un bonnet. Il aurait donc été remplacé par un enfant débile et mourant.

Notons que plusieurs historiens ont tiré argument de ces faits pour affirmer non seulement que le dauphin se serait évadé, mais qu'il serait mort plus tôt que la date officielle. (C'est la deuxième des hypothèses que nous évoquions.) Georges Bordonove, en particulier, développe cette thèse, dans son *Louis XVII et l'énigme du Temple.* Sa mort, qui aurait eu lieu entre le 1er et le 3 janvier

1794, aurait entraîné la révocation de Simon et le remplacement par un enfant décédé le 8 juin 1795.

Mais c'est l'hypothèse de l'évasion qui a réuni le plus de partisans. Les craintes qu'avaient les autorités à ce sujet n'étaient pas illusoires. Il est établi que de nombreuses personnes ont voulu enlever l'enfant, tant parmi les royalistes (lady Atkins, le comte de Puisaye) que parmi les républicains (Barras). En outre, Marie-Jeanne, la veuve d'Antoine Simon, guillotiné avec Robespierre, a confirmé, en 1805, que le petit prisonnier s'était bien évadé. Mais elle était alors hospitalisée comme folle à l'hospice des Incurables. Bien qu'interrogée à plusieurs reprises, elle est morte en 1819 sans avoir apporté de preuve à ses dires...

Tant que durent la Révolution et l'Empire, le sujet reste tabou. La vérité officielle est que le dauphin est mort le 8 juin 1795 et il n'est pas question de la remettre en cause. Mais il n'en est évidemment pas de même sous la Restauration. L'une des priorités du nouveau pouvoir royaliste est de savoir ce qui s'est réellement passé. Une première enquête est décidée en janvier 1815. Interrompue par les Cent-Jours, elle est reprise en mars 1816. On tente, en premier lieu, de trouver le corps de l'enfant, ce qui mettrait évidemment un point final à l'affaire. Mais les différentes recherches effectuées dans le cimetière Sainte-Marguerite ne donnent rien. Le mystère en sort renforcé.

D'autant que le comportement des autorités et même de la famille royale est étonnant. À l'initiative de Louis XVIII, les dates anniversaires de l'exécution de Louis XVI et de Marie-Antoinette sont décrétées journées de deuil national, mais pas le 8 juin. Est-ce que cela signifierait que le roi et son gouvernement ne croient pas à la mort de Louis XVII ?

En attendant, l'enquête suit son cours et l'une des premières pistes conduit fort loin de France, jusqu'en Amérique. Barras, interrogé, prétend qu'il a fait procéder à la substitution de Louis XVII par un enfant incurable, le 25 août 1794, avec la complicité du geôlier créole Laurent. Par la suite, ce dernier l'aurait conduit chez lui, à Haïti. Là, l'enfant aurait été confié, à Port-au-Prince, à une dame Rolland de la Toste, chez laquelle il aurait vécu jusqu'au 17 septembre 1803, date de sa mort, au cours d'une révolte des Noirs de la ville.

Toujours selon cette version, son corps aurait été inhumé le lendemain, au cimetière des Marisques, sous une pierre portant le seul prénom Louis Charles et les dates de sa naissance et de sa mort. Malheureusement, toutes les recherches à ce sujet ont été négatives. Il n'y a nulle trace de ce décès, pas plus que de l'existence d'une dame Rolland de la Toste. Bien plus, le cimetière des Marisques est inconnu et il n'y a pas eu de révolte des Noirs le 17 septembre 1803.

Il faut donc en revenir aux autres pistes, c'est-à-dire aux prétendants, et ils sont nombreux... En 1796, ils sont déjà deux à affirmer qu'ils sont Louis XVII et il y en aura en tout une centaine !

Tous écrivent à la sœur du petit prisonnier, Marie-Thérèse, pour lui annoncer la nouvelle et faire valoir leurs droits. Cette dernière, entre parenthèses, a eu plus de chance. Six mois après la mort de son frère, le 19 décembre 1795, jour de ses dix-sept ans, elle a quitté le Temple pour l'Autriche, échangée contre des prisonniers français. Par la suite, « l'orpheline du Temple » s'est mariée avec son cousin Louis, duc d'Angoulême, et a mené la vie dorée d'une princesse royale. Il faut remarquer qu'à la différence de beaucoup, elle restera toujours persuadée de la mort de Louis Charles et refusera d'avoir le moindre contact avec les prétendants...

Jean-Marie Hervagault se manifeste le premier, en septembre 1796, un peu plus d'un an après le décès officiel du prisonnier du Temple. Arrêté pour vagabondage dans la région de Cherbourg, il est officiellement le fils de Jean-François Hervagault et Jeanne Bigot, dentellière à Versailles. Mais il est, en fait, le fils naturel du duc de Valentinois, qui a séduit sa mère et l'a mariée à Hervagault. Jean-Marie affirme être Louis XVII et parvient à en convaincre plusieurs personnes. Il meurt en 1818, dans la prison de Bicêtre, en maintenant jusqu'au bout ses affirmations.

Mathurin Bruneau a suscité beaucoup d'intérêt de la part de Fouché, ministre de la Police, ce qui confère quelque crédibilité à son histoire. Il est arrêté, lui aussi pour vagabondage, en décembre 1815, avec un passeport américain au nom de Charles de Navarre, mais on finit par apprendre que son vrai nom est Mathurin Bruneau, fils d'un sabotier, né en 1874, à Vezins. Cela ne l'empêche pas d'avoir eu de nombreux partisans dans l'aristocratie. Il meurt dans la prison du Mont-Saint-Michel le 26 avril 1822.

Claude Perrin est arrêté en 1820, à Modène, sous le nom de Bourbon, alors qu'il se prétend Louis Charles de France. Libéré, il est de nouveau arrêté en 1833 et écroué à Sainte-Pélagie. Il prétend avoir quitté le Temple dissimulé dans une corbeille de linge. Soutenu par plusieurs journaux et par certaines hautes personnalités, il est même invité par le pape après sa libération. Il meurt à Gleizé, chez sa protectrice, la comtesse d'Apchier.

Il n'est pas question de passer en revue tous les prétendants et il faut en venir sans plus attendre au principal d'entre eux... Karl Wilhelm Naundorff, né en 1785, fait pour la première fois parler de lui en France, dans un article du *Constitutionnel*, d'août 1831 : « Le fils de Louis XVI, Louis Charles de France, réside à Crossen, près de Francfort-sur-l'Oder. Il écrit sa vie et ses souffrances qu'il va bientôt faire imprimer. »

Cette annonce suscite la curiosité qu'on imagine, mais il faut attendre deux ans pour que l'intéressé vienne à Paris. Bien qu'il parle mal le français et avec un fort accent allemand, il est immédiatement pris au sérieux, car il est confronté à plusieurs témoins, et non des moindres, qui le reconnaissent formellement. En premier lieu, par Agathe de Rambaud, la nourrice puis gouvernante de Louis XVII. Celle-ci a réussi à émigrer en 1792. Elle est rentrée à la Restauration et vit d'une pension que lui verse l'État.

Elle est mise en présence de Naundorff le 17 août 1833. Elle est certainement la personne vivante qui a le mieux connu le jeune Louis Charles, car elle l'a accompagné dans toute son enfance, tant à Versailles qu'aux Tuileries. Elle n'a été séparée de lui qu'au moment de l'emprisonnement au Temple... En découvrant Naundorff, elle remarque qu'il porte à la lèvre la même morsure que celle qu'avait faite à l'enfant un lapin qu'il élevait. Elle demande à voir son bras gauche et constate qu'il porte, comme le prince, les traces en forme de triangle d'une inoculation qu'on lui a faite à l'âge de deux ans et demi.

La conversation s'engage. Agathe de Rambaud est impressionnée par la connaissance qu'a son interlocuteur des détails de la vie à la cour. Mais elle a imaginé une épreuve. Elle a emporté avec elle un petit vêtement bleu ayant appartenu au dauphin. Elle le sort et le montre à Naundorff :

– Peut-être vous souviendrez-vous dans quelle circonstance vous l'avez mis aux Tuileries ?

Naundorff l'examine quelques instants et hoche la tête.

– Oh, je le reconnais bien. Mais ce n'était pas aux Tuileries, c'était à Versailles, pour une fête. Et je ne l'ai plus porté depuis, car il me gênait.

C'est l'exacte vérité ! À ces mots, Mme de Rambaud éclate en sanglots, se met à genoux et s'écrie :

– Il n'y a que mon prince qui puisse me dire cela !

Le résultat de cet entretien fait sensation et, alors que jusqu'à présent les soi-disant Louis XVII ne suscitaient que le scepticisme, Karl Wilhelm Naundorff devient du jour au lendemain l'objet de l'intérêt général. D'autant que, outre Mme de Rambaud en tout cinquante-deux témoins qui ont connu Louis XVII enfant reconnaissent le prétendant allemand ; parmi eux, Jean-Baptiste Brémond, le secrétaire particulier de Louis XVI, qui fut un intime de la famille royale.

Fort de ces résultats, Naundorff demande une entrevue à la duchesse d'Angoulême, sœur du dauphin, qui vit en Autriche. Elle refuse de le voir, accepte quand même d'accueillir un envoyé, mais c'est pour déclarer à celui-ci qu'elle « ne croit pas du tout à son histoire ».

Karl Wilhelm Naundorff ne se décourage pas et fait publier le détail de son évasion. Elle serait due à Laurent, le gardien créole de Louis XVII de juillet 1794 à fin mars 1795. Ce dernier aurait agi en complicité avec Barras. Un enfant malade aurait été substitué au prisonnier qui est resté caché quelque temps dans les oubliettes du Temple, avant de pouvoir sortir le 3 mars 1795.

Ce récit, même s'il n'est pas nouveau, est tout à fait vraisemblable et convainc de nombreuses personnes, mais toujours pas la duchesse d'Angoulême, qui se montre plus intraitable que jamais. Alors Naundorff se fâche. En juin 1836, il délivre à cette dernière une assignation en restitution de l'héritage paternel. Mal lui en prend. C'est plus que ne peut en supporter le gouvernement qui l'expulse sur-le-champ. Naundorff se réfugie en Angleterre.

Là, il publie ses mémoires sous le titre *Histoire des infortunes du dauphin, fils de Louis XVI*. Mais pour faire valoir ses prétentions, il dépense beaucoup et se retrouve en prison pour dettes. À sa sortie, il est de nouveau expulsé et prend le chemin des Pays-Bas. Il meurt peu après à Delft, le 10 août 1845. Il a pourtant, avant de mourir, la satisfaction de voir le roi de Hollande en personne reconnaître ses prétentions. L'officier d'état civil accepte de mentionner sur l'acte de décès « Louis Charles de Bourbon, ayant été connu sous le nom de Karl Wilhelm Naundorff, né au château de Versailles, en France, le 27 mars 1785, décédé à Delft, le 10 août 1845 ». De même, sur sa tombe, sa famille reçoit l'autorisation d'inscrire : « Ici repose Louis XVII, roi de France et de Navarre. »

Pour expliquer l'attitude assez étonnante des autorités hollandaises, il faut noter qu'elles sont alors en conflit ouvert avec la France à propos de la Belgique, qui vient d'accéder à l'indépendance. Au XXe siècle d'ailleurs, la famille royale tiendra à mettre les choses au point, par la bouche du prince consort Henri, époux de la reine Wilhelmine, précisant que « ni la cour ni le gouvernement hollandais n'ont jamais reconnu les prétentions de Karl Wilhelm Naundorff ».

Toujours est-il qu'à la suite de son décès ses descendants prennent le nom de Bourbon et peuvent compter des partisans dans le monde entier… Un siècle plus tard, en pleine Seconde Guerre mondiale, ils remportent, d'ailleurs, une victoire de taille. En 1943, l'historien André Castelot soumet au docteur Locard, directeur du laboratoire de police de Lyon, une boucle de cheveux du dauphin, propriété de l'abbé Ruiz, ainsi qu'une mèche de Naundorff, qui lui a été remise par le baron de Genièvre. Le résultat de l'expertise est impressionnant : les deux échantillons comportent la même excentration du canal médullaire, un caractère jugé très rare par l'expert lyonnais.

Mais une contre-expertise a lieu quelques années plus tard. Les descendants de Naundorff acceptent que son cercueil soit ouvert, sous l'autorité du docteur Hulst, médecin expert auprès des tribunaux hollandais. Une seconde mèche de cheveux est prélevée et envoyée au docteur Locard, qui la compare à nouveau avec les cheveux du dauphin. Il rend ses conclusions le 4 mai 1951 : les cheveux ne présentent pas l'excentrement médullaire caractéristique. Ils n'ont rien donc de commun avec la première mèche, ni avec les cheveux de Louis XVII. C'est un grave revers pour les partisans du prétendant allemand.

Et la cause de Naundorff va s'effondrer définitivement avec l'apparition des méthodes scientifiques modernes. En 1998, avec l'autorisation de ses descendants et à l'initiative de l'historien hollandais Hans Petrie, l'ADN extrait de son squelette est comparé avec celui des cheveux de Marie-Antoinette et de ses descendants en ligne féminine, la reine Anne de Roumanie et le prince André de Bourbon-Parme. L'analyse est réalisée par les équipes du professeur Jacques Cassiman, de l'université de Louvain, en Belgique, et du docteur Olivier Pascal, du CHU de Nantes. Le résultat est sans appel : l'ADN n'est pas le même, Karl Wilhelm Naundorff n'était pas Louis XVII.

Mais si le plus sérieux des prétendants se trouve ainsi écarté, cela ne résout pas entièrement le problème. Les circonstances de la mort du dauphin restent troubles, en particulier cet enfermement qui permettait toutes les manigances. Une substitution a pu se produire et l'enfant peut avoir été un des autres prétendants, ou bien encore, ainsi qu'il a été envisagé, il peut avoir vécu et être mort anonymement. Quoi qu'il en soit, un point d'interrogation demeure…

Telle est du moins la conclusion à laquelle on pouvait aboutir jusqu'à une époque récente. Mais c'est alors qu'une histoire extraordinaire va tout changer : celle du cœur de Saint-Denis.

Ce qui rend cette affaire très délicate, c'est l'absence du corps de Louis XVII. Les fouilles dans le cimetière Sainte-Marguerite n'ont rien donné, il a été mis à la fosse commune et on n'en retrouvera rien.

Pas tout à fait, pourtant. Car il y a eu l'autopsie et, souvenez-vous, il y a eu ce geste du docteur Philippe-Jean Pelletan, qui a prélevé subrepticement le cœur de l'enfant. Or, dans le courant des années 1990, il existait dans la basilique de Saint-Denis, où sont enterrés les rois de France, une urne contenant un cœur réputé être celui de Louis XVII.

En 1998, Philippe Delorme, historien spécialiste de Louis XVII, est allé trouver le professeur Cassiman, qui venait de procéder à la comparaison d'ADN entre Naundorff d'une part et Marie-Antoinette et sa descendance de l'autre. Il lui a demandé s'il pouvait faire la même analyse avec le cœur de Saint-Denis. Le praticien lui a répondu que la chose était sans doute possible, mais qu'il ne procéderait à l'examen que si l'authenticité de la relique était prouvée. Philippe Delorme s'est alors livré à un long travail de recherche et a fait paraître ses conclusions dans son livre *Louis XVII, la vérité*. Le public a pu découvrir alors l'histoire du cœur de Saint-Denis un véritable roman, qui n'est pas ce qu'il y a de moins étonnant dans l'affaire Louis XVII...

De retour chez lui, le soir du 10 juin 1795, le docteur Pelletan place le cœur dans un vase de cristal rempli d'alcool et le cache derrière les livres de sa bibliothèque. Dix ans plus tard, l'alcool s'est évaporé, le cœur a séché et le docteur le range dans un tiroir de son bureau, parmi d'autres pièces anatomiques. Vers 1810, un de ses élèves vole la relique mais, tuberculeux, meurt deux ans plus tard. Il avoue son vol sur son lit de mort et sa femme rend le cœur à son propriétaire.

En 1814, à la Restauration, le docteur Pelletan, qui a des sympathies royalistes, veut restituer la relique à la famille royale. Il va trouver la duchesse d'Angoulême, sœur de Louis XVII. À aucun moment, celle-ci n'a douté de la mort de son frère et elle tient le cœur pour authentique. Mais les Cent-Jours interrompent la discussion. Lorsque les Bourbons reviennent au pouvoir, Pelletan est accusé de s'être compromis avec Napoléon et il lui est interdit d'entrer en contact avec la famille royale. Alors, le 23 mai 1828, il remet le cœur à l'archevêque de Paris, Mgr de Quelen. Il meurt l'année suivante.

En 1830, lors de la révolution de Juillet, les Parisiens saccagent l'archevêché. Un ouvrier imprimeur, Lescroart, s'empare de l'urne, qu'il veut rendre au fils de Pelletan, Philippe-Gabriel, lui-même médecin. Mais un autre émeutier lui dispute sa prise, l'urne se brise et un mouvement de foule les empêche de rester sur place. Une semaine plus tard, Lescroart revient avec Philippe-Gabriel Pelletan et ils retrouvent par miracle le cœur traînant par terre. Le fils Pelletan, qui l'a vu souvent, le reconnaît formellement.

La relique reste la possession des Pelletan jusqu'en 1895. Le 22 juin, pour le centenaire de la mort de Louis XVII, la famille la remet à don Carlos, duc de Madrid, descendant des Bourbons et prétendant à la couronne de France. Il l'emporte au château de Froshdorf, en Autriche, où il vit. En 1942, la fille de don Carlos, Béatrice, princesse Massimo, fuyant la guerre, l'emporte à Rome. Enfin, le 10 avril 1975, les quatre filles de la princesse Massimo remettent à leur tour le cœur au duc de Bauffremont, président du mémorial de France à Saint-Denis.

Telle est l'incroyable odyssée de la relique, qui a traversé intacte deux siècles d'histoire de France et une partie de l'Europe. Convaincu de son authenticité, le professeur Cassiman accepte de procéder à l'analyse. Un prélèvement est pratiqué le 15 décembre 1999 par son adjointe, le docteur Jehaes. Celle-ci confirme qu'il s'agit du cœur d'un enfant entre huit et douze ans. On distingue, en outre, un fragment d'aorte coupé à deux centimètres de son origine. Or on ne pratique jamais ainsi quand on prélève un cœur : on coupe à ras, et ce travail bâclé correspond tout à fait à un acte clandestin accompli à la hâte. En outre, le fils du docteur Pelletan avait décrit ce détail en 1830.

Le docteur prélève un centimètre cube de cœur à la scie, car les tissus déshydratés sont aussi durs que du béton. Paradoxalement, la momification a conservé les gènes. Il faut quand même un long et complexe traitement biochimique pour parvenir à un échantillon exploitable. Parallèlement, une autre analyse est pratiquée par l'équipe du professeur Bernd Brikmann, à Münster, en Allemagne, et selon des méthodes différentes. Les résultats sont proclamés au musée de l'Histoire de la médecine, à Paris, le 19 avril 2000. Ils sont identiques et sans appel : on peut affirmer de manière formelle que l'enfant à qui a appartenu ce cœur était apparenté à Marie-Antoinette.

Les partisans de l'évasion font quand même une dernière tentative : ce cœur ne serait pas celui de Louis XVII, mais celui de son frère aîné, le premier dauphin, mort en 1789. Il est vrai que son cœur avait été embaumé et placé dans une urne. Il avait été porté au Val-de-Grâce et avait disparu dans le saccage de l'abbaye, pendant la Révolution. Mais, conformément aux usages, il avait été lavé, ouvert, rempli d'aromates et entouré de bandelettes. Alors que le cœur analysé n'a subi aucun traitement de ce genre ; au contraire, il a été coupé n'importe comment, avec une partie de l'aorte. D'autre part, sa trace a été parfaitement établie.

Cette authenticité démontrée, l'urne funéraire contenant le cœur du dauphin, la seule partie qui reste de lui, a été placée, le 8 juin 2004, dans la chapelle des Bourbons de la basilique Saint-Denis, lors d'une cérémonie présidée par son plus proche descendant, le prince Louis de Bourbon. Cette fois, c'était bien fini : Louis XVII, le petit prisonnier du Temple, pouvait dormir en paix.

Le Triangle des Bermudes

Où sont-ils tous passés ?

Pour les soldats américains cantonnés dans la base aérienne de Fort Lauderdale, en cette fin 1945, cette affectation a des allures de grandes vacances. D'abord parce qu'on est en Floride et qu'il fait toujours beau, même en hiver. Par exemple, ce 5 décembre, la météo du camp a annoncé dans son bulletin quotidien : « Température 18°C, temps clair avec quelques nuages, vent modéré. » Mais surtout parce que la guerre est finie. Pour tous ces hommes qui reviennent des combats du Pacifique ou du débarquement de Normandie et de la campagne de France, le cauchemar est terminé. Pendant des mois et des mois, ils ont risqué leur peau, ils ont tué et vu mourir leurs camarades. Maintenant, ils n'ont plus à exécuter que les missions de routine qu'on accomplit en période de paix, tant pour entretenir le matériel que pour entraîner les pilotes. On aurait presque envie de dire : pour passer le temps.

Ainsi la mission de ce jour, mise au point par le commandant Lindsay, responsable de la base de Fort Lauderdale, et qui a reçu le nom de code de « Patrouille 19 ». Il s'agit d'aller en ligne droite vers l'est, en direction des Bermudes, pendant cent soixante milles, de découvrir et détruire la cible, une coque de navire vide, de prendre ensuite le cap nord pendant quarante milles et revenir à Fort Lauderdale.

La patrouille elle-même est composée de cinq bombardiers TMB 3 Avenger, équipés de torpilles. Chaque appareil est commandé par un officier pilote et comprend deux hommes d'équipage. L'ensemble est placé sous les ordres du lieutenant Charles Taylor, un vétéran du Pacifique, officier expérimenté s'il en fut. Bref, avec une météo pareille, il s'agit d'une balade de quelques heures au-dessus d'une mer bleu turquoise, du tourisme en quelque sorte…

Il est 14 heures. Le premier bombardier, celui du lieutenant Taylor, décolle et les quatre autres se succèdent jusqu'à 14 h 10. Depuis la tour de contrôle, le commandant Lindsay les regarde partir sans émotion particulière. Lui aussi a exercé un dur commandement pendant la guerre et, chaque fois que ses pilotes s'envolaient, il savait que plusieurs risquaient de ne pas revenir. Ces temps-là sont révolus, heureusement…

15 h 15. Conformément à sa mission, la Patrouille 19 a fait cent soixante milles à l'est, repéré et détruit son objectif. Elle a ensuite volé pendant quarante milles au nord et a pris le cap de Fort Lauderdale. Tout s'est passé on ne peut plus normalement, avec même un peu d'avance sur l'horaire prévu. C'est alors que le radio de la tour de contrôle fait un signe au commandant Lindsay.

– Il se passe quelque chose avec la Patrouille 19, commandant.

Le radio branche le haut-parleur permettant d'entendre les conversations et le commandant perçoit, au milieu d'un fort grésillement, une voix lointaine.

– Ici, lieutenant Taylor. C'est un cas d'urgence. Nous semblons avoir dérivé de notre route. Nous n'apercevons pas la terre… Je répète : nous n'apercevons pas la terre…

– Quelle est votre position ?

– Nous ne sommes pas sûrs de notre position. Nous ne savons pas exactement où nous nous trouvons. Nous sommes perdus.

Le commandant connaît parfaitement la mission, il l'a mise au point lui-même. Comme tout s'est déroulé conformément à ses instructions, il ne peut pas y avoir d'erreur. Il s'empare du micro :

– Vous faites forcément route vers le sud-ouest !

La réponse est moins inquiétante par son contenu que par le ton sur lequel elle est prononcée. Le lieutenant Taylor parle d'une voix étrange, presque détachée :

– Je ne sais pas où se trouve le sud-ouest... Quelque chose ne tourne pas rond. C'est bizarre, nous ne sommes sûrs d'aucune direction. Même la mer paraît bizarre...

Le commandant Lindsay sent brutalement la peur l'envahir.

– Qu'entendez-vous par « bizarre » ? Allô ? Qu'entendez-vous par « bizarre » ? Répondez, Patrouille 19...

Mais la Patrouille 19 ne répond pas. Dans le haut-parleur, seuls des grésillements se font entendre. Le commandant s'égosille :

– Allô, Taylor ! Allô, répondez !

Cela dure plusieurs minutes. Enfin une voix lointaine, beaucoup plus lointaine que la précédente... Ce n'est pas celle du lieutenant Taylor et elle ne s'adresse pas à la tour de contrôle. C'est le pilote d'un des avions qui parle à l'un de ses compagnons.

– Tu sais où nous sommes ? J'ai perdu le cap...

Une autre voix lui répond :

– Mes compas sont hors d'usage. Je ne comprends rien. Je n'ai jamais vu ça...

La situation est grave. Le commandant Lindsay s'adresse au radio :

– Déclenchez l'alerte ! Faites partir le Martin-Mariner !

Aussitôt, c'est le branle-bas de combat sur la base de Fort Lauderdale. Le Martin-Mariner est un hydravion de sauvetage emportant un équipage de treize hommes. Il est capable de se poser en mer même par gros temps et il a assez de canots de sauvetage pour recueillir tous les naufragés de la patrouille.

À 15 h 25, le gros hydravion décolle. Il y a maintenant beaucoup de monde dans la tour de contrôle. Les camarades des pilotes et des bombardiers de la Patrouille 19 suivent, angoissés, la suite des événements... Mais malgré les appels du radio, seuls les grésillements résonnent dans le haut-parleur.

Soudain, une voix lointaine au milieu des parasites… C'est le lieutenant Taylor. Mais lui non plus ne s'adresse pas à la tour de contrôle. Il parle à l'un de ses pilotes.

– Lieutenant Stiver, prenez le commandement.

Un grésillement, puis la réponse :

– Bien compris, lieutenant, je prends le commandement.

Le commandant Lindsay se crispe. Qu'est-ce que cela signifie ? Le lieutenant Taylor passe le commandement de la patrouille, c'est donc qu'il est en grave difficulté, voire en perdition : alors pourquoi ne s'explique-t-il pas ? Mais le commandant n'a pas le temps de réfléchir davantage. Un autre appel retentit dans le haut-parleur. Il est beaucoup plus net. Il vient de près : il émane de l'hydravion de secours.

– Tour de contrôle ? Ici Martin-Mariner. Rencontrons fort vent en altitude…

C'est tout. Le message s'arrête là et c'est de nouveau le dialogue au sein de la patrouille. Le lieutenant Stiver donne à présent ses instructions aux autres appareils :

– Nous avons dû dépasser la base. Nous devons être à deux cents milles à l'ouest dans le golfe du Mexique. Demi-tour à 180°.

Les pilotes continuent quelque temps à parler entre eux, mais l'intensité diminue rapidement. Dans la tour de contrôle, les visages se tendent. Cela signifie que le lieutenant Stiver s'est trompé. Au lieu de faire route vers la base, ils se dirigent tous dans le sens opposé.

Les voix des pilotes se font plus faibles, puis à la limite de l'audible. Ce sont des bribes :

– On dirait que nous sommes…

Et enfin :

– Nous entrons dans de l'eau blanche. Nous sommes complètement perdus…

C'est tout. Malgré les appels du radio, cette fois, il n'y a plus rien…

– Appelez le Martin-Mariner ! ordonne le commandant Lindsay.

Le radio s'exécute. Il se met sur la fréquence :

– Martin-Mariner. J'appelle Martin-Mariner… J'appelle Martin-Mariner…

Rien. Le silence.

Le temps passe. Vingt minutes, une demi-heure. Au bout d'une heure, il faut bien se rendre à l'évidence : l'hydravion a disparu lui aussi. Presque tout de suite après son décollage, il a eu le temps d'envoyer ce message signalant qu'il rencontrait un fort vent d'altitude et c'est tout. La nuit tombe sur ce tragique 5 décembre 1945. Il est impossible d'entreprendre quoi que ce soit pour l'instant.

L'affaire est grave. C'est la plus importante disparition d'avions militaires en temps de paix aux États-Unis. Dès le lendemain, des moyens de recherche sans précédent sont mis en œuvre : pendant quinze jours, deux cent quarante avions basés à terre, ainsi que le porte-avions *Solomos* et ses soixante-dix appareils vont sillonner le secteur. À cela, il faut ajouter quatre contre-torpilleurs, dix-huit vedettes garde-côtes et plusieurs sous-marins, sans compter des centaines d'avions et de yachts privés, et les appareils de la Royal Navy et de la RAF basés aux Bahamas.

Pendant ces quinze jours, les sauveteurs vont explorer trois cent quatre-vingt mille mille carrés, totaliser quatre mille heures de vol et tout cela en pure perte. Des six appareils et des vingt-huit hommes d'équipage, on ne retrouvera rien, pas un débris de carlingue, pas un gilet de sauvetage. Tous semblent s'être volatilisés quelque part du côté de la Floride, des Bahamas ou des Bermudes, sans qu'on sache exactement où.

Ce drame fait évidemment la une des quotidiens. Mais l'affaire dépasse rapidement les dimensions d'un fait divers particulièrement tragique : les journalistes s'aperçoivent que la région où ont disparu la Patrouille 19 et le Martin-Mariner a depuis toujours été le cadre d'un nombre extraordinaire de catastrophes. Il s'agit d'un triangle qui va du sud de la Floride à Porto Rico et aux Bermudes et qui redescend vers la Floride, en suivant l'archipel des Bahamas.

Pendant des années, livres et articles se succèdent. Des enquêtes très sérieuses sont même entreprises par des organismes officiels ou privés. On parle alors de « zone mortelle » ou de « zone maudite ». Ce n'est qu'en 1964 que, dans un article de la revue américaine *Argosy*, le journaliste Vincent Gaddis, retenant comme nom la pointe nord du triangle, invente l'expression « Triangle des Bermudes ». Elle fait aussitôt fortune.

Alors de quoi s'agit-il ? Que s'est-il passé dans le Triangle des Bermudes ? Eh bien, c'est tout simplement une véritable hécatombe. Le Triangle des Bermudes est un cimetière de navires et d'avions.

Il faut remarquer que cela ne date pas d'hier. Depuis Christophe Colomb, des centaines de bateaux ont disparu dans le Triangle des Bermudes. Une carte de 1550 baptise les Bermudes « île des Démons ». Un texte de la même époque précise : « Elles sont de tout temps le siège de frayeurs, de nuées et d'orages. » Et, dans sa pièce *La Tempête,* Shakespeare parle des « Bermudes aux éternelles tourmentes ».

Pour s'en tenir à une époque relativement moderne où on dispose de documents sérieux, c'est-à-dire à partir du XIXe siècle, voici le décompte qu'ont fait ceux qui se sont penchés sur la question.

En 1800, le *Pickering*, bateau américain, disparaît sans laisser de trace.

En 1814, la *Rosalie*, un trois-mâts français, est découverte entre Porto Rico et La Havane toutes voiles dehors, mais sans personne à bord. On ne retrouvera jamais son équipage.

En 1854, la *Bella*, goélette anglaise, disparaît également sans laisser de trace.

En 1866, le *Lotta,* navire suédois, subit le même sort.

En 1868, le *Viego,* navire marchand espagnol se volatilise à son tour.

En 1880, la frégate-école britannique *Atlanta* s'évapore au large des Bahamas avec deux cent quatre-vingt-dix cadets à bord. L'émotion est énorme non seulement en Angleterre, mais dans le monde entier.

En 1884, le *Miramon,* goélette italienne, entre dans le Triangle des Bermudes et n'en ressortira jamais. Le temps était pourtant radieux.

En 1902, le trois-mâts allemand la *Freya* disparaît corps et biens au large des Bahamas. Là encore, le temps était splendide.

En 1918, c'est au tour du *Cyclops,* charbonnier américain. Il possédait pourtant la radio à bord et il y avait dans les parages d'autres navires équipés de la radio. Mais il n'a lancé aucun SOS, comme s'il avait coulé trop vite pour avoir le temps de le faire.

En 1925, le *Raifuku Maru,* cargo japonais, disparaît également. Lui a envoyé un SOS, mais son contenu ne fait que renforcer le mystère : « Danger, poignard. Au secours ! Venez vite ! »

En 1938, l'*Anglo-australian,* cargo anglais sombre corps et biens. Au lieu d'un SOS, il a câblé peu de temps avant son naufrage : « Temps idéal, tout va bien. »

Puis c'est en décembre 1945 le drame de la Patrouille 19. Mais l'hécatombe ne s'arrête pas là. De 1945 à 1977, cinquante navires disparaissent dans le Triangle des Bermudes. Et pas seulement des navires. Avec le développement du trafic aérien, les avions sont de plus en plus nombreux à se perdre dans le Triangle maudit.

En 1947, une superforteresse de l'armée de l'air américaine s'évanouit sans laisser de trace.

Le 30 janvier 1948, un quadrimoteur civil Star Tiger, qui assure la liaison Açores-Bermudes, avec trente-trois passagers et six hommes d'équipage, approche de Kindler Fields, aux Bermudes. Il annonce à la tour de contrôle : « Temps et moteur excellents. Arriverons à l'heure prévue. Attendons les instructions pour l'atterrissage. » On ne retrouvera jamais ni l'appareil ni ses passagers...

Le 28 décembre 1948, un Douglas DC-3 s'envole de San Juan de Porto Rico à destination de Miami. À bord, trente-deux passagers et six hommes d'équipage. À 4 h 13, l'avion prend contact avec la tour de contrôle de Miami : « Nous approchons. Nous apercevons les lumières de la ville. Tout va bien. Envoyez-nous vos instructions pour atterrir... » Malgré les recherches, on ne pourra jamais localiser l'endroit de sa chute.

Le 17 janvier 1949, un autre quadrimoteur décolle de Kingston en Jamaïque pour la Floride. Son dernier message, alors qu'il se trouvait en plein Triangle, a été : « Nous sommes à environ quatre-vingts milles au sud des Bermudes. Tout va bien. »

La même année survient un événement qui n'est pas à proprement parler un accident, mais qui n'en est pas moins inquiétant. Un appareil d'Eastern Airlines disparaît pendant dix minutes des écrans de contrôle de Miami. Il finit par se poser, mais toutes les montres des passagers retardent de dix minutes.

Et ces phénomènes se manifestent bien plus loin encore, jusque dans le vide spatial. Au cours des années 1980, le professeur Wayne Meshejian constate que le satellite de la National Oceanographic Administration tombe systématiquement en panne chaque fois qu'il passe au-dessus du Triangle des Bermudes. Et il conclut : « Une force que nous ne connaissons pas empêche le passage des informations. »

De cette énumération impressionnante, on peut tirer la conclusion suivante : il y a dans cette zone une fréquence de disparitions anormalement élevée, sans cause apparente et sans signe avant-coureur. Alors, quelles explications peut-on donner au phénomène ?

On s'en doute, les plus folles ont été avancées. Au XIXe siècle, on parlait de serpents de mer qui y auraient leur refuge. Plus tard, on a parlé d'OVNI, on a évoqué aussi de mystérieuses fractures de l'espace-temps, des sortes de trous noirs à travers lesquels avions et bateaux se seraient engloutis dans un monde parallèle. On a même suggéré l'intervention du peuple de l'Atlantide, qui vivrait sous la mer précisément à cet endroit et qui aurait attiré les navires grâce à une force invincible.

On a découvert, en effet, près de l'île de Bimini, petite île de l'archipel des Bahamas, des blocs de pierre alignés, qui suggèrent des murs abattus et des temples détruits. C'est là que se situerait l'Atlantide. Plusieurs auteurs ont développé très sérieusement cette thèse. Ainsi, Yvan T. Sanderson, dans son livre *Résidents invisibles,* prétend que cette civilisation sous-marine, bien plus évoluée que la nôtre, enlève les êtres humains qui passent à sa portée pour se constituer un musée vivant de la planète. Les victimes du Triangle des Bermudes auraient donc continué leur existence sous des cloches de verre au fond des flots.

Tout cela est évidemment fantaisiste, mais de véritables explications scientifiques ont été avancées pour expliquer le phénomène et méritent qu'on s'y arrête. Charles Berlitz est le premier à avoir étudié sérieusement la question sous cet angle. Pour lui, des sources d'énergie colossales entreraient en activité à l'occasion de tremblements de terre sous-marins et détruiraient les avions et les bateaux qui passeraient par là. Des sortes de tsunamis, mais limités et n'ayant pas de répercussions sur les côtes. D'autres auteurs parlent d'anomalies dans le champ magnétique terrestre, qui auraient les mêmes effets.

C'est pourtant l'hypothèse des gaz qui a le plus de partisans. Il y aurait, dans le Triangle des Bermudes, des émissions sous-marines d'un gaz hautement inflammable, le méthane, qui diminueraient fortement la densité de l'eau jusqu'à provoquer une perte de flottabilité. Le méthane est issu de la décomposition des matières organiques et se trouve en abondance dans le sous-sol de cette région. Il serait libéré par la création de failles, en raison de l'activité tectonique. Dans certains cas, on assisterait à des remontées d'énormes quantités gazeuses, créant un tourbillon qui aspirerait les bateaux. Quant aux avions, le méthane sortant de l'eau pourrait provoquer une panne de leurs instruments de navigation, voire de leur moteur.

Au risque d'être prosaïque, il faut pourtant rejeter toute cette littérature. L'explication est beaucoup plus simple. Elle est d'abord statistique. Car il faut rappeler que la zone du Triangle, qui va du sud de la Floride aux Bermudes et à Porto Rico, couvre une surface énorme : quatre millions de kilomètres carrés, c'est-à-dire près de huit fois la France.

Or il s'agit d'une des mers les plus fréquentées du globe. Le trafic des Antilles, de Cuba, de Porto Rico, des Bahamas, des Bermudes et le cabotage le long des côtes des États-Unis y passent forcément. Chaque année, ce sont plusieurs milliers de navires et d'avions qui empruntent le Triangle. À cela s'ajoutent des conditions météorologiques particulièrement défavorables. La mer des Sargasses est située à l'intersection de deux masses d'air, une chaude et une froide, ce qui explique le nombre impressionnant de cyclones et de tempêtes dont on nous parle chaque année. Comment s'étonner qu'il s'y produise des naufrages et des disparitions ? C'est le contraire qui serait surprenant. Si on établit le rapport entre le trafic dans la zone du Triangle et le trafic maritime mondial, on trouve une proportion juste un peu plus forte de naufrages dans cette région.

Jusqu'à une période récente, on expliquait ce surnombre par les mauvaises conditions climatiques, mais depuis la parution récente d'un ouvrage remarquable de Lawrence Kusche, *Le Mystère du Triangle des Bermudes, la solution*, on a découvert que ce n'était même pas le cas.

Lawrence Kusche, bibliothécaire à l'université d'État de l'Arizona, a recensé tous les articles et les livres consacrés au Triangle des Bermudes. Après s'être livré à un travail de recherche historique et de critique considérable, il est bel et bien parvenu, comme l'énonce le titre de son ouvrage, à découvrir la solution...

Il commence par rappeler que les disparitions authentiques sont dues à des phénomènes tout à fait explicables, conditions météorologiques ou erreurs humaines. Ces naufrages n'ont causé aucune émotion particulière en leur temps et ne sont devenus célèbres qu'après l'invention du Triangle des Bermudes. Inversement, des naufrages difficilement explicables survenus dans un autre endroit du globe n'ont jamais attiré l'attention de personne.

Ensuite, Lawrence Kusche a examiné de près la liste des disparitions, ce que personne n'avait fait avant lui, et il s'est aperçu qu'elle était en grande partie fausse. On y trouve des éventualités présentées comme des certitudes et des inventions pures et simples.

La transformation d'une éventualité en certitude consiste à situer systématiquement dans le Triangle des Bermudes une disparition dont on ignore le lieu exact. C'est le cas pour la plus dramatique d'entre elles, le naufrage du bateau-école britannique *Atlanta,* disparu corps et biens, avec ses deux cent quatre-vingt-dix cadets. Parti d'Angleterre à destination de l'Amérique, il devait traverser le Triangle, mais en l'absence de tout renseignement, on ne peut exclure qu'il ait coulé avant ou après. Son naufrage était d'ailleurs tout à fait explicable, voire prévisible. C'était une vieille frégate de trente-cinq ans, qui devait être remplacée. Elle effectuait sa dernière sortie. Elle était devenue si instable qu'elle avait reçu à l'école de marine un surnom qui en dit long : « le balancier ».

Mais dans cette liste, qu'ont reprise sans la vérifier auteurs et journalistes, les inventions sont les plus nombreuses. Le trois-mâts allemand *Freya* a bien coulé en 1902, mais dans l'océan Pacifique. Le *Cyclops* a sombré le long des côtes nord des États-Unis, à des milles du Triangle. Le *Bella*, lui, n'a jamais coulé : les chantiers de Liverpool ont construit un *Bella* en 1852, mais il a accompli toute sa carrière sans connaître le moindre incident. Quant à la *Rosalie*, au *Viego* et au *Miramon*, c'est plus ridicule encore : ils n'ont jamais existé ! Malgré toutes ses recherches, Lawrence Kusche n'a pu en trouver trace sur les registres maritimes d'aucun pays.

Si on passe aux avions, la situation est identique : on découvre que les faits sont soit entièrement faux, soit considérablement arrangés.

Le quadrimoteur Star Tiger a bien disparu à l'approche des Bermudes le 30 janvier 1948, mais l'élément étrange et inquiétant de cette histoire est inventé. Le pilote n'a pas annoncé : « Temps et moteur excellents. Arriverons à l'heure prévue. » Rien de tel ne figure dans le rapport d'enquête. En revanche, il s'est plaint d'être gêné par des nuages bas et a fait état d'un problème de carburant.

Il en est de même pour le Douglas DC-3 disparu le 28 décembre de la même année. Il n'a jamais dit : « Nous apercevons les lumières de la ville. » Ce détail a été imaginé par les journalistes. Lorsque le capitaine Robert Linquist signale sa position, à quatre-vingts kilomètres de Miami, il précise que sa radio est défectueuse. Il y a alors un vent de nord-est. À l'approche de la Floride, la direction du vent change soudainement et la tour de Miami en avertit le pilote. Mais sa radio fonctionnant mal, il ne reçoit sans doute pas le message et il s'engage sans retour dans le golfe du Mexique. Enfin, l'anecdote de l'appareil de l'Eastern Airlines qui avait disparu pendant dix minutes des écrans de contrôle et dont les montres des passagers retardaient également de dix minutes est totalement inventée.

Reste la Patrouille 19, qui est à l'origine de tout. Et là, il ne s'agit pas d'une invention. Ses cinq appareils et le Martin-Mariner ont bel et bien disparu le 5 décembre 1945. C'est même resté le plus grave accident militaire survenu aux États-Unis en période de paix. Mais Lawrence Kusche a enquêté avec beaucoup de sérieux et il s'est rendu compte que les choses étaient bien plus banales qu'on ne le croyait.

Tout est venu du lieutenant Taylor, commandant de la patrouille. C'était, certes, un militaire expérimenté, qui avait d'excellents états de service dans la campagne du Pacifique, mais il venait juste d'arriver à Fort Lauderdale et ne connaissait pas les conditions météorologiques de cette région, qui sont beaucoup plus changeantes. Le temps était effectivement bon au départ, mais une tempête s'est déclarée quand ils étaient en vol et il s'est laissé surprendre.

Car la conversation avec la tour de contrôle, telle qu'elle a été reproduite, avec ses phrases étranges et inquiétantes : « La mer est bizarre », « Mes compas sont hors d'usage », « Nous entrons dans de l'eau blanche », n'a jamais existé. La radio de la base a simplement capté un dialogue entre Taylor et ses hommes. Il disait qu'il survolait les Keys, au sud de la Floride, alors qu'il se trouvait vraisemblablement au-dessus de l'île d'Andros, nettement plus à l'est. Il a commis une erreur de navigation et s'est perdu en mer. Son avion et les autres sont tombés faute de carburant.

Il n'y a pas non plus de mystère concernant l'hydravion Martin-Mariner : il a explosé. Lawrence Kusche a découvert qu'à l'époque, pour augmenter leur autonomie, on bourrait les appareils d'essence, à tel point qu'on les surnommait les « citernes volantes ». De plus, leurs réservoirs avaient un défaut d'étanchéité. Un bateau marchand, le *Gaines Mills*, qui naviguait dans les parages ce jour-là, a d'ailleurs observé une explosion dans le ciel vers 19 h 30.

Tel est le remarquable travail d'historien accompli par Lawrence Kusche, qui devrait mettre un terme aux spéculations sur le Triangle des Bermudes. Et s'il fallait une dernière preuve qu'il n'y a rien de vrai ni de sérieux dans tout cela, elle nous serait fournie par les compagnies d'assurances. Celles-ci ne majorent pas leurs primes pour les bateaux ou avions amenés à traverser la zone. Or, s'il y a des organismes à la fois bien informés et soucieux de ne prendre aucun risque, ce sont bien les compagnies d'assurances !

Pour prendre une formule familière, le Triangle des Bermudes est le type même du « dossier bidon ». Tout n'est qu'invention de journalistes en mal de copie et d'auteurs à la recherche de gros tirages. En définitive, le vrai mystère, c'est de savoir comment le Triangle des Bermudes a pu devenir un mystère.

La *Mary Celeste*

Le vaisseau fantôme

Le 11 novembre 1872, le brick-goélette anglais *Dei Gratia*, commandé par le capitaine David Moorhouse, quitte New York avec une cargaison d'huile de baleine et d'alcool destinée à plusieurs ports méditerranéens. Le 4 décembre, vers 13 heures, « le temps étant beau et la mer assez creuse, mais maniable », selon le journal de bord, à environ six cents milles des côtes portugaises, au nord de la route directe entre les Açores et Gibraltar, l'homme de vigie aperçoit une voile à quelque distance. Au bout d'un moment, il prévient le capitaine. Ce dernier le regarde, étonné : sur une route maritime fréquentée, ce genre de rencontre est banal.

– Très bien et alors ?

– Cela fait un moment que je l'observe. Il y a quelque chose de bizarre dans son allure. Il ne va pas droit, comme si l'homme de barre était ivre ou malade.

David Moorhouse pointe sa longue-vue dans cette direction et regarde à son tour.

– Effectivement, ce n'est pas normal. Mettez le cap sur lui...

Le *Dei Gratia* change d'itinéraire et se rapproche rapidement car, indépendamment de sa course louvoyante, le mystérieux navire avance à très petite vitesse. Il est bientôt à distance suffisante pour qu'on lui fasse des signaux optiques à l'aide de pavillons.

– Demandez-lui s'il a besoin de secours, ordonne David Moorhouse.

L'instruction est exécutée, mais il n'y a pas la moindre réponse… La distance diminue encore. Le capitaine fixe la proue, afin de voir le nom du navire et, soudain, pousse un cri :

– Bon sang, c'est la *Mary Celeste* !

Le bâtiment, de nationalité américaine, est inscrit au district de Parrsboro, en Nouvelle-Écosse, et il navigue depuis onze ans, allant partout où il peut trouver une cargaison. C'est un brick-goélette de deux cent quatre-vingts tonneaux, long de trente mètres. Il n'est pas neuf, mais sort d'une importante refonte. Toute sa structure a été consolidée. Il a été inspecté et son état a été jugé bon. Il appartient en partie à son capitaine, Benjamin Briggs, en partie à son ancien capitaine, John Winchester, de New York, qui est devenu armateur. Sa société, la Winchester and Co, possède une petite flotte.

Le plus extraordinaire, c'est que David Moorhouse connaît le capitaine Briggs. Ils se sont vus à New York, d'où ils sont partis à quelques jours de distance. Moorhouse a même de l'estime pour Briggs. À trente-huit ans, c'est un officier de la vieille école, ferme sur la discipline, mais sans brutalité, respectant les valeurs traditionnelles. Depuis quelque temps, il a comme second Albert Richard, jeune et sérieux, et comme lieutenant Andrew Gilling.

La *Mary Celeste* a appareillé de New York le 4 novembre, une semaine avant le *Dei Gratia*, avec, outre le commandant et ses deux officiers, un équipage de quatre matelots et un cuisinier, et mille sept cents fûts d'alcool d'une valeur de 37 000 dollars…

Après être arrivé tout près de lui, toujours sans avoir aperçu âme qui vive à son bord, le *Dei Gratia* met en panne. Le capitaine David Moorhouse donne l'ordre à son second, Oliver Deveau, de prendre un canot et deux hommes avec lui, pour voir ce qui se passe. C'est le début du plus célèbre mystère de la mer.

Peu après, les trois hommes montent à bord, s'aidant de filins cassés qui pendent le long de la coque. Ils appellent. Personne ne répond… Ils commencent leur exploration par le pont. Il manque un des deux canots de sauvetage, mais on ne relève aucun indice d'une tempête quelconque : rien n'est brisé, tout est parfaitement à sa place. Deveau va dans la cale et découvre environ un mètre d'eau. Les pompes sont pourtant en état de marche et il aurait été possible sans difficulté de faire disparaître le liquide accumulé.

La cargaison est intacte. Les mille sept cents tonneaux d'alcool sont parfaitement arrimés. Le bouchon de l'un d'eux est tombé, mais la presque totalité du contenu est restée à l'intérieur. De ce côté-là, il n'y a rien à signaler non plus.

Dans la cabine du capitaine, en revanche, une surprise les attend : un piano droit, d'une facture raffinée, en bois de rose, avec des partitions, est placé contre la paroi. Des vêtements féminins traînent sur une chaise, à côté d'une boîte à ouvrage, avec des aiguilles et du fil. Le lit est défait, comme si on venait de le quitter, et il a conservé la forme d'un corps plus petit que celui d'un adulte : une femme et un enfant occupaient donc la chambre. C'est étonnant mais pas impossible, certains commandants de navires faisant la traversée avec leur famille.

Dans la cuisine, la même étrange impression de vie persiste. La vaisselle a été faite ; les assiettes et les verres qui ont servi au dernier repas ont été mis à sécher à l'écart des autres, restés dans les placards. Des boîtes de conserve ont été également sorties, sans doute destinées au repas suivant, qui n'a jamais été pris.

Où qu'ils aillent, Deveau et ses hommes éprouvent le même saisissement. Dans les quartiers de l'équipage, tout est à sa place, rangé, astiqué. Les lits sont faits, les vêtements pliés. Il y a même des pipes et du tabac. Ce dernier détail impressionne vivement les visiteurs. Car, pour qu'un marin abandonne sa pipe et son tabac, il faut qu'il ait agi dans la précipitation, ou la panique. La *Mary Celeste* a donc été abandonnée en toute hâte. Mais pourquoi ? Il ne peut s'agir d'une tempête, qui aurait forcément laissé des traces.

Dans la cabine du second, on découvre quelques indications. C'est là que se trouve le journal de bord. Il s'arrête au 24 novembre à midi, par 36° 56' latitude nord et 27° 20' longitude ouest. Cela semble indiquer que le bateau aurait navigué seul pendant une dizaine de jours, sur environ six cents milles, jusqu'à sa découverte. Mais ce n'est pas certain, la date du drame est peut-être plus récente. Sur un navire comme la *Mary Celeste*, de taille relativement modeste, on ne tient pas le journal tous les jours. D'ailleurs, dans le livre de bord, en dix-huit jours de traversée, il n'y a eu que sept comptes rendus.

Enfin, détail sans rapport avec les faits ou bien, au contraire, indice capital, dans la même cabine du second, traîne une vieille épée avec une croix de Savoie sur la garde. La lame est couverte de taches brunes. Est-ce du sang ? Elle ressemble plus à un objet décoratif qu'à une arme, mais l'enquête qui ne manquera pas d'avoir lieu le déterminera peut-être...

Oliver Deveau et ses hommes reviennent sur le *Dei Gratia* faire leur rapport. David Moorhouse, malgré sa perplexité, prend la seule décision qui s'impose. Il leur demande de retourner sur la *Mary Celeste* et d'en assurer le pilotage. Ensemble, les deux navires gagneront Gibraltar, le port le plus proche.

Le 13 décembre 1872, le *Dei Gratia* arrive à Gibraltar, en compagnie de la *Mary Celeste*, qui l'a suivie fidèlement comme un chien derrière son maître. Il n'y a pas eu le moindre incident durant cette seconde partie du voyage. À peine a-t-on jeté la passerelle que le capitaine Moorhouse court trouver le commandant du port. Il a hâte de raconter ce déconcertant mystère, concernant un marin qu'il connaît, mais surtout de toucher la prime de sauvetage. Car, malgré les conditions assez particulières, la *Mary Celeste* pouvait être considérée comme en perdition, le capitaine l'a secourue et, selon les règlements maritimes, a droit à une partie de sa valeur...

Après avoir entendu son récit sans marquer trop de surprise, en Britannique flegmatique qu'il est, le commandant du port de Gibraltar en vient, effectivement, à la question de la prime.

– Pour cela, capitaine, il faut attendre l'enquête.

David Moorhouse ne comprend pas.

– Comment cela ? La *Mary Celeste* était abandonnée. C'est un fait établi !

– C'est ce qui ressort effectivement de votre récit, mais c'est l'enquête seule qui établira les faits...

Le capitaine Moorhouse est furieux. Est-ce qu'on mettrait sa parole en doute ? Est-ce qu'on le soupçonnerait de quelque chose ? Rien de tel n'a été dit encore, mais malheureusement pour lui, l'enquête est menée par Solly Floyd, procureur général à Gibraltar, et ce magistrat, qui se morfond dans cette possession anglaise où il ne se passe rien, décide immédiatement de donner à l'affaire un tour aussi sensationnel que possible.

Le fait que les deux capitaines se connaissaient lui inspire une première version : Briggs et Moorhouse se seraient entendus pour toucher la prime de sauvetage et se la partager. Le *Dei Gratia* aurait recueilli à son bord les occupants de la *Mary Celeste* et les aurait débarqués quelque part...

Mais Solly Floyd renonce vite à cette hypothèse. Benjamin Briggs était propriétaire pour moitié du navire et de sa cargaison, la prime de sauvetage n'en représente qu'une petite partie et l'opération, loin d'être avantageuse, se serait soldée pour lui par une grosse perte. En outre, un tel scénario suppose que les équipages des deux bateaux aient été complices et les marins du *Dei Gratia* viennent protester avec la dernière énergie de leur innocence... Solly Floyd n'insiste pas davantage. Il permet même à David Moorhouse de continuer sa route en Méditerranée, pour livrer sa cargaison d'huile de baleine et d'alcool, à condition de revenir à Gibraltar une fois son déchargement terminé.

En attendant, puisqu'il ne peut plus être question d'entente illicite entre les capitaines, le procureur s'oriente vers la version la plus spectaculaire : la mutinerie. Il inspecte de fond en comble la *Mary Celeste* et découvre, outre l'épée tachée, des traces brunâtres dans plusieurs endroits. Il les envoie à un laboratoire pour les faire analyser et continue son inspection. Aucun indice de lutte n'est visible à bord, mais il constate un « dommage à l'avant », une entaille longue de deux mètres, profonde de dix centimètres et large de trente-deux.

Pour Solly Floyd, il n'y a pas de doute. La coupure « ne peut avoir été effectuée par de mauvaises conditions météorologiques, mais par un instrument tranchant ». Entre-temps, les traces brunâtres présentes sur le navire ainsi que celles de l'épée se révèlent être de la rouille et non du sang, mais il ne rend pas publics ces résultats et continue son enquête…

C'est en janvier 1873 que le capitaine Winchester, copropriétaire de la *Mary Celeste*, arrive à Gibraltar, en provenance de New York. Il est porteur d'informations qui lèvent une partie des interrogations. D'abord, le capitaine Briggs avait décidé au dernier moment de partir en compagnie de sa femme Sarah et de sa fille Sofia, âgée de deux ans. Ainsi se trouvent résolues l'énigme du piano et celle de la trace d'un corps d'enfant dans le lit.

Ensuite, Winchester donne connaissance de la liste des autres personnes ayant embarqué à bord : outre le second Albert Richard et le lieutenant Andrew Gilling, la *Mary Celeste* avait un équipage chevronné composé de quatre matelots allemands et scandinaves, plus un cuisinier.

Convié à participer à l'enquête, Winchester s'oppose immédiatement à Solly Floyd. Il est furieux que ce dernier ait pu avoir des soupçons contre Benjamin Briggs, un homme d'une moralité irréprochable et même intransigeante, un protestant rigoriste, lisant la Bible pendant toutes ses heures de repos. Il ne croit pas davantage à la mutinerie. Pour lui, l'entaille à l'avant résulte d'un choc contre un rocher ou un débris de navire, comme on en rencontre souvent sur cette route maritime fréquentée. Quant aux marins, il a la certitude que Briggs les avait choisis, comme à son habitude, avec le plus grand soin et qu'ils étaient incapables de se révolter.

Cela n'empêche pas Solly Floyd de rendre sa conclusion dans le sens qui est le sien depuis le début : « Mon hypothèse personnelle est que l'équipage s'est enivré, que les hommes, sous l'influence de l'alcool, ont assassiné le capitaine Briggs, sa femme et son enfant, qu'ils ont endommagé l'avant du bateau pour faire croire qu'il avait été abîmé par des rochers et qu'ils s'échappèrent entre le 25 novembre et le 5 décembre, à bord de quelque bâtiment en route vers l'Amérique. »

L'armateur américain conclut de son côté : « À mon avis, le bateau a été abandonné par son capitaine et son équipage, à l'occasion d'une tempête, dans un instant de panique, pour des raisons non valables. Si personne ne réapparaît, je penserai qu'ils ont péri dans l'embarcation et la *Mary Celeste* demeurera un intéressant, mais bien triste mystère de la mer. »

Et c'est à lui que le tribunal de Gibraltar donne raison, après avoir enfin reçu le résultat des analyses des traces brunâtres que le procureur avait gardées pour lui, et parce que l'alcool contenu dans la cale était du méthanol, un liquide imbuvable, qui rend fou et aveugle celui qui le consomme.

Le tribunal rend les conclusions suivantes : « D'une part, le navire était solide et en parfait état de navigation, d'autre part, il n'y a aucune trace de violence sur le pont ou dans les cabines, il a donc été abandonné par ses occupants pour une raison inconnue. En conséquence, le capitaine David Reed Moorhouse recevra pour le sauvetage la somme de 1 700 livres, correspondant au cinquième de la valeur estimée de la cargaison et du bateau. » L'affaire est officiellement close.

La *Mary Celeste* appareille dès le lendemain, avec un nouveau capitaine et un nouvel équipage, pour aller livrer sa cargaison à Gênes. Les effets personnels de la famille Briggs sont remis au consul américain à Gibraltar. Leur inventaire apporte une touche poignante à ce mystère. Outre les effets du capitaine, on trouve « deux chapeaux de femme, une chemise de nuit, une moustiquaire, une poupée, un éventail, deux broches, une crinoline... »

La *Mary Celeste* a continué sa carrière, mais elle l'a terminée de manière violente, comme si elle devait être marquée jusqu'au bout par le drame. En janvier 1885, son capitaine d'alors, G.-C. Parker, le jette volontairement sur un écueil, le Roshelle Reef, au large d'Haïti, afin de toucher la prime d'assurance. Arrêté et inculpé du crime de baraterie, c'est-à-dire d'escroquerie en matière maritime, il s'est pendu dans sa cellule avant de passer en jugement. Quant à la *Mary Celeste* elle-même, « elle est restée à blanchir sur le rocher tropical jusqu'à ce qu'il n'en reste rien ».

Mais, bien avant cette date, elle était devenue célèbre dans le monde entier. Elle a rapidement été et est restée la plus grande énigme maritime de tous les temps.

La responsabilité en incombe d'abord à Solly Floyd. Mécontent de n'avoir pas été suivi par le tribunal de Gibraltar, il a accordé plusieurs entretiens aux journalistes, révélant l'affaire au grand public. Mais c'est Conan Doyle qui a popularisé vraiment la *Mary Celeste*, dans un récit paru en 1884.

Avec un art consommé de romancier, il invente des détails qui ne correspondent à aucune vérité, mais qui frappent les imaginations... Lorsqu'ils sont arrivés sur le bateau, Deveau et ses hommes ont senti une odeur en approchant de la cuisine. Ils sont allés vers le fourneau. Un poulet encore tiède mijotait dans une casserole. Dans la cantine à côté, quatre assiettes traînaient sur la table, avec de la nourriture à moitié consommée. Un peu plus loin, dans la lingerie, un drap était en train de sécher. Deveau est allé le toucher. Il était encore mouillé. Bref, la *Mary Celeste* venait juste d'être abandonnée. Comme si tous ses occupants s'étaient rués dans le canot de sauvetage, par beau temps, les convives au milieu de leur repas et le jeune enfant au milieu de son sommeil !

Le récit cause une impression profonde. Les marins, qui sont des gens superstitieux, ne prononcent plus le nom de *Mary Celeste* qu'en tremblant. Elle est devenue le bateau fantôme, l'apparition maudite qu'ils redoutent de rencontrer dans leurs traversées. Les journalistes de tous les pays s'emparent de l'affaire. Les explications les plus fantastiques se mettent à circuler. Certains parlent de la disposition maléfique des astres le jour du 4 décembre ; d'autres évoquent un monstre marin qui aurait été aperçu dans les parages ; un dessin particulièrement réaliste montrant une pieuvre gigantesque enlevant dans ses tentacules Benjamin Briggs, sa femme Sarah et la petite Sofia fait frémir à la veillée.

Les années passant, on ne compte plus les confessions de matelots agonisants qui prétendent avoir été sur la *Mary Celeste* ou les livres de révélations sans la moindre preuve. Chacun y va de sa version. Le bateau a été attaqué par des pirates africains, qui ont fui en voyant arriver le *Dei Gratia* ; le cuisinier, devenu fou, a empoisonné tout le monde, s'est débarrassé des corps et s'est jeté à la mer ; l'équipage a été frappé par une épidémie et, pris de panique, a quitté le bord ; le capitaine et son second ont fait un concours de natation, les autres les ont regardés accoudés au bastingage, mais une vague les a tous jetés à la mer. Lorsque la mode a été aux soucoupes volantes, on a mis à contribution les petits hommes verts et, un peu plus tard, on a tenté de mettre en cause le Triangle des Bermudes...

Si toutes ces versions relèvent de la fantaisie, il n'en reste pas moins que la *Mary Celeste* est un vrai mystère. Aucun membre de la famille Briggs ni de l'équipage n'a été retrouvé, ils ont tous été officiellement déclarés morts en mer et une stèle a été érigée en leur mémoire dans les environs de New York... « Le bateau a été abandonné par son capitaine et son équipage, à l'occasion d'une tempête, dans un instant de panique, pour des raisons non valables », avait conclu l'armateur Winchester, mais le problème est que tous les navires circulant dans les environs ont été interrogés et ont certifié qu'il n'y avait eu aucune tempête.

Alors pourquoi, oui, pourquoi un capitaine chevronné comme l'était Benjamin Briggs a-t-il quitté précipitamment un navire en parfait état et a-t-il fait monter tout le monde dans un canot, pour aller au-devant d'une mort quasi certaine ? Pendant cinquante ans, malgré l'ingéniosité des uns et des autres, la question est restée sans réponse. Et c'est alors qu'est apparu Pemberton !

Nous sommes en 1926. Laurence J. Keating, un jeune journaliste, lancé comme tant d'autres à la recherche de la vérité sur la *Mary Celeste,* entend parler d'un vieux marin du pays de Galles, John Pemberton. C'est un loup de mer aux cheveux blancs ébouriffés, au menton en galoche, doté d'une jambe de bois et d'une soif intarissable. Il a une manie : chaque fois qu'on parle de la *Mary Celeste*, il se met à hocher de la tête en ricanant :

– Moi, je sais ! Moi, j'y étais sur la *Mary Celeste*.

Mais, dès qu'on lui demande de dire ce qu'il sait, il se tait. Il se tait jusqu'à ce soir de 1926 où il rencontre Laurence Keating. Ce dernier est allé le voir sans grand espoir. Ou bien l'homme ne parlera pas ou bien il dira des bêtises. Mais contre toute attente, lorsqu'il le questionne, Pemberton parle et ce qu'il dit est loin d'être inintéressant, c'est même passionnant.

– Il n'y a pas de fantôme là-dedans, jeune homme. Tout a été inventé par le capitaine Moorhouse.

Que toute l'histoire soit un mensonge du capitaine Moorhouse, c'est effectivement la solution la plus simple. C'est même la thèse qui a toujours été celle de Keating. Il demande :

– Alors, quand le capitaine est monté sur la *Mary Celeste*, il y avait du monde à bord ?

Pemberton a un petit ricanement.

– Et comment, puisque j'y étais, moi !

Et Pemberton entame l'histoire de la *Mary Celeste*...

Tout commence en septembre 1872. Sur un quai de New York, le bateau du capitaine Briggs et le *Dei Gratia* du capitaine Moorhouse sont amarrés côte à côte. Les deux capitaines sont de vieux amis. Et Briggs a un énorme problème. Il vient de se fâcher avec son équipage, qui l'a planté là. Il va se lamenter auprès de Moorhouse.

– Il me faut des hommes, la *Mary Celeste* doit partir après-demain. Tu ne pourrais pas m'en prêter sur ton équipage ?

En bon ami qu'il est, le capitaine Moorhouse accepte de lui prêter quatre de ses marins, dont le cuisinier Pemberton. Mais ce n'est pas suffisant... En se promenant sur les quais, quelque temps plus tard, Benjamin Briggs rencontre un matelot plus ou moins louche, une espèce de colosse autoritaire et brutal qui s'appelle Jackson Hullock. Ils discutent autour d'un verre et Hullock accepte de devenir le second de la *Mary Celeste*. Il poursuit, avec un hochement de tête entendu :

– Pour l'équipage, fais-moi confiance, capitaine. Demain, tu auras tes hommes.

Hullock a recours à un procédé peu recommandable, mais alors couramment pratiqué. Il va voir une de ses relations, un tenancier de tripot que fréquentent les pires repris de justice, et lui demande d'en amener quatre ou cinq à bord du bateau après les avoir enivrés et drogués. Le lendemain, donc, la *Mary Celeste* appareille avec, dans ses cales, une demi-douzaine d'individus aussi peu reluisants que possible, qui ronflent tant qu'ils peuvent.

Entre-temps, le capitaine a fait embarquer sa femme et son piano, car Mme Briggs adore en jouer. On devine que le réveil de l'équipage malgré lui est plutôt maussade et mouvementé. Mais le second Hullock a parfaitement l'habitude de ce genre de situation ; il en assomme deux ou trois et les autres se tiennent tranquilles. Pendant plusieurs jours, la situation est stable. Jusqu'à ce fameux 24 novembre où le capitaine Briggs note sur le journal de bord : « 36° 56' latitude nord, 27° 20' longitude ouest, beau temps. »

C'est alors que se lève brusquement une violente tempête. Un grain terrible, un coup de tabac. Surpris, le pilote laisse échapper sa barre et la *Mary Celeste* se couche brutalement sur le côté. Avec beaucoup de sang-froid Hullock, qui est en fait le véritable commandant du navire, donne des ordres, prend la barre lui-même et redresse le bateau.

Mais le drame s'est déjà produit. Dans la cabine du capitaine, le piano, lancé sur ses roulettes, est devenu un engin de mort. Il va et vient contre les parois. La malheureuse Mme Briggs a beau faire, elle ne peut l'éviter. Le piano l'écrase et repasse plusieurs fois sur son corps. Quand son mari la découvre, il hurle, ordonne qu'on mette à mort l'homme de barre, qu'on le couse dans un sac et qu'on le jette à la mer ! Hullock parvient à maîtriser le capitaine et à l'enfermer dans sa cabine.

Quelques heures plus tard, un nouveau drame éclate. Le capitaine refuse qu'on prenne le corps de sa femme pour l'immerger. Il crie comme un fou. Il ordonne qu'on aille dans la cale et qu'on ouvre un des tonneaux. On va conserver le cadavre dans l'alcool. Encore une fois Hullock intervient. Il a le dessus sur le capitaine et, dans la nuit de tempête, la malheureuse Mme Briggs passe par-dessus bord.

Le lendemain, 25 novembre, le mauvais temps s'est calmé. Mais les événements ne sont pas terminés. Benjamin Briggs est introuvable. Au bout d'une demi-journée, après l'avoir recherché partout, on doit bien se rendre à l'évidence : le capitaine Briggs n'est plus sur la *Mary Celeste*. S'est-il suicidé de désespoir ? Ou alors est-ce Hullock qui s'est débarrassé d'un homme devenu dément ? Les matelots commencent à regarder leur second par en dessous et murmurent entre eux :

– Il lui a fait son affaire, c'est sûr !

Hullock prend alors une décision. Parce qu'il est réellement coupable ou simplement pour avoir la paix, il donne la permission à l'équipage de se servir librement dans la cale, où il y a plusieurs centaines de tonneaux d'alcool. La suite du voyage n'est plus qu'une gigantesque soûlerie. Une fois arrivés à Santa Maria des Açores, Hullock et son équipage, qui en ont plus qu'assez de cette traversée, décident de s'arrêter là. D'ailleurs, ils ne tiennent absolument pas à retourner en Europe, où il leur faudra répondre à des questions gênantes sur la mort du capitaine...

Seuls les quatre marins du *Dei Gratia*, que le capitaine Moorhouse avait prêtés à la *Mary Celeste,* continuent le voyage. Et, parmi eux, Pemberton. Ce qu'ils veulent, c'est retrouver leur bateau, qui a seulement un jour d'avance et qui suit la même route.

La rencontre a lieu le 4 décembre 1873. Le capitaine Moorhouse monte sur la *Mary Celeste*. Ses quatre hommes sont seuls à bord. Ils lui racontent ce qui s'est passé et le supplient de les faire monter sur le *Dei Gratia*. Ils n'ont aucune envie d'être retrouvés sur un bateau abandonné par tout son équipage et dont le capitaine et sa femme sont morts.

– Reprenez-nous, capitaine. Il faut abandonner la *Mary Celeste*. Elle coulera bien toute seule !

Mais le capitaine Moorhouse a une autre idée : toucher la prime de sauvetage. Il imagine alors cette incroyable histoire, mais que tout le monde a crue, du bateau abandonné brusquement par son équipage. Ainsi, ses hommes ne seront pas inquiétés et lui touchera une partie de la cargaison…

Tel est le récit de Pemberton. Keating en a tiré un livre, *Le Voilier « Mary Celeste », révélations définitives sur le plus grand mystère de l'Atlantique*, qui, pendant près de cinquante ans, a constitué la vérité sur cette affaire.

Malheureusement, au début des années 1970, des enquêtes approfondies ont abouti à la conclusion que Laurence Keating avait tout inventé. Tout était faux, à commencer par Pemberton lui-même. Ce marin trop beau pour être vrai, avec sa jambe de bois et sa faconde gouailleuse, n'avait existé que dans l'imagination fertile du jeune journaliste. Le cuisinier de la *Mary Celeste* s'appelait en réalité W.G. Head.

En fait, il est très étonnant que ce récit ait pu passer si longtemps pour vrai, car il contient des contrevérités patentes. Contrairement à ce qu'a écrit Keating, il manquait un canot de sauvetage, ce qui indiquait que les occupants avaient pris la fuite et non que les uns avaient débarqué, les autres rejoint le *Dei Gratia*. D'autre part, il n'est pas fait mention de la petite Sofia Briggs. Ensuite, ce terrible et soudain coup de tabac n'a été signalé par personne. Enfin, l'alcool contenu dans les barriques était du méthanol inconsommable, qui rendait fou et aveugle, et une beuverie comme celle qui a été décrite est invraisemblable.

Aujourd'hui, on en est là… Rien n'est certain, à part un seul élément : l'équipage et les passagers de la *Mary Celeste* ont disparu pour une raison inconnue, entre le 24 novembre et le 4 décembre 1872, en plein Atlantique, alors qu'aucune tempête n'a eu lieu dans les parages.

Il faut pourtant avancer une explication. On a parlé récemment d'une intoxication alimentaire. L'humidité peut provoquer l'apparition, dans les céréales, de toxines qui déclenchent des hallucinations. En proie à celles-ci, les occupants du bateau auraient pris un canot et se seraient perdus avec lui.

Plus récemment encore, avec le progrès des techniques en matière de phénomènes terrestres, on a évoqué un tremblement de terre sous-marin. Dans la région où est supposé s'être produit le drame, le sous-sol est particulièrement instable, les plaques tectoniques de l'Europe, de l'Afrique et de l'Amérique se rejoignent et, parfois, se heurtent en de terribles collisions. Il se produit alors des sortes de tsunamis, mais qui, loin de toute terre, passent inaperçus. Les navires reçoivent une formidable secousse depuis les hauts-fonds, qui ne les fait pas sombrer, ne les renverse pas, mais les ébranle dans un choc terrifiant. Même des pétroliers de plusieurs centaines de milliers de tonnes ont été violemment secoués. On conçoit que, face à un tel phénomène, le capitaine Briggs, terrorisé, ait ordonné l'abandon immédiat du navire ! Le problème est que ce phénomène laisse des traces : les objets à bord, le mobilier présentent dans ce cas des dommages importants. Rien de tel n'a été découvert sur la *Mary Celeste*.

C'est pourquoi les toutes dernières recherches se sont dirigées vers une autre direction, celle de la cargaison. Aujourd'hui, on pense que tout tournait autour des mille sept cents barils de méthanol. C'est l'alcool qui est au centre du drame et qui est vraisemblablement la clé du mystère.

Lorsqu'il est embarqué en septembre, un mois froid à New York, il ne cause aucun problème particulier. Mais aux Açores où la température augmente considérablement malgré la saison, il fermente. L'un des tonneaux perd son bouchon. Il s'en échappe un peu de liquide, une quantité suffisante pour tout déclencher.

Les cercles de métal des tonneaux se heurtent et provoquent des étincelles. À leur contact, les gaz contenus dans ce milieu renfermé s'enflamment et explosent, laissant craindre le pire… On connaît très mal, alors, les propriétés des produits volatils comme l'alcool et on surestime leurs capacités détonantes. En aucun cas, la cargaison de méthanol n'aurait pu exploser, elle ne pouvait pas subir le moindre dommage et on l'a retrouvée intacte. Mais, à l'époque, on l'ignore.

Devant ces phénomènes alarmants, le capitaine Briggs décide de ne prendre aucun risque. Il n'est pas homme à abandonner facilement son navire et ne l'aurait sans doute pas fait s'il n'y avait eu que son équipage, mais la présence de sa femme et de sa fille l'incite à se montrer prudent. Il décide de faire remorquer tout le monde dans un canot relié au navire par une corde. Malheureusement, le vent se lève au même moment et la corde casse. Ses marins et lui rament de toutes leurs forces, mais la *Mary Celeste*, avec ses voiles déployées, va trop vite et s'éloigne irrémédiablement. Les occupants du canot se retrouvent perdus en plein Atlantique et périssent tous.

Telle est très vraisemblablement l'explication du mystère. Mais sait-on jamais : la mer ne livre jamais vraiment ses secrets.

Le Masque de fer

Un illustre inconnu

C'est une histoire dont le public ne se lasse pas, non seulement en France, mais dans le monde entier. Depuis trois siècles, quelque deux cents ouvrages lui ont été consacrés, des colloques internationaux se tiennent régulièrement à son sujet, comme celui de 1991 à Pinerolo (Pignerol en français), l'un des endroits clés de l'histoire. À tout cela, il faut ajouter les romans, les pièces de théâtre et les films. Le dernier en date (1998), *Le Masque de fer*, de Randall Wallace, réunissait Gérard Depardieu et Leonardo DiCaprio, dans le double rôle du prisonnier et de Louis XIV, car l'œuvre reprenait la thèse d'un frère jumeau du roi.

Un tel engouement peut se comprendre. Il y a non seulement l'énigme historique, mais la vision impressionnante de cet homme caché sous le métal. Le Masque de fer est un mystère matérialisé par une image, une question visible en quelque sorte. La réponse se trouve derrière le masque : ce visage que personne n'a vu. C'est pourquoi l'histoire fascinera longtemps encore le public, même si la vérité est aujourd'hui connue avec une quasi-certitude.

C'est Voltaire qui a lancé l'affaire, dans son ouvrage historique *Le Siècle de Louis XIV*, paru en 1751. Voici le texte qui sert de point de départ à toute la suite : « Quelques mois après la mort de Mazarin arriva un événement qui n'a point d'exemple.

On envoya dans le plus grand secret au château de l'île Sainte-Marguerite, dans la mer de Provence, un prisonnier inconnu, jeune et de la figure la plus belle et la plus noble. Ce prisonnier, dans la route, avait un masque dont la mentonnière d'acier avait des ressorts qui lui laissaient la liberté de manger avec le masque sur le visage. On avait ordre de le tuer s'il se découvrait. Il resta dans l'île jusqu'à ce qu'un officier de confiance, nommé Saint-Mars, gouverneur de Pignerol, nommé gouverneur de la Bastille, l'an 1690, l'allât prendre à l'île Sainte-Marguerite et le conduisît à la Bastille, toujours masqué. Cet inconnu y fut logé aussi bien que l'on peut l'être dans ce château. On ne lui refusait rien de ce qu'il demandait. Son plus grand goût était pour le linge d'une finesse extraordinaire et pour les dentelles. Il jouait de la guitare. On lui faisait la plus grande chère et le gouverneur s'asseyait rarement avant lui. Un vieux médecin de la Bastille, qui avait souvent traité cet homme singulier dans ses maladies, a dit qu'il n'avait jamais vu son visage, quoiqu'il eût souvent examiné sa langue et le reste de son corps. Il était admirablement bien fait, disait ce médecin ; sa peau était un peu brune. Il ne se plaignait jamais de son état et ne laissait point entrevoir qui il pouvait être. Cet inconnu mourut en 1703 et fut enterré la nuit à la paroisse Saint-Paul. »

L'année suivante, dans la réédition de son ouvrage, Voltaire donne de nouvelles précisions : « Ce prisonnier était sans doute considérable, car voici ce qui arriva dans les premiers jours qu'il était dans l'île. Un jour, le prisonnier écrivit avec un couteau sur une assiette d'argent et jeta l'assiette par la fenêtre, vers un bateau qui était au rivage. Un pêcheur à qui ce bateau appartenait ramassa l'assiette et la rapporta au gouverneur. Celui-ci, étonné, demanda au pêcheur :

– Avez-vous vu ce qui est écrit sur cette assiette et quelqu'un l'a-t-il vue entre vos mains ?

– Je ne sais pas lire, répondit le pêcheur. Je viens de la trouver, personne ne l'a vue.

– Allez, lui dit le gouverneur, vous êtes bien heureux de ne pas savoir lire. »

L'année suivante encore, le succès de son livre allant croissant, Voltaire fait paraître cet ajout, dans le *Supplément au Siècle de Louis XIV* : « On disait quelquefois que c'était un homme qui savait tous les secrets de M. Fouquet [...]. Or pourquoi ces précautions inouïes pour un confident de M. Fouquet, pour un subalterne ? Il était donc clair que c'était un prisonnier de la plus haute importance, dont la destinée avait toujours été secrète. C'est ce qu'il est permis de conjecturer. »

Qui est cette personnalité de la plus haute importance ? L'écrivain attend près de vingt ans pour donner sa réponse à la question, et encore le fait-il prudemment. Il écrit en 1770, dans les *Questions sur l'Encyclopédie* : « Il est clair que si on ne le laissait aller dans la cour de la Bastille, si on ne lui permettait de parler à son médecin que couvert de son masque, c'était de peur qu'on ne reconnût dans ses traits quelque ressemblance trop frappante. »

L'année suivante, enfin, à l'occasion de la réimpression, Voltaire franchit le pas. « Le Masque de fer était sans doute un frère aîné de Louis XIV, dont la mère avait le même goût que lui pour le linge fin. » Il rappelle que, les années précédant la naissance de Louis XIV, Louis XIII n'habitait plus avec Anne d'Autriche et poursuit : « Celle-ci eut un écart, dont naquit un enfant. La reine et le cardinal de Mazarin firent élever l'enfant en secret. Louis XIV ne connut son existence qu'à la mort de Mazarin. »

L'homme masqué serait donc le frère aîné du roi, celui qui aurait dû régner à sa place. Cette fois, il s'agit bel et bien d'une affaire de la première importance, une véritable bombe historique ! À condition, bien sûr, que ce qu'écrit Voltaire soit exact. D'autant qu'il n'est pas historien, mais polémiste. En donnant le plus grand retentissement à cette histoire, il a surtout des intentions politiques, qui s'inscrivent dans le mouvement d'idées précédant la Révolution. Il veut dénoncer l'arbitraire royal, les lettres de cachet, les détentions sans jugement.

Alors, ses propos sont-ils conformes à la vérité historique ? Oui, dans les grandes lignes, même si beaucoup de détails sont inexacts.

Contrairement à ce qu'il affirme, ce n'est pas sur l'île de Sainte-Marguerite mais à Pignerol que le prisonnier a été d'abord incarcéré. Depuis 1631, la ville italienne de Pinerolo, francisée en Pignerol, a été cédée par le Piémont à la France. Louis XIV a transformé le château, une forteresse redoutable, en prison d'État. En 1665, elle est placée « sous le commandement absolu de M. de Saint-Mars ». On ne sait pas la date précise de l'arrivée de l'inconnu et il n'est pas question à cette période d'un masque. Ce qui est attesté, c'est l'existence, parmi les prisonniers, d'un homme « dont le nom ne se dit pas ».

En 1687, Saint-Mars devient le gouverneur de l'île Sainte-Marguerite, l'une des deux îles de Lérins, en Méditerranée. Son prisonnier sans nom l'y suit. Ils y restent onze ans ensemble. La forteresse, quoique défigurée par des installations militaires du XIXe siècle, existe toujours. On y va en vingt minutes de Cannes et on peut y visiter la cellule dite « du Masque de fer », une pièce très haute de plafond, avec une seule fenêtre, donnant sur la mer et fermée par trois rangées de barreaux. Il n'est pas question, en revanche, pendant toute cette période, de l'anecdote de l'assiette d'argent. Elle a été inventée soit par Voltaire, soit par l'auteur dont il s'est inspiré.

En 1698, enfin, alors que M. de Saint-Mars a soixante-douze ans, il se voit offrir le gouvernement de la Bastille. Il hésite, en raison de son état de santé, puis accepte. Il lui est demandé d'y amener « l'ancien prisonnier », mais en veillant à ce que nul ne puisse lui parler. C'est alors que Saint-Mars a, pour la première fois seulement, l'idée de lui faire porter un masque. Il n'est fait que de velours noir, mais il va devenir grâce à Voltaire un masque de fer, avec des ressorts pour les mâchoires. Il n'empêche que le prisonnier est très remarqué durant tout le parcours et que le fait frappe les imaginations.

Sur le registre d'écrou de la Bastille, tenu par M. de Junca, on peut lire, en date du 18 septembre 1698 : « À 3 heures de l'après-midi, M. de Saint-Mars, gouverneur du château de la

Bastille, est arrivé pour sa première entrée, venant de son gouvernement de l'île Sainte-Marguerite, ayant avec lui dans sa litière un ancien prisonnier qu'il avait à Pignerol, lequel il tient toujours masqué et dont le nom ne se dit pas. M. le Gouverneur l'a mené dans la troisième chambre de la tour de la Bertaudière, que j'avais fait meubler de toutes choses quelques jours avant son arrivée, en ayant reçu l'ordre de M. de Saint-Mars. Le prisonnier sera servi et soigné par M. de Rosarges, que M. le Gouverneur nourrira. »

Quatre ans plus tard, on trouve une nouvelle mention sur le registre d'écrou, toujours tenu par M. de Junca : « Du lundi 19 novembre 1703, ce prisonnier inconnu masqué de velours noir, que M. de Saint-Mars avait amené avec lui en provenance de l'île Sainte-Marguerite, s'était trouvé un peu mal hier, en sortant de la messe. Il est mort aujourd'hui, vers les 10 heures du soir, sans avoir eu une grande maladie. M. Giraut, notre aumônier, le confessa hier. Le prisonnier inconnu a été enterré le mardi 20 novembre, dans le cimetière de Saint-Paul, notre paroisse. Sur le registre mortuaire, on a donné un nom inconnu... » Quelques jours plus tard, M. de Junca précise ce nom, par acquit de conscience : « J'ai appris qu'on l'avait nommé sur le registre M. de Marchioly et qu'on avait payé 40 livres d'enterrement. »

Telle est la vérité historique. Elle est moins spectaculaire que celle décrite par Voltaire, et il ne faudrait plus appeler le prisonnier « le Masque de fer » mais « le Masque de velours »... Il n'en reste pas moins que le personnage a bel et bien existé. Sur ordre de Louis XIV, un inconnu a été détenu jusqu'à sa mort, avec un luxe extraordinaire de précautions, et a porté, durant la dernière partie de sa vie, un masque sur le visage, ce qui est, pour reprendre les mots de l'écrivain, « un événement qui n'a point d'exemple ».

À partir de là, pendant des siècles, chacun va donner libre cours à son ingéniosité, pour échafauder une explication. Non seulement les historiens, mais les écrivains et les personnes les plus diverses vont avancer toutes sortes d'hypothèses, de la plus farfelue à la plus sérieuse.

La palme de l'invraisemblance revient sans conteste à un certain Anatole Loquin qui n'est pas autrement connu que par son intervention dans ce débat. Dans un ouvrage paru en 1883, il affirme que le Masque de fer n'est autre que… Molière ! Le 17 février 1673, lors de la quatrième représentation du *Malade imaginaire*, ce dernier est pris d'un spasme violent. Il parvient tout de même à terminer la pièce. On le transporte à son domicile où il succombe à 10 heures du soir. Selon Anatole Loquin, la réalité est tout autre. Alors que Molière rentre chez lui après son malaise, plusieurs hommes se jettent sur lui et le font monter de force dans une voiture. De là, il est conduit à Pignerol, puis à Sainte-Marguerite, puis à la Bastille, où il meurt en 1703, à quatre-vingt-un ans. Les auteurs de ce mauvais coup auraient été les jésuites, qui ne lui avaient pas pardonné *Tartuffe*…

Que dire de cette hypothèse, sinon qu'elle est totalement absurde et qu'elle n'a pas eu, à part son auteur, le moindre défenseur ? Molière était très apprécié de Louis XIV. C'était un habitué de toutes les fêtes de Versailles et les jésuites, aussi puissants qu'ils étaient, n'avaient pas le pouvoir de faire secrètement interner quelqu'un dans trois prisons d'État, étroitement surveillées par le roi. Enfin, il est établi qu'au moment de la représentation du *Malade imaginaire* le malheureux Molière était tuberculeux au dernier degré et qu'une survie de trente ans aurait relevé du miracle.

Plus sérieuse, mais tout de même impossible à croire, est l'hypothèse qui fait du Masque de fer le comte de Vermandois. Il s'agit pour le moins d'un curieux personnage. C'est l'un des deux enfants naturels que Louis XIV a eus de sa liaison avec Mme de La Vallière. Dès l'adolescence, il se révèle comme un débauché de la pire espèce et les remontrances de son royal père n'y font rien. En 1683, pourtant, il promet de s'amender et accepte de partir pour la guerre. Il meurt en novembre de la même année, au siège de Courtrai… d'avoir bu trop d'eau-de-vie.

En 1745, un ouvrage fait état d'un prisonnier de haute naissance incarcéré pour avoir donné un soufflet au grand dauphin et qui aurait été obligé de porter un masque. L'auteur avance le nom du comte de Vermandois, qui ne serait pas mort au siège de Courtrai, mais emprisonné à cette date, tandis qu'une mise en scène simulait la beuverie fatale. En outre, pendant la Révolution, un obscur journaliste qui participait à la prise de la Bastille, a affirmé avoir vu cette inscription : « Je suis Louis de Bourbon, comte de Vermandois. Une étourderie m'a fait enfermer à Pignerol, puis à l'île de Sainte-Marguerite, puis à la Bastille où je finirai le cours de ma triste vie. »

Cette version aurait pu être crédible si elle n'avait été démentie par Louis XIV lui-même. Des rumeurs sur l'arrestation du comte de Vermandois ont couru du vivant du roi et ce dernier l'a fait exhumer en 1696, de la cathédrale d'Arras où il était enterré. Le corps a été reconnu par plusieurs témoins. Il ne peut donc s'agir du Masque de fer.

Le nom du duc de Beaufort a été également avancé. Un écrivain du nom de Lagrange-Chancel, qui avait été incarcéré à Sainte-Marguerite et qui s'en était évadé, a affirmé connaître le nom du Masque de fer, que « M. de Saint-Mars [...] servait lui-même dans de la vaisselle d'argent ». Il s'agissait du duc de Beaufort, petit-fils naturel d'Henri IV, jeté en prison pour avoir pris une part active à la Fronde.

Cette version n'est pas plus recevable que la précédente. Beaufort avait bien participé à la Fronde, mais il avait fait amende honorable et il avait obtenu le pardon de roi, qui l'avait repris à son service. Et, surtout, le duc de Beaufort est mort en 1669 au siège de Candie, tué par les Turcs. Sa tête a été envoyée par le grand vizir à Constantinople où elle a été promenée au bout d'une pique, ce qui rend difficile de la voir avec un masque de fer...

Il faut en arriver maintenant aux deux seules hypothèses vraiment crédibles, celles qui font du Masque de fer soit un demi-frère aîné, soit un frère jumeau de Louis XIV. C'est cette version qu'a retenue Voltaire et c'est celle que retiendront tous les auteurs de romans, de films et de pièces de théâtre. Et pour cause : c'est le seul cas où le masque se justifie pour cacher la ressemblance avec le roi. Cela explique aussi pourquoi ce dernier n'a pas fait purement et simplement éliminer le prisonnier : il n'a pas voulu tuer quelqu'un du même sang que lui.

Selon la thèse du frère aîné, défendue en particulier par l'historien Maurice Duvivier, Louis XIII aurait été pendant longtemps incapable de procréer et Anne d'Autriche se serait fait faire un enfant par François de Cavoye, déjà père à douze reprises. Hélas, le nourrisson ressemblait comme deux gouttes d'eau à Cavoye, ce qui rendait la situation gênante. D'autant que Louis XIII avait retrouvé sa virilité et que Louis XIV était né peu après.

Adulte, Louis XIV aurait fait arrêter son demi-frère, le chevalier Eustache de Cavoye, qui représentait pour lui un perpétuel danger. En raison de leur parenté et comme ils avaient joué ensemble étant enfants, il n'aurait pas voulu qu'il lui soit fait de mal, mais aurait ordonné qu'il soit détenu en secret jusqu'à sa mort... Que dire sinon que, si tout cela est séduisant, ce n'est qu'une hypothèse ? Jusqu'à ce jour, il n'existe aucune preuve que le Masque de fer soit Eustache de Cavoye.

C'est peu avant la Révolution qu'apparaît la version de loin la plus célèbre, qui fait du Masque de fer le frère jumeau de Louis XIV. Elle a été d'abord défendue par un certain abbé Soulavie, auteur de *Mémoires apocryphes du duc de Richelieu,* mais c'est Alexandre Dumas qui lui donnera un retentissement mondial, avec *Le Vicomte de Bragelonne*. Depuis, on ne compte plus les auteurs en tous genres qui ont repris à leur compte cette histoire. L'un des plus étonnants est Marcel Pagnol, qui, délaissant sa production habituelle, a consacré un long ouvrage à la défense de cette thèse.

Avec quelques variantes, elle se présente de la manière suivante : quelques heures après avoir mis au monde Louis XIV, Anne d'Autriche est de nouveau prise de douleurs et accouche d'un second garçon. Louis XIII veut à tout prix éviter une situation qui peut créer une concurrence entre deux rois et décide d'éloigner le second nourrisson. Il est envoyé en Angleterre et élevé sous un faux nom.

Mais en 1669, alors qu'il est âgé de trente et un ans, celui-ci apprend la vérité et décide de rentrer en France, pour faire valoir ses droits. Car Louis XIII s'est trompé : selon les juristes, lorsqu'on est en présence de jumeaux, c'est le dernier-né qui est l'aîné, car il est réputé avoir été conçu le premier... Louis XIV est informé par ses espions de l'arrivée de son frère et, quand il débarque à Calais, le fait arrêter sous le nom d'Eustache Danger. De là, il est aussitôt conduit à Pignerol.

Le récit se tient d'autant mieux qu'il y avait à Pignerol un Eustache Danger, arrêté à Calais en juillet 1669... Malheureusement, au risque de briser le romanesque, il faut renoncer à cette thèse. Danger est peut-être le Masque de fer – et nous y reviendrons –, mais il ne peut en aucun cas être le jumeau de Louis XIV. Il y a à cela une impossibilité absolue : il ne portait de masque ni à Pignerol ni à Sainte-Marguerite et personne ne lui a trouvé alors de ressemblance avec le roi. Cette version, aussi séduisante soit-elle, doit être abandonnée.

Alors, qui est le Masque de fer ? Il faut reprendre depuis le début les éléments de l'histoire, car ils permettent, avec un peu de logique, de découvrir la solution... Une seule certitude : il a été incarcéré à Pignerol du temps où M. de Saint-Mars en était gouverneur. Or les registres de la prison ont été conservés et les noms de tous les détenus y figurent, y compris celui qui devait rester secret. Le Masque de fer est forcément parmi eux.

Il faut écarter Nicolas Fouquet, ancien surintendant des Finances, emprisonné de 1664 à sa mort, en 1680. Tout ce qui le concerne est parfaitement connu, il n'y a aucun mystère à son sujet. Il faut écarter pour la même raison le duc de Lauzun, grand personnage, courtisan insolent, auteur de nombreuses incartades et expédié là par Louis XIV pour avoir offensé Mme de Montespan. Il fera neuf ans de détention, de 1671 à 1680.

Restent cinq personnages, qui peuvent prétendre au titre de Masque de fer. Eustache Danger, incarcéré en 1669, un certain

Larivière, un moine jacobin, Lapierre, écroué le 7 avril 1674, un espion du nom de Dubreuil, arrivé en juin 1676, et enfin le comte de Matthioli, ministre du duc de Mantoue, pensionnaire depuis le 2 mai 1679.

Eustache Danger est arrêté le 19 juillet 1669, à Calais, par le capitaine de la place de Dunkerque, M. de Vauroy, accompagné d'une escorte de trois archers. C'est un personnage tout à fait insignifiant, un simple domestique, mais qui détient certainement un secret de la plus extrême gravité. Le 19 juillet 1669, le marquis de Louvois annonce son arrivée à Saint-Mars. Le luxe de précautions dont ce dernier doit s'entourer est impressionnant : « Monsieur de Saint-Mars, le roi m'ayant commandé de mener à Pignerol le nommé Eustache Danger, il est de la dernière importance qu'il soit gardé avec une grande sûreté et qu'il ne puisse donner de ses nouvelles, par lettre et par nulle manière, à qui que ce soit. Je vous donne avis de le mettre dans un cachot où il y aura assez de portes fermées pour que les sentinelles ne puissent rien entendre. Il faudra que vous portiez vous-même à ce misérable une fois le jour de quoi vivre et que vous n'écoutiez jamais sous quelque prétexte que ce soit ce qu'il voudra vous dire, le menaçant toujours de le faire mourir s'il ouvre la bouche pour vous parler d'autre chose que de ses nécessités. Vous ferez préparer les meubles qui sont nécessaires pour la vie de celui qu'on vous amènera, observant que, comme ce n'est qu'un valet, il ne lui en faut pas de bien considérables. » Pourquoi un traitement si terrible ? Louvois ne le dit pas et ne le dira jamais...

Le second personnage sur la liste, Larivière présente la particularité de n'avoir commis aucun délit. C'est le domestique de Fouquet. Un personnage aussi considérable que ce dernier avait droit à quelqu'un pour le servir. Larivière a accepté, sachant que cela lui vaudrait la réclusion à vie, car il n'était pas question qu'il puisse raconter au-dehors les secrets de l'ancien surintendant des Finances. De fait, il survivra à son maître, mais ne sera jamais libéré.

Le troisième prisonnier, le moine jacobin Lapierre, est là depuis avril 1664. Le traitement qu'ordonne Louvois à son sujet égale en sévérité celui qu'il requiert pour Eustache Danger : « Il faut le traiter fort durement et ne pas lui donner de feu dans sa cellule, à moins que le grand froid ou une maladie l'y oblige. C'est un fripon achevé, qui ne saurait être assez maltraité. Cependant vous pourrez lui faire entendre la messe à condition qu'il ne rencontre personne. Sa Majesté accepte qu'il ait un bréviaire. » On ne sait pas de manière certaine la nature de ses fautes. Il aurait abusé de personnes importantes de la cour, en leur soutirant des sommes considérables, sous prétexte d'alchimie. Quoi qu'il en soit, deux ans après son arrivée à Pignerol, Saint-Mars mentionne qu'il est devenu fou furieux. Il lui donne comme traitement la bastonnade, ce qui le calme mais le laisse hébété. Le fait est loin d'être indifférent, car le Masque de fer est décrit par ceux qui l'ont vu à la Bastille comme jouissant de toute sa raison.

Le quatrième prisonnier, Dubreuil, est un espion. Officier français, il s'est évadé d'Allemagne et a proposé au comte de Monclar, commandant de l'armée du Rhin, des renseignements sur l'armée allemande, ses effectifs et ses mouvements. Louvois, à qui on a rapporté la chose, s'est montré intéressé. Malheureusement, tandis qu'il était dans l'armée française, Dubreuil a noté les mêmes détails la concernant et proposé ses services aux chefs militaires allemands. Démasqué, il a été aussitôt conduit à Pignerol… La captivité ne lui réussit guère mieux qu'au moine. Il ne devient pas fou, mais en 1680, il est décrit par Saint-Mars comme « gâteux et mélancolique ». Il ne peut donc, pour la même raison que Lapierre, être le Masque de fer.

Le dernier prisonnier, Hercule-Antoine Matthioli, est du même acabit que le précédent : un vaurien sans foi ni loi, soucieux de se vendre au plus offrant. Ministre du duc de Mantoue, il a servi d'intermédiaire entre ce dernier et le roi de France, pour l'acquisition de la forteresse italienne de Casal par la France. Mais il a joué un double jeu, trahissant à la fois le roi et le duc, d'où son incarcération à Pignerol. Louis XIV, furieux contre lui, l'a fait arrêter en territoire italien, contrairement au droit international. Lui aussi doit, selon les instructions du marquis de Louvois, « être traité avec dureté ».

Quelques années passent... En 1681, Saint-Mars se voit également attribuer le gouvernement de la forteresse d'Exilles, à douze lieues de Pignerol, tout aussi sûre, mais d'un séjour plus agréable. Il reçoit l'autorisation de Louvois d'y aller avec ses deux prisonniers les plus importants. Saint-Mars remercie le ministre et précise dans sa lettre : « Matthioli restera ici avec deux autres prisonniers. Un de mes lieutenants, nommé Villebois, les gardera. » Les deux prisonniers qui restent avec Matthioli sont sans nul doute Lapierre, le jacobin fou, et l'espion Dubreuil, « gâteux et mélancolique », et les deux qu'il emmène sont tout aussi certainement Larivière et Danger.

Le 5 janvier 1687, Saint-Mars apprend à Louvois qu'un des deux prisonniers présents avec lui à Exilles est mort, mais ne dit pas lequel. Tout de suite après, il est muté à Sainte-Marguerite et part avec le prisonnier restant. Il fait conduire celui-ci dans une voiture, dont les fenêtres sont hermétiquement fermées avec de la toile cirée, « de manière, écrit-il, qu'il ait assez d'air, mais que personne ne pût le voir et lui parler pendant la route, pas même les soldats que je choisirai pour l'escorter ».

Suite à ce traitement, le malheureux arrive à moitié étouffé. Une fois à destination, Saint-Mars annonce à Louvois : « Je peux vous assurer, Monseigneur, que personne ne l'a vu et que la manière dont je l'ai gardé et conduit pendant toute ma route fait que chacun cherche à deviner qui peut être mon prisonnier. » La curiosité que suscite ce dernier amuse beaucoup le nouveau gouverneur de Sainte-Marguerite. Son entourage brûle de savoir de qui il s'agit. Être le geôlier d'un personnage aussi mystérieux le remplit de fierté...

En 1691, Louvois meurt. Son fils, le marquis de Barbezieux, lui succède. Son soin le plus immédiat est d'écrire à Saint-Mars et la première chose dont il lui parle est son prisonnier. En même temps, il donne une indication qui livre son identité : « Lorsque vous aurez quelque chose à me mander pour le prisonnier qui est sous votre garde depuis vingt ans, je vous prie d'user des mêmes précautions que vous employiez quand vous écriviez à M. de Louvois. » Eustache

Danger a été incarcéré en 1669, vingt-deux ans plus tôt, et Larivière en 1676, il y a quinze ans. C'est donc Danger qui a suivi Saint-Mars à Sainte-Marguerite et Larivière qui est mort à Exilles. Le Masque de fer serait forcément Eustache Danger, puisqu'il ne reste que lui.

Mais courant 1694, Saint-Mars décide que les prisonniers encore à Pignerol le rejoindront. Ils ne sont plus que deux : Dubreuil et Matthioli, le jacobin Lapierre étant mort au mois de janvier. Ils retrouvent Eustache Danger à Sainte-Marguerite, en avril 1694. Or, ce même mois d'avril 1694, un de ces prisonniers meurt. Saint-Mars l'annonce à Barbezieux, encore une fois sans dire lequel.

Dans sa réponse, datée du 10 mai, Barbezieux donne toutefois une précision d'importance : « Vous pouvez, comme vous me le proposez, mettre dans la prison voûtée le valet du prisonnier qui est mort, à condition de le faire garder aussi bien que les autres, sans qu'il communique ni par écrit ni de vive voix avec qui que ce soit. » Parmi les prisonniers de Pignerol, il est établi que seul Matthioli avait un valet. C'est donc lui qui est mort. Dans ces conditions, Dubreuil étant devenu « gâteux et mélancolique », ce qui ne correspond pas au comportement du prisonnier de la Bastille, le Masque de fer ne peut qu'être Eustache Danger.

Telle est la conclusion logique et celle à laquelle ont abouti la presque totalité des historiens. Mais il faut mentionner que la thèse de Matthioli garde quelques partisans. Ceux-ci mettent en avant qu'Eustache Danger n'était qu'un valet et que seul Matthioli, qui était ministre, justifiait un tel traitement, relevant du secret d'État. Ils ajoutent que le nom inscrit sur le registre, après le décès du prisonnier de la Bastille, était « Marchioly », ce qui est le nom de Matthioli déformé. Enfin, ils citent une confidence de Louis XVI à la reine, rapportée par sa femme de chambre, Mme de Campan, selon laquelle « le Masque de Fer était un prisonnier de caractère très dangereux et sujet du duc de Mantoue ».

Mais tout cela se heurte à une objection radicale : l'histoire de Matthioli n'était nullement secrète. Sa trahison et son arrestation étaient parfaitement connues, les gazettes hollandaises en avaient parlé dans toute l'Europe. Les Espagnols, en guerre contre la France, avaient même fait une campagne en sa faveur, suite à son arrestation illégale. Il n'y avait donc aucune raison de cacher son identité. La meilleure preuve se trouve dans la correspondance entre Saint-Mars et Louvois, puis Barbezieux, où il est toujours désigné par son nom. C'est lui qui est mort en avril 1694, à Sainte-Marguerite, et c'est Eustache Danger qui est le Masque de fer.

Mais si le mystère peut être considéré comme éclairci sur ce point, l'énigme demeure. Eustache Danger est quelqu'un de tout à fait ordinaire et même d'insignifiant. Quel crime a-t-il commis pour se voir attribuer un traitement qui, pour reprendre les termes de Voltaire, « n'a point d'exemple » ? Il a sans doute surpris un secret d'État, mais lequel ?

Le lieu de son arrestation, Calais, peut nous mettre sur la voie. À cette époque des négociations confidentielles y avaient lieu entre la France et l'Angleterre, qui devaient aboutir, un an plus tard, au traité de Douvres. Il aurait été question à un moment que, pour favoriser le rapprochement, le roi d'Angleterre Charles II se convertisse au catholicisme. La divulgation d'une telle nouvelle aurait évidemment provoqué des remous considérables. Peut-être Eustache Danger servait-il dans la domesticité d'Henriette d'Angleterre, belle-sœur de Louis XIV et sœur de Charles II, qui servait d'intermédiaire dans les pourparlers, et peut-être a-t-il découvert une lettre à ce sujet. C'est tout ce qu'on peut dire...

Mais, si cette hypothèse est la plus vraisemblable, elle ne résout toujours pas le mystère du masque. Si Danger connaissait un secret d'État, il suffisait de le garder dans l'isolement. Il était totalement inutile de cacher son visage, qui ne pouvait rien dire à personne. Pourquoi dissimuler les traits d'un inconnu ?

C'est là qu'intervient la personnalité de M. de Saint-Mars... Car c'est lui et lui seul qui prend cette initiative, lors du transfert de son prisonnier de Sainte-Marguerite à la Bastille et qui la maintient par la suite. Dans les instructions de Louvois, puis de Barbezieux, il n'est jamais question d'un masque, ni même de cacher le prisonnier, il s'agit seulement de l'empêcher de communiquer : « Il est de la dernière importance [...] qu'il ne puisse donner de ses nouvelles, par lettre et par nulle manière, à qui que ce soit. Je vous donne avis de le mettre dans un cachot où il y aura assez de portes fermées pour que les sentinelles ne puissent rien entendre. Il faudra [...] que vous n'écoutiez jamais [...] ce qu'il voudra vous dire... »

Saint-Mars suit scrupuleusement ces consignes et, lors du voyage d'Exilles à Sainte-Marguerite, pour que Dauger n'ait pas de contact en route, il le fait enfermer dans une voiture fermée avec de la toile cirée. Mais cette mise en scène spectaculaire produit un effet inattendu : elle excite la curiosité publique. À partir de son arrivée dans l'île, on ne cesse de lui poser des questions, ce qui accroît son prestige et flatte sa vanité. Le 8 janvier 1688, il écrit à Louvois : « On dit que mon prisonnier est le duc de Beaufort, d'autres disent que c'est le fils de Cromwell. »

Depuis la mort de Fouquet et le départ de Lauzun, il n'a plus sous sa garde que des détenus secondaires, des « merles » comme il les appelle. Or voilà que l'un d'eux lui donne une importance qu'il n'espérait plus. Il va tout faire pour prolonger cette impression, pour continuer de tenir le devant de la scène !

Car Saint-Mars en a besoin, c'est pour lui une revanche sur l'existence. Les lettres qu'on a de lui révèlent un caractère dur et l'ambition de progresser dans son ingrat métier... Il est loin d'être l'aristocrate qu'on pourrait imaginer. De son vrai nom Bénigne Dauvergne, c'est un pauvre orphelin, un roturier, un enfant de troupe devenu soldat. Il gravit péniblement les échelons et entre dans la compagnie des mousquetaires où, par chance pour lui, d'Artagnan le remarque. Ce dernier le prend en affection et le recommande à Louis XIV pour garder Fouquet à Pignerol. C'est ainsi qu'anobli par le roi, qui le fait seigneur de Saint-Mars, Bénigne Dauvergne mourra en 1708 gouverneur de la Bastille, riche et considéré.

Tel est, sans nul doute, le fin mot de l'histoire. Le masque, en fait, ne cachait rien d'autre que le vide. Tout était faux, tout n'était qu'illusion ! Tout venait d'un directeur de prison qui voulait, à travers un de ses détenus, faire parler de lui.

Le moins qu'on puisse dire, c'est qu'il a réussi !

Gabriel Syveton

Mort d'un député

En cette année 1904, la France ne s'est pas encore remise de l'affaire Dreyfus, qui a ébranlé le pays jusque dans ses profondeurs. Pendant des années, on s'est battu avec acharnement pour ou contre cet officier condamné à tort pour espionnage uniquement parce qu'il était juif. Son innocence a fini par être reconnue officiellement, mais le traumatisme demeure.

Dans le camp antidreyfusard, ce sont l'armée et l'Église qui sc sont montrées les plus acharnées. Or, depuis l'élection d'une majorité de gauche à l'Assemblée, on assiste à une réaction en sens inverse. Le ministère Combes mène une politique résolument anticléricale, qu'illustre la séparation de l'Église et de l'État. Au poste clé du ministère de la Guerre a été nommé le général André, un homme de valeur, mais un doctrinaire. Il ne veut à aucun prix que se renouvellent les égarements de l'affaire Dreyfus et s'est mis en tête de « républicaniser l'armée ». Pour cela, il a imaginé un système tout à fait personnel et, il faut bien le dire, tout à fait contestable.

Il a décidé de ficher les officiers en fonction de leurs opinions religieuses et politiques. Ceux qui seront classés « républicains » bénéficieront d'un avancement rapide, les autres ne progresseront pas. Pour cela, le général André, bien qu'il ne soit pas maçon lui-même, a choisi de faire appel au Grand Orient de France, très engagé dans l'affaire Dreyfus, aux côtés de l'officier juif. Il a été demandé aux membres de chaque loge de fournir des renseignements sur les officiers en garnison dans leur ville, l'ensemble des informations devant être centralisées au siège de l'obédience, rue Cadet, puis transmis au ministère de la Guerre.

On reste confondu, indépendamment de son côté condamnable, par l'amateurisme d'un tel système ! Chaque frère devait se transformer en espion du dimanche, aller à la messe pour la première fois de sa vie et y repérer les uniformes ou bien rôder devant les casernes à la recherche d'informations. Non seulement le procédé était peu fiable, mais malgré le secret maçonnique, il était inévitable que des fuites se produisent. C'est ce qui s'est passé.

Lorsqu'on est arrivé à un total de dix-neuf mille fiches, un employé subalterne chargé du travail de classement a compris qu'il détenait entre ses mains une véritable mine d'or. Il a pris des dizaines de photos et les a vendues quarante mille francs, somme considérable, au député nationaliste Camille Guyot de Villeneuve. Le fichier étant intact, le général André et le président du Conseil Combes n'avaient pas le moindre soupçon. Leur désarroi, quand l'affaire éclatera, n'en sera que plus grand...

Le 28 octobre 1904, Camille Guyot de Villeneuve monte à la tribune de l'Assemblée nationale et révèle ce que l'histoire appellera le « scandale des fiches ». Brandissant une épaisse liasse, il explique de quelle manière les officiers français ont été notés en vue de leur avancement et, devant les députés médusés, il en entame sa lecture :

– « Lieutenant de chasseurs S. : type de bon élève des jésuites, réservé, clérical et venimeux », « Commandant B., régiment d'infanterie, protestant, se méfier, va aux offices », « Colonel J. : le type même de la vieille baderne, va à la messe », « Capitaine de dragons A. : reçoit *La Croix* chez lui », « Commandant K. : Alsacien, donc patriote, se méfier ».

Cette dernière annotation déclenche un cri d'indignation dans l'Assemblée, jusque-là muette de stupeur, mais Guyot de Villeneuve continue sa lecture. Les députés découvrent que le fichier ne comprend pas que des renseignements, il adresse aux intéressés tout un lot de quolibets et d'injures, qui quelquefois ne manquent pas de pittoresque : « Cléricafard », « cléricanaille », « calotin pur jus », « jésuitard », « grand avaleur de bon Dieu », « vieille peau fermée à nos idées », « crapule de bénitier », etc.

À la Chambre, c'est un beau tumulte. Les huées se déchaînent à droite, tandis que les députés de gauche sont effondrés à leur banc. Pris de court, le chef du gouvernement demande un délai « pour information ». Il lui est accordé par 278 voix contre 174. La discussion sur le sujet aura lieu le 4 novembre. Mais de l'avis général, ce n'est qu'un sursis, les accusations sont trop précises pour ne pas être exactes, les jours du cabinet Combes sont comptés...

Inutile de dire que c'est une ambiance fébrile qui règne dans l'hémicycle, une semaine plus tard, le 4 novembre 1904. La partie réservée au public est bondée, les gradins des députés sont pleins également. Le général André monte à la tribune au milieu d'un brouhaha d'excitation et se défend comme il peut. À ces accusations accablantes, il ne peut opposer que de grandes proclamations de foi républicaine.

– Je proteste contre cette manière de m'adresser des interpellations ! Je ne répondrai rien aujourd'hui. Je résisterai à toutes les attaques et je resterai à mon poste pour défendre l'État et rassurer les officiers républicains !

Après quelques tirades du même genre, il regagne son banc, sous les huées de l'opposition et les applaudissements embarrassés de ses amis. Et c'est alors que des gradins d'extrême droite déboule un homme élégamment vêtu de noir. Il bondit vers le ministre et lui décoche de toutes ses forces une monumentale paire de gifles. Les coups sont si violents que le général chancelle et serait tombé s'il n'avait trouvé appui sur son pupitre.

Après un nouveau moment de stupeur éclate un incroyable charivari. Chacun a reconnu dans l'agresseur Gabriel Syveton, député nationaliste, célèbre pour ses outrances de langage. On se précipite pour le maîtriser. L'attitude du ministre ne justifie pas un tel comportement et, de plus, l'acte n'a rien d'héroïque. André n'est pas un fringant militaire – il a soixante-dix-sept ans –, alors que Syveton est dans la force de l'âge.

La séance est suspendue au milieu du tumulte. Lorsqu'elle reprend, Syveton est exclu de la Chambre. Il refuse de quitter sa place. On fait appel à la garde de l'Assemblée, et il est décidé qu'elle statuera sur son cas lors de sa séance du 7 novembre. Après quoi, les débats reprennent et, sous le coup de l'émotion, le cabinet Combes obtient la confiance avec 107 voix de majorité. Par son geste inconsidéré, Syveton a sauvé le gouvernement.

Il n'aura pourtant pas sauvé le général André, qui doit démissionner quelques jours plus tard. Il faut remarquer à ce propos qu'aussi étrange que cela paraisse il n'a commis aucun délit. Selon la législation de l'époque, il avait le droit, en tant que ministre de la Guerre, de faire surveiller ses officiers, y compris dans leurs opinions personnelles, au nom de l'intérêt supérieur de l'État. Il ne sera pas poursuivi pour le scandale des fiches. En ce qui le concerne, l'affaire est close…

Elle ne l'est pas pour Syveton. Le 7 novembre, la levée de son immunité parlementaire est votée à une forte majorité. L'Assemblée décide qu'il sera jugé le 9 décembre pour coups et blessures, par la cour d'assises de la Seine. Nombre de ses amis politiques ont d'ailleurs voté en ce sens. Ils comptent faire de son procès une tribune pour attaquer le gouvernement et leurs adversaires. Arthur Meyer, un des penseurs de la droite, justifie le lendemain cette tactique, dans les colonnes du *Gaulois* : « Syveton, écrit-il, apparaîtra dans la lumière crue du prétoire comme un grand justicier. »

Alors, qui est-il ce futur « grand justicier », qui vient de se mettre, d'une manière si tonitruante, sur le devant de l'actualité ?

Gabriel Syveton a quarante ans tout juste, puisqu'il est né en 1864, à Boën-sur-Lignon, dans la Loire. Il est issu de la moyenne bourgeoisie, son père était receveur des hospices civils de Saint-Étienne. Grâce à une brillante intelligence, il fait d'excellentes études et il est reçu à l'agrégation d'histoire en 1888. Il enseigne dans différents lycées de province et publie quelques travaux historiques. Mais il a le virus de la politique, il professe des idées extrémistes et, quand il s'agit de défendre ses opinions, il ne peut se contrôler. À Laon, il gifle – déjà ! – un de ses collègues, ce qui lui vaut d'être muté.

En 1898, il bénéficie d'un congé pour maladie, en raison d'une laryngite. En réalité, sa santé est excellente, et il a demandé un certificat de complaisance à un ami médecin pour entreprendre une carrière politique. Le voici donc dans l'arène publique. Sa « laryngite » ne l'empêche pas d'apostropher ses adversaires dans les réunions électorales et autres meetings, mais c'est un échec, il n'est pas élu. Son congé expiré, il est obligé de reprendre ses activités. Il reste toutefois un incorrigible agitateur et transforme ses cours en réunions politiques. Tant et si bien qu'il finit par être révoqué.

On est alors en pleine affaire Dreyfus. Pour s'opposer à la Ligue des droits de l'homme, fondée par des intellectuels dreyfusards, Syveton veut créer une ligue intellectuelle de droite et il convainc les plus illustres représentants de la pensée nationaliste d'y participer. Avec Maurice Barrès, François Coppée et Jules Lemaître, il fonde, en 1900, la Ligue de la patrie française, dont il est nommé trésorier. Il s'installe à Paris.

On est en plein cœur de la Belle Époque, jamais la vie parisienne n'a brillé d'un tel éclat. Les milieux nationalistes, que fréquente Syveton, réunissent les plus hautes fortunes de la noblesse et de la bourgeoisie et il est de toutes les fêtes. Le plus fastueux de ces personnages est Boni de Castellane, dont il est le protégé. Il reçoit tout ce que le monde compte de célébrités dans son Palais rose, édifié grâce à la fortune de sa femme, la milliardaire américaine Anna Gould.

Au milieu de tout ce monde, Gabriel Syveton ne dépare pas, bien au contraire. Grand, le visage viril, très brun, il porte l'habit et le monocle avec une incontestable distinction. Sa conversation est des plus spirituelles et on se répète ses reparties pleines d'esprit. En 1902, il est élu député du IIe arrondissement de Paris, ce qui accroît encore son prestige.

Mais financièrement, ce milieu n'est pas le sien. Il possède pour vivre son indemnité parlementaire de quinze mille francs, ses six mille francs de salaire de trésorier de la Ligue et une rente annuelle de dix mille francs que lui verse Boni de Castellane. C'est beaucoup, mais insuffisant pour suivre le train de vie que lui imposent ses fréquentations...

À ses revenus, il convient d'ajouter les quelques milliers de francs de rente que possède sa femme. Syveton a épousé en 1896 une Belge, Maria Reusens, veuve en premières noces d'un M. De Bruyn, dont elle a eu une ravissante fille, Marguerite, surnommée Margot. En 1903, celle-ci a épousé un nommé Jules Ménard, un pauvre homme, que Barrès décrit sans indulgence : « Une tête minuscule et haineuse d'oiseau, d'homme qui a trop souffert, qui a été trop humilié. »

Ainsi apparaît Syveton au moment où il fait son coup d'éclat à la Chambre : un personnage ambitieux, arriviste, excessif dans tous les domaines et redouté de ses adversaires. Son procès devant les assises de la Seine s'annonce comme un moment retentissant de la vie politique de ces dernières années... C'est alors que, le jeudi 8 décembre, veille du jour où il aurait dû passer en jugement, Syveton est trouvé asphyxié à son domicile, au 20 bis, avenue de Neuilly.

C'est un coup de tonnerre ! Les premières informations font état d'un accident, d'un empoisonnement au gaz, dans son cabinet de travail où il était en train de mettre au point sa défense du lendemain. Mais comment croire à une telle coïncidence ? Le gouvernement aux abois a décidé d'éliminer un ennemi trop dangereux, c'est une machination policière, un crime d'État !

La presse nationaliste crie au meurtre. Henri Rochefort intitule son article dans *L'Intransigeant* : « À l'assassin ! », Édouard Drumont titre dans *La Libre Parole,* l'organe antisémite : « Un assassinat maçonnique » et François Coppée s'exclame dans *Le Gaulois* : « Les bandits l'ont tué ! »

Au 20 bis, avenue de Neuilly, c'est la cohue des personnalités politiques amies, totalement bouleversées, et des journalistes. Les uns comme les autres sont pourtant déroutés par l'attitude de Mme Syveton. Cette robuste Flamande respirant la santé garde les yeux secs. Elle n'a, de toute évidence, pas le moindre chagrin et ne cherche pas à donner le change. Alors que le corps du défunt vient juste de partir pour l'institut médico-légal où il sera autopsié, elle continue à vaquer aux soins du ménage. Lorsqu'on vient lui présenter des condoléances, elle hausse les épaules, répond par monosyllabes ou pas du tout.

Certes, on sait qu'elle ne partageait pas les opinions de son mari et n'était nullement à ses côtés dans son combat. Avant son mariage, elle était plutôt de gauche ; depuis, elle est indifférente. Lorsqu'elle a appris l'incident des gifles au général André, sa seule réaction fut de déclarer :

– Ce ne sont pas des choses à faire !

Il n'en reste pas moins que, de l'avis général, la bienséance, les usages exigeraient qu'elle fasse un effort... Ce qu'elle fait avec les policiers. Lorsqu'ils sont arrivés, Gabriel Syveton gisait à terre, au milieu de son bureau. Bien que la fenêtre ait été ouverte, une odeur de gaz était encore perceptible. Ils interrogent sa veuve un peu plus tard, une fois les personnalités parties. Elle a visiblement son discours tout prêt :

– Mon mari a été intoxiqué par le gaz qui s'échappait de la cheminée de son bureau.

– Elle ne marche pas au bois ?

– Non, il y a de fausses bûches, qui sont en fait un radiateur à gaz. Le robinet a dû être ouvert par mégarde. Quand il s'en est rendu compte, il s'est levé pour aller ouvrir la fenêtre, mais il n'en a pas eu la force, il est tombé et a succombé à un empoisonnement...

Le récit est totalement invraisemblable. L'odeur du gaz aurait alerté la victime bien avant qu'elle soit trop intoxiquée pour ouvrir la fenêtre. À la première émanation, Syveton serait allé fermer le robinet, tout simplement. Les policiers le disent avec ménagement à sa veuve et, pour la première fois, elle semble émue. Elle tortille son mouchoir, elle cherche ses mots. Enfin, elle prend son inspiration et déclare :

– J'ai menti. Mais c'était pour sauvegarder la mémoire de mon mari. En réalité, il s'est suicidé. Je l'ai découvert en entrant dans son cabinet de travail, à trois heures de l'après-midi. Il était étendu à plat ventre, la tête tout entière dans la cheminée, qui était bouchée avec du papier journal. Il avait le tuyau du gaz dans la bouche. Un journal était déplié sur sa tête. Sa main gauche était le long du corps et, dans la main droite, il tenait un petit portrait de moi.

Elle ajoute qu'un papier expliquant son suicide se trouvait sur le bureau. Syveton demandait de faire croire à un accident. Les policiers rétorquent :

– Nous n'avons rien trouvé.

– C'est que je l'ai détruit. Il le fallait, justement pour faire croire à un accident.

– Dans ce billet, il donnait les raisons de son geste ?

– Non, il disait qu'il mettait fin à ses jours, c'est tout.

– Et vous-même, vous n'avez pas une idée ?

Mme Syveton est bouleversée. Elle éclate en sanglots et il lui faut un long moment avant de pouvoir s'exprimer. Elle entame alors un récit étonnant, mêlant le familial et le sordide et qui fait surgir une réalité tout autre que celle qu'on attendait.

Elle concerne les rapports de Gabriel Syveton et de sa belle-fille, la jolie Marguerite, surnommée Margot. En 1897, lors d'un séjour chez son grand-père à Anvers, en compagnie de sa mère et de son beau-père, elle se plaint des assiduités de ce dernier. Gabriel Syveton nie, s'indigne et Margot est accusée de mensonge. Elle est mise dans un couvent à Chantilly, mais en est exclue peu après, en raison de sa conduite légère.

Nous sommes alors en 1898. Elle revient habiter avec sa mère et son beau-père et se plaint de nouveau de son attitude. Une nouvelle fois, sa mère refuse de la croire. Elle sait qu'elle a toujours été menteuse et qu'elle a en outre un tempérament hystérique et pervers. Toujours est-il qu'à partir de ce moment les choses semblent s'arranger. La vie entre les trois protagonistes s'organise normalement.

Alors que s'est-il passé ? Margot a-t-elle tout inventé, comme l'en accuse sa mère ? C'est peu probable. Il semble bien que, dès le début, Syveton ait éprouvé une passion dévorante pour la jeune fille. Quant à elle, malgré ses dires et ses plaintes, elle n'était sans doute pas insensible au charme de cet homme brillant, fréquentant de surcroît le grand monde.

Les années passent sans autre incident. En 1903, Margot se marie, ce qui provoque une vive tension dans la famille. Son époux, Jules Ménard, sentant en lui peut-être un rival, déteste immédiatement Syveton. Leurs rapports sont franchement exécrables. Mais la vie suit son cours, jusqu'au 6 décembre 1904. C'est alors, en effet, trois jours seulement avant le procès, que Margot prend une initiative extraordinaire : elle avoue à son mari qu'elle entretient depuis plusieurs années une liaison avec son beau-père !

À partir de ce moment, voici comment on peut reconstituer les événements familiaux qui ont précédé immédiatement le drame... Le mardi 6 décembre, en début d'après-midi, Margot avoue sa faute à son mari. Elle justifie le moment de cet aveu par l'influence d'Anna, une des deux domestiques du couple Syveton, qui était sa confidente et qui lui aurait dit qu'elle ne devait pas attendre davantage.

Jules Ménard entre évidemment en fureur et décide d'agir immédiatement. Après le procès, quelle qu'en soit l'issue, il pense que ce ne sera plus possible. Si Syveton est condamné, il aurait l'air d'accabler un homme à terre ; s'il est acquitté, il deviendra intouchable. À 4 heures de l'après-midi, il fait remettre aux Syveton une lettre, dans laquelle il leur demande de venir le voir d'urgence pour une explication de la plus haute importance.

Mme Syveton se rend seule chez sa fille, qui réitère sa confession. Sa mère est à la fois hors d'elle et effondrée, mais elle ne sait pas ce qu'elle doit croire, car elle tient Margot pour une mythomane. Rentrée chez elle, elle accuse son mari, qui nie de toutes ses forces, mais ne la convainc pas non plus. La journée s'achève pour elle dans une terrible incertitude. Quant à Syveton, on imagine son état d'esprit, alors qu'il prépare un procès où il joue sa carrière.

Le mercredi 7, Mme Syveton dit à un ami du ménage, le docteur Tolmer, que, si son mari ne peut s'innocenter, il ne lui reste plus qu'à se suicider. Elle se rend chez Margot, qui persévère dans ses accusations. La mère et la fille décident alors d'un stratagème pour faire éclater la vérité : Gabriel Syveton viendra s'expliquer avec Margot, tandis que sa femme sera cachée derrière un paravent. L'explication a lieu, mais ne donne rien. Margot accuse, Syveton nie. Son épouse sort alors du paravent et le ménage rentre chez lui.

Selon Mme Syveton, c'est sur le chemin du retour en fiacre que son mari lui aurait avoué sa faute. Les discussions entre eux reprennent rue de Neuilly. Elle veut divorcer. Il lui rétorque qu'il n'aura pas le courage d'affronter les assises dans ces conditions. Il est alors au plus bas. Il rencontre un peu plus tard un militant de la Ligue de la patrie française, nommé Rocafort, et lui dit :

– Je suis dégoûté de la politique, Aux prochaines élections, je ne me représenterai pas. Je reprendrai une chaire et j'irai crever, oublié, dans un coin de province.

L'ami du couple, le docteur Tolmer, le voit le soir même et le trouve, selon ses propres termes, « effondré ».

Le jeudi 8 décembre au matin, Syveton déclare à sa femme :

– J'irai ce soir chez Henri Robert (son avocat dans le procès du lendemain), après quoi je disparaîtrai.

Elle ne fait pas de commentaire à ces propos qui annoncent clairement son intention de mettre fin à ses jours. Il se rend à son cabinet de travail et, à 13 heures, contrairement à son habitude, il n'en sort pas pour déjeuner. Lorsqu'elle y entre deux heures après, il est mort.

Tels sont les événements dramatiques qui viennent de se dérouler lorsqu'on retrouve le corps sans vie de Syveton. Tel est le récit que sa veuve fait à la police et telle est la réalité que l'opinion découvre, stupéfaite, dans les journaux. Et, dans ces conditions, l'hypothèse d'un crime, d'une machination, qui semblait si logique au départ, s'efface au profit du suicide...

Gabriel Syveton est un homme admiré et craint, dont la carrière connaît depuis quelques années une ascension continue. De la notoriété, il vient de passer à la célébrité, par un coup d'éclat qui lui impose une épreuve dangereuse. Son avocat est sûr de son acquittement et le lui a dit. Mais ce bouleversement privé change tout. Il l'ébranle au moment où il a besoin de toutes ses forces. Et il n'est plus sûr de sa femme, de Margot, ni surtout de Ménard, qui l'a toujours détesté et qui va certainement s'empresser de tout révéler aux journalistes.

Et cela ne s'arrête pas là. Syveton sait bien qu'il a autre chose à se reprocher, comme on ne tardera pas à le découvrir par la suite… En tant que trésorier, il dispose de la caisse de la Ligue de la patrie française, qui contient des sommes considérables, sans compter les fonds secrets qui lui sont remis de la main à la main et dont il n'a pas à rendre compte. Or, depuis des années, il prélève de l'argent pour soutenir son train de vie. En 1902, il a pris cent mille francs et les a placés au nom de sa femme en Belgique ; un peu plus tard, quand sa belle-fille s'est mariée, il les lui a donnés comme dot. Et cela, Margot et sa femme le savent parfaitement…

Le 8 décembre, lorsqu'il entre dans son bureau, Gabriel Syveton est un homme perdu. Le lendemain, toute la France aura les yeux fixés sur lui. Dans la lumière crue des assises, pour reprendre les propos d'Arthur Meyer du *Gaulois,* chacun s'attend à voir arriver un grand justicier. Au lieu de cela, c'est sa vie privée et ses turpitudes qui vont s'étaler au grand jour. Lui, le défenseur de l'Église et de l'armée, va apparaître comme un beau-père libidineux, lui, le dénonciateur des scandales, va être convaincu de vol au détriment de ses propres amis !

Alors, a-t-il vraiment le choix ? De toute manière, sa carrière est brisée. En se donnant la mort, il sauvera au moins son honneur.

Ce n'est pas tout. Un tel acte de désespoir est non seulement logique, mais il cadre avec son caractère. Sous ses dehors autoritaires, impétueux, violents, Syveton est un être tourmenté, fragile. C'est un suicidaire. Près de vingt ans avant sa mort, alors qu'il était un jeune professeur inaugurant son premier poste à Angoulême, il a déclaré à un de ses collègues :

– Je me suiciderai un jour. Je ne sais pas quand, je ne sais pas comment, je ne sais pas pourquoi, mais je me suiciderai.

Quant au reste de sa personnalité, ses amis eux-mêmes ont confirmé qu'elle n'était pas ce qu'on imaginait. Léon Daudet, un des chefs du parti nationaliste, a eu ce jugement assez sévère : « Syveton n'avait pas ce calme souverain, cet équilibre puissant qui font les vrais chefs. Il n'était que nerfs. Il passait de l'exaltation la plus folle à l'abattement le plus total. C'était un homme de choc, un offensif, très courageux, presque jusqu'à l'excès, mais sans résistance devant l'adversité. » Et Boni de Castellane, qui l'avait pris sous sa protection et l'estimait pour ses qualités, confirme, lui aussi, ses faiblesses : « La moindre difficulté le rebutait. J'étais constamment obligé de le réconforter. »

Toutes ces raisons entraînent la conviction de la police et de la justice. Après une courte enquête, elles concluent officiellement au suicide et l'opinion publique, une fois qu'elle a appris la véritable personnalité du disparu, se rallie à cette thèse. Gabriel Syveton a mis fin à ses jours, plus personne n'en doute. En apparence, l'affaire est close.

Pourtant, elle est loin de l'être. Car l'hypothèse du crime politique maquillé en suicide n'est pas abandonnée. Dans les milieux nationalistes, beaucoup continuent à y croire. Trente ans après les faits, le 4 avril 1934, paraît dans l'hebdomadaire *Candide*, sous la signature de Jacques Crepet, un article retentissant : « Comment j'ai tué Syveton, confidences de François Maurice. » Le journaliste a rencontré ce personnage à Berlin. Il avait appartenu aux services secrets et il avait été condamné à mort par contumace pour avoir dénoncé un de nos meilleurs agents de renseignements. C'était vraisemblablement un agent double au service des Allemands.

Tuberculeux au dernier degré, François Maurice a rédigé une confession écrite. Il aurait reçu de deux hautes personnalités politiques l'ordre de tuer Syveton et il aurait descellé la cheminée, ce qui aurait entraîné la mort. Mais si cette confession sème un moment le doute, elle ne résiste pas à une critique plus approfondie. La cheminée n'a pas été descellée, mais bouchée avec du papier journal, et Syveton est mort parce qu'il avait le tuyau du gaz dans la bouche. D'autres détails de son récit sont faux. Il parle en particulier d'une cheminée en cuivre, alors qu'elle était en marbre. Bref, la piste doit être abandonnée.

Mais beaucoup plus sérieuse, toujours dans l'hypothèse d'un crime politique, est la piste de Marguerite Ménard. On peut, en effet, s'interroger sur son attitude. D'après ses propres dires, elle entretenait une liaison avec Syveton depuis des années, or elle choisit d'en faire la révélation à son mari trois jours avant le procès. Les remous qui vont s'ensuivre ne peuvent que provoquer la perte et peut-être la mort de Syveton. Alors, pourquoi agit-elle ainsi ?

Certains n'ont pas hésité à y voir une machination non de sa part, mais d'Anna, la domestique. Margot a dit avoir agi sous son influence. Or, avant d'être employée chez les Syveton, la jeune fille avait connu une vie tumultueuse et avait eu affaire à la justice. Il n'est pas exclu qu'elle soit devenue indicatrice de police. De là à imaginer que les autorités aient manipulé Margot, névrosée et influençable, il n'y a qu'un pas que plusieurs ont franchi. C'est, en particulier, l'opinion de Jules Lemaître, le président de la Ligue de la patrie française, qui a déclaré aux journalistes :

– Je ne crois pas au crime direct, mais je reste troublé par l'enchaînement des faits. Il ne me paraît pas complètement impossible qu'une main mystérieuse ait, du dehors, déclenché le drame de famille, la veille du procès de Syveton.

De leur côté, une vingtaine de jours après le décès, le docteur Tolmer et Mme Syveton se sont ralliés à la thèse du suicide suggérée à l'initiative du gouvernement. Le médecin a déclaré :

– Quelqu'un a pu connaître les difficultés qui se produisaient dans la famille et le mettre à profit.

Et la veuve du député lui a fait écho :

– J'ai aujourd'hui la certitude que j'ai obéi à une suggestion. J'ai été entraînée, poussée par des forces que je ne démêle pas. On a joué de moi comme d'un instrument trop docile. On a joué de ma douleur, on l'a allumée au moment même où elle devait être fatale. Cherchez qui avait intérêt à déclencher ma colère jalouse la veille du procès.

Tout cela est troublant, mais pas entièrement convaincant. Mme Syveton avait intérêt à se dire manipulée pour diminuer sa propre responsabilité dans la mort de son mari. Quant au gouvernement et à la police, ils n'avaient aucun avantage à acculer Syveton au suicide : c'était un événement grave, qui pouvait déclencher des troubles. En revanche, les autorités étaient sûrement au courant de sa vie familiale et celle-ci aurait été révélée au procès. Il était beaucoup plus sûr et efficace de discréditer Syveton que d'en faire un martyr éventuel.

La vérité est sans doute ailleurs. Elle est d'ordre privé et peut-être passionnel...

Dans toutes ces hypothèses, il y a un élément et un seul qu'il faut retenir : les aveux de Margot trois jours avant le procès. En estimant que la mort de Syveton la veille de sa comparution aux assises ne pouvait être une coïncidence, l'opinion n'avait pas tort, mais il est inutile d'imaginer une intervention du gouvernement, voire, comme cela a été dit aussi, un obscur complot maçonnique. Il est bien plus probable que sa famille ait profité de la situation pour se débarrasser de lui.

Le plus simple est de supposer que l'initiative en revient à Marguerite Ménard. Pourquoi aurait-elle parlé sur le conseil d'Anna, la domestique ? Il est plus logique d'imaginer qu'elle l'a fait d'elle-même... Sa liaison avec Syveton peut difficilement être mise en doute. Or cette fille fantasque et passablement déséquilibrée en a brusquement assez. Elle a eu des faiblesses pour son beau-père, peut-être même des sentiments, mais tout d'un coup elle ne peut plus le supporter. Alors, elle profite de la situation extrêmement délicate où il se trouve pour faire sa révélation. Elle sait qu'il n'a aucune chance de se sortir de ce piège, le procédé est imparable.

Pourtant, c'est Mme Syveton qui est la plus suspecte d'avoir monté cette machination, et ce pour une excellente raison : ce sont les propres amis du disparu qui l'ont mise en cause. Plusieurs années après le drame, Camille Guyot de Villeneuve, celui-là qui avait dénoncé à l'Assemblée le scandale des fiches et qui était au courant de beaucoup de choses, a fait une étrange confession :

– Syveton a été acculé au suicide par sa femme, parce qu'il voulait en épouser une autre, extrêmement riche.

Et Guyot de Villeneuve n'est pas seul à tenir ces propos. Maurice Barrès rapporte dans ses *Cahiers* que le mari d'une certaine Mme de X. effectivement très fortunée, lui a confié, peu après la mort de Syveton :

– C'est extraordinaire l'effet que l'événement a produit sur ma femme ! Elle aurait perdu un frère qu'elle n'aurait pas été plus frappée.

Le même Barrès, un des premiers à être arrivé sur les lieux, révèle en outre que Syveton tenait dans sa main, non seulement le portrait de son épouse, mais un objet appartenant à cette dame.

Dans ces conditions, la mère et la fille seraient complices... Mme Syveton révèle à Margot l'infidélité de son mari, qui songe à la quitter pour la riche Mme de X. Marguerite se confie à son tour et avoue sa faute à sa mère. L'explication entre elles doit être orageuse, mais elles conviennent de garder le secret. Et quand éclate l'incident à la Chambre, Mme Syveton saisit l'occasion. Elle persuade sa fille de tout avouer à Jules Ménard. Ensuite, elle harcèle son mari, le menace d'un scandale et ne lui laisse d'autre issue que le suicide.

Rien n'est absolument certain, bien entendu, mais dans toute cette histoire, c'est Gabriel Syveton, le pourfendeur de ses ennemis politiques, le redresseur de torts de l'Assemblée, le brillant député, vedette des soirées du tout-Paris, qui apparaît comme le plus faible, le plus démuni et le plus vulnérable. Face à ces deux femmes, il était comme le lapin devant le chasseur.

Un dernier témoignage confirme le sang-froid dont a fait preuve Mme Syveton. Il émane de la seconde domestique du couple, Louisa, une brave fille venue de sa campagne natale et qui, contrairement à Anna, a connu une existence très ordinaire. Longtemps après les faits, en 1940, elle s'est confiée à un journaliste, et a raconté le comportement de sa patronne le jour du drame : « Madame s'était absentée pour une course, chez sa fille, je crois. Quand elle revint, Monsieur était mort. Madame ne parut pas très surprise. Elle attendit quelque temps avant de prévenir la police. “Ce n’est pas encore l’heure”, me disait-elle, quand je lui proposais d’aller chercher du monde. Elle m’ordonna de parler le moins possible et seulement aux policiers, s’ils m’interrogeaient. “Pas aux amis de Monsieur ou aux journalistes ; cela fait déjà assez de tracas comme cela.” Et elle conclut : “Ce sont des histoires trop compliquées pour des filles comme vous, ma pauvre Louisa.” »

On pourrait ajouter : des histoires trop sordides. Car la réalité, quelle qu’elle soit, qui se cache derrière la mort de Gabriel Syveton, n’est certainement pas bien belle !

L'abbé François Bérenger Saunière

Rennes-le-Trésor

Ne cherchez pas Rennes-le-Château quelque part en Bretagne. C'est au sud du département de l'Aude, à une quarantaine de kilomètres de Carcassonne, que se situe cette commune méridionale de cent dix âmes. Et pourtant, ce minuscule village est connu du monde entier, paradoxalement bien plus à l'étranger qu'en France. Bon nombre d'Américains ou de Japonais le situent plus facilement sur la carte que Paris.

Pourquoi une telle renommée ? A priori, rien ne la justifie. Les ressources sont limitées, la terre est dure, le climat éprouvant, les habitants rares... Autrefois, il est vrai, le pays était riche. Il y a deux mille ans, les Celtes ont fait de Rennes-le-Château un brillant centre de civilisation. C'était alors le pays de l'or. Les mines abondaient tout autour et regorgeaient de minerai. Mais durant leur conquête, les Romains les ont exploitées et épuisées.

Il ne restait plus une pépite lorsque les Wisigoths les ont remplacés, au VIe siècle. Les Arabes leur ont succédé, aux alentours de 700. Ils n'ont été chassés qu'après de durs combats et ont continué à faire des incursions pendant longtemps. C'est de cette époque que datent les tours de guet en ruine qui cernent le paysage. Après quoi sont venus les cathares, puis les croisés de Simon de Montfort. Rennes-le-Château n'est pas loin de Montségur, il a subi le même siège et le même sort.

Comme on le voit, le village a derrière lui une histoire violente. Quand on creuse un peu profond n'importe où dans les environs, on trouve des ossements… Alors, encore une fois, pourquoi cette célébrité ? La réponse tient en un nom propre, celui d'un ecclésiastique, l'abbé François Bérenger Saunière, et un mot, le plus magique de tous, « trésor ».

François Bérenger Saunière est un étrange personnage. Né en 1852, à Montazels, d'une famille de sept enfants, dont il est l'aîné, il manifeste tout de suite de remarquables dons, tant sur le plan physique qu'intellectuel. Il est bâti en joueur de rugby, qui n'existe pas encore dans la région, et montre les dispositions les plus brillantes pour l'étude. Après les petites classes, il se rend au séminaire de Narbonne, dont il est le meilleur élève. Il pratique couramment le latin, le grec et l'hébreu.

Ses qualités sont telles qu'une fois ordonné prêtre, il reste au séminaire, mais en tant que professeur. Seulement, l'abbé Saunière a un grave défaut : il est farouchement royaliste, alors que, depuis 1870, la France est en république. Certes, les royalistes sont nombreux dans l'Église, mais avec sa politique, il trouble les jeunes esprits qu'il a mission de former sur le plan spirituel et l'évêque le renvoie. Il le nomme à Rennes-le-Château, une des plus pauvres paroisses du diocèse, dans la partie la plus aride des Corbières.

En voulant le punir, il lui a ouvert la porte de l'aventure et décidé de son destin… Nous sommes en 1885. François Bérenger Saunière a trente-trois ans et fait connaissance avec les lieux. L'église Sainte-Marie-Madeleine, qui se dresse sur l'ancien palais fortifié des Wisigoths, a plutôt fière allure, mais elle est dans un état lamentable, il pleut même à l'intérieur. Quant au presbytère, ce n'est guère mieux. Cela n'empêche pas l'abbé de se mettre courageusement au travail. Il est fort et courageux. Aidé de quelques bonnes volontés, il restaure la toiture de l'église.

Il organise aussi sa propre existence. Il prend comme bonne une jeune chapelière de dix-huit ans, Marie Dénarnaud. Normalement, les curés n'ont pas le droit d'avoir une domestique de moins de quarante ans, âge dit canonique. Mais François

Bérenger s'en moque. S'il est traditionaliste en politique, il a des idées avancées en ce qui concerne les mœurs. Il ne tarde pas à vivre maritalement avec Marie Dénarnaud et, une fois le moment de surprise passé, ses paroissiens s'en accommodent.

S'ils font preuve d'indulgence, c'est que l'abbé leur est sympathique. Il a un contact chaleureux, il rend visite aux uns et aux autres, met un peu de vie et d'animation dans ce triste village si loin de tout... Au cours de ses déplacements, François Bérenger Saunière va souvent voir le curé voisin, l'abbé Boudet, de Rennes-les-Bains, un homme cultivé, qui écrit de curieux ouvrages ésotériques. Ce dernier lui conseille de restaurer l'intérieur de l'église. Un legs et un prêt difficilement consenti par la commune permettent de commencer les travaux en décembre 1891. C'est maintenant que tout va commencer...

Deux maçons entreprennent de desceller l'autel, qui est une simple table de pierre, posée sur un pilier central datant des Wisigoths. Ils soulèvent la pierre, la retournent et François Bérenger Saunière a une première surprise : la dalle est sculptée à l'envers. La face cachée comporte un motif dans le style du VIIIe siècle. C'est un magnifique spécimen d'art mérovingien. On voit un chevalier sur sa monture qui sonne de la trompe de chasse et un autre qui brandit un bâton de pèlerin et porte un enfant.

Mais ce n'est pas tout. Le pilier est creux. L'abbé se penche et aperçoit trois petits étuis de bois, contenant des parchemins. Il les parcourt rapidement et se tourne vers les ouvriers.

– Vous pouvez partir. Je n'ai plus besoin de vous.

– Mais on vient juste de commencer !

– Allez-vous-en, je vous dis ! Je me débrouillerai seul.

– Ces choses qu'on vient de découvrir...

– Ce sont des reliques !

Les deux maçons insistent.

– Monsieur le maire nous a payés pour deux jours. Qu'est-ce qu'on va faire ?

– Allez boire un coup à ma santé, répond le curé en les poussant hors de l'église.

L'abbé ne reste pas seul longtemps. Le maire fait irruption. Quand il l'aperçoit, l'abbé Saunière glisse prestement les manuscrits dans sa soutane.

– Qu'est-ce que c'est que cette histoire de parchemins, monsieur le curé ?

– Ils étaient dans l'église, donc ils appartiennent à l'église. Je compte les vendre. Ce sera un moyen de rembourser ma dette.

Le maire n'insiste pas.

– D'accord, mais il me faut le contenu pour les archives de la commune.

– Bien sûr, bien sûr... Je vous en ferai un calque.

Ce calque, c'est Marie Dénarnaud qui l'apporte à la mairie quelques jours plus tard. Il s'agit de quatre passages des Évangiles rédigés en latin archaïque. Si on examine attentivement ces manuscrits, on découvre que des lettres ont été ajoutées au texte, d'autres remplacées par des points. Tout cela fait penser à un texte codé.

Mais s'agit-il de la véritable reproduction ? Nul n'a vu l'original... Quoi qu'il en soit, à partir de ce moment, François Bérenger Saunière se met à veiller fort tard. On voit de la lumière allumée presque toute la nuit au presbytère. De toute évidence, il étudie les manuscrits. Et tout à coup, une semaine après sa découverte, il part pour Paris.

Ce qu'on apprend de ses activités là-bas renforce encore le mystère. Il est visiblement sur une piste, car il s'enferme à la Bibliothèque nationale pour faire des recherches, rencontre des érudits, dont l'abbé Bieil, un spécialiste de l'occultisme, se rend aussi à l'église Saint-Sulpice en étudiant soigneusement les lieux et en prenant des notes. Il achète une reproduction des *Bergers d'Arcadie,* de Poussin. Tout cela suggère qu'il progresse, même si nul ne sait dans quelle direction.

Plus étonnant encore, on lui présente la cantatrice Emma Calvé, dont il devient aussitôt un des intimes. Il ne s'agit pas de n'importe qui. C'est une célébrité, presque une gloire. Elle a vingt-quatre ans, est d'une grande beauté, c'est la coqueluche de tout Paris et pas seulement de la capitale car elle vient de chanter devant la famille royale anglaise. Elle est férue d'ésotérisme et, pour bénéficier ainsi de sa compagnie, si ce n'est de ses faveurs, l'ecclésiastique a dû lui révéler une partie de son secret. Cette fois, pas de doute : il a découvert quelque chose de très important !

De retour à Rennes-le-Château, l'abbé Saunière rembourse le maire – grâce à quel argent, on ne le sait pas – et il entreprend une fouille systématique de l'église. Il fait revenir les ouvriers, à ses frais cette fois. Il leur désigne une dalle près de l'autel.

– Vous allez me la desceller !

Les ouvriers parviennent à déplacer la lourde pierre. En dessous, il n'y a apparemment que de la terre battue. L'abbé leur ordonne de creuser. Au bout d'un moment, leurs pioches rencontrent un objet dur, rendant un son métallique. Il les arrête précipitamment.

– C'est bien. Cela suffit !

– Mais monsieur le curé, il faut savoir ce que c'est. C'est peut-être un trésor.

– Ne vous occupez pas de cela. Je continuerai moi-même...

Les ouvriers s'en vont et répandent immédiatement la nouvelle : l'abbé Saunière a trouvé un trésor ! On ne parle plus que de cela à Rennes-le-Château et bientôt dans les environs.

D'autant qu'à partir de ce moment l'abbé change de comportement. Certaines nuits, il part en compagnie de Marie Dénarnaud. Ils s'en vont à pied sur le plateau de Razès, à une dizaine de kilomètres de là, portant chacun une hotte. Ils en reviennent au petit matin, avec un chargement de cailloux. Quand on lui demande pourquoi il fait cela, François Bérenger Saunière répond qu'il a décidé de décorer une grotte qui se trouve dans son minuscule jardin.

Certaines autres nuits, l'abbé et sa compagne cherchent quelque chose dans le cimetière du village, attenant au presbytère. À l'aide de ficelles et de mètres pliants, ils prennent des mesures, de temps à autre, creusent un trou peu profond et prennent des notes sur un carnet. Ils changent de place deux tombes du cimetière, dont celle de Marie de Nègre d'Albes, épouse de Francis d'Hautpoul, seigneur de Rennes-le-Château, décédée en 1781.

L'abbé efface même les descriptions qui figuraient sur la tombe. Mais celles-ci avaient déjà été relevées par des archéologues. Elles contiennent, entre autres, la phrase *Et in Arcadia ego*, qui est l'autre titre des *Bergers d'Arcadie*, de Poussin. Les lettres sont disposées de manière étrange…

Alors, le trésor est-il réparti en deux endroits : le plateau de Razès et le cimetière ? Ou bien l'abbé Saunière hésite-t-il encore sur son emplacement ? Ou l'une des deux fouilles n'est-elle qu'une mise en scène pour brouiller les pistes ? À moins que ce ne soient les deux. Et si tout se passait ailleurs ? Dans l'église ? Car les nuits où on ne les voit ni dans la campagne ni dans le cimetière, rien n'empêche François Bérenger et Marie de se rendre sans être vus de quiconque dans l'église, qui est attenante au presbytère…

Ce manège dure des années. Le 12 mars 1895, les habitants de Rennes-le-Château écrivent une lettre au préfet pour se plaindre. Leur curé détériore les tombes de leurs familles. « Nous, électeurs, protestons que monsieur le curé n'a pas le droit qu'après que nous avons fait des embellissements ou placé des croix et des couronnes, tout soit remué, levé ou changé dans un coin. »

De temps en temps, l'abbé Saunière fait un voyage, à Perpignan, à Toulouse, à Paris et même à Budapest. On murmure qu'il y ouvre des comptes en banque. Ce qui est certain, c'est que des mandats arrivent de toute la France et bientôt de toute l'Europe, libellés au nom de Marie Dénarnaud…

Soudain, en 1897, tout change. François Bérenger Saunière cesse ses fouilles et ses déplacements en France et à l'étranger. Il se met à dépenser et il dépense follement ! Il restaure l'église à ses frais et selon son goût. Il y fait installer des statues de saints en plâtre colorié et aux yeux de verre, représentés dans des postures d'un réalisme insolite. Il peint lui-même la statue de sainte Marie-Madeleine. Il commande un calvaire, qui coûte onze mille francs à lui seul. Le bénitier est posé sur la tête d'Asmodée, le diable boiteux, lui aussi peint de couleurs criardes. Le chemin de croix est rempli de rébus. Presque tout a subsisté jusqu'à nos jours et l'ensemble est d'une rare laideur.

Après la maison du Seigneur, François Bérenger Saunière s'occupe de la sienne. Il achète un terrain près de l'église et se fait construire la demeure de ses rêves : une énorme bâtisse, encore une fois au goût plus que douteux, de style néogothique, avec un donjon. Un chemin de ronde crénelé ceinture le domaine, qui comporte des bassins et même un zoo, où on peut voir deux singes, des aras, des paons et des cacatoès ! Il n'oublie pas sa maîtresse. Marie Dénarnaud a droit elle aussi à sa maison, près de la sienne. Le tout coûte une véritable fortune. On parle de un million de francs or, ce qui représente environ quinze millions d'euros.

Et, une fois qu'il est installé, des invités prestigieux se rendent dans ce trou perdu des Corbières, comme le secrétaire d'État aux Beaux-Arts Dujardin-Beaumetz, la cantatrice Emma Calvé, dont on murmure plus que jamais qu'il serait l'amant, et même l'archiduc Jean de Habsbourg, cousin de l'empereur d'Autriche ! Pour régaler tout ce monde, il importe des barriques de rhum de la Martinique, il achète des vins fins par tonneaux entiers, il y en a pour des milliers et des milliers de francs or.

Bien entendu, l'autorité ecclésiastique s'émeut. Elle ne croit pas du tout au trésor. L'évêque de Carcassonne, Mgr de Beauséjour, suspend l'abbé Saunière de ses fonctions, en l'accusant de ce qu'on appelle en langage ecclésiastique « trafic d'indulgences » ou « simonie », c'est-à-dire de vendre contre de l'argent la promesse du paradis. Certaines personnes, avant de mourir, payent très cher afin qu'on dise des messes pour leur salut. François Bérenger Saunière aurait empoché les sommes sans jamais dire les messes.

Il reste néanmoins à Rennes-le-Château comme simple citoyen et mène la même vie qu'auparavant. Avec son argent, il engage même les meilleurs avocats pour plaider sa cause au Vatican et il l'emporte ! Il retrouve sa cure en 1915.

Malheureusement l'abbé Saunière ne pourra pas réaliser son dernier rêve : construire une chapelle avec une piscine pour les baptêmes. Il meurt brusquement le 21 janvier 1917, à l'âge de soixante-cinq ans. Marie Dénarnaud a la curieuse idée d'exposer son cadavre dans son fauteuil de velours cramoisi à glands dorés. Les habitants, qu'il avait inondés de ses largesses, défilent en pleurs devant lui et prennent les glands du fauteuil en guise de reliques.

Quelques jours plus tard, il y a foule pour l'ouverture de son testament. On espère connaître l'étendue de sa fortune et apprendre l'emplacement du trésor. Mais c'est une cruelle désillusion : François Bérenger Saunière n'a plus un sou. Il lègue tous ses biens – les bâtiments de mauvais goût qu'il a fait construire – à Marie Dénarnaud. Quant à un éventuel trésor, il n'y a pas une ligne à ce sujet…

C'est désormais vers son ancienne compagne que convergent les regards. Elle seule sait où est le trésor. Mais elle se tait. Elle se contente d'entretenir le mystère, en lançant de temps à autre, avec un air entendu, des formules énigmatiques telles que « Un jour, vous saurez comment devenir puissant » ou « Les gens de Rennes marchent sur de l'or sans le savoir »…

Mais si elle sait où est le trésor, une chose est certaine : elle n'en profite pas. Pendant les trente-six ans où elle survit au curé, elle ne vit pas dans le luxe, elle est même dans la gêne, et finit même par vendre tout son avoir en viager. Lorsqu'on s'en étonne et qu'on la questionne à ce sujet, Marie Dénarnaud répond invariablement :

– Le trésor de l'abbé, je n'y touche pas !

Mais bien qu'elle ait promis de tout dire quand elle sentirait sa fin prochaine et qu'on ait mis un magnétophone à côté de son lit de mort, elle s'éteint sans avoir fait la moindre révélation et le mystère du trésor de Rennes-le-Château reste entier.

C'est ici que s'arrête l'histoire. Depuis la mort de l'abbé Saunière, des dizaines de livres, des centaines d'articles ont été consacrés à Rennes-le-Château, donnant à ce village perdu des Corbières une incroyable notoriété. Rennes-le-Château est devenu un chapitre obligé de tous les livres traitant des trésors cachés. Il a vu défiler des milliers de faux touristes, feignant de s'intéresser aux beautés du site ou de l'architecture et s'activant, la nuit principalement, dans les environs, avec une pioche, voire un détecteur de métaux.

À tel point que la municipalité de Rennes-le-Château a décidé d'interdire les fouilles en 1968. Les saccages des chercheurs venus du monde entier dépassaient, en effet, tout ce qu'on peut imaginer. Certains allaient même jusqu'à faire des trous à la dynamite.

Bien entendu, depuis la mort de l'abbé Saunière, les recherches n'ont pas consisté seulement à fouiller dans le sol. Toutes sortes d'hypothèses ont été échafaudées. La plus extravagante affirme que le Christ ne serait pas mort sur la croix, mais aurait réussi à quitter Jérusalem, en compagnie de Marie-Madeleine, pour vivre avec elle à Rennes-le-Château. Et on ne manque pas de rappeler que l'église du village s'appelle Sainte-Marie-Madeleine. C'est cette thématique que reprend en partie le livre *Da Vinci Code.*

Il est pourtant difficile d'aller plus loin dans cette voie. Car, outre son invraisemblance, cette histoire n'a rien à voir avec le moindre trésor. Autant qu'on sache, la richesse du Christ était d'ordre spirituel et non matériel...

On a parlé également, comme chaque fois qu'il est question d'un trésor mystérieux, de celui des Templiers, célèbre énigme que nous évoquons plus loin dans cet ouvrage. Mais s'agissant de Rennes-le-Château, cette piste est une impasse. Les Templiers n'étaient pas spécialement présents dans la région et il y a peu de chances qu'ils y aient caché leur trésor, si tant est que celui-ci ait existé.

Quant au trésor des cathares, un autre grand classique du genre, il possède, en revanche, beaucoup plus d'affinités avec les lieux. Rappelons qu'en 1243, pendant le siège de Montségur, qui se trouve à proximité, deux cathares, Pierre Bonnet et Mathieu, ont réussi à faire diversion et à quitter la citadelle, munis des biens précieux que les chefs de leur Église voulaient mettre en sûreté. L'ensemble aurait d'abord été déposé dans une grotte du Sabarthès. Une partie aurait été retrouvée en Lombardie, et il n'est pas exclu que le reste ait été caché dans les environs de Rennes-le-Château.

Mais la piste la plus crédible semble néanmoins celle du trésor des Wisigoths. Elle est la plus sérieuse historiquement et elle est étayée par plusieurs légendes et traditions locales.

Lors du pillage de Rome, sous les ordres d'Alaric, le 24 août 410, les Wisigoths se sont emparés d'un butin considérable, dont le chandelier à sept branches que les Romains avaient rapporté, après la destruction du Temple de Jérusalem, en 70.

Les Wisigoths se sont ensuite fixés à Toulouse avant de se réfugier sous la pression des Francs venus du nord dans la partie la plus inaccessible de leur territoire, le Razès, et auraient entreposé leurs richesses dans les mines d'or abandonnées. Un dicton populaire dit dans la région : « Entre l'Alaric et l'Alaricou est le trésor de trois rois. » Les trois rois sont Alaric, César et Salomon, allusion aux différentes composantes du trésor de Rome. L'Alaric est une des montagnes des Corbières et l'Alaricou est le surnom d'un autre sommet, le Bugarch. Or la zone située entre l'Alaric et le Bugarch est précisément celle de Rennes-le-Château.

Quoi qu'il en soit et quelle que soit son origine, un trésor semble bel et bien avoir existé dans la région, comme en témoigne l'histoire du berger Paris... En 1645, un berger de Rennes-le-Château, nommé Ignace Paris, constate qu'une de ses brebis a disparu. Il se met à sa recherche et, grâce aux bêlements de l'animal, la repère au fond d'un trou.

Il descend prudemment et se retrouve dans un boyau qui mène vers une grotte. L'animal s'y trouve, au milieu de squelettes et de pièces d'or qui jonchent le sol. Paris en remplit ses poches, sa besace et son béret, et va raconter son aventure au village, refusant de dévoiler le lieu de sa trouvaille. Mais le seigneur du lieu, Henry d'Hautpoul, fait saisir le berger pour le soumettre à la question. Il meurt sous la torture sans dévoiler son secret. De rage, Henry d'Hautpoul fait exécuter les bourreaux maladroits et le trésor reste perdu.

Perdu ? Ce n'est pas forcément certain... Il y a cette inscription étrange sur la tombe de Marie d'Hautpoul, sa descendante : *Et in Arcadia ego*, l'autre nom, on l'a dit, du tableau de Poussin, *Les Bergers d'Arcadie*. Or non seulement François

Bérenger Saunière a effacé l'inscription de la tombe, mais l'un de ses premiers soins, en arrivant à Paris, a été de s'acheter une reproduction du tableau.

Il se trouve qu'il y a, dans les environs de Rennes-le-Château, un tombeau appelé traditionnellement « tombeau d'Arques » ou « tombeau des Pontils ». Il a exactement la même forme que celui du tableau et, lorsqu'on se place face à lui, les montagnes à l'arrière-plan ont la même silhouette que sur la toile. Apparemment, Nicolas Poussin a peint son tableau sur place.

Ce n'est pas là que se trouve le trésor, car l'abbé Saunière n'a jamais été vu à cet endroit, mais la toile doit jouer un rôle dans sa découverte... Elle a été commandée à Poussin par le cardinal Rospigliosi, futur pape Clément IX, et peinte entre 1638 et 1640. Alors, est-ce que la papauté serait au courant de quelque chose concernant le trésor ? Il y a des indices de tous côtés, des fils qui traînent et qui, s'ils étaient réunis, fourniraient peut-être la solution. On est au cœur, semble-t-il, d'un jeu de piste passionnant.

Pourtant, sur ce dernier point, du moins, tout est faux. Le fameux tombeau d'Arques ou des Pontils, copie exacte de celui de Poussin, a été érigé après coup. Louis Lawrence, un Anglais, propriétaire du terrain, sur lequel se trouvait effectivement une vieille tombe, l'a fait démolir et a fait construire à la place une réplique de celle des *Bergers d'Arcadie*, par amusement, pour se conformer aux recherches menées par l'abbé Saunière.

La tombe a d'ailleurs été rasée en 1988, par le nouveau propriétaire, exaspéré de voir des chercheurs de trésor s'introduire nuitamment chez lui et causer toutes sortes de dégâts. D'autre part, les historiens ont établi que Nicolas Poussin n'avait jamais mis les pieds dans le Razès. Si la silhouette des montagnes qu'on peut apercevoir à cet endroit présente une similitude avec l'arrière-plan du tableau, ce n'est qu'une pure coïncidence.

Et le même scepticisme s'impose pour l'existence du trésor lui-même. Car enfin, s'il avait existé, on en aurait forcément retrouvé quelque chose ! Ce trésor, quelle que soit son origine, qu'il vienne des Wisigoths, des Templiers, des cathares ou d'autres, devait forcément avoir une réalité concrète, être fait de pièces anciennes, d'objets précieux, de bijoux. Et ces biens, l'abbé était bien obligé de les vendre à des gens, qui les auraient eux-mêmes revendus à d'autres. Si Rennes-le-Château avait été le point de départ d'un trafic de ce genre, cela se serait forcément su à un moment ou à un autre.

Or, quand on ouvre le testament de François Bérenger Saunière, on ne découvre pas un centime. De même, pendant les dizaines d'années où elle lui survit, Marie Dénarnaud vit dans la misère. Elle prétend qu'elle « ne touche pas au trésor de l'abbé », mais elle n'a pas hésité à le faire de son vivant. Pourquoi n'avoir pas continué après sa mort ? Parce qu'il n'y a pas de trésor !

Cela dit, la réponse ne résout en rien le problème. Elle pose, au contraire, une question plus délicate encore : d'où venait cet argent, cette fortune que l'abbé Saunière s'est mis à dépenser du jour au lendemain ?

Comme dans bien des cas, la réponse la plus simple est la plus vraisemblable. Lorsqu'ils l'ont vu mener ce train de vie, les supérieurs de l'abbé, à commencer par son évêque, n'ont pas un instant pensé à un trésor, mais l'ont accusé de pratiquer la simonie. Et ils avaient presque certainement raison.

À la fin du XIXe siècle, les gens sont encore très croyants, surtout dans les campagnes, et beaucoup, sentant leur dernier jour arriver, ou même avant, sont prêts à payer très cher un prêtre qui leur donnerait, moyennant finances, l'assurance du paradis. François Bérenger Saunière n'a pas eu de scrupules à accepter. Seulement, comment justifier cet argent, alors que les caisses de sa paroisse, une des plus pauvres du diocèse, sont presque vides ?

Il est en train d'agiter ces pensées quand brusquement, un jour de décembre 1897, Dieu fait un miracle : des ouvriers découvrent de vieux parchemins sous le maître-autel. Avec la présence d'esprit qui lui est coutumière, le curé de Rennes-le-Château comprend immédiatement le parti qu'il peut tirer de la situation. Il chasse les ouvriers en leur disant des rouleaux que ce sont des reliques. Et il ne ment certainement pas ! Anciennement, quand on élevait un autel, on faisait une colonne creuse, appelée « tombeau », dans laquelle on mettait des ossements de saints et un parchemin indiquant la date de consécration de l'autel, ainsi que le nom de l'évêque qui avait procédé à la cérémonie. Il n'y avait rien d'autre sur les fameux manuscrits et certainement pas le plan d'un trésor.

Toute la suite n'est qu'une brillante mise en scène : le voyage à Paris, la seconde fouille dans l'église et la découverte de cet objet métallique qu'il a sans doute déposé lui-même, les nuits passées dans le cimetière, la destruction de l'inscription *Et in Arcadia ego* sur la tombe de Marie d'Hautpoul, les fouilles au plateau de Razès et les retours au matin, en compagnie de Marie Dénarnaud, courbés elle et lui sous le poids de leur fardeau.

En 1897, François Bérenger Saunière se décide enfin à profiter des sommes considérables qu'il a amassées avec les dizaines de milliers de messes jamais célébrées. Et chacun croit dur comme fer qu'il vient de découvrir le trésor. Seule la hiérarchie ecclésiastique n'est pas dupe et le suspend de ses fonctions...

Pourtant le mystère n'est pas encore résolu. L'argent des messes n'est pas suffisant pour expliquer les sommes considérables dépensées par l'abbé Saunière. Si les estimer à un million de francs or est peut-être exagéré, il a tout de même restauré une église à ses frais, construit pour lui-même une bâtisse immense et mené un train de vie princier pendant des années ! Quant au trafic religieux, il n'explique pas l'intérêt que lui ont porté des gens aussi célèbres que la cantatrice Emma Calvé ou l'archiduc de Habsbourg.

C'est ici qu'intervient la personnalité de l'abbé Saunière, son génie de la mystification, mais également ses convictions royalistes... Lorsqu'il trouve dans la colonne creuse des manuscrits sans intérêt, il en confectionne d'autres, avec lesquels il se rend à Paris. Et, à partir de là, il ne lui reste plus qu'à inventer une fabuleuse histoire concernant la succession au trône de France !

À sa mort, il lègue des parchemins à sa nièce, Mme James, qui les vend pour deux cent cinquante mille francs à des Anglais, amateurs de manuscrits anciens et qui les publient. Il s'agit de la généalogie des comtes de Rhédae, du testament de

François-Pierre d'Hautpoul, seigneur de Rennes et de Bézu, et du testament d'Henri d'Hautpoul. Or ces manuscrits prétendent révéler la descendance des rois mérovingiens après la révolution de palais carolingienne.

À ce titre, ils sont en mesure d'intéresser prodigieusement un prétendant à la couronne de France et de susciter une intense émotion dans les milieux royalistes. Car, en cette fin du XIXe siècle, la république est loin d'être fermement établie, une restauration de la monarchie est toujours possible. L'abbé Saunière est beau parleur. Il s'acquiert le soutien de personnalités de haut rang, comme l'archiduc Jean de Habsbourg, et de centaines de sympathisants. Tous ces gens payent, parfois fort cher, pour qu'il continue ses recherches. L'ensemble finit par constituer une source considérable de richesses, mais elle se tarit brusquement à sa mort, Marie Dénarnaud étant bien incapable de continuer à jouer le même rôle…

Ce n'est pas un trésor qui a existé à Rennes-le-Château, mais un mystificateur de génie, ce qui est, d'une certaine manière, tout aussi étonnant.

Martin Bormann

L'éminence brune

Martin Bormann est, avec Adolf Eichmann, l'un des deux grands absents du procès de Nuremberg, qui les condamnera à mort par contumace. Principaux responsables du IIIe Reich, ils ont disparu tous deux sans laisser de trace. Mais alors qu'Eichmann sera retrouvé en 1960 à Buenos Aires, conduit en Israël, jugé et exécuté, Martin Bormann va demeurer jusqu'au bout introuvable et devenir un des grands mystères du XXe siècle.

Rien ne définit mieux l'importance de Bormann dans le système nazi que la formule qu'on a employée à son sujet : « l'éminence brune ». Il est, en effet, un homme de l'ombre, caractéristique qu'il partage avec Eichmann. Les grands rassemblements où paradent, aux côtés du Führer, les Göring, Goebbels et autres Himmler ne sont pas pour eux. L'un comme l'autre ont accompli en toute discrétion leur œuvre de mort, ce qui, le moment venu, leur donnera d'autant plus de chances de s'échapper…

Martin Bormann est incontestablement un pur nazi, un vieux de la vieille, un fidèle parmi les fidèles d'Hitler. Il est de dix ans plus jeune que lui, puisqu'il naît le 17 juin 1900, à Halberstadt dans le Mecklembourg, au sein d'une famille modeste (son père est facteur). Martin abandonne très tôt sa scolarité pour travailler dans une ferme. À dix-huit ans, en août 1918, il est enrôlé dans l'armée comme artilleur. Mais l'armistice arrive pratiquement tout de suite.

Démobilisé, il mène une existence désœuvrée, il est attiré par les actions politiques violentes et n'est pas loin de sombrer dans la délinquance. En 1924, durant l'occupation française de la Ruhr, il est condamné à un an de prison pour un meurtre au cours d'une bagarre. Son complice, qui écope de la même peine, n'est autre que Rudolf Höss, qui deviendra le directeur du camp d'Auschwitz et sera, après la guerre, condamné à mort et pendu à la potence où il faisait exécuter ses prisonniers.

C'est immédiatement après sa sortie de prison, en 1925, que se produit le grand événement dans la vie de Martin Bormann : il fait la connaissance d'Adolf Hitler et adhère au parti nazi. Entre son chef et lui, des liens d'amitié se créent et ne se démentiront jamais. Lorsqu'il se marie avec Gerda Buch, le 2 septembre 1929, Hitler est son témoin et, un an plus tard, il est le parrain de leur premier enfant, qui reçoit le prénom d'Adolf-Martin. Gerda mourra prématurément d'un cancer, en 1946, après avoir mis au monde sept enfants. Quant à Adolf-Martin, il aura une existence pour le moins singulière : il se fera prêtre catholique, puis quittera les ordres pour épouser une ancienne nonne et deviendra professeur de théologie.

En attendant, Martin Bormann continue à progresser dans l'appareil nazi. Entre 1928 et 1930, il est membre des SA puis, après leur élimination, il rejoint les SS. Il est élu député au Reichstag en 1933, l'année de l'accession d'Hitler au pouvoir. De juillet 1933 à 1941, il est chef de cabinet de Rudolf Hess et le suit dans son ascension, qui fait de lui le numéro deux du régime.

Le 10 mai 1941, dans des circonstances qui n'ont jamais été élucidées, Rudolf Hess s'enfuit en Angleterre, pour tenter de conclure une paix séparée. Martin Bormann, qui n'était au courant de rien, n'est pas atteint par l'événement, bien au contraire. Hitler le prend à son service comme chef de cabinet. Après avoir été l'adjoint du numéro deux, le voici maintenant celui du maître du Reich.

À ce poste clé, il donne toute sa mesure. Les informations les plus confidentielles passent entre ses mains et il les note soigneusement dans ses archives, qui comprennent rapidement des milliers de pages. Bien qu'il possède le grade de général SS, il répugne à se montrer en public. Il reste dans l'ombre de son bureau, à classer ses dossiers.

Au début, les autres chefs nazis ne lui épargnent pas les qualificatifs désobligeants, ils le traitent de paysan mal dégrossi et d'illettré. Mais, pour avoir accès au Führer, il faut passer par lui... Bientôt, ils se disputent ses faveurs. Avec le temps, le pouvoir de Martin Bormann grandit encore. Les défaites se succédant, le caractère d'Hitler s'aigrit, il voit des complots partout, il se méfie de tout le monde. De tout le monde, sauf de son fidèle adjoint. On prétend que c'est à cause d'un secret qui existe entre eux : le meurtre d'Angela Rubal, une nièce d'Hitler, qui aurait eu une liaison avec lui et qui a été assassinée dans de mystérieuses conditions. Bormann aurait réussi à étouffer la procédure.

Mais il est inutile d'évoquer cette vieille affaire pour comprendre la raison de l'ascendant de Bormann sur Hitler. Il a su se rendre indispensable. Il est omniprésent à ses côtés, spécialement la nuit, et le maître du Reich souffre de plus en plus d'insomnies. Il l'accompagne dans son délire grandissant, il devient son double, son alter ego. Il lui fait construire un nid d'aigle à Berchtesgaden, pour flatter sa mégalomanie. Peu à peu, Hitler se repose entièrement sur son secrétaire, qui finit par le manipuler. Il écarte ceux qui lui déplaisent. Par un mot, une remarque, il décide de la promotion ou de la disgrâce de qui il veut. De son côté, le Führer ne cesse de répéter de lui :

– C'est mon camarade de parti le plus fidèle...

À la fin, étant donné le délabrement physique et mental d'Hitler, c'est Martin Bormann qui exerce pratiquement seul le pouvoir. Pour le dictateur, qui écoute aveuglément tout ce qu'il dit, il finit par devenir une sorte de prophète. Il déclare, en 1945, peu avant la chute :

– Pour gagner cette guerre, j'ai besoin de Bormann !

Mais Martin Borman n'est pas un simple homme d'appareil, uniquement intéressé par le pouvoir et la manipulation des uns et des autres. Il partage pleinement l'idéologie nazie, notamment sur les questions raciales, et il a, à titre personnel, joué un rôle important dans les mesures d'élimination des Juifs. Il signe, en octobre 1942, un décret prescrivant que « l'élimination des Juifs de la Grande Allemagne ne doit pas être effectuée par l'émigration, mais par l'utilisation de la force impitoyable dans les camps ». Il considère également les Slaves comme des sous-hommes. Une note d'août 1942 rédigée par lui déclare : « Les Slaves doivent travailler pour nous. Si nous n'avons pas besoin d'eux, ils peuvent mourir. La fertilité slave n'est pas souhaitable. » Et il est à l'origine du programme d'euthanasie des malades mentaux.

À côté de cela, le personnage est un cynique et un jouisseur. Il a multiplié, tout au long de sa carrière, les aventures féminines. D'ailleurs, il est officiellement partisan de la polygamie et il envisage sérieusement de la rendre légale après guerre. À la suite des énormes pertes subies dans la population masculine, il faudra, estime-t-il, pour repeupler l'Allemagne, autoriser les survivants à avoir plusieurs épouses. Et il donne l'exemple en vivant lui-même avec deux femmes : son épouse Gerda et une actrice en vogue, Manja Behrens.

Enfin, c'est lui qui a la responsabilité du Fonds de dotation de l'industrie allemande, composé des cotisations plus ou moins volontaires des grands patrons au parti nazi. À ce titre, ce sont des sommes colossales qui passent entre ses mains. Et cette circonstance, on s'en doute, peut avoir une importance décisive lorsqu'il sera question de fuite.

Alors que se passe-t-il au moment de l'effondrement de l'Allemagne nazie ? Martin Bormann a-t-il trouvé la mort ou a-t-il réussi à s'enfuir ? La question va être débattue pendant des années... Voici, en tout cas, ce qu'on peut dire, d'après les divers témoignages recueillis.

On ne sera pas étonné de l'apprendre : au moment de la chute de Berlin, Bormann se trouve dans le bunker d'Hitler, sous la Chancellerie, avec les derniers fidèles. Et les ultimes moments confirment encore son importance auprès du Führer. Il signe le testament politique de ce dernier et il est témoin de son mariage avec Eva Braun, comme Hitler avait été témoin du sien.

Après quoi, le lendemain 30 avril 1945, Hitler décide de se suicider en compagnie de sa nouvelle épouse, imité par Goebbels et toute sa famille. Mais Martin Bormann ne veut pas les suivre dans la mort. Le jouisseur qu'il est a décidé de vivre. Sans compter qu'il a sans doute, depuis quelque temps déjà, un plan de fuite tout prêt.

Il n'est d'ailleurs pas le seul à vouloir tenter sa chance. Six occupants du bunker décident de l'accompagner : Fritsche, un propagandiste de la radio, Naumann, un secrétaire d'État, Axmann, le chef des organisations de jeunesse, Kempka, le chauffeur d'Hitler, Stumpfegger, son médecin... Martin Bormann, qui a revêtu son uniforme de général SS, prend la tête du petit groupe.

Par mesure de prudence, ils ont décidé de sortir la nuit. Mais ils se rendent compte immédiatement que la tâche ne sera pas facile. Depuis qu'ils sont enfermés sous terre, les Soviétiques ont progressé. Ils sont partout dans Berlin, où on continue pourtant à se battre avec acharnement.

Bormann et les siens se dirigent d'abord vers la gare de la Friedrich Strasse, puis jusqu'au pont de Wiedendammer, qui traverse la Spree et où stationnent encore quelques blindés allemands, des chars Tigre. Mais de l'autre côté, des tanks russes forment un barrage. Bormann, dans son uniforme de général, se fait reconnaître des blindés allemands et leur donne l'ordre de s'engager sur le pont. Le premier Tigre s'ébranle. Bormann et les siens marchent derrière. Soudain, une déflagration énorme se produit. Le char vient d'exploser, touché par un obus ennemi.

Les fuyards se réfugient dans un trou d'obus. Ils retournent à la gare, arrachent leurs insignes et choisissent de franchir la Spree par un pont de chemin de fer. Arrivés à la gare de Lehrter, déjà occupée par l'Armée rouge, ils croisent des soldats russes qui leur prêtent à peine attention. Le groupe se sépare.

Bormann et le docteur Stumpfegger quittent les autres pour tenter leur chance. Ils marchent en direction de l'Invalide

Strasse où on entend de nombreux tirs d'armes automatiques. Les autres s'engagent à leur tour dans la même direction… Arthur Axmann a affirmé plus tard qu'ils étaient tombés en chemin sur les cadavres de Bormann et Stumpfegger. Il a précisé qu'ils ne portaient aucune trace de blessure. Il en a conclu que les deux hommes, qui étaient munis de capsules de cyanure, s'étaient suicidés.

Les autres membres de ce petit groupe n'ont pas été aussi formels. Pourtant, dans l'ensemble, tout laisse croire que Bormann est mort cette nuit-là, à Berlin. À moins évidemment que ces témoignages émanant de fidèles d'Hitler soient des mensonges pour permettre à l'intéressé de s'échapper.

Par la suite, les deux cadavres ont disparu, de très violents combats s'étant produits peu après, précisément à cet endroit. Lorsque les travaux de déblaiement commencent, c'est un véritable champ de ruines.

Telles sont les circonstances, pour le moins confuses, de la disparition de Martin Bormann. Est-il mort ou vivant ? On ne le sait toujours pas, mais une chose est certaine : les Alliés sont persuadés de la seconde hypothèse et le recherchent activement. Un premier témoignage leur parvient fin 1945. Un homme qui vient d'être arrêté parle. Il déclare qu'il a convoyé Bormann de Bavière jusqu'en Autriche, à proximité de la frontière italienne. Là, il aurait été pris en charge par une organisation du Vatican. Revêtu d'une soutane de jésuite et muni d'un passeport de la Croix-Rouge, il aurait embarqué à Gênes pour l'Amérique du Sud… Le récit est crédible, même s'il est sans preuve.

Un peu plus tard, un autre témoignage, tout aussi crédible mais tout aussi dénué de preuve, fait état d'une évasion dans des circonstances analogues. Martin Bormann aurait embarqué à Gênes grâce au réseau secret Odessa, chargé de faire passer les nazis en Amérique du Sud. Il aurait bénéficié de la complicité de l'évêque Aloïs Hudal, qui a effectivement aidé d'importants dirigeants hitlériens. Il serait parti vêtu d'une soutane, avec des passeports fournis par le Vatican… Dans les deux cas, le rôle essentiel semble avoir été joué par l'Église catholique et la destination est l'Amérique du Sud. C'est donc dans ces directions que se concentrent les recherches.

Elles ne donnent rien de précis mais, les mois passant, les archives secrètes du Reich, qu'on retrouve un peu partout en Allemagne, permettent de découvrir l'existence d'un plan d'évasion à grande échelle pour les chefs nazis, dont l'organisateur n'est autre que Martin Bormann lui-même. Alors qu'il entretenait Hitler dans ses chimères, dans sa certitude de la victoire finale envers et contre tout, il avait compris depuis longtemps que la partie était perdue et avait pris toutes les dispositions pour assurer sa fuite et celle de ses semblables.

N'ignorant pas que l'argent est le nerf de la guerre, il avait amassé un fabuleux trésor : les capitaux des industriels, le fameux Fonds de dotation de l'industrie allemande, dont il avait la responsabilité exclusive, ainsi que l'or des victimes des camps de la mort. Mais ce n'est pas tout. Début 1944, il avait découvert à la Banque d'État l'existence d'un compte au nom de Max Heiliger et, sous ce pseudonyme, le compte abritait dans des coffres tout ce qui avait été pillé aux Juifs des pays occupés : argent liquide, lingots, bijoux et œuvres d'art.

Bormann avait convaincu le Führer que ce compte devait être attribué au service économique du parti nazi que dirigeait un de ses fidèles, Erich von Hummel. Ce dernier en avait assuré l'évacuation lors d'une opération baptisée « Terre de Feu ». Des camions ont transporté des conteneurs classés « Affaires secrètes d'État » jusqu'à Cadix où ils ont été transférés dans des sous-marins en partance pour l'Amérique du Sud. C'est ainsi que des dizaines de tonnes d'or, des tonnes de platine et des milliers de diamants et autres pierres précieuses ont traversé l'Atlantique.

Leur destination était essentiellement l'Argentine. Un certain Rudolf Freude coordonnait l'opération « Terre de Feu » dans ce pays. Il jouait le rôle d'ambassadeur officieux du Reich, y compris après sa chute, auprès des autorités. Il a été aidé en cela par son amitié de longue date avec Eva Perón, épouse du général Perón, élu à la présidence de la République en février 1946.

Le couple Perón était d'accord pour offrir l'asile aux dirigeants nazis, en échange d'un prix exorbitant. L'Argentine ayant déclaré la guerre au Reich juste avant son effondrement, Perón se proclama « administrateur des biens ennemis confisqués », ce qui lui permit d'accaparer ces richesses avec une apparence de légalité. Des sommes fabuleuses sont ainsi parvenues en possession du couple, en particulier d'Eva, officiellement protectrice des pauvres...

Mais Bormann lui-même a-t-il profité de cette filière ? Si les mécanismes d'évasion des nazis sont à peu près connus – des religieux catholiques en Europe et des réseaux péronistes en Argentine –, en ce qui le concerne, le mystère reste complet. Et, le temps passant, cette incertitude donne lieu à toutes sortes de révélations sensationnelles. En 1956, une Allemande, qui l'avait beaucoup fréquenté pendant la guerre, affirme l'avoir rencontré dans un autobus à São Paulo. Un peu plus tard, au Chili, un journaliste italien reçoit les confidences d'une femme qui déclare avoir vécu trois ans avec lui.

En mars 1960, un commando israélien capture Eichmann à Buenos Aires. L'un de ses premiers soins est de l'interroger sur Bormann. La réponse du responsable de la déportation des Juifs est sans ambiguïté :

– Oui, il est en vie, mais je ne sais pas où il est.

Suite à cette déclaration, le Mossad, les services secrets israéliens, décide de continuer la traque avec plus d'acharnement encore. En 1961, Simon Wiesenthal, le fameux chasseur de nazis, l'homme qui a localisé Eichmann et permis sa capture, affirme que Bormann vit en Argentine, près de la frontière chilienne. Il déclare, lors d'une conférence de presse :

– Martin Bormann est en vie. Il entre et sort librement d'Amérique du Sud. Beaucoup d'éléments portent à croire qu'il est entré en Argentine, avec la complicité du couple Perón, pour la somme de huit cents millions de dollars. Il a emprunté différentes identités. Il s'est même fait appeler un moment « frère Augustin », lorsqu'il était réfugié dans un monastère de rédemptoristes...

La presse du monde entier se passionne pour l'affaire. Bormann devient « à la mode ». On croit le voir partout. Les autorités allemandes offrent cent mille marks pour un renseignement permettant sa capture. Indépendamment des agents secrets israéliens et allemands, des dizaines de journalistes parcourent l'Amérique du Sud à sa recherche. Mais malgré cette mobilisation dans tout le continent, la chasse à l'homme ne donne rien...

C'est alors qu'apparaît une autre hypothèse, étonnante, radicalement différente et développée, entre autres, par le général Reinhard Gehlen, ancien chef des services de renseignements de la RFA : on ne trouve pas de trace de Bormann en Argentine et dans les environs parce que c'est une fausse piste, soigneusement entretenue par les complicités dont il peut disposer. Bormann est devenu un espion russe et a trouvé refuge en URSS !

En apparence, la chose peut paraître absurde de la part de celui qui considérait les Slaves comme des sous-hommes et qui préconisait leur élimination, mais les tenants de cette version rappellent une très étrange histoire. Il est établi que, pendant la guerre, les Soviétiques disposaient d'un agent introduit dans l'entourage même du Führer. Et les services de l'amiral Canaris, le chef des renseignements du Reich, avaient même cru le démasquer en la personne de Bormann. Le traître communiquait par radio avec Moscou, à l'aide d'un poste émetteur clandestin. Ce dernier avait été découvert par les techniciens du contre-espionnage : c'était effectivement Bormann qui l'utilisait.

Canaris, qui, comme beaucoup de dignitaires du régime, détestait Bormann, s'était fait un plaisir de le dénoncer à Hitler. Mais celui-ci avait réagi de façon très curieuse, en répondant sèchement à l'amiral qu'il connaissait parfaitement l'existence de ce poste : Bormann s'en servait pour envoyer de fausses nouvelles à Moscou.

Du coup, l'hypothèse gagne singulièrement en crédibilité ! Bormann, agent double au service de l'Allemagne, était malgré tout considéré par les Russes comme un espion à leur service. Dans ces conditions, sa fuite ne pose pratiquement plus de problème. Plus besoin d'un long et aléatoire voyage jusqu'en Amérique déguisé en religieux : lorsqu'il est sorti du bunker, il n'avait qu'à se rendre aux premiers soldats qu'il rencontrerait. Et, une fois son identité établie, il bénéficierait de la protection de ceux qui le croyaient des leurs… Cette hypothèse ne manque pas d'ingéniosité, mais a, comme les autres, le défaut de ne pas être étayée par la moindre preuve.

L'affaire Bormann va-t-elle se terminer par un point d'interrogation ? Non. En 1965, un journaliste du magazine *Stern* entreprend une enquête – encore une ! – sur sa disparition. Et il retrouve un homme, un postier, qui affirme avoir enterré deux cadavres, au début du mois de mai 1945, à proximité de la station de métro Lehrter Banhof, c'est-à-dire pas très loin de l'endroit où les fuyards du bunker auraient vu les cadavres de Bormann et du docteur Stumpfegger.

Le journaliste alerte les autorités. Mais elles font la sourde oreille : il n'est pas question de faire des fouilles en pleine ville. Pourtant, quelques années plus tard, en 1972, des travaux de voirie sont entrepris près de la station Lehrter Banhof, et on se souvient de l'information donnée par le *Stern*. Les autorités demandent aux ouvriers d'être vigilants. À juste titre, car deux squelettes ne tardent pas à être mis au jour.

Plus d'un quart de siècle s'est écoulé depuis les faits. Si les squelettes sont complets, ils ne sont pas en bon état, mais ils permettent néanmoins un certain nombre d'expertises médicolégales. Les légistes s'intéressent surtout à la dentition. La fiche dentaire de Bormann avait été conservée par le dentiste des principaux chefs nazis. Et la mâchoire d'un des deux morts lui ressemble étonnamment, même si des dents sont manquantes. D'autre part, sur la clavicule du squelette correspondant, on relève une ancienne fracture. Or les enfants de Martin Bormann font savoir que leur père s'était brisé la clavicule lors d'une chute de cheval, en 1939.

Les experts n'en restent pas là : ils comparent la forme du crâne avec des photos de Bormann. Et, une nouvelle fois, ils concluent qu'il pourrait s'agir de sa dépouille. De minuscules morceaux de verre sont retrouvés entre ses dents comme entre celles de son compagnon. Cela fait penser à un empoisonnement avec des capsules de cyanure et confirmerait le témoignage d'Arthur Axmann, disant que les deux hommes ne portaient aucune trace de blessure et qu'ils s'étaient vraisemblablement suicidés.

À la suite de tous ces éléments, le procureur de Francfort décide, en décembre 1972, de mettre un terme aux recherches concernant Martin Bormann et il propose de confier les ossements à sa famille aux fins d'inhumation. Toutefois, il précise que le squelette ne devra pas être incinéré. Il n'a pas de doute sur son identité, mais, dans une intuition qui va s'avérer décisive, il juge bon de le conserver « au cas ou des techniques inconnues à ce jour permettraient de réaliser des analyses plus complètes ».

Le squelette n'est pourtant pas inhumé. Les enfants Bormann s'y refusent. Ils n'ont pas, eux non plus, le moindre doute sur l'authenticité de la dépouille, mais ils ne veulent pas que la sépulture de leur père devienne un lieu de pèlerinage pour les sympathisants du IIIe Reich. Dans ces conditions, les ossements sont rangés dans un carton et confiés au greffe de la police judiciaire de Wiesbaden…

Mais l'histoire ne s'arrête pas là. Cette décision officielle de la justice n'empêche pas les partisans de l'autre version, celle de la fuite de Bormann, de soutenir que le nazi est toujours vivant. La rumeur continue donc de courir pendant plusieurs années.

En 1993, un journaliste allemand, Gerd Heidemann, affirme qu'il téléphone régulièrement à Bormann, réfugié en Uruguay. Mais on se rend rapidement compte que l'information est fantaisiste : Heidemann est aussi l'homme qui a inventé les faux carnets d'Hitler… Un an plus tard, un ancien agent soviétique écrit que Bormann fut son collaborateur et qu'il est mort en URSS. Deux femmes disent avoir eu des enfants de lui, après son arrivée en Amérique du Sud, etc.

Toutes ces rumeurs finissent par devenir insupportables aux enfants Bormann. Informés des progrès de la génétique, deux des fils demandent une expertise. Elle n'est pas facile. Le cadavre est dans un très mauvais état. Il faut recourir à une analyse de l'ADN mitochondrial, selon la technique utilisée pour identifier la famille du tsar de Russie ou Louis XVII, dont il est question dans cet ouvrage.

En 1997, le carton contenant les ossements présumés de Bormann est remis à l'Institut de génétique de Munich, tandis que ses sept enfants acceptent de donner des échantillons de leurs cellules. La conclusion est rendue publique en juin 1998. Les autorités judiciaires allemandes annoncent officiellement que le squelette retrouvé près du Lehrter Banhof est sans contestation possible celui de Martin Bormann. Peu après, les ossements sont incinérés et les cendres dispersées en un lieu tenu secret par la famille, pour, une fois encore, empêcher tout culte du dirigeant nazi.

Ainsi a pris fin le mystère Bormann... En fin de compte, après les arrestations d'Adolf Eichmann et de Klaus Barbie et leur châtiment par la justice, un seul grand criminel contre l'humanité, Josef Mengele, le médecin sadique d'Auschwitz, a bénéficié de l'impunité et fini ses jours en exil. C'est, bien sûr, encore trop.

Toutankhamon

La vengeance de la momie

Une tente au milieu d'un paysage sablonneux. Ce n'est pas le désert mais ce n'en est pas loin. Des bosquets de palmiers ont poussé ici et là et quelques maisons se dressent à l'horizon, des habitations en torchis qu'on a du mal à distinguer du décor environnant. Il ne fait pas une chaleur accablante, car le mois d'octobre se termine. Nous sommes exactement le 27 octobre 1922, dans les environs de Louxor, aux abords du village de Deir el-Medineh.

Le site est fouillé depuis des années par l'égyptologue français Bernard Bruyère. Ce jour-là, il reçoit sous sa tente son collègue Howard Carter, qui a demandé à le voir. Longiligne, la cinquantaine, petite moustache, ce dernier est presque la caricature du Britannique. Le Français l'accueille avec chaleur.

– Ce cher Howard ! Quel bon vent vous amène ? Des nouvelles de votre Toutankhamon ?

Toutankhamon, pharaon alors pratiquement inconnu, même des égyptologues, est, en effet, l'obsession d'Howard Carter. Voilà plus de cinq ans qu'il remue des tonnes de sable pour trouver sa tombe. En pure perte. Il n'a pas découvert le moindre indice... Il secoue la tête avec accablement.

– Le vent est bien mauvais, au contraire. Lord Carnarvon met fin à notre collaboration !

– Votre mécène ?

– Oui. Il me coupe les crédits devant l'absence de résultats. Il ne m'accorde plus qu'une campagne de fouilles... Notez que je peux le comprendre. À sa place, j'en aurais peut-être fait autant.

Bernard Bruyère tente de réconforter son collègue et ami.

– Tout n'est pas perdu, puisqu'il reste une campagne.

Carter acquiesce.

– Justement. Je suis venu pour vous demander votre avis. Je n'ai plus beaucoup de temps devant moi. Il faut que je mette toutes les chances de mon côté. Où iriez-vous à ma place ?

– Il reste un endroit que vous n'avez pas fouillé : le pied de la tombe de Ramsès VI.

– Le service des Antiquités égyptiennes me l'a interdit à cause des touristes. Il ne veut pas que je les dérange.

– Pourtant, s'il reste une tombe inexplorée, c'est sans doute là qu'elle se trouve.

– C'est aussi mon avis.

– Alors, ignorez le service des Antiquités. Fouillez quand même...

Howard Carter se lève et remercie son collègue. Bien sûr, c'est cela qu'il faut faire ! De toute manière, dans quelques mois il devra rentrer en Angleterre faute d'argent. Alors, autant courir le risque de se faire expulser par les autorités égyptiennes.

Il convoque aussitôt son chef de chantier, Ahmed Girigar pour lui donner ses instructions et les travaux commencent dans ces lieux où les touristes sont effectivement nombreux. Mais au grand soulagement de tous, il n'y a aucune réaction des Égyptiens.

Le 1er novembre, les ouvriers ont dégagé les habitations datant de Ramsès VI, construites au-dessus du site recherché. Le 3, les terrassiers atteignent le niveau voulu, l'exploration peut véritablement commencer. Pioches et pelles se mettent en action, mais les hommes s'arrêtent presque aussitôt : ils ont rencontré quelque chose de dur et n'osent pas aller plus loin, de peur d'endommager un vestige précieux.

Le lendemain, Howard Carter entreprend de creuser lui-même. Il s'agit de la première marche d'un escalier. Les ouvriers se remettent au travail et dégagent fébrilement tout l'escalier. En face de la dernière marche, ils dévoilent une porte murée portant le sceau qui orne les nécropoles royales… Dans les accords passés entre Howard Carter et lord Carnarvon, une clause stipule qu'ils devront être tous deux présents en cas de découverte importante. Sans doute est-ce un autre tombeau, qui a déjà été visité par les pillards, et il n'y aura rien d'intéressant à l'intérieur. Mais s'il s'agissait de la tombe de Toutankhamon ?

Le problème est que lord Carnarvon se trouve en Angleterre et ne sera pas en Égypte avant une quinzaine de jours. Commence alors pour Howard Carter l'attente la plus longue de sa vie, car le temps que son mécène soit là, le service des Antiquités peut arriver à tout moment pour lui intimer de s'en aller et de ne plus revenir.

Durant ces jours terriblement éprouvants d'inaction forcée, Howard Carter repense à la succession de hasards qui l'ont conduit jusqu'ici… Il n'a pas le profil d'un archéologue classique. Bien qu'il soit né à Londres en 1874, c'est dans la petite ville de Swaffham, au cœur du Norfolk, qu'il passe toute son enfance. Il appartient à un milieu modeste et, à la grande contrariété de ses parents, qui le pressent de choisir un métier sérieux, il veut être peintre. Dès que l'école est finie, il va dans la campagne planter son chevalet. Paradoxalement, c'est ce qui va décider de sa réussite.

Percy Newberry, professeur d'égyptologie à l'université du Caire, a pris quelques jours de repos dans les environs. Il est à la recherche d'un dessinateur pour retranscrire des textes hiéroglyphiques. Il tombe sur le jeune homme en train de réaliser sa toile et il est frappé par sa virtuosité graphique. Il l'aborde sans plus de façons :

– Cela vous dirait de reproduire des textes égyptiens ?

– Il s'agit de dessiner ?

– Uniquement cela, et vous me semblez très doué…

Howard Carter accepte et le suit à Londres où il apprend les rudiments du métier au British Museum. Lorsque Percy Newberry lui propose de l'accompagner en Égypte, il n'hésite pas non plus. Une fois là-bas, il est tellement émerveillé qu'il décide de ne plus quitter le pays et de se vouer à l'égyptologie.

C'est donc un autodidacte. S'il veut aller plus loin, il lui faut tout apprendre. Heureusement, au Caire, il est pris en charge par le grand égyptologue anglais Flinders Petrie. Il étudie avec passion l'histoire de l'Égypte ancienne et découvre un pharaon obscur, dont on ne sait pratiquement rien, sinon qu'il est mort un jour de janvier 1352 av. J.-C. à l'âge de dix-huit ans : Toutankhamon. Gendre d'Aménophis IV, qui avait institué le culte d'Aton, il a rétabli le culte traditionnel d'Amon Ra et a pris pour cette raison le nom de Toutankhamon. Il est mort aussitôt après, remplacé par Horemheb.

Ce qui fascine le jeune homme dans Toutankhamon, c'est qu'à la différence des autres souverains, on n'a jamais découvert sa tombe. Howard Carter se fait alors le serment solennel de la retrouver. On est en 1892, il a dix-huit ans et va devoir patienter trente ans pour réaliser sa promesse… En attendant, il continue à s'instruire. Il apprend les langues vivantes et, bientôt, il parle couramment plusieurs dialectes arabes. Tant et si bien qu'il est nommé inspecteur en chef de la Basse- et de la Moyenne-Égypte par le Français Gaston Maspero, directeur du service des Antiquités.

Il s'installe non loin de la vallée des Rois et consacre tout son temps à se documenter sur la XVIIIe dynastie et Toutankhamon. Mais en 1907, il est forcé de quitter le service des Antiquités, après une violente altercation avec des touristes. C'est lord Cromer, le haut-commissaire britannique exerçant le pouvoir suprême en Égypte, qui prend cette décision, au grand désespoir de Maspero, dont Carter était le collaborateur le plus brillant.

Sans ressources et désœuvré, il refuse pourtant de rentrer en Angleterre, vivotant comme il peut de peintures qu'il vend aux touristes et d'expertises faites pour des marchands. C'est alors que la chance va lui sourire une seconde fois, avec l'arrivée en Égypte de lord Carnarvon…

Né en 1866 au château familial de Highclere, George Edward Stanhope Molyneux Herbert, cinquième comte de Carnarvon, est un grand humaniste, alliant une brillante intelligence à une culture raffinée. Il a passé sa jeunesse à courir le monde. En 1898, un accident de voiture lui occasionne une grave blessure à un poumon. Pour sa convalescence, ses médecins lui conseillent d'aller dans un pays chaud. Il choisit l'Égypte et là, tout comme Howard Carter, il a le coup de foudre.

Il apprend qu'en y mettant les moyens financiers, il est possible d'obtenir la concession d'une fouille et il voit là la manière idéale de dépenser sa fortune. Seulement, il a besoin d'un archéologue professionnel. Il se rend au service des Antiquités, demande conseil à Gaston Maspero, qui n'hésite pas :

– Le meilleur de tous est Howard Carter, seulement il a été suspendu par le haut-commissaire.

– Cela devrait pouvoir s'arranger. J'ai des relations…

Les deux hommes se rencontrent. Tout les sépare : leurs origines sociales, leur éducation, leur caractère et, pourtant, une amitié indéfectible naît immédiatement entre eux. Lorsque Howard Carter parle à lord Carnarvon de son projet de découvrir la tombe de Toutankhamon, l'aristocrate s'enthousiasme tout autant que lui.

Seulement, entre-temps, la situation a évolué… C'est dans la vallée des Rois qu'ont été enterrés en grande pompe tous les pharaons ayant régné entre 1600 et 1100 av. J.-C. et, si on doit trouver Toutankhamon, ce ne peut être que là. Mais la vallée des Rois a été attribuée récemment en concession au milliardaire américain Theodore Davis et lui seul a le droit d'y fouiller. Il ne s'intéresse nullement à l'histoire de l'Égypte ancienne. Il est venu uniquement pour trouver un trésor et faire ainsi parler de lui. Il découvre une dizaine de tombes, toutes déjà visitées autrefois par les pillards. Carter et Carnarvon tremblent qu'il finisse par tomber sur celle de Toutankhamon. Mais en 1914, le milliardaire, découragé, renonce et rentre en Amérique.

Immédiatement, lord Carnarvon rachète la concession. Malheureusement, en raison de la guerre qui éclate au même moment, Howard Carter ne peut pas se mettre à l'ouvrage. Ce n'est qu'en 1917 qu'il en reçoit enfin l'autorisation. Il choisit avec le plus grand soin son chef du personnel, Ahmed Girigar un habitant de la vallée des Rois, qui en connaît tous les lieux et toutes les légendes et qui recrute avec le même soin les ouvriers.

Tous les atouts sont donc réunis en vue du succès. Pourtant, pendant cinq ans, rien ne se passe. Howard Carter affronte les pillards qu'il dérange, la curiosité parfois exaspérante des touristes et les tracasseries de Pierre Lacau, qui a remplacé Gaston Maspero à la tête du service des Antiquités et qui, à la différence de son prédécesseur, lui est hostile.

Dans l'attente de lord Carnarvon, Howard Carter a fait recouvrir les marches de sable, pour que personne ne puisse déceler la découverte. Son mécène arrive le 21 novembre à Louxor. Le 22 au matin, il se présente en haut de l'escalier, que les ouvriers viennent de dégager. Face à la dernière marche se dresse la porte murée portant le sceau des nécropoles royales. Rapidement, ils font tomber les pierres. Derrière apparaît la porte véritable. Elle est en pierre également et un cartouche y est répété plusieurs fois. Howard Carter s'approche pour lire et s'immobilise. Il reste comme pétrifié, légèrement penché en avant. Carnarvon lui demande anxieusement :

– Eh bien, qu'avez-vous lu ? Qu'est-ce que cela veut dire ?

Howard Carter met un moment avant de pouvoir s'exprimer. Enfin, il parvient à répondre, d'une voix étranglée :

– J'ai lu « Toutankhamon » !

Mais ils ne peuvent aller plus loin : un règlement institué par Pierre Lacau exige qu'un représentant du service des Antiquités soit présent à l'ouverture. On le prévient d'urgence, en espérant qu'il n'aura pas de réaction hostile en apprenant ces fouilles dans un secteur qu'il avait interdit, et qu'il ne fera pas tout arrêter.

Une nouvelle attente commence, plus fébrile encore que la précédente, devant cette porte annonciatrice du but poursuivi depuis tant et tant d'années, mais qu'il sera peut-être impossible de franchir... Durant la journée qui suit, Howard Carter remarque qu'un cavalier du désert les observe de loin, immobile aux côtés de son chameau, le visage entouré d'une écharpe blanche et revêtu d'une longue cape. Carter demande à son chef de chantier Ahmed Girigar d'aller voir ce qu'il veut. Ce dernier s'exécute. Il revient et déclare, d'une voix troublée :

– Il a dit : « Ces gens vont trouver de l'or, mais ils trouveront aussi la mort... »

Finalement, Pierre Lacau ne se formalise pas qu'on ait enfreint ses consignes et envoie, au contraire, immédiatement un de ses représentants, Rex Engelbach. C'est en sa présence que, le 25 au matin, les ouvriers font tomber la porte. Derrière se trouve une galerie en pente douce, d'une hauteur de deux mètres environ, obstruée par un amas de pierres. Par terre, on ramasse des tessons de poteries, des coupes d'albâtre de petites dimensions et des vases peints, l'ensemble étant tout ce qu'il y a d'ordinaire. Rien ne mentionne le nom de Toutankhamon. Les ouvriers progressent jusqu'à la tombée de la nuit. Rex Engelbach prend des notes et, considérant que l'affaire est sans intérêt, s'en va le lendemain matin.

Il a tort. Il vient de manquer la découverte du siècle ! Le 26 novembre 1922 est le grand jour. S'il s'est bien gardé de le dire à l'envoyé de Lacau, Howard Carter était persuadé qu'il s'agissait bien de la tombe de Toutankhamon : la banalité du vestibule est destinée à décourager les voleurs.

Les ouvriers reprennent leur travail avec acharnement. Lord Carnarvon souffre de douleurs insupportables dues à son accident, mais malgré tout, il a tenu à assister aux travaux. Derrière l'amas de pierres finit par apparaître une seconde porte, en pierre elle aussi. Les terrassiers pratiquent une ouverture à hauteur d'homme. Howard Carter marque un temps d'arrêt : cet air qui n'a pas été renouvelé depuis trente-quatre siècles est-il dangereux ? Le seul moyen est d'avancer une bougie et d'espérer qu'elle ne s'éteigne pas. Il passe le bras par le trou, la tend devant lui et elle reste allumée !

Il engage alors la tête dans l'ouverture. Lord Carnarvon, qui se trouve juste derrière lui, lui demande :

– Qu'est-ce que vous voyez ?

La suite, Howard Carter l'a décrite dans ses mémoires. « À mesure que mes yeux s'habituaient à l'obscurité, les détails de la pièce émergèrent lentement du brouillard : des animaux étranges, des statues et de l'or, de l'or étincelant de toutes parts ! Pendant un moment qui dut sembler une éternité à mes compagnons, je restai muet, frappé de stupeur. Et, quand lord Carnarvon, ne pouvant se contenir plus longtemps, me demanda si je voyais quelque chose, tout ce que je pus prononcer fut : "Je vois des merveilles !" Même en rêve, je n'avais jamais imaginé une telle chose ! »

Oui, des merveilles, et bien plus que cela encore ! Ils sont en présence du plus grand trésor archéologique jamais découvert. Un amoncellement fabuleux de statues, de vases, de bibelots, tous en or, mais aussi des bijoux, des meubles, des embarcations, et même des jouets et de la nourriture ! Outre la valeur inestimable de ces richesses, c'est une mine de renseignements sans précédent sur la civilisation égyptienne.

Une seule chose surprend Carter : pas la moindre trace de sarcophage ni de momie… Mais loin de le contrarier, cette constatation le remplit d'allégresse. Cela signifie qu'il y a d'autres pièces ! D'ailleurs, on distingue deux amorces de passages sur les murs nord et est, ce dernier emplacement étant gardé par deux statues. Il y a tout lieu de croire que la tombe de Toutankhamon se trouve derrière…

En attendant, il faut vider la salle des objets précieux qu'elle contient. Il n'y en a pas moins de six cent cinquante. En raison de l'importance de la découverte, le gouvernement égyptien a pris en main la direction des opérations. L'entreprise est très longue, tant en raison des problèmes administratifs que de la fragilité des pièces et des mesures de sécurité indispensables. D'autant que, peu après, Howard Carter ouvre un second passage, celui du mur nord. Il tombe sur une nouvelle salle, qu'il appellera « l'annexe », et dont le contenu est tout aussi fabuleux : des sièges d'or, des vases en albâtre, des lits dorés, des objets rituels, le tout dans le désordre le plus complet. Un millier d'objets, dont les jeux dont se servait le pharaon étant enfant !

Mais toujours pas de trace de Toutankhamon. Cette fois, plus de doute : la momie doit se trouver dans la troisième et dernière salle, derrière le mur est, gardée par deux statues, les seules qui ne soient pas en or, représentant des guerriers en armes grandeur nature. Toutefois il n'est pas question d'y accéder pour l'instant. Le gouvernement s'y oppose. Elle ne sera ouverte que quand les deux autres pièces seront vidées et, au rythme où s'effectue l'évacuation, il y en a pour des mois...

Lord Carnarvon, en raison de ses problèmes de santé, n'est pas toujours présent sur le chantier. Il fait des allers et retours au Caire pour se soigner, mais l'activité fébrile qui règne dans les deux chambres déjà explorées a un témoin assidu : un canari. C'est le porte-bonheur de l'équipe. Carter l'a choisi en raison de sa couleur, présage de découverte d'un trésor. Chaque matin, il est installé devant la porte d'entrée, en bas des marches, dans sa cage dorée, et son chant joyeux salue ceux qui entrent ou sortent.

Les deux premières salles du trésor se vident peu à peu. Le mois de février 1923 arrive, et on va enfin ouvrir la chambre funéraire proprement dite. Quelques jours avant, un événement inattendu se produit : un cobra se glisse dans la cage du canari, le tue et le dévore.

Les ouvriers sont terrifiés. Ce reptile mortel représente le serpent des pharaons. Dressé en position d'attaque, il figure sur le devant de leurs couvre-chefs de cérémonie, pour signifier leur pouvoir de frapper leurs ennemis. L'animal du pharaon vient de tuer la mascotte de l'équipe quelques jours avant qu'on pénètre dans la tombe ! C'est un symbole terrible et Ahmed Girigar, bouleversé, annonce à Howard Carter que les hommes, qui ont peur pour leur vie, ne veulent plus rester.

– Ce sont des absurdités ! C'est une bête qui en a tué une autre, c'est tout.

– Ils pensent tous que c'est la malédiction de la momie. Elle promet la mort à celui qui entrera dans son tombeau.

Mais l'égyptologue est un esprit rationnel qui ne se laisse pas atteindre par ces superstitions.

– Qu'ils s'en aillent ! Nous en recruterons d'autres. Nous entrerons quand les deux autres pièces seront vides. C'est ce qui a été décidé et cela ne changera pas !

Le 17 février 1923, c'est le grand jour. Tous les ouvriers ont été remplacés. Ahmed Girigar a accepté de rester, mais son appréhension est évidente. Les pelles et les pioches attaquent le mur est, et les deux statues de soldats qui le défendaient rejoignent le reste des objets dans les locaux spécialement aménagés au Caire... Au bout d'une heure à peine, une nouvelle porte de pierre apparaît. Elle s'orne d'une inscription en hiéroglyphes. Girigar en demande la signification à Carter.

– Il s'agit du tombeau de Toutankhamon.

Le chef de chantier se remet au travail. Carter se tourne vers lord Carnarvon et lui glisse à voix basse :

– Je lui ai menti. Il est écrit : « La mort touchera de ses ailes celui qui dérangera la paix éternelle du pharaon. »

Puis, soucieux de rassurer son ami, il ajoute :

– Cela n'a rien d'étonnant. Il y a toujours ce genre d'inscription à la porte des tombeaux, pour éloigner les pillards.

Quelques heures plus tard s'ouvre, trois mois après la première salle, la chambre funéraire. Howard Carter entre le premier, suivit par lord Carnarvon et les autres. Toutankhamon, que l'équipe archéologique a cherché depuis trente ans dans toute l'Égypte, est là ! Une statue du dieu Anubis porte sur son socle l'inscription : « C'est moi qui empêche le sable d'enfouir la chambre secrète. Je veille sur le défunt. »

Elle se reflète, à la lumière des projecteurs, sur le mur d'en face, qui est entièrement recouvert d'or. Les autres sont décorés de fresques admirables. Au sol s'étalent des corbeilles de la nourriture destinée au pharaon pour son éternel séjour. Un peu plus loin se dresse le sarcophage, tel qu'il a été installé il y a plus de trois millénaires, un jour de janvier 1352 av. J.-C. Toutankhamon est enseveli dans trois cercueils gigognes, dont le dernier est en or massif. Le masque mortuaire, entièrement recouvert d'or, est orné de pierres semi-précieuses. Détail touchant et inattendu, on découvre aussi un petit cercueil contenant un enfant mort-né, qu'il avait eu avec sa jeune épouse.

L'égyptologue et son mécène se jettent dans les bras l'un de l'autre. Ils ont réussi !

Oui, ils ont réussi. Mais cet exploit sans précédent, et qui ne sera d'ailleurs jamais réédité, fait le tour du monde pour une autre raison…

À la mi-mars 1923, un mois à peine après la découverte, lord Carnarvon, resté sur le chantier, est subitement pris d'une très forte fièvre. Les médecins évoquent une piqûre de moustique, ce qui est surprenant car il n'y a pratiquement pas de moustiques en cette saison. Quoi qu'il en soit, son état s'aggrave et il est conduit d'urgence au Caire. Malgré les soins, sa santé ne cesse de se dégrader. Il meurt le 5 avril peu avant 2 heures du matin. D'après son infirmière, ses dernières paroles ont été :

– C'est fini. J'ai entendu l'appel et je me prépare.

Au même instant, à 1 h 55 exactement, se produisent deux phénomènes aussi étranges l'un que l'autre : une coupure de courant plonge la ville du Caire dans l'obscurité et, en Angleterre, dans son château de Highclere, le chien de lord Carnarvon se met à hurler avant de tomber raide mort…

Le décès du commanditaire de l'expédition survenu si peu de temps après l'ouverture du tombeau cause une profonde impression dans l'opinion. C'est Conan Doyle, le créateur de Sherlock Holmes, alors au sommet de sa gloire, qui évoque le premier la malédiction de la momie. Il fait le rapprochement entre la mort de lord Carnarvon, celle du canari tué par le cobra et l'avertissement inscrit sur la porte de la chambre funéraire : « La mort touchera de ses ailes celui qui dérangera la paix éternelle du pharaon. » Il conclut que ce n'est qu'un début. La malédiction va se poursuivre.

Il ne se trompe pas. Une mystérieuse tragédie commence. Six mois après lord Carnarvon, son demi-frère, le colonel Aubrey Herbert meurt à son tour, suivi de peu par l'infirmière qui avait soigné lord Carnarvon, puis par le secrétaire de Carter, Richard Bathell, et, trois mois plus tard, par le père de l'égyptologue.

Pour la presse du monde entier, il s'agit bel et bien d'une malédiction. *Le Figaro* écrit : « Les événements ont donné raison aux prédictions des fellahs. Ainsi se trouvent réalisées les menaces des prêtres égyptiens contre les profanateurs de momies. » Mais c'est en Angleterre que la psychose prend le plus d'ampleur. Des centaines de gens envoient au British Museum, pour s'en débarrasser, les objets égyptiens en leur possession. Plusieurs hommes politiques demandent l'ouverture d'une enquête sur les momies exposées dans les musées, pour savoir si elles sont dangereuses.

La liste noire s'allonge. Comme un bulletin nécrologique régulier, les journaux annoncent les victimes successives : le professeur Lafleur, ami intime de Carter, le savant Arthur Mace, le docteur White… Son cas est tout à fait singulier : collaborateur très proche d'Howard Carter, il a été un des premiers à pénétrer dans la chambre mortuaire. En sortant, il a ressenti un malaise et, depuis, n'a cessé de souffrir de dépression nerveuse. Malgré les efforts des médecins et de sa famille, il a fini par se pendre. Dans la lettre d'adieu qu'il a laissée, il a écrit : « J'ai succombé à une malédiction qui m'a forcé à disparaître. »

Cela continue… Avant de remettre la momie de Toutankhamon au musée du Caire, un savant du nom d'Archibald Douglas Reed reçoit l'ordre de la radiographier, afin de déceler d'éventuels corps étrangers à l'intérieur de la dépouille. Reed se met à l'œuvre. Dès le lendemain, il tombe malade. Cet homme de constitution robuste est emporté en quelques jours.

Le temps passe et, d'année en année, le nombre des victimes grandit : les docteurs Breastead et Harkness, les professeurs Vinlock, Gardiner, Foucart, Gould, Astor, Bruyère (qui avait conseillé à Howard Carter de fouiller à cet endroit) et d'autres encore. Tous ont été mêlés d'une manière ou d'une autre à la découverte de Toutankhamon. Au total, on recense dix-sept morts mystérieuses.

Presse et colloques scientifiques avancent des explications. Certains parlent simplement d'une malédiction lancée par les prêtres égyptiens. Les victimes auraient été frappées de manière surnaturelle, ce qui explique que des personnes n'étant pas entrées dans le tombeau, comme l'infirmière et le demi-frère de lord Carnarvon ou le père d'Howard Carter, aient pu être touchées quand même.

Mais la plupart refusent de croire à une cause irrationnelle et pensent que les prêtres avaient disposé dans la chambre funéraire un piège invisible et mortel. Les hypothèses les plus diverses se multiplient. On parle d'abord de venin de cobra, mais l'éventualité doit être écartée car celui-ci tue de manière foudroyante et les décès se sont échelonnés sur plusieurs années. Alors, les embaumeurs auraient-ils enduit les bandelettes d'un poison subtil ? Ou l'air vicié aurait-il empoisonné les arrivants ? Et pourquoi pas les virus pathogènes qui se seraient développés dans la momie ? Mais il est prouvé que de tels virus ne peuvent survivre dans les chairs mortes.

Pourtant, en 1962, les médecins égyptiens y ont cru. Une affection frappait les employés du service des Antiquités au contact des momies coptes, dont les cadavres ont la particularité de conserver leurs viscères. Or on s'est rendu compte un peu plus tard qu'il s'agissait du virus de la grippe, transmis par un employé peu soucieux des règles d'hygiène.

Après l'explosion de la bombe atomique d'Hiroshima, on a aussi supposé que les Égyptiens anciens, dont la science reste mal connue, avaient découvert la radioactivité. Des substances radioactives auraient été disposées dans la chambre mortuaire et auraient empoisonné plus ou moins rapidement ceux qui y étaient entrés. Toutefois, les contrôles pratiqués avec des compteurs Geiger se sont révélés négatifs, coupant court à cette éventualité.

Beaucoup en sont alors revenus à l'idée d'une malédiction, une telle accumulation ne pouvant être le résultat de simples coïncidences.

Il faut donc aujourd'hui faire le point. Que peut-on dire aujourd'hui, avec le recul et les progrès de la science ? D'abord l'hypothèse de la malédiction, d'une force magique frappant les victimes doit être écartée. Il peut sembler impossible, en bonne logique, de réfuter une explication irrationnelle, qui, par définition, ne peut être ni démontrée ni infirmée, mais il y a pourtant un argument imparable : Howard Carter lui-même.

Si les prêtres égyptiens avaient chargé leurs dieux de châtier les coupables, la première victime aurait dû, en effet, être l'égyptologue. C'est lui qui a mené cette entreprise, il a été le plus tenace, le plus acharné, ignorant toutes les mises en garde, tous les présages et, enfin, il est entré le premier dans la chambre funéraire.

Or non seulement il n'a pas éprouvé le moindre malaise en sortant du tombeau, mais il a continué son activité d'archéologue en se portant comme un charme ! Rentré en Angleterre après avoir mis un terme à sa brillante carrière, il s'est éteint le 2 février 1939, seize ans après sa découverte. Il n'a cessé de manifester son irritation devant les récits des journalistes et de proclamer son mépris pour toute superstition. Il a eu un jour, cette profession de foi en forme de défi :

– Non, il n'y a pas de malédiction des pharaons. Cette légende est une forme dégénérée des histoires de fantômes !

Indépendamment de lui, d'autres personnes, directement ou indirectement liées au viol de la sépulture, n'ont pas subi le moindre dommage : Pierre Lacau, le directeur du service des Antiquités, est mort en 1963 ; Douglas Derry, qui a commis le sacrilège suprême de retirer les bandelettes de la momie, s'est éteint à quatre-vingt-six ans ; de même pour Gaston Maspero, décédé à un âge avancé, et pour l'archéologue Callender, qui a passé des jours et des jours dans la chambre funéraire. Enfin, si le demi-frère de lord Carnarvon est mort prématurément, sa fille a traversé tout le XXe siècle sans problème.

Quant à l'inscription « La mort touchera de ses ailes celui qui dérangera la paix éternelle du pharaon », elle est entièrement inventée ! L'initiative en revient à Richard Adamson, responsable de la sécurité des fouilles. En accord avec lord Carnarvon et Howard Carter, il a diffusé cette information pour éloigner les pillards. Curieusement, alors que des inscriptions de ce genre figuraient dans les autres tombes royales, celle de Toutankhamon faisait exception.

Alors, s'agit-il d'une simple coïncidence, à laquelle les circonstances ont donné un relief exceptionnel ? On l'a cru longtemps, jusqu'à ce que des découvertes scientifiques révèlent la vérité.

C'est au cours des années 1970-1980 qu'est apparue la solution du problème. Lors de la restauration de la momie de Ramsès II, à Paris, en 1976, on a constaté la présence de nombreux champignons. Or, d'après la description de Carter, la tombe de Toutankhamon était suffisamment humide pour que ceux-ci se développent. Il a mentionné « des cultures de champignons apparaissant sur les murs de la chambre funéraire où elles étaient si nombreuses qu'elles défiguraient en partie les fresques ». Et il a ajouté : « Il règne dans ces sépultures un air suffocant. Infestée des exhalaisons de cadavres, une poussière fine s'élève sous les pas et irrite les poumons. »

En 1985, les champignons de la momie de Ramsès sont identifiés. Il s'agit de l'espèce *Aspergillus flavus*, une sorte de spore qui naît de la décomposition des matières végétales ou organiques. Dans des conditions normales, son inhalation est sans danger, mais dans un endroit confiné comme une tombe, sa concentration est maximale et source de contamination. D'autant que dans les années 1920, en Égypte, les conditions d'hygiène étaient douteuses et la médecine loin d'être ce qu'elle est maintenant.

La maladie des archéologues est, selon les médecins, « une pneumonie immuno-allergique, due à l'inhalation de particules d'origine animale ou végétale ». Les champignons pouvaient venir du cadavre, mais plus vraisemblablement de la nourriture déposée dans les pièces. L'affection se caractérise par une pneumonie aiguë qu'on ne pouvait soigner à l'époque. C'est exactement la pathologie présentée par cinq personnes qui ont eu accès au tombeau. Les sujets sains, comme Howard Carter, s'en sont sortis sans mal, mais ceux qui avaient des problèmes pulmonaires n'avaient que peu de chances de survie. C'était le cas, en particulier, de lord Carnarvon, blessé à un poumon dans son accident de voiture.

Alors oui, en définitive, il s'agissait bien d'une vengeance de la momie ! Mais elle n'était pas due à Anubis, Isis, Osiris ou Horus. Un être microscopique, une humble moisissure, veillait, à sa manière, sur le défunt !

Louis de Bourbon

L'espagnolette

C'est une histoire qui a été très célèbre en son temps et qui est aujourd'hui à peu près totalement oubliée. On peut d'ailleurs s'en étonner, car elle est extrêmement mystérieuse et met en cause de très hauts personnages. En outre, elle relève par certains côtés de l'affaire de mœurs croustillante et, par d'autres, de l'affaire d'État.

Tout commence par une triste soirée d'octobre 1811, à Londres. Il fait un brouillard à couper au couteau. Un homme distingué s'aventure dans les rues, à pied, seul, alors qu'il aurait pu prendre sa calèche. Mais, s'il brave ainsi les conditions climatiques, c'est qu'il tient à la discrétion. Il a rendez-vous dans une maison spécialisée de Piccadilly, dont il est un des habitués.

L'homme, de cinquante-cinq ans, porte un des plus grands noms de France, du moins de l'ancienne France. Car il s'en est produit des bouleversements durant les deux dernières décennies ! Naguère, il vivait à Versailles, tout comme son cousin Louis XVI, et il s'appelait Bourbon, comme lui. Mais tout cela est loin. Aujourd'hui, il n'est plus qu'un émigré parmi d'autres, dont le principal souci est de tuer le temps. Et, ce soir, le duc de Bourbon a décidé de s'encanailler.

Louis Henri Joseph de Bourbon, neuvième prince de Condé, est le fils unique de Louis Joseph de Bourbon-Condé et de la princesse Charlotte de Rohan-Soubise. Né le 13 avril 1756, à

Paris, il épouse, en 1770, Louise d'Orléans. Il est alors âgé de quatorze ans seulement et, comme il est jugé trop jeune pour consommer le mariage, elle retourne au couvent. Mais il fait preuve malgré son âge d'un fougueux tempérament, enlève son épouse, qui donne peu après naissance à un fils, Louis Antoine de Bourbon-Condé, duc d'Enghien.

En 1778, à l'occasion d'un bal masqué, une altercation éclate entre sa femme et le comte d'Artois, frère du roi et futur Charles X. Toujours aussi fougueux, Louis de Bourbon se bat en duel avec son cousin. Un an plus tard, il se sépare de son épouse, coupable d'avoir persiflé les Condé dans une pièce de théâtre qu'elle a montée. Il ne peut évidemment pas se remarier, puisque le divorce n'existe pas. Il entretient alors une liaison avec une chanteuse d'opéra, Marguerite Michelot, dont il a deux filles, Charlotte et Louise, nées en 1780 et 1782. Lorsque la Révolution éclate, il est pair de France et gouverneur de la Franche-Comté.

Violemment hostile aux idées nouvelles, il émigre dès 1789, avec son père et son fils. Il combat dans l'armée de son père, la grande armée de Condé, dont l'action sera un échec total, puis, en 1792, il se rend aux Pays-Bas pour lever sa propre armée, qui échoue pareillement. En 1795, il prépare le débarquement en Vendée du comte d'Artois, avec lequel il s'est réconcilié depuis longtemps. C'est un nouvel échec, qui, survenant après tous les autres, le fait renoncer à la lutte armée. Il s'installe à Londres d'où il ne bougera plus.

En 1804, il a la douleur d'apprendre la mort tragique de son fils, le duc d'Enghien. Napoléon Bonaparte ayant eu vent d'un complot ourdi par les chefs de l'émigration Cadoudal et Pichegru, dont le duc d'Enghien devait prendre la tête, a fait enlever ce dernier à Ettenheim, en Allemagne, par sa police secrète. Après un procès sommaire, le jeune homme a été fusillé dans les fossés de Vincennes, le 21 mars.

Le temps passe et le duc de Bourbon continue sa vie de plaisirs à Londres. Frivole, peu intelligent, il partage son temps entre la chasse et les aventures galantes. Depuis la mort du duc d'Enghien, il est le dernier des Condé, et la famille s'éteindra avec lui, puisqu'il ne peut se remarier, son épouse légitime étant toujours en vie. Il refuse de prendre un jour le titre de prince de Condé, qui lui revient pourtant. Il a coutume de dire :

– À quoi bon, puisque le nom de Condé disparaîtra avec moi ?

Rarement l'expression « fin de race » aura été aussi bien méritée.

À son arrivée dans la maison de rendez-vous, Louis de Bourbon est accueilli par une jeune fille qui vient lui retirer sa redingote. Il n'a jamais vu une pareille beauté : vingt ans à peine, de superbes cheveux châtain foncé, une poitrine avantageuse, des traits purs, un teint clair, des yeux bleus effrontés. Il éprouve un véritable coup de foudre. Il interpelle la tenancière, qui accourt pour lui souhaiter la bienvenue.

– Qui est-ce ?

– Sophie. Mais ce n'est pas une de mes pensionnaires. C'est une servante. Elle vient juste d'arriver.

– Cela ne fait rien, je l'emmène. Vous voulez bien, Sophie ?

Sophie bredouille un assentiment, la tenancière empoche les louis d'or que lui tend son illustre client et le duc repart avec la jeune fille à son bras dans le brouillard londonien. En cet instant précis, son destin vient de se jouer…

Sa nouvelle conquête s'appelle Sophie Clarck. Elle est née en 1792 dans l'île de Wight, à Saint Helens, un misérable hameau proche de la ville de Ryde. Son père, qui a été un peu pêcheur d'huîtres et un peu contrebandier, n'est plus qu'un miséreux vivant de charité. Sa mère est morte à sa naissance. Sophie passe les premières années de sa vie dans un orphelinat. À l'âge de treize ans, elle est placée comme servante de basse-cour chez un cultivateur et soumise aux travaux les plus rebutants. Elle s'enfuit à Londres où elle vit dans une misère noire, jusqu'à ce qu'elle échoue comme domestique dans la maison de Piccadilly. Elle se fait appeler Sophie Clarck, veuve Dawes, mais on n'a jamais retrouvé trace de son mariage ni de son veuvage…

Louis de Bourbon emmène chez lui la jeune femme et lui demande ce qu'elle désire. Sa réponse ne manque pas de le surprendre :

– Étudier.

– Étudier quoi, par exemple ?

– Tout !

Le duc lui procure les meilleurs maîtres. La jeune Sophie fait preuve dès le début d'une volonté de fer. Elle a compris que c'est pour elle le seul moyen de s'élever, ce qu'elle veut de toutes ses forces. Elle apprend le français, dont elle parlait à peine quelques mots, mais aussi le chant, la musique, l'histoire, la géographie et même le latin et le grec.

Quand la Restauration arrive, en 1814, elle est totalement métamorphosée. Elle accompagne Louis de Bourbon, qui rentre en France et reprend tous ses privilèges. Il pourrait, s'il le voulait, jouer un rôle politique important, mais soit par incapacité, soit par manque d'intérêt, il n'en fait rien. Il n'aime que la chasse. Le 13 mai 1818, la mort de son père lui transmet, outre le titre de prince de Condé, dont il ne veut pas, la charge de grand maître de la Maison du roi et l'immense fortune de la famille. Entre autres, il possède désormais le Palais-Bourbon, « vaste comme une ville », dont il loue une petite partie à l'État, contre la somme de 124 000 francs par an, pour abriter la Chambre des députés.

Servi par une armée de domestiques, le duc de Bourbon se constitue, selon un usage suranné, une cour personnelle de gentilshommes, d'officiers et d'aides de camp. Il a acheté à Hortense de Beauharnais le château de Saint-Leu, où il vit le plus souvent. Mais Sophie ne partage pas cette existence princière. À son arrivée en France, il l'a installée rue des Capucines, où elle mène une vie effacée. Voyant la répugnance du duc à afficher sa liaison, elle se fait passer pour une de ses filles naturelles qu'il n'a pas voulu reconnaître. Pour l'instant, elle se morfond et endure patiemment la situation. Elle sent que son heure viendra...

À défaut d'officialiser leur liaison, Louis de Bourbon s'occupe de la marier. Un officier de trente-trois ans, Victor-Adrien Feuchères, tombe amoureux d'elle. Il est chef de bataillon au 6e régiment d'infanterie de la garde royale. Il ignore tout de la vérité. Des confidences, soigneusement propagées autour de lui, lui ont fait croire, au contraire, qu'elle était la fille illégitime du duc.

Le mariage a lieu à Londres, le 6 août 1818, à l'église protestante Saint Martin et à la chapelle catholique de l'ambassade d'Espagne. La jeune femme se prétend pour l'état civil Sophie Clarck, veuve de William Dawes, agent de la compagnie des Indes anglaises, mort au Cap, le 16 juin 1812. Le duc de Bourbon lui donne comme dot une rente annuelle de sept mille deux cents francs et son mari est, sur sa proposition, fait baron par le roi. Le couple s'installe au Palais-Bourbon. Voici donc Sophie, l'enfant de la misère, baronne de Feuchères. Mais pour elle, ce n'est qu'un début...

Peu après, de bonnes âmes révèlent la véritable situation à son mari, qui en est très affecté. Il va s'en ouvrir au duc. Ce dernier dément et fait ce qu'il peut pour l'apaiser.

– Ce sont des ragots d'envieux. Laissez dire. Tout cela ne doit pas vous atteindre.

Il n'empêche que Louis de Bourbon donne instruction à Feuchères de rester à Paris, pour le représenter à la cour, tandis qu'il demande à Sophie de l'accompagner dans un autre de ses châteaux, celui de Chantilly où il réside pour le moment... Une fois sur place, la nouvelle baronne laisse pour la première fois tomber le masque de la modestie et de la retenue. Elle se comporte en maîtresse des lieux, accompagnant le duc à la chasse, recevant les hôtes à ses côtés. Bientôt, c'est sur le duc lui-même qu'elle exerce son pouvoir. Elle obtient de lui tout ce qu'elle veut. S'il a le malheur de ne pas accepter une de ses exigences, elle se refuse à lui et il finit par capituler.

Bien entendu, tout cela parvient aux oreilles de Feuchères, toujours prisonnier de son poste à la cour. Il vit la situation de plus en plus mal et s'en plaint amèrement à ses amis :

– Malgré tous les démentis, ma femme n'en passe pas moins pour la maîtresse de Monseigneur et, moi, pour le savoir et le permettre, je suis montré du doigt.

Les rares fois où il peut rencontrer Sophie, il ne trouve chez elle, dit-il, que « hauteur et dédain ». Entre eux, les scènes se font de plus en plus âpres. Elle ne se gêne pas pour lui dire qu'elle ne l'a jamais aimé.

– Je ne vous ai épousé que sur l'ordre de Monseigneur. Vous ne m'êtes rien !

Et puis, en mars 1824, elle franchit le pas. Au cours d'une altercation plus violente que les autres, elle lui lance :

– Je ne suis pas la fille du duc, je suis sa maîtresse !

La scène se termine par un pugilat et le duc de Bourbon intervient pour les séparer. M. de Feuchères s'en va sur l'heure pour ne plus revenir. Il entame une procédure en annulation du mariage, qui aboutira au bout de sept ans. Dans tout Paris, le scandale est énorme et le duc reproche amèrement à Sophie d'en être responsable, pour n'avoir pas su tenir sa langue.

Furieuse, la jeune femme le quitte. Elle se réfugie chez une amie et lui écrit qu'elle ne reviendra jamais. En agissant ainsi, elle prend un grand risque. Si son amant se ressaisit et décide de se séparer d'elle, elle n'aura plus qu'à rentrer en Angleterre. Mais elle est sûre de son pouvoir et elle ne se trompe pas. Le duc ne tarde pas à céder. Il lui envoie une lettre suppliante : « Reviens, ma Sophie, reviens ! Tout sera pardonné. Tu trouveras en moi un ami et un père. »

Sophie de Feuchères a définitivement gagné. Elle s'installe triomphante au Palais-Bourbon. C'est désormais la maîtresse à tous les sens du terme : elle est tout et il n'est rien. Le 1er avril 1824, le duc lui accorde par testament les domaines de Saint-Leu et de Boissy, tout en lui concédant de jouir immédiatement de leurs revenus, soit vingt mille francs par an. En plus, il lui remet un million de la main à la main, « en signe de réconciliation ». L'année suivante, il complétera cette donation par d'autres cessions sur ses biens.

Bien entendu, le scandale reprend de plus belle et Louis XVIII interdit l'accès de la cour à la baronne de Feuchères. Mais celle-ci ne s'en soucie pas trop pour le moment. Ce qui compte d'abord pour elle, c'est d'affirmer son pouvoir. Or il se trouve que le duc a près de lui sa fille naturelle Charlotte, qu'il a eue de sa liaison avec la chanteuse d'opéra. Il l'adore et lui a fait faire un riche mariage avec le comte de Rully, auquel il a donné le titre de premier gentilhomme de sa suite. Sophie met tout son poids dans la balance et, comme d'habitude, elle l'emporte : le duc de Bourbon renvoie sa fille.

Il voit partir, les larmes aux yeux, le couple Rully. Comme un de ses vieux amis, qui est présent, s'en étonne et s'indigne, il lui fait cette confidence terrible :

– C'est à cause de Mme de Feuchères. Ah ! si vous saviez comment elle me traite ! Elle me bat !

Dès cette époque, les domestiques surprennent des éclats de voix et des cris lorsque les amants sont ensemble. Ce prince de sang royal, cousin de Louis XVIII, le souverain régnant, n'est plus qu'un esclave, un jouet entre les mains d'une aventurière ! Elle lui écrit un jour : « Nous pouvons et nous devons ne faire qu'un. Je trouve que vous ne vous pénétrez pas assez de cette idée que ma vie doit faire partie de la vôtre. »

Mme de Villegontier, une autre familière, a laissé ce témoignage : « Tous les actes de la vie du prince lui étaient pour ainsi dire dictés par Sophie de Feuchères. » Et elle ajoute : « La phrase qui revenait le plus habituellement chez lui était : "Elle le veut. Il faut se soumettre." »

Lorsque Sophie est absente, ses amis et ses domestiques l'entendent chantonner avec allégresse. Quand elle est là, il redevient sombre. La baronne continue de faire d'énormes prélèvements sur sa fortune. Outre ses revenus des châteaux de Saint-Leu et Boissy, elle se fait attribuer cent mille francs par an, entoure le duc de ses créatures, fait loger sous son toit ses neveu et nièce James et Mathilde Dawes et prend des amants, dont le baron de Lambot, un Provençal originaire du Var, qu'elle fait nommer aide de camp et secrétaire du duc.

Le but final de Sophie de Feuchères est, bien sûr, de s'emparer de sa fortune. Au début, elle avait l'intention de tout prendre, mais comme il s'agit de l'une des toutes premières de

France, elle a compris qu'elle aurait à affronter en justice les héritiers spoliés, disposant de relations considérables, et que l'issue serait peut-être incertaine. Mieux vaut se montrer raisonnable, mieux vaut se ménager des appuis. Et c'est ainsi que Sophie se lance dans les intrigues politiques.

Il existe à l'époque deux familles prétendant à la Couronne de France : les Bourbons directs, dont le représentant, Louis XVIII, occupe le pouvoir, et la branche d'Orléans, dont le chef Louis-Philippe, convoite également le trône. Sophie se rapproche de lui. Ce dernier choisit de ne pas se formaliser de sa personnalité et de son passé, il connaît son pouvoir sur le duc de Bourbon et il sait qu'elle peut être une alliée précieuse.

La baronne de Feuchères propose donc de persuader son amant d'instaurer le duc d'Aumale, fils de Louis-Philippe, comme légataire universel, une partie de la fortune lui revenant à elle-même. Louis-Philippe donne son accord et lui promet en échange son appui dans tous les domaines, notamment pour lui ouvrir les portes de la cour.

Sophie se met à l'ouvrage, mais à sa grande surprise, elle se heurte pour la première fois à une vive résistance de la part du duc. Elle touche, en effet, à ce qu'il y a de plus sacré pour lui. C'est un Bourbon et, comme tous les Bourbons, il déteste les Orléans et leurs prétentions à la Couronne. Il n'a pas oublié non plus qu'un des leurs, Philippe Égalité, a voté la mort de son cousin Louis XVI. Sophie a beau tempêter, crier, le gifler, le battre, se refuser à lui, menacer de le quitter, il ne cède pas. Qu'elle lui demande tout ce qu'elle veut, mais cela, non, jamais !

Il n'empêche que la perspective de la perdre le terrorise. Il n'est plus que l'ombre de lui-même. Ses vieux amis l'engagent à se ressaisir.

– Laissez-la partir. Vous serez délivré.

– Je ne peux pas ! Vous ne connaissez pas la force d'une longue habitude et de mon attachement, rétorque-t-il en poussant de profonds soupirs.

La nuit il se réveille parfois et parcourt les couloirs du Palais-Bourbon, répétant, en proie à la plus vive agitation :

– Canaille ! Intrigante !

Les domestiques font semblant de ne rien entendre... Le 30 août 1829, après une scène particulièrement violente, elle lui remet un testament qu'elle a écrit elle-même pour qu'il le recopie et le signe. Le document institue le duc d'Aumale son légataire universel et, sur les quatre-vingts millions de sa fortune, il en donne douze à Sophie de Feuchères, dont le pavillon qu'elle habite au Palais-Bourbon et le château de Saint-Leu. Brusquement, le duc de Bourbon capitule. Il recopie et signe.

Vers la fin de l'année, il tombe malade. Ses jambes enflent. Il peut à peine monter les escaliers, il faut qu'on le hisse sur son cheval pour aller à la chasse. À soixante-treize ans, il est devenu un vieillard. Les médecins lui ordonnent la diète. Aussitôt, Sophie lui fait apporter des repas fins dans sa chambre, avec du champagne et des liqueurs. Elle partage tout avec lui, veillant à le faire manger et boire.

Mais Louis de Bourbon ne meurt pas ; son état s'aggrave simplement un peu plus. Et il est alité lorsque, le 7 février 1830, sur proposition de Louis-Philippe, le roi Charles X reçoit Sophie de Feuchères à la cour. L'événement relance le scandale. Le duc Sosthène de La Rochefoucauld, qui a toujours eu son franc-parler, écrit au roi : « Mme de Feuchères, qui a le plus triste renom, la maîtresse affichée de M. le duc de Bourbon, a été reçue par le prince le plus pieux ! Qu'on vienne donc parler honneur, conscience, religion, morale, dans un pays où la cour donne un pareil exemple ! »

Début juillet 1830, le duc de Bourbon et sa suite s'installent à Saint-Leu pour y passer la belle saison. Le 25, comme chaque année, on donne une pièce dans le théâtre du château. À son habitude, la baronne de Feuchères y tient le rôle principal, avec autant de grâce que d'esprit.

Mais la politique fait irruption sur le devant de la scène. Les derniers jours de juillet, on apprend la révolution et la chute de Charles X. Puis, le 7 août, c'est son remplacement par Louis-Philippe. Louis de Bourbon est vivement affecté par le sort de son cousin. Pour la première fois, il s'isole de Sophie de Feuchères, il ne lit plus son courrier avec elle, il brûle seul des papiers. Elle s'inquiète. Elle redouble de soins pour le faire surveiller, ce qui lui est facile, car elle a des espions partout dans son personnel, jusqu'à son valet de chambre personnel, Lecomte, qu'elle lui a imposé.

La baronne a depuis peu un nouvel amant, un sous-officier de gendarmerie, préposé à la garde de Saint-Leu. À sa demande, il ne relâche pas sa surveillance autour du duc. Il informe sa maîtresse que ce dernier semble avoir des projets de fuite. Et il ne se trompe pas. Début août, Louis de Bourbon se fait remettre en secret un million par son intendant, M. de Manoury, un des seuls qui lui soit fidèle. Il lui précise :

– La baronne se doutera bien que vous m'avez apporté de l'argent. Dites-lui qu'il s'agit seulement d'environ une soixantaine de mille francs.

Mais ce n'est pas tout. Il donne à l'intendant une autre instruction :

– Faites préparer des chevaux. Qu'ils restent sellés en permanence, prêts pour une fuite précipitée. Dites que c'est à cause de la révolution, au cas où des émeutiers attaqueraient le château.

Et il ajoute :

– Prenez garde, elle est fine, elle cherchera à vous tirer les vers du nez.

Mais quelques jours plus tard, le duc change d'avis et rend le million, soit que Sophie ait découvert la vérité, soit qu'il ne puisse renoncer à son asservissement... Son état physique est toujours aussi peu brillant et des maux de dents s'ajoutent à ses ennuis de santé. Durant les séances avec son dentiste, il fait à ce dernier des confidences qu'il n'a jamais faites à personne.

– La baronne, lui dit-il, a une mauvaise tête et un mauvais cœur !

Et, comme le dentiste lui demande pourquoi il ne la quitte pas, il a cet aveu sans détour :

– Vous croyez cela si facile ? Certainement quand on est jeune. À soixante-dix ans passés, il est presque impossible de se soustraire à d'anciennes habitudes. Je l'ai tenté plusieurs fois et toujours sans succès. Avez-vous vu quelquefois une mouche effleurer une toile d'araignée ? Pour peu qu'une de ses pattes y touche, elle est prise et l'animal vorace lui jette un fil qui l'enlace et le met à sa discrétion. Voilà ma situation...

Le 11 août, il apparaît dans la grande galerie, les vêtements défaits, l'œil gauche contusionné et en sang. Il croise son filleul Obry, inspecteur général des chasses de son château de Chantilly, qui se trouve à Saint-Leu pour une affaire de service. Il choisit de lui dire la vérité.

– Vous voyez dans quel état m'a mis Mme de Feuchères ? C'est une méchante femme !

Puis il lui fait promettre le secret... Des domestiques surviennent sur ces entrefaites et s'alarment de son état. Il bredouille :

– Je me suis réveillé en sursaut et me suis heurté à la table de nuit...

Malgré les problèmes importants et urgents qu'il peut rencontrer pour son accession au trône, Louis-Philippe juge primordial que le duc de Bourbon ne change pas son testament. Sur ses instructions, son épouse, la reine Marie-Amélie, vient lui rendre visite à l'improviste, le 20 août. Le duc en a été averti seulement à 6 h 30. Tout sourire, sa visiteuse lui déclare qu'elle est venue pour le rassurer sur la situation politique. Elle ajoute :

– Considérez-moi, non comme une reine, mais comme votre nièce bien-aimée, qui vous chérit.

Elle lui remet la plaque de grand-croix de la Légion d'honneur et l'invite à siéger à la Chambre des pairs. Mais encore une fois, s'agissant des relations avec la famille d'Orléans, le duc de Bourbon fait preuve de la plus grande fermeté. Il refuse sèchement. Il ne veut pas d'honneurs du nouveau régime... La reine, décontenancée, n'a plus qu'à partir.

La démarche non seulement s'est soldée par un échec, mais semble lui avoir redonné de l'énergie. Les jours qui suivent, il accélère ses préparatifs secrets de départ. Il se murmure qu'il aurait reçu une lettre de Charles X, lui demandant de le rejoindre dans son exil. Sophie de Feuchères est inquiète. Elle le fait surveiller plus que jamais, autant pour son propre compte que pour celui de la famille royale, qui, alarmée par le refus du duc, lui a demandé d'« empêcher son départ à tout prix ».

Le 26 août à 8 heures, Sophie se rend dans les appartements de son amant. Lui qui possède tant de châteaux et de palais, lui qui est sans doute le plus grand propriétaire foncier de France, n'occupe que trois pièces au bout d'une aile : une chambre à coucher, un salon et, entre les deux, une antichambre servant de cabinet de toilette. Une scène violente éclate dans le salon. Sophie de Feuchères crie :

– Je le veux !

Mais pour une fois, le duc de Bourbon résiste. Il la fait vivement sortir, en lui lançant :

– Cela ne sera pas !

Rien de remarquable ne se passe dans la journée. Le soir, il dîne normalement, mange et boit de bon appétit, en compagnie de Sophie. Il fait un whist avec elle et deux autres convives, perd et, n'ayant pas d'argent sur lui, dit qu'il paiera le lendemain. Il souhaite le bonsoir à tout le monde et rentre dans ses appartements, en compagnie de Lecomte, son valet de chambre, et de Bonnie, son chirurgien. Ce dernier doit tous les jours le panser et lui enduire les pieds d'une crème. Ils se retirent à minuit, leur office achevé. Le valet demande à quelle heure il devra se présenter le matin. Le duc lui fait la réponse habituelle :

– À 8 heures.

Lorsqu'ils ont quitté la pièce, le duc de Bourbon retire de son gilet des clés, qu'il pose sur la cheminée, met un mouchoir sur son oreiller, comme chaque fois qu'il a quelque chose d'important à se rappeler, retire son bandage herniaire et le cache sous son lit, puis souffle les deux bougies de la chambre.

Le lendemain matin, à 8 heures, Lecomte va trouver son maître. Il ouvre l'antichambre avec sa clé de service, mais la chambre est fermée au verrou de l'intérieur, ce qui n'arrive jamais. Il frappe à plusieurs reprises, sans obtenir de réponse. Vingt minutes plus tard, M. Bonnie se présente pour les soins habituels. Ensemble, ils frappent et appellent sans plus de résultat. Ils décident alors de se rendre dans les appartements de la baronne de Feuchères. En apprenant ce qui se passe, celle-ci n'hésite pas.

– Je vais y aller. Quand il entendra ma voix, il répondra.

Elle ajoute :

– Si le prince ne répond pas, il faudra enfoncer la porte. Il a peut-être eu une attaque.

Peu après, à demi vêtue, pieds nus dans ses pantoufles, Sophie de Feuchères crie devant la chambre :

– Monseigneur, c'est moi ! Ouvrez-moi !

Pas de réponse. Elle demande à Manoury, le fidèle intendant, qui vient d'arriver, de défoncer la porte avec une masse de fer. Il s'exécute. Tout le monde se précipite... Dans la pénombre, on ne voit d'abord que le lit vide. Puis on aperçoit le duc près de la fenêtre. On l'appelle :

– Monseigneur !

Il ne répond pas. On ouvre les rideaux. Il est debout, dans la position de quelqu'un qui médite. Manoury le saisit dans ses bras, pour le porter sur son lit, mais il recule, épouvanté : il est froid et raide. On ouvre les volets et les rideaux de l'autre fenêtre et c'est alors qu'on découvre la réalité : le duc de Bourbon est pendu à l'espagnolette par deux mouchoirs passés l'un dans l'autre. Sa tête aux yeux clos s'incline sur sa poitrine, ses bras raidis pendent le long du tronc, ses poings sont fermés, ses pieds touchent à peine le sol. Une chaise renversée, sur laquelle il a dû monter avant de la repousser, gît un peu plus loin.

Le médecin, M. Bonnie, s'est précipité le premier. Il se redresse, après un bref examen.

– Il est mort. Tout secours est impossible.

Il tire son couteau et s'apprête à couper le mouchoir, mais Manoury arrête vivement son geste.

– Qu'allez-vous faire ? Vous voulez nous perdre ? On nous accuserait d'un crime et nous sommes tous innocents.

Les serviteurs ont retenu jusqu'à présent Sophie de Feuchères dans l'antichambre. Elle arrive à son tour. Elle se laisse tomber sur une chaise et a cette seule réaction :

– Il est bien heureux que le prince soit mort de cette manière ! S'il était mort dans son lit, on n'aurait pas manqué de dire que je l'avais empoisonné…

Dans le château, c'est l'affolement. Un cri parcourt les salles, les couloirs, les allées du parc :

– Monseigneur est mort !

Au milieu de l'effervescence générale, Manoury garde ses esprits. Outre l'entrée par le salon, qui était fermée, l'antichambre a un autre accès, donnant sur un escalier dérobé. Or l'intendant s'aperçoit que la porte n'en est pas verrouillée. Il s'en étonne auprès de Lecomte :

– Vous n'avez pas fermé cette porte ?

Le valet de chambre a pour toute réponse :

– Je n'y avais pas fait attention…

Il faut bien prévenir les autorités, qui arrivent dans l'état d'émotion qu'on imagine. Sont présents le maire de Saint-Leu, le juge de paix du canton d'Enghien, M. de La Rousselière-Clouart, et le procureur du roi à Pontoise. Le juge de paix est totalement bouleversé en découvrant le spectacle.

– On ne peut laisser Monseigneur ainsi. C'est trop affreux !

Et il ordonne qu'on détache le cadavre et qu'on l'installe sur le lit, empêchant ainsi toute enquête sérieuse sur les circonstances de la mort.

Le juge d'instruction, de son côté, examine l'antichambre. Découvrant la porte donnant sur l'escalier dérobé, il demande :

– Qu'est-ce que c'est que cette porte ?

Le valet de chambre lui répond :

– Elle est considérée comme condamnée. Elle ne sert pas.

Il n'insiste pas davantage et, peu après, les autorités rédigent leur procès-verbal. Après avoir sommairement décrit l'aspect du corps et son habillement, elles déclarent : « Dans l'appartement de Monseigneur, toutes les portes étaient fermées en dedans, soit par des verrous, soit par des serrures fermant à clé, de manière qu'on ne pouvait pas entrer par icelles dans cet appartement. »

Pendant ce temps, Sophie de Feuchères, l'œil sec, furète partout, spécialement dans la chambre du défunt, à la recherche d'une éventuelle seconde version du testament qui annulerait la première. Elle n'a pas le moindre chagrin, mais elle est en proie à la plus vive préoccupation. Cela n'empêche pas Manoury de lui confier les sentiments qui l'agitent :

– Monseigneur n'a pu s'ôter la vie, puisqu'il avait la résolution arrêtée du voyage dont j'étais le confident.

La baronne le fait taire sèchement.

– Prenez garde, de pareils discours pourraient vous compromettre auprès du roi !

Le roi Louis-Philippe, justement, apprend la nouvelle à 11 h 30. Il est profondément troublé. Il ordonne au président de la Chambre des pairs, le baron Pasquier, de se rendre sur les lieux, en compagnie du grand référendaire et de l'archiviste de cette assemblée. À leur tour, ils font les mêmes investigations que Sophie et envoient peu après au souverain une note confidentielle : « Il n'a pas été trouvé un seul papier sur le sujet en question. »

Tandis que Sophie de Feuchères apparaît de nouveau sereine et maîtresse d'elle-même, les médecins pressentis par le roi arrivent, examinent le cadavre et rendent leur rapport : « Il est évident que la mort est la suite de la strangulation. L'absence de désordre dans les vêtements, de signe de résistance sur la face ou sur le corps indiquent que la strangulation n'a pas été opérée par une main étrangère. »

Sur les causes du suicide, le procureur général Bernard fait son rapport au garde des Sceaux, après une très rapide enquête : « Les témoins entendus ont déclaré que, notamment depuis les événements politiques de juillet dernier, Son Altesse royale était en proie à une mélancolie profonde et à des craintes qui se manifestaient par ses discours et quelquefois même par des mouvements convulsifs. Il lui échappa plusieurs fois de dire qu'il ne survivrait pas à la dernière révolution, que c'était trop pour lui d'en avoir vu deux, qu'il avait trop vécu… »

Le 28 août, après l'accomplissement de toutes les formalités légales, le testament est ouvert. Le duc d'Aumale est bien le légataire universel, mais Sophie de Feuchères n'a que deux millions, au lieu des douze promis. Elle s'écrie :

– Le misérable ! Il m'a trompée !

Et elle quitte le château de Saint-Leu pour ne plus y revenir… Le 4 septembre, le duc Louis de Bourbon, neuvième et dernier prince de Condé, est enterré à Saint-Denis, dans le caveau de la famille royale. Sophie n'est pas présente à la cérémonie. Le 7 du même mois, la justice rend une ordonnance de non-lieu, la mort résultant d'un suicide.

On pourrait croire que tout est terminé, mais c'est au contraire maintenant que l'affaire va éclater. Deux jours plus tard, le cœur du duc est porté dans une boîte de vermeil recouverte d'acajou en l'église paroissiale de Chantilly. Le prêche est prononcé par l'abbé Pélier, aumônier de la famille de Bourbon-Condé, qui était présent au moment du décès et qui était un des proches du disparu. Il s'exclame en chaire :

– Le prince est innocent de sa mort devant Dieu !

Ces paroles ont un retentissement considérable. Car, dès le début de son règne, Louis-Philippe doit faire face à une opposition farouche. Et les adversaires de la Couronne profitent immédiatement de la situation. Un libelle anonyme circule : « Appel à l'opinion publique sur la mort de Louis Henri Joseph de Bourbon, prince de Condé. » Il s'agit d'une très violente diatribe contre les mœurs et les agissements de Sophie de Feuchères. Car la baronne a placé rapidement ses millions en bourse et réalisé des profits considérables. Des relations amicales continuent à exister entre elle et la cour, ce qui déconsidère profondément la famille royale. Le texte du libelle conclut à l'assassinat.

Bientôt, dans tout le pays, on ne parle que de cela. La conviction générale est que le duc a été pendu par sa maîtresse, avec l'aide de la police, pour empêcher qu'il change son testament. *Le Figaro*, alors journal de gauche et d'opposition, a une formule qui fait fortune : « Sophie de Feuchères est une petite baronne anglaise, qui ressemble beaucoup à une espagnolette. »

L'« espagnolette » devient le mot à la mode, de même que les verrous. Car on commente passionnément l'énigme des portes fermées. Celle du salon donnant sur l'antichambre était fermée à clé et c'est le valet de chambre qui l'a ouverte. Mais chacun sait maintenant que la porte de l'escalier dérobé ne l'était pas et qu'on pouvait entrer dans l'antichambre par cette voie. Une fois là, on se heurtait, bien sûr, à la porte de la chambre, dont le verrou était tiré de l'intérieur. Seulement, il s'agissait d'un verrou qui ne se fermait pas en tournant une molette mais en glissant simplement le pêne. Or il est possible, en introduisant un ruban dans le mécanisme, de fermer celui-ci après avoir clos la porte. Après quoi, il suffit de tirer sur le ruban, qui vient de lui-même. Cela devient le grand jeu dans toute la France. Chacun s'exerce à passer un ruban derrière son verrou et à fermer sa porte.

L'abbé Pélier demande audience au roi « pour lui fournir les preuves de l'horrible assassinat commis sur la personne de son infortuné parent ». Ce dernier refuse de le recevoir et lui dit de s'adresser au garde des Sceaux. Car l'instruction judiciaire ne tarde pas à reprendre. Le prince Louis de Rohan, cousin germain du duc de Bourbon, qui s'estime lésé par le testament, profite de l'émotion générale pour attaquer. Il dépose devant le parquet de Pontoise, courant octobre, une demande de supplément d'instruction et se constitue partie civile.

Parmi les premiers témoins entendus figure l'abbé Pélier, qui maintient ses dires. Le chirurgien Bonnie fait, le 17 novembre, une grave déclaration, selon laquelle la chaise était trop loin pour que le duc de Bourbon ait pu la repousser. Il a été pendu d'une autre manière. La déposition qu'il avait faite au moment de la découverte du corps contenait pourtant l'affirmation contraire, mais il l'avait signée sans l'avoir lue.

Les familiers du duc, ses amis et ses domestiques, mettent tous en cause le suicide. Il était impossible aussi bien moralement que matériellement. Moralement, d'abord : le duc de Bourbon, très catholique, n'aurait jamais mis fin à ses jours ; il considérait cet acte comme un abominable péché mortel. D'autre part, son abattement résultant de la situation politique était bien moindre depuis que Charles X avait pu gagner l'exil. Son intendant Manoury répète qu'il avait toujours l'intention de fuir. Il lui en avait reparlé la veille de sa mort. Il échafaudait des projets ; son état d'esprit n'était pas du tout celui de quelqu'un qui est las de la vie.

Enfin et surtout, matériellement, le duc de Bourbon ne pouvait pas se pendre. Dans une bataille, en 1793, il avait reçu un coup de sabre qui lui avait coupé les tendons de la main droite. Depuis, il avait beaucoup de mal à s'en servir et, en particulier, il était incapable de faire un nœud. Or celui du mouchoir était un nœud savamment fait, dit nœud de tisserand. D'autre part, une fracture à la clavicule l'empêchait de lever le bras gauche.

Pour tous ces témoins, il n'y a pas de doute et ils n'hésitent pas à l'affirmer au magistrat chargé de l'instruction, M. de Huproye : il s'agit d'un crime. Un ou des assassins sont entrés dans l'antichambre par l'escalier dérobé. La porte de la chambre était ouverte, le duc ne la fermant jamais. Ils l'ont étranglé dans son lit ou bien l'ont étouffé avec son oreiller et ont été le suspendre à l'espagnolette pour simuler un suicide par pendaison. Ensuite, ils ont refermé la porte derrière eux, en tirant le verrou à l'aide d'un ruban.

Bien entendu, Sophie de Feuchères ne reste pas inactive. Tous les domestiques mis en place par elle contredisent ces faits. L'un d'eux n'hésite pas à affirmer que la porte de l'escalier dérobé était fermée et que c'est lui qui l'a ouverte en arrivant dans l'antichambre. À trois reprises, Sophie de Feuchères est elle-même entendue par le juge d'instruction Huproye. Elle lui répète sa conviction absolue du suicide. La santé du duc s'était beaucoup dégradée, il traversait des moments de profonde mélancolie : c'est certainement ce qui est arrivé cette nuit-là.

Si, dans toute cette affaire, la baronne de Feuchères peut passer pour suspecte, il ne faut pas oublier qu'à travers elle c'est la famille royale qui est en cause. C'est le duc d'Aumale, fils de Louis-Philippe, qui hérite de la grande majorité de la fortune, l'une des premières de France. Alors, dans ces conditions, malgré toutes les invraisemblances du dossier, comment douter un instant de la décision de la justice ? Elle conclut au suicide et à l'arrêt des poursuites... Le prince Louis de Rohan saisit la Cour de cassation. L'audience a lieu peu après devant une salle comble. Mais la Haute Cour prononce une fin de non-recevoir. C'est le point final de l'action judiciaire sur le plan criminel.

Seule reste possible une action au civil et le prince de Rohan intente un recours devant la première chambre de la Seine, pour captation d'héritage entachée de violence. Le procès, qui dure de novembre 1831 à février 1832, est suivi passionnément par la France entière. L'avocat des Rohan plaide l'assassinat, l'avocat de Mme de Feuchères plaide le suicide. Le 22 février, le tribunal rend son verdict, rappelle « l'inexistence du prétendu crime » et rejette les conclusions des Rohan, tant contre le duc d'Aumale que contre Sophie de Feuchères.

Celle-ci vit désormais au Palais-Bourbon, mais le vide s'est fait autour d'elle. Elle est presque devenue une pestiférée. Tout monde la fuit, y compris la famille royale, dont elle est une alliée plus qu'embarrassante. En 1837, elle se retire en Angleterre, sa santé s'étant brusquement dégradée. Et elle meurt le 15 décembre 1840, dix ans après le duc de Bourbon, seulement âgée de quarante-huit ans. Une partie de ses biens immenses revient, selon le contrat de mariage passé entre eux, à son ex-mari, M. de Feuchères, entre-temps devenu général. Mais ce dernier, parfait honnête homme, refuse de toucher un centime d'un pareil argent et cède la totalité aux hôpitaux de Paris. C'est le seul moment de dignité dans cette sordide histoire.

Les années passant, peu à peu, l'affaire de l'espagnolette disparaît de l'actualité, puis des mémoires, jusqu'à être, ainsi qu'il a été dit, pratiquement oubliée. Une seule chose est restée certaine dans l'esprit du public : il s'agissait bien d'un crime et la coupable était Sophie de Feuchères, aidée par la police de Louis-Philippe.

Un crime d'État : telle a été longtemps l'opinion générale. Une trentaine d'années plus tard s'est produit un fait décisif : le valet de chambre Lecomte a parlé sur son lit de mort. Grâce à lui on a appris ce qui s'était réellement passé, la nuit fatale du 27 août 1830.

Vers 2 heures du matin, Dupré, le valet de pied de Sophie de Feuchères, vient réveiller Lecomte. Il a entendu des allées et venues insolites dans la chambre du duc, ce qui n'arrive jamais. Lecomte se lève et, arrivé dans l'antichambre, aperçoit, à la lueur de son bougeoir, deux personnes qui disparaissent par l'escalier dérobé. Il s'élance et les rattrape. Avec stupeur, il reconnaît Sophie de Feuchères et le sous-officier de gendarmerie. Ce dernier parvient à s'enfuir.

Lecomte reste seul avec Sophie de Feuchères, qui lui intime l'ordre de ne rien dire… Là s'arrête le récit du valet de chambre. La femme de Lecomte a précisé alors qu'il s'était tu par peur de la baronne et de la police du roi, ajoutant qu'elle avait vu elle-même, le lendemain, dans les mains de la femme de chambre de Sophie de Feuchères, une serviette tordue maculée de salive et de tabac et qu'elle pensait que c'est avec celle-ci qu'on avait étouffé le duc de Bourbon…

Alors, un crime commis par le sous-officier de gendarmerie agissant pour le compte de Louis-Philippe ? Sans doute pas. En fait, le gendarme n'est intervenu, à la demande de sa maîtresse, que pour maquiller la mort en suicide et il ne s'agit vraisemblablement pas d'un crime, mais d'un accident. Des confidences recueillies au même moment à Londres ont orienté l'affaire vers une tout autre direction, scabreuse et grivoise.

Les prostituées de Londres ont de tout temps entendu parler, par les mauvais garçons qu'elles fréquentaient, de certaines réactions physiologiques accompagnant la mort par pendaison. Selon l'expression qu'on employait, les condamnés trouvaient, au moment de rendre l'âme, une « consolation ». Et dans certaines maisons spécialisées, comme celle où Sophie était domestique, ces dames avaient parfois recours à de courtes strangulations pour stimuler leurs clients défaillants.

Bien que n'étant pas prostituée elle-même, Sophie était certainement au courant de cette pratique. Par la suite, afin de conserver son pouvoir sur le duc, qui était quasiment devenu impuissant, elle tenait à avoir des relations sexuelles avec lui.

Elle pratiquait des « pendaisons » pour lui donner les forces qui lui manquaient ; c'est à cela qu'a servi le linge maculé de salive et de tabac qu'a vu l'épouse Lecomte. Seulement, durant la nuit tragique, la strangulation a duré quelques secondes de trop. Sophie s'est rendu compte qu'elle tenait un cadavre entre ses mains, elle a appelé son amant gendarme et, ensemble, ils se sont livrés à une mise en scène hâtive. Telle est la conclusion à laquelle sont arrivés aujourd'hui tous les historiens.

Pauvre duc de Bourbon ! Sa mort n'aura pas été plus réussie que son existence. Un crime d'État aurait au moins donné un peu d'allure à sa disparition. Au lieu de quoi, tout laisse à penser qu'il a perdu la vie dans une pitoyable histoire d'alcôve.

François Ravaillac

Au cœur couronné percé d'une flèche

Il fait doux, en cet après-midi du vendredi 14 mai 1610. À 16 heures, Henri IV quitte le Louvre pour se rendre à l'Arsenal où se trouve son premier ministre, Sully, légèrement malade. Henri IV n'a pas d'escorte, afin de ne pas attirer l'attention. Il est très populaire, sa venue suscite toujours des attroupements enthousiastes et il a envie d'un peu de tranquillité.

Par ce beau temps, les rideaux de cuir sont relevés et le carrosse est ouvert. Henri IV se trouve sur la banquette arrière, entre M. de Montbazon et le duc d'Épernon, ancien mignon du roi Henri III, ancien ligueur, devenu son conseiller. Ce dernier a tendu à Henri IV une lettre qu'il est en train de lire, quand le carrosse arrive rue de la Ferronnerie.

Bien que celle-ci soit une des artères principales de Paris, qui le traverse d'est en ouest, elle se trouve pour une fois encombrée. Le carrosse est arrêté par une voiture de foin et une voiture de vin, qui se sont accrochées devant une auberge ayant pour enseigne « Au cœur couronné percé d'une flèche ». C'est l'embouteillage, l'« embarras », comme on dit à l'époque.

Or un homme suit le carrosse depuis le Louvre. Il se nomme Ravaillac et il a une idée fixe en tête : tuer le roi. L'embouteillage lui permet de le rattraper. Il monte sur une borne et frappe Henri IV d'un coup de couteau. Le souverain s'écrie :

– Je suis touché !

Et, en même temps, il lève le bras. C'est un geste fatal, car il découvre ainsi le cœur et Ravaillac frappe de nouveau, tranchant net l'aorte. Henri IV meurt sur le coup. Le duc d'Épernon le couvre d'un manteau. Il crie à la cantonade :

– Ce n'est rien, le roi n'est que blessé !

Le meurtrier est toujours là, hébété, les bras ballants, son couteau sanglant à la main. C'est un grand escogriffe à la barbe noire parcourue de reflets roux et aux cheveux ébouriffés. Plusieurs passants se sont emparés de lui. Il faut éviter à tout prix qu'ils le mettent en pièces. Heureusement des soldats du guet interviennent à leur tour. Épernon s'adresse à eux :

– Ne le tuez pas ! Veillez à sa sécurité. Conduisez-le à l'hôtel de Retz.

L'homme se laisse faire sans résistance. Et, tandis que les gardes l'emmènent en le protégeant comme ils peuvent de la fureur populaire, le duc d'Épernon fait faire demi-tour au carrosse pour revenir au Louvre...

La première chose à faire est de prévenir la reine, Marie de Médicis. Souffrant d'un mal de tête, elle est étendue sur une chaise longue, dans son petit cabinet, en compagnie de Mme de Montpensier. Elles discutent calmement, lorsqu'il se fait un grand un remue-ménage. La reine s'alarme. Elle pense qu'il est arrivé quelque chose à son fils. Elle sort en criant :

– Mon fils !

Elle entre dans la chambre du roi et tombe sur le capitaine des gardes, M. de Praslin, qui lui dit :

– Madame, nous sommes perdus !

Elle aperçoit alors le corps d'Henri IV étendu sur le lit. Il est déjà tout gris. Mme de Montpensier, avec l'aide d'une caméristе, la ramène dans sa chambre. Le duc d'Épernon la suit, ainsi que M. de Bassompierre, le chancelier, qui raconte : « Nous lui baisâmes la main. Son cœur était rempli de douleur. Rien ne pouvait la consoler ni la soulager. »

On apprend vers 18 heures la nouvelle à son fils Louis, âgé de seulement de huit ans, qui vient de devenir le roi Louis XIII. Sa douleur est extrême. Son médecin Héroard rapporte qu'il pleura et s'écria :

– Ah, si j'avais été là, je l'aurais tué de mon épée !

Pour être tout à fait complet, il y a une autre version, qui est sans doute la vraie, à propos de la manière dont Marie de Médicis s'est comportée à la mort d'Henri IV. Elle aurait appris la nouvelle par son favori Concini, qui lui aurait annoncé laconiquement à travers sa porte : « *E ammazzato !* », c'est-à-dire : « Il a été tué. » Elle serait alors sortie, pour découvrir son mari, dont le visage était déjà cireux.

Saint-Simon écrit : « Personne n'ignore avec quelle présence d'esprit, quel dégagement, avec quelle indécence, la reine et ceux qui possédaient son esprit (c'est-à-dire Concini et le groupe d'Italiens qui l'entouraient) reçurent une nouvelle si funeste, qui aurait dû les surprendre et les accabler. »

Ce n'est pas la première fois qu'on attente à la vie d'Henri IV. Il y a déjà eu dix-sept tentatives pour tuer le souverain, ce qui est considérable, mais peut se concevoir dans ces années troublées qui suivent les guerres de religion. Alors qui est-il, celui qui a réussi à commettre l'irréparable ?

François Ravaillac est né à Touvres, près d'Angoulême, en 1578 ou 1579. Il a un peu plus de trente ans au moment où il commet son acte. Son père était solliciteur de procès, une sorte d'avocat auxiliaire, dans la ville d'Angoulême. François commence par être valet d'un conseiller au Parlement, avant de reprendre la profession paternelle.

Pourtant, ce n'est pas vraiment sa vocation. Ce qu'il voudrait, c'est entrer dans les ordres. Il tente de se faire admettre chez les feuillants, des moines bénédictins de tendance ultrapapiste. Mais il leur tient des propos exaltés et leur avoue avoir des visions, ce qui le fait écarter. Pour les mêmes raisons, il est ensuite chassé de chez les jésuites.

Il reste donc à Angoulême où il devient, à son corps défendant, une figure de la ville. Il faut dire qu'il n'a pas un physique ordinaire, loin de là ! Il est très grand et très fort, avec des bras et des mains énormes. Son visage émacié au regard ardent suscite le malaise, ses cheveux très fournis et sa barbe noire lui donnent quelque chose de satanique. Son comportement a beau être normal, il n'y a rien à faire, il semble l'incarnation du diable.

La vie est difficile, durant ces temps troublés des guerres de religion. Pour subvenir à ses besoins, François Ravaillac se fait instituteur, tout en gardant sa profession de solliciteur. Mais son physique continue de le desservir. Il a du mal à trouver des élèves et, lorsqu'un jour un meurtre est commis près de chez lui, c'est tout naturellement lui qu'on accuse. Il reste en prison pendant un an avant d'être innocenté. Mais ce séjour l'a ruiné et, une fois sorti, il retourne en prison pour dettes.

Loin d'en concevoir de l'amertume, il profite de ce nouveau passage dans les geôles du roi pour étudier la théologie. Il a toujours des visions et il écrit des poèmes mystiques. C'est sans doute à ce moment que lui vient l'idée de tuer le roi. Il n'éprouve que haine pour cet ancien protestant converti, qui a instauré une politique de tolérance avec l'édit de Nantes. Seulement, un meurtre heurte sa conscience profondément religieuse. Une question se met à l'obséder : dans quelle mesure un chrétien a-t-il le droit de tuer un roi ennemi du pape ? Il lit tout ce qu'il peut trouver sur ce sujet.

À sa sortie de prison, en 1608, Ravaillac préfère ne pas s'attarder à Angoulême, dont il a gardé un trop mauvais souvenir. Il va à Paris, toujours comme solliciteur de procès. Pendant ses loisirs, il visite les églises, flâne, écoute les uns et les autres. Dans la capitale, l'effervescence politique et religieuse est bien plus grande qu'en province et beaucoup de choses entendues ici et là le ramènent à son projet. On reproche à Henri IV sa politique étrangère. Il vient de prendre position en faveur de la Hollande protestante dans le conflit qui l'oppose à l'Espagne catholique. Les catholiques intransigeants sont scandalisés.

De plus, il y a l'affaire de Charenton. L'édit de Nantes interdit aux protestants de célébrer leur culte à moins de cinq lieues (vingt kilomètres) de Paris. Henri IV, après avoir un peu « triché » en leur accordant un temple à Ablon, à quatre lieues, vient d'autoriser l'ouverture d'un second temple à Charenton, aux portes mêmes de Paris. Devant les critiques, le roi prend la chose avec légèreté, déclarant que « par décret royal, Charenton se trouve désormais situé à cinq lieues de Paris ». Mais certains prédicateurs se déchaînent en chaire contre lui.

Cette fois, Ravaillac a pris sa décision : il va tuer l'impie ! Il suit ses déplacements dans la ville. Un jour qu'il passe dans la rue de la Ferronnerie, en face du cimetière des Innocents, presque à l'endroit exact ou il l'assassinera plus tard, il parvient à arriver jusqu'à lui et à lui adresser la parole.

– Au nom de Notre-Seigneur et de la Très Sainte Vierge, il faut que je vous parle !

Mais les gardes le repoussent, il doit rebrousser chemin. Il ne voulait pas tuer le roi (il n'était pas armé), mais lui demander s'il voulait faire la guerre au pape et si les huguenots avaient l'intention de massacrer les catholiques à la Noël prochaine. Si le souverain avait répondu oui, il n'aurait plus eu de scrupule à le tuer. N'ayant pu avoir de réponse, il reste tourmenté. Il va trouver un prêtre et l'interroge.

– Un homme ayant l'intention de tuer le roi devrait-il s'en confesser ?

Le prêtre répond de manière évasive à sa question, le laissant seul avec son projet et ses hésitations…

À l'approche des fêtes de Pâques 1610, Ravaillac retourne à Angoulême, pour faire ses dévotions dans sa paroisse. Il sent une force surnaturelle le repousser en arrière chaque fois qu'il s'approche de l'autel. Il interprète le fait comme l'ordre de tuer le roi pour rentrer dans la communion de l'Église. Il rend également visite à sa mère, qui le trouve agité, mais il ne lui avoue rien de ce qu'il a en tête.

Il revient à Paris en avril 1610. Dans une auberge, il dérobe un couteau et prend le chemin du Louvre, mais, suite à un nouveau scrupule, fait demi-tour pour rentrer à Angoulême. Toutefois, aux portes d'Étampes, la vision d'un calvaire le rappelle à sa mission. Il revient dans la capitale et, le 14 mai, vers 4 heures de l'après-midi, devant l'auberge « Au cœur couronné percé d'une flèche », il grimpe sur une borne, au passage du carrosse royal…

Tout de suite après son arrestation, François Ravaillac est fouillé. On ne trouve rien d'intéressant dans ses poches, seulement de la petite monnaie et un reliquaire en forme de cœur. La première visite qu'il reçoit, dans l'hôtel de Retz où il est interné, est celle du père Cotton, le confesseur d'Henri IV. Curieusement, le seul souci du religieux est qu'il ne mette pas en cause des personnes importantes.

– Mon ami, lui dit-il, prenez garde de ne pas inquiéter des gens de bien.

Ce à quoi Ravaillac répond en riant :

– Pour cela, vous pouvez vous fier à moi !

Ensuite, il se met à discourir en termes exaltés de sa mission divine. Il a les yeux hagards, il est parcouru de tremblements. Le duc d'Épernon arrive à son tour et, craignant peut-être lui aussi qu'il compromette des gens importants, le fait enfermer chez lui.

Le 17 mai, l'instruction commence à la Conciergerie. Elle est confiée à Achille de Harlay, premier président du parlement de Paris. Elle dure dix jours. Les faits étant établis en ce qui concerne le crime, c'est surtout sur les éventuelles complicités que vont porter les investigations. Le président de Harlay, un des fidèles compagnons d'Henri IV, n'a pas ces craintes concernant les gens en place. Bien au contraire, si des complices existent, il veut absolument savoir leurs noms.

Il interroge d'abord Ravaillac sur les raisons de son acte. Le colosse à la barbe noire et rousse n'a plus le comportement agité qui était le sien tout de suite après son acte. Il réplique calmement :

– J'ai été poussé par les sermons que j'ai ouïs, disant qu'il était nécessaire de tuer le roi.

– Quels sermons ? Tenus par qui ?

– Dans des églises. Par des prêtres.

– Quels prêtres ? Quels sont leurs noms ?

– Ce sont des gens de bien. Je ne connais pas leurs noms.

– Qui est votre chef ?

– Je n'en ai pas.

– Qui sont vos complices ?

– Je n'en ai pas. J'ai agi seul…

Cela dure ainsi pendant des heures et des heures… Achille de Harlay s'entête. Il tente même les moyens les plus extrêmes.

– Si vous n'avouez pas, je vais faire arrêter votre père et votre mère et les faire mourir sous vos yeux !

Mais le grand barbu aux allures de diable sait, quand il le veut, faire preuve du plus grand sang-froid… Il hausse les épaules.

– Vous ne le ferez pas. Ce n'est permis ni par les lois humaines ni par les lois divines.

Jamais, effectivement, le président de Harlay n'emploierait de telles méthodes, c'est un humaniste, un partisan de la tolérance, tout comme le défunt roi. Pourtant, il refuse de s'avouer vaincu. Quelque chose lui dit que Ravaillac fait partie d'un complot ou que, du moins, il a été manipulé. Il est forcément au courant de quelque chose.

Il imagine alors un autre moyen. Le voyant animé d'une telle ferveur religieuse, il fait venir le prêtre auquel il s'est confessé, après son arrestation. Ce dernier accepte de collaborer. Il s'adresse au prisonnier d'une voix terrible.

– Mon fils, il faut parler ! Si vous ne révélez pas le nom de vos complices, vous êtes assuré de la damnation éternelle.

Mais encore une fois, Ravaillac ne se départ pas de son calme.

– Je n'ai été commandé ou aidé par personne, ni par quelqu'un de France ni par un étranger…

Dix-sept procès-verbaux d'interrogatoires sont établis sans qu'il revienne sur ses déclarations. Ne reste plus que les grands moyens : la torture. Mais rien ne peut venir à bout de l'accusé. Il nie toujours. Même le supplice des brodequins, qui lui broie les jambes et le laisse presque mort, ne lui arrache aucun aveu. Il ne prononce, vers la fin, que quelques mots d'une voix faible :

– J'ai agi pour l'honneur de Dieu…

Il faut encore une fois renoncer. Le 27 mai au matin, François Ravaillac est convoqué devant le tribunal. À genoux, il entend l'arrêt de la cour qui le condamne à mort et précise les conditions de son exécution. On lui demande une dernière fois de dénoncer ses complices, il répond qu'il n'en a pas. Il est de nouveau soumis à la torture des brodequins. Il continue à nier, mais demande pardon au roi Louis XIII, à la reine mère Marie de Médicis et à ses juges...

Le dernier acte peut avoir lieu. À 15 heures, ce jeudi 27 mai 1610, il monte dans le tombereau à ordures qui doit le mener à Notre-Dame où il doit faire amende honorable. Dès qu'il est dehors, la foule se précipite pour le mettre en pièces, car le souverain était très populaire et sa mort est un deuil national. Ravaillac est dégagé à grand-peine par les gardes et emmené devant la cathédrale où il s'agenouille, en chemise, un cierge à la main. De là, il est conduit place de Grève.

La foule est tellement dense et tellement hostile qu'il faut plus d'une heure pour franchir la courte distance. C'est véritablement maintenant qu'on peut se rendre compte à quel point l'assassinat a bouleversé la France. Le pays, qui sort de trois quarts de siècle de guerres religieuses, n'aspire qu'à la paix. Il était infiniment reconnaissant à Henri IV d'avoir fait cesser le cauchemar en établissant la tolérance et son assassinat, qui est, de toute évidence, le geste d'un fanatique religieux, provoque horreur et terreur. Les jours précédents on a assisté à des scènes spontanées de fraternisation entre catholiques et protestants. Le dimanche suivant le crime, les catholiques sont allés faire escorte aux huguenots qui se rendaient à l'office de Charenton...

Au milieu des cris de haine, le condamné est étendu et ligoté sur une claie. Le bourreau brûle au soufre fondu le poing qui a tenu le couteau. Ensuite, il lui déchire les chairs avec des tenailles rougies au feu et verse sur les plaies un mélange brûlant de cire, de soufre et de plomb fondus. C'est le seul moment où on entend gémir le supplicié. Chaque nouvelle blessure déclenche au contraire les cris de joie du public.

En se rendant compte de l'impopularité de son geste, Ravaillac a alors, pour la première fois, un repentir. Il déclare aux juges, qui se tiennent à ses côtés, dans l'espoir d'un aveu de dernière minute :

– Si j'eusse pensé voir le peuple si affectionné à son roi, je n'eusse jamais entrepris le coup que j'ai fait et je m'en repens de bon cœur. Mais je m'étais persuadé que je ferais un sacrifice agréable au public et qu'il m'en aurait de l'obligation. Au contraire, je vois que c'est lui qui fournit des chevaux pour me déchirer.

En effet, un des chevaux prévus pour l'écarteler ayant l'air chétif, un des spectateurs offre le sien pour le remplacer. Ravaillac demande si le peuple peut chanter le *Salve Regina* pour lui. Le greffier y consent. Les prêtres qui l'entourent se mettent à chanter, mais le peuple couvre l'hymne sacrée par ses hurlements, criant haut et fort, ainsi que le rapporte la chronique, qu'« il ne fallait pas prier pour un tel méchant parricide, qui était damné comme un Judas ».

Le moment de l'écartèlement est arrivé. Ravaillac demande l'absolution au confesseur, qui est un des plus éminents docteurs de la Sorbonne. Ce dernier s'approche de lui, mais secoue la tête négativement.

– Je ne peux le faire que si vous nommez vos complices.

– J'ai déjà dit que je n'en avais pas.

– Dans ces conditions, je ne peux vous donner l'absolution.

Mais le supplicié insiste. Il est d'ailleurs tout à fait extraordinaire qu'il puisse garder sa lucidité et soutenir une conversation, après les traitements horribles qu'il a subis.

– Alors, accordez-moi une absolution valable si je n'ai véritablement pas eu de complices.

Le docteur en Sorbonne hoche la tête.

– Je veux bien vous donner ma bénédiction ainsi. Mais si vous avez eu des complices, vous irez tout droit en enfer !

– Je l'accepte et la reçois à ces conditions.

Ce sont ses dernières paroles.

Il est alors détaché de la claie et lié aux quatre chevaux qui doivent l'écarteler. En raison de l'incroyable robustesse du condamné, le supplice dure une demi-heure. Quand les articulations cèdent, la foule s'empare des membres pour les couper en morceaux et les brûler.

Tels ont été les derniers moments de Ravaillac. A priori, l'hypothèse d'un complot doit être abandonnée. Il a nié avec la plus grande fermeté avoir eu des complices, y compris sous la torture, et, ce qui était sans aucun doute plus important vu sa personnalité, la perspective d'être privé de la bénédiction d'un prêtre ne lui a pas arraché le moindre aveu.

Toutefois, si on peut effectivement écarter l'idée d'un complot au sens strict du terme, avec réunions secrètes de conspirateurs, chef attribuant une mission à ses divers hommes de main, il est fort possible, comme cela a été le cas pour d'autres assassinats politiques commis par des déséquilibrés, que Ravaillac ait été manipulé à son insu.

C'était, en tout cas, l'opinion des contemporains. Dès le début, le peuple a cru au complot, et cela pour des raisons relevant plus de l'irrationnel qu'autre chose. Dans les heures qui ont suivi l'assassinat se seraient produits toutes sortes d'événements surnaturels, que Richelieu a notés avec minutie dans ses *Mémoires*.

Par exemple, le 14 mai, dans un couvent de capucines à Paris, l'une des sœurs, entendant sonner les cloches, s'est écriée qu'elles sonnaient la mort du roi. Une jeune bergère de Patay, qui gardait ses moutons, a entendu une voix lui disant que le roi venait d'être tué, etc. Pour le peuple, pas de doute : ces manifestations sont la preuve d'un complot et il ne cessera d'y croire par la suite.

Plus sérieuse est l'affaire du prévôt de Pithiviers, qui ne tarde pas à être connue de la France entière et dont on discute passionnément dans chaque foyer, durant les semaines qui suivent l'assassinat.

Le vendredi 14 mai, en début d'après-midi, le prévôt de Pithiviers assiste, dans sa ville, à une partie de boules. L'un des joueurs fait un coup magnifique et tout le monde applaudit. Le prévôt complimente lui aussi le joueur et ajoute, d'un air entendu :

– Il se fera aujourd'hui un coup bien meilleur encore !

Les assistants se regardent sans comprendre et la partie reprend. Un peu plus tard, le prévôt demande l'heure et, comme on lui répond qu'il est 16 heures, il déclare à haute voix :

– Cela ne peut plus tarder, maintenant. Si ce n'est déjà fait.

Nouvelle incompréhension, mais quand la mort du roi est connue, en début de soirée, plusieurs personnes courent dénoncer le prévôt aux autorités. Il est arrêté et conduit chez un officier de police, qui le relâche. Mais le lendemain, d'autres accusateurs se manifestent. Il aurait dit à 16 heures précises :

– Le roi vient d'être tué.

Le prévôt est de nouveau arrêté et conduit à Paris, pour être interrogé par le président de Harlay. Mais quelques heures plus tard, il est retrouvé dans sa cellule du Châtelet pendu à une poutre par ses lacets.

L'épisode du prévôt de Pithiviers ne sera jamais élucidé et restera un des mystères les plus troublants de cette histoire... Pour d'autres raisons et dans des milieux plus en vue de la société, on parle aussi de complot et on désigne les jésuites, non pas comme les exécuteurs directs de l'assassinat, mais comme ses responsables moraux.

Ils ont été expulsés en 1594 et, bien qu'Henri IV les ait fait revenir en 1604 et leur ait rendu leurs privilèges, ils ont continué à le dénoncer comme l'« antéchrist »... C'est pourquoi, le dimanche 23 mai, plusieurs curés de Paris les ont attaqués en chaire comme coupables d'avoir provoqué la mort du roi par leurs théories sur le pouvoir souverain du pape et la légitimité du régicide. Un livre était particulièrement visé, celui du jésuite espagnol Mariana, sur le roi et l'autorité royale.

Le 27 mai, jour de l'exécution de Ravaillac, le parlement de Paris demande à la Sorbonne quelle est sa position sur le sujet. Le 4 juin, la Sorbonne confirme son décret pris deux cents ans plus tôt, le 13 décembre 1413, condamnant formellement la légitimité du régicide. Le 8 juin, le parlement de Paris ordonne alors que le livre de Mariana soit brûlé par la main du bourreau.

Mais tout le monde ne partage pas ce point de vue, en particulier la reine Marie de Médicis, qui a, entre-temps, reçu la régence jusqu'à la majorité de son fils Louis XIII et qui est très favorable aux jésuites. Elle leur fait remettre solennellement le cœur du roi. Elle leur accorde aussi l'autorisation de dispenser un enseignement public de théologie dans le collège de Clermont, en face de la Sorbonne.

Cette attitude de la reine mère contribue à la mettre en avant et à renforcer la méfiance à son égard, car, dès le début, elle a été considérée comme fortement suspecte dans toute l'affaire...

C'est peu dire qu'elle ne s'entendait pas avec son mari. Cette Italienne s'est toujours sentie en exil à la cour de France, s'entourant de compatriotes, au premier rang desquels Concino Concini et sa femme Leonora Galigaï, qu'elle a couverts d'argent et de faveurs. Henri IV, de son côté, délaissait totalement la reine pour ses maîtresses.

Cette mésentente conjugale se doublait d'une mésentente politique. Comme toutes les Italiennes, Marie de Médicis était profondément catholique et très attachée au pape. Lorsque le roi a décidé de s'engager aux côtés de la Hollande contre l'Espagne, on a soupçonné la Médicis et son entourage italien d'avoir créé un parti italo-espagnol ultracatholique pour faire échouer la politique royale. En 1609, Sully a noté dans ses carnets personnels, retrouvés plus tard, que Concini et la reine négociaient avec l'Espagne et qu'ils étaient arrivés à la conclusion que, pour que leurs projets aboutissent, il fallait que le roi soit assassiné.

Car, dans cette éventualité, étant donné le très jeune âge du dauphin Louis, Marie de Médicis serait régente pour longtemps. Elle pourrait alors mener, avec sa clique italienne, une tout autre politique, favorable à l'Espagne, hostile à la Hollande et aux princes protestants. Or c'est exactement ce qui s'est passé à la mort d'Henri IV, qu'elle a accueillie à la fois sans surprise et sans émotion.

A-t-elle été informée de ce qui se passait sans réagir ou a-t-elle pris une part active à un complot ? La question a été ouvertement posée par les contemporains dès la mort du roi. Et le dossier va rebondir avec l'affaire Jacqueline d'Escoman, qui met en cause un autre personnage proche du roi, le duc d'Épernon.

Le duc d'Épernon, souvenez-vous, se trouvait aux côtés d'Henri IV dans le carrosse. C'est lui qui a demandé que le meurtrier soit conduit à l'hôtel de Retz, puis qui l'a fait enfermer chez lui jusqu'à ce qu'il soit transféré à la Conciergerie. C'est également un ancien ligueur, un catholique extrémiste, du parti opposé à Henri IV. Ce dernier l'avait pris à ses côtés comme conseiller personnel en signe de réconciliation nationale et sans doute aussi pour le surveiller, car il se méfiait de lui. Or on ne tarde pas à apprendre un fait capital : le duc d'Épernon connaissait Ravaillac !

Il le connaissait tout naturellement, puisqu'il était gouverneur d'Angoulême. Lorsqu'il a appris les malheurs de cet homme incarcéré injustement à cause de sa mine patibulaire, puis de nouveau interné pour dettes, il l'a fait venir et, par charité, l'a envoyé à Paris pour faire son métier de solliciteur dans un procès qu'il avait dans la capitale.

Il a demandé à l'une de ses relations, Jacqueline d'Escoman, dame de compagnie de la marquise Henriette d'Entragues, une ancienne maîtresse d'Henri IV, de l'héberger. Elle l'a logé et nourri pendant deux mois... À Paris, Ravaillac s'est occupé du procès du duc d'Épernon, ainsi que d'une petite affaire que lui a confiée Jacqueline d'Escoman. C'est alors qu'il se serait rendu à Naples, toujours à la demande du duc, pour une mystérieuse mission.

Il revient à Paris en 1609. Il ne loge plus chez Jacqueline d'Escoman, mais la voit souvent et se confie à elle. Brusquement, début mai 1610, il lui avoue son intention de tuer le roi, ainsi que les scrupules qui l'assaillent. Bien entendu, Jacqueline d'Escoman court au Louvre. Elle demande à parler à la reine, lui faisant dire que la vie du roi est en jeu. Marie de Médicis lui fait répondre qu'elle lui donnera audience dans trois jours. Or, quand Jacqueline vient au jour dit, c'est pour apprendre que la reine a quitté Paris.

Mme d'Escoman cherche alors à parler au père Cotton, jésuite et confesseur du roi. Ne sachant comment le joindre, elle se rend dans la maison mère des jésuites, rue Saint-Antoine, à Paris. Le père supérieur lui promet mollement d'alerter le confesseur. Devant sa passivité, elle s'emporte et menace d'aller à Fontainebleau où le père Cotton se trouve en même temps que la cour. Le résultat ne tarde pas. Le lendemain, elle est arrêtée. De sa prison, elle cherche encore à joindre Marie de Médicis en prenant contact avec son apothicaire, mais cette démarche n'a pas plus de succès.

Jacqueline d'Escoman est alors condamnée pour abandon d'enfant. Elle avait effectivement délaissé sa fille en bas âge pour s'installer à Paris, sans qu'il s'agisse de sa part d'un abandon délibéré. Au début de l'année 1611, une fois sa peine terminée (et le roi assassiné depuis longtemps), elle demande à parler à la reine Marguerite, la première femme d'Henri IV.

Elle est reçue le 15 janvier et lui raconte longuement tout ce qu'elle sait. Marguerite de Valois lui demande de revenir le surlendemain. Mais elle a fait prévenir Marie de Médicis et le duc d'Épernon. Ce dernier est caché derrière une tenture, en compagnie de soldats. Encore une fois, Jacqueline d'Escoman raconte tout. Lorsqu'elle a terminé, Épernon bondit dans la pièce et la fait arrêter. Elle est conduite à la Conciergerie et interrogée. C'est à cette occasion qu'elle raconte pour la première fois aux juges tout ce qu'elle sait des relations du duc d'Épernon et de Ravaillac. En outre, elle met en cause Henriette d'Entragues, chez qui elle servait, l'accusant d'avoir fait assassiner le prévôt de Pithiviers dans sa cellule.

Le président Achille de Harlay, qui a été chargé du dossier, convoque Henriette d'Entragues et l'entend durant cinq heures, le 30 janvier. Le lendemain, Marie de Médicis dépêche un messager au président, pour lui demander des détails sur cet interrogatoire. Il répond à l'envoyé :

– Vous direz à la reine que Dieu m'a réservé de vivre en ce siècle pour entendre des choses étranges, que je n'eusse jamais cru pouvoir ouïr de mon vivant.

Du coup, le duc d'Épernon s'émeut et lui rend visite à son tour. Il demande au président de Harlay de lui dire, au nom de leur vieille amitié, les charges qui pourraient éventuellement peser contre lui. Le magistrat lui rétorque froidement :

– Je n'ai rien à vous dire. Je suis votre juge.

Tout le mois de février s'écoule en interrogatoires. Jacqueline d'Escoman met formellement en cause Épernon et parle notamment de la mystérieuse mission à Naples. Mais, le 5 mars, le parlement de Paris décide d'ajourner l'affaire « vu la qualité des personnes sur lesquelles pèsent les accusations ». Le 29 mars, le président de Harlay est mis à la retraite et remplacé par le président de Verdun.

Quatre mois plus tard, un arrêt (pour quels chefs d'accusation, on l'ignore) est rendu contre Jacqueline d'Escoman. Malgré les pressions du duc d'Épernon, qui voulait qu'on lui inflige la peine capitale, elle est condamnée à la prison à vie. Par la suite, elle sera graciée et autorisée à se retirer dans le couvent des Filles-Repenties où elle mourra dans une cellule murée.

Voilà tout ce qu'on peut dire sur l'affaire Escoman. Il aurait été intéressant d'en savoir plus, de connaître, en particulier, le contenu des interrogatoires du président de Harlay, qui n'ont pas été divulgués. Quelles étaient ces « choses étranges » qu'il n'aurait jamais cru « pouvoir ouïr de son vivant » ? Malheureusement, il est impossible de le savoir. En 1618, le dossier a disparu dans un incendie, qui a ravagé une partie du Palais de justice. On a accusé le duc d'Épernon d'en être le responsable...

Contrairement à d'autres grandes énigmes de l'histoire, la mort d'Henri IV garde aujourd'hui encore tout son mystère. En apparence tout est simple : il s'agit du geste isolé d'un fanatique religieux, déséquilibré mental de surcroît. Mais la révélation que le duc d'Épernon connaissait le meurtrier (ce qu'il s'était bien gardé de dire à quiconque) change évidemment tout. Son rôle, ainsi que celui de Marie de Médicis elle-même, apparaît, dès lors, comme extrêmement trouble, sans parler de celui des jésuites, du père Cotton, en particulier, dont le premier soin a été de demander à Ravaillac de ne pas mettre en cause des personnes haut placées.

Il semble plus que probable que le duc et la reine étaient l'un et l'autre au courant des menaces d'assassinat et qu'ils n'ont rien fait pour l'empêcher ; ils auraient donc au moins été complices par non-dénonciation. Ont-ils été davantage ? Ont-ils facilité l'action du meurtrier ? Lui ont-ils donné l'ordre d'agir ? L'extraordinaire fermeté dont a fait preuve Ravaillac tout au long de son interrogatoire, son extraordinaire résistance à la douleur, indiquent qu'il était capable de taire leurs noms, même sous les pires pressions, sous les pires tortures. Dans ce cas, l'assassinat d'Henri IV aurait été un crime parfait.

Émile Zola

La cheminée fatale

Tout est clair dans la vie d'Émile Zola. Tout est lumineux, éclatant, pourrait-on même dire, en faisant référence aussi bien à son talent d'écrivain qu'à son action politique – tout, sauf sa mort. Le plus surprenant, c'est que pendant longtemps elle n'a soulevé aucune véritable question ! C'est, si l'on peut dire, un mystère à retardement.

Zola est le type même de la réussite d'un fils d'immigré. Son père, Francesco, est un Italien, né à Venise en 1795. C'est un esprit brillant et original. Docteur en mathématiques, auteur d'un *Traité sur le nivellement,* il commence une carrière d'ingénieur, mais l'occupation autrichienne, en 1830, le chasse de son pays. Il émigre en France et, après un bref passage à la Légion étrangère où il acquiert ses galons d'officier, il se fixe à Marseille en 1833. Il ouvre un cabinet d'ingénieur civil sur la Canebière et imagine creuser un canal pour amener l'eau à Aix.

Avant de réaliser ce grand projet, il se marie, en mars 1839, avec Émilie Aubert, la fille d'un vitrier, qu'il a rencontrée lors d'un voyage d'affaires à Paris. Leur fils unique, Émile, naît un an plus tard, le 2 avril 1840. Après quoi, Francesco Zola s'installe à Aix avec sa famille et entreprend la construction du canal. C'est une réussite. L'ouvrage est baptisé de son nom, qu'il porte encore aujourd'hui. Mais Francesco Zola meurt brutalement de pneumonie, en 1847. Cette perte se double, pour les siens, d'une perte matérielle. Il avait placé tout son argent dans la société du canal. Son administrateur s'arrange pour la mettre en faillite et la racheter à bas prix. Sa veuve, dépouillée, se retrouve presque dans la misère.

Le jeune Émile semble ne pas trop souffrir de ces bouleversements. Il réalise de bonnes études, tant en lettres qu'en mathématiques. Il se lie avec Paul Cézanne, dont l'amitié l'accompagnera toute sa vie. Ensemble, ils font de longues promenades dans le pays aixois. Émile admire les croquis que réalise Paul, fasciné par cette nature rude et belle, mais lui-même est plutôt attiré par les paysages urbains.

Il se rend à Paris en 1858, arrête ses études après un échec au baccalauréat et commence à écrire dans la misère la plus noire... C'est l'époque où le baron Haussmann transforme la ville avec ses travaux. Émile Zola flâne sur les chantiers et s'intéresse aux bouleversements sociaux qu'ils engendrent. Il est déjà décidé à vivre de sa plume, mais ne sait pas encore dans quel genre littéraire. C'est une liaison qui lui montre la voie. Il a une brève et intense aventure avec Berthe, une fille des rues. Avec elle, il côtoie le peuple et décide d'en faire le héros de ses romans. Alors qu'il se tournait plutôt vers le romantisme, il s'inscrit à la rude école du réel.

À sa majorité, il demande, ainsi que la loi lui en donne le droit, la nationalité française et se lance dans le journalisme. Il a compris toute l'importance de la presse et ne cessera jamais d'écrire dans les journaux... Son premier ouvrage, publié en 1865, *La Confession de Claude,* récit autobiographique tiré de sa liaison avec Berthe, lui attire déjà les foudres de la critique bien-pensante pour son « hideux réalisme ». Au même moment, il rencontre Alexandrine Meley, orpheline de mère, blanchisseuse. C'est le coup de foudre, ils ne se quittent plus.

En compagnie d'Alexandrine, Zola fréquente toujours les peintres anticonformistes, comme Cézanne, Pissarro, Sisley, Bazille, Renoir, ou Manet, qui fait le portrait le plus célèbre qu'on ait de lui. Alors que leurs toiles ne suscitent que les railleries du public et les critiques acerbes des « salonards », les peintres habitués des salons officiels, Zola est le premier et sera longtemps le seul à les désigner comme les plus grands artistes de leur temps…

Mais ses fréquentations artistiques ne le détournent pas de son activité d'écrivain. Son premier roman, *Thérèse Raquin,* paru en 1867, lui vaut de nouveau les foudres de la critique bourgeoise. *Le Figaro* dénonce « cette école de romanciers, qui substitue le charnier à la chair et fait appel aux monstruosités les plus chirurgicales ». Et conclut : « C'est une littérature putride. » Un refrain que son école, qui prend vite le nom de naturalisme, n'a pas fini d'entendre.

Mais Zola s'en moque. Au contraire, il aime l'affrontement, c'est un battant. En 1869, il met au point la série *Les Rougon-Macquart,* qui racontera « l'histoire naturelle et sociale d'une famille sous le Second Empire ». Lacroix, son éditeur, accepte de lui acheter d'avance dix volumes, à raison de deux chaque année, payés trois mille francs chacun. Pendant des mois, Émile se documente sur les personnages et les péripéties de cette saga, qui comptera finalement vingt volumes.

Sa situation matérielle assurée, il régularise sa liaison avec Alexandrine Meley, qui dure depuis cinq ans. Il l'épouse en 1870. Cette période si heureuse pour lui coïncide avec les drames qui ensanglantent la France : la guerre de 1870 et la Commune. Cette dernière a ses sympathies, même s'il n'y participe pas. Car il écrit, il ne fait que cela ; les livres se succèdent à un rythme soutenu.

Le succès arrive avec *L'Assommoir*, en 1877, et lui assure à la fois la célébrité et la richesse. Il achète la propriété de Médan où vont se réunir les écrivains de son groupe naturaliste, dont Maupassant. Avec *Germinal* (1885), il franchit une nouvelle étape dans son engagement. Ce « cri de justice » conçu pour que « le lecteur bourgeois éprouve un frisson de terreur » le classe définitivement parmi les auteurs progressistes et résonne durablement dans la conscience ouvrière. Il a plus que jamais contre lui la critique bien-pensante et les écrivains bourgeois.

En 1888, il tombe éperdument amoureux de Jeanne Rozerot, une lingère de vingt et un ans. Zola, qui souffre de la stérilité d'Alexandrine, décide d'avoir deux foyers. Il installe Jeanne rue Saint-Lazare, tandis qu'il habite avec Alexandrine dans un hôtel particulier, au 21 bis, rue de Bruxelles. Il aura avec Jeanne deux enfants, Denise et Jacques. Malgré les déchirements terribles qui en résulteront avec Alexandrine, ils ne se sépareront pas. Et cela ne l'empêchera pas de continuer son œuvre au même rythme. C'est alors que se produit l'affaire Dreyfus.

Le capitaine Alfred Dreyfus est arrêté le 15 octobre 1894, condamné à la déportation à vie pour haute trahison, dégradé publiquement dans la cour de l'École militaire et envoyé à l'île du Diable, en Guyane, dans un bagne aux conditions inhumaines. Émile Zola se range immédiatement dans le camp dreyfusard. Dès le début, il a compris que l'homme est innocent et qu'il n'a été condamné que parce qu'il est juif. Il publie dans *Le Figaro* un article intitulé « Pour les juifs » où il expose les principes de son engagement. Mais ce n'est pas suffisant. Georges Clemenceau, un des plus engagés du camp dreyfusard, lui demande de mettre son talent et sa notoriété dans la bataille. Il accepte.

Conscient d'écrire « la plus belle page de sa vie », Émile Zola consent à sacrifier à la cause de la vérité sa tranquillité, son bonheur et peut-être sa vie. Son article « J'accuse » paraît dans *L'Aurore* le 13 janvier 1898, racontant toute la machination et mettant au défi qu'on le traduise en justice. Ce que l'armée, après avoir hésité, se résout à faire.

Le procès se déroule du 7 au 23 février 1898, dans un climat de violence inouïe. Zola risque sa vie à chaque instant en se rendant au tribunal. Il reçoit à son domicile un tombereau de lettres d'injures, de menaces de mort, de colis remplis d'excréments, mais aussi des lettres de soutien du monde entier. Mallarmé, qui mourra quelques semaines plus tard, lui écrit : « Je vénère ce courage et j'admire que, d'un glorieux labeur d'écriture, qui eût usé ou contenté tout autre, un homme ait pu sortir encore, neuf, entier, si héroïque. »

La sentence tombe. Émile Zola est radié de la Légion d'honneur, condamné à an de prison, à trois mille francs d'amende et trois mille francs de dommages et intérêts. Il s'exile en Angleterre, recherché à la fois par la police et les agents antidreyfusards. Mais ses efforts pour faire triompher la vérité ne tardent pas à porter leurs fruits. En 1899, la sentence contre Dreyfus est annulée et Zola rentre en France…

Le fait que Zola ait eu raison, que l'innocence de Dreyfus éclate au grand jour, ne désarme pourtant pas le climat de haine contre lui, bien au contraire. À son retour, rue de Bruxelles, il trouve des lettres anonymes en plus grand nombre que jamais. Il les appelle ses « crapauds » et s'efforce de les lire sans émotion. Pourtant, on a du mal à imaginer un pareil déchaînement. En voici un petit échantillon : « Où est la Charlotte Corday qui débarrassera la France de ta putride présence ? Ta tête est mise à prix. » Ou encore : « Sale cochon vendu aux Juifs, je sors d'une réunion où on a décidé ta crevaison. Je te préviens qu'avant six mois un second Caserio te fera ton affaire et la France sera débarrassée d'un infâme personnage. Pour le comité, signé : Aubert. »

La Ligue antisémite, dirigée par un certain Jules Guérin, manifeste aux cris de « Mort à Zola ! Zola à la potence ! ». Pour la presse de droite, il est « l'enjuivé », l'ami de l'Allemagne, « Herr Zola », « Zola, la crapule », « Zola, la canaille ». Aucune insulte n'est trop dure pour le « cochon de Zola », « le fils d'immigré », « l'Italianasse ». Dans les familles bourgeoises bien-pensantes, on n'appelle plus le pot de chambre autrement que « le zola ». Le quotidien catholique *La Croix* lui consacre un article intitulé, en toute charité chrétienne : « Étripez-le ! » Le 2 août 1901, une bombe est déposée devant son domicile.

Tel est le climat dans lequel vit le grand écrivain, depuis la fin de l'affaire Dreyfus. Le 25 septembre 1902, Zola, qui se trouve depuis quelque temps dans sa propriété de Médan, décide, le temps fraîchissant, de rentrer à Paris. Le dimanche 28, sa femme Alexandrine et lui arrivent dans leur hôtel particulier, rue de Bruxelles. Jules, leur domestique, a allumé un feu de boulets dans la chambre, mais la cheminée ne tire pas. Zola le fait remarquer à Alexandrine, qui lui rétorque :

– C'est normal, le ciel est bas. De toute manière, j'ai fait prévenir les fumistes.

Alexandrine et lui dînent seuls et gaiement. Le domestique s'occupe du feu et, voyant que les boulets rougissent enfin, se retire. Le couple Zola se couche peu après, dans leur grand lit Renaissance surélevé d'une marche.

Vers 3 heures du matin, Mme Zola se réveille, incommodée. Elle se précipite dans le cabinet de toilette, et elle est prise de vomissements. Elle y reste près de trois quarts d'heure, ce qui lui a sans doute sauvé la vie. Elle revient ensuite se coucher. Ses allées et venues ont réveillé son mari. Lui non plus ne se sent pas bien.

– Si nous sonnions les domestiques ? dit Alexandrine.

– Mais non, rétorque Zola, ne les dérangeons pas. Nous avons dû manger quelque chose de mauvais. Demain, nous serons guéris.

Pourtant, un peu plus tard, Zola se lève en titubant, fait quelques pas vers la fenêtre et tente de l'ouvrir. Sa femme lui lance :

– Émile, recouche-toi, tu vas prendre froid.

Elle entend un bruit sourd de chute. Elle veut se lever, mais n'y parvient pas, tente de sonner et tombe sans connaissance. Émile Zola, lui, est resté par terre, dans les vapeurs d'oxyde de carbone, qui, plus lourd que l'air, stagne près du sol.

Le lendemain, les fumistes que Mme Zola avait appelés arrivent vers 8 heures, le concierge les occupe à de petits travaux en attendant que les Zola soient réveillés. Une heure plus tard, les maîtres ne sont toujours pas levés. Les domestiques s'inquiètent et frappent à la porte. En vain. Elle est fermée à clé. Ils font appel à un serrurier, qui l'ouvre.

Sur le lit, Alexandrine Zola râle, Émile gît par terre, la tête contre la marche de bois. On lui jette de l'eau froide au visage, sans résultat. Le corps est tiède, mais le miroir qu'on place devant sa bouche ne recueille aucune buée. Le médecin de famille, le docteur Marc Bermann, qu'on a fait venir en toute hâte, envoie chercher de l'oxygène. La respiration artificielle ne donne rien. Le médecin du commissariat arrive à son tour, mais il faut bientôt abandonner tout espoir. Le chien du couple, qui a passé la nuit dans la chambre, est mort lui aussi.

Un policier se dirige vers la cheminée et constate qu'elle est encombrée de gravats. Pas de doute, c'est l'oxyde de carbone qui est en cause. C'est ce que conclura le commissaire Cornette, dans son rapport au préfet de police, en attendant l'enquête... On transporte d'urgence Alexandrine Zola dans une maison de santé de Neuilly, où elle ne reprend connaissance qu'au milieu de la journée. Elle se rétablit rapidement et ne gardera aucune séquelle. On lui cache la mort de son mari. Elle lui survivra vingt-trois ans...

L'analyse de son sang révèle un empoisonnement à l'oxyde de carbone, de même que l'autopsie d'Émile Zola, qui a lieu le 30 septembre. Curieusement, cette tragédie rappelle en tous points celle de son héros, dans *Le Docteur Pascal*, qu'on ne peut s'empêcher de relire avec émotion : « Soudain, sentant qu'il étouffait, le docteur Pascal se leva, se jeta hors du lit. Il voulait se lever, marcher. Un grand besoin d'air le jetait en avant. Il tomba. Il voulut respirer. Il avança en vain les lèvres vers l'air qui lui manquait, ouvrant à demi une pauvre bouche, comme un bec de petit oiseau. »

La mort du grand écrivain fait la une de tous les journaux, mais ne désarme pas la haine de ses adversaires. *La Libre Parole*, le journal antisémite d'Édouard Drumont, titre : « Un fait divers naturaliste : Émile Zola asphyxié. »

Dans les quartiers chics, les jours suivants, on se congratule, on chante des chansons satiriques :

« Zola, l'pornographique
Le fameux romancier
Par l'acide carbonique
Vient d'mourir asphyxié.

Ce fut une drôle d'Aurore
Que cell' de c'matin-là.
On en frémit encore.
Plaignons c'pauvre Zola ! »

Rue de Bruxelles, les amis, effondrés, défilent devant le corps du disparu. Bruneau écrit : « Même les rides qui plissaient habituellement son large front de penseur s'étaient effacées. Il semblait avoir atteint la cité de paix fraternelle qu'il avait entrevue de son vivant. »

Parmi les visiteurs, il y a, bien sûr, Alfred Dreyfus. Il arrive, tandis qu'on emmène Alexandrine Zola. Il écrit de son côté : « Mon émotion fut extrême en voyant ce cher et noble ami terrassé par un accident imbécile. »

Dreyfus va d'ailleurs être à l'origine d'un incident. Lorsqu'elle rentre de clinique, Mme Zola lui demande de ne pas assister aux obsèques. Il écrit dans ses mémoires : « Le 2 octobre, je vis Mme Émile Zola, qui était sauvée. Elle me fit une demande qui me fut très douloureuse. Je considérais comme un devoir d'assister aux obsèques de son mari. Elle craignait que ma présence ne provoquât des manifestations hostiles. Je lui répondis que je ne craignais rien, que je méprisais les insultes. Mais elle insista. » Dreyfus demande alors comme compensation l'honneur de veiller le mort. Il finira quand même par se rendre à l'enterrement, sans que rien de fâcheux se produise.

Il a lieu le dimanche 5 octobre 1902. Une compagnie du 28e de ligne rend les honneurs au sortir du domicile. À mesure que le cortège avance, la foule grossit. Le cimetière Montmartre est noir de monde. Chaumié, ministre de l'Instruction publique, et Abel Hermant, président de la Société des gens de lettres, montent à la tribune pour les discours. Prudemment, ils se contentent de vanter les qualités de l'écrivain, évitant soigneusement une actualité trop brûlante. Anatole France, qui parle en dernier, n'a pas cette hypocrisie et ose évoquer l'affaire Dreyfus. C'est lui qui décerne au disparu le plus bel hommage, dans des phrases restées célèbres : « Zola n'avait pas seulement révélé une erreur judiciaire, il avait dénoncé la conjuration de toutes les forces de violence et d'oppression unies. Sa parole courageuse avait réveillé la France. Envions-le : il fut un moment de la conscience universelle. »

À peine a-t-il terminé ces mots que s'avance une délégation de mineurs, qui apporte des fleurs rouges en scandant :

– Germinal, Germinal !

Les cendres d'Émile Zola seront transférées au Panthéon six ans plus tard, le 4 juin 1908. Un fanatique tire sur Dreyfus et le blesse à la jambe.

Mais que s'est-il passé rue de Bruxelles ? Il est indéniable que l'oxyde de carbone est la cause de la mort de Zola, mais s'agit-il d'un accident ou d'un crime ? La cheminée a-t-elle mal fonctionné ou bien l'a-t-on bouchée ? Une instruction contre X est ouverte. Deux architectes, Pierre Brunel et Georges Debrie, sont commis par le gouvernement. Le juge Bourouillou leur recommande de se tenir en contact avec deux autres experts : Charles Girard, directeur du laboratoire municipal, et Jules Ogier, chef du laboratoire de toxicologie.

Les deux architectes et les deux chefs de laboratoire se rendent sur les lieux, le 8 octobre. Le feu est allumé par le domestique des Zola, avec le même combustible et dans les mêmes conditions que le 28 septembre, c'est-à-dire avec un fagot et des boulets provenant de l'approvisionnement de la maison. L'expérience est renouvelée le 11 octobre.

Pendant ces deux reconstitutions, les chimistes de la Préfecture introduisent trois cobayes et trois oiseaux dans la chambre à coucher. Le lendemain, les cobayes sont vivants, deux oiseaux sont morts. L'analyse de leur sang ne décèle pas d'oxyde de carbone. La pièce en contient la première fois 1/10 000e et la seconde fois 1/3 000e. Ces doses ne sont pas considérées comme mortelles.

Trois jours plus tard, les architectes font démonter les tuyauteries de la cheminée. Elles grimpent, après un coude, le long du mur mitoyen avec un autre immeuble ; le coude est partiellement bouché. Un espace de sept centimètres de large à travers le bouchon permet une combustion ralentie. Le 18 octobre, le ramonage fournit une quantité de suie « absolument anormale par rapport au dernier ramonage ».

Les experts architectes concluent : « Notre expertise n'a relevé de faute ni à la charge du propriétaire ni à la charge de l'entrepreneur de fumisterie et elle établit que la diffusion de gaz toxiques est due à l'obstruction du conduit par le défaut de fréquence du ramonage, dont l'obligation incombait uniquement aux locataires. » Cette dernière affirmation est pourtant inexacte, les Zola ayant fait faire un ramonage dans les délais prescrits, en octobre 1901, soit moins d'un an auparavant. D'autres conclusions d'experts parleront aussi d'une chute accidentelle de gravats à cause de travaux dans l'immeuble voisin.

Quoi qu'il en soit, à l'issue de cette enquête menée rapidement et sommairement, la justice rend un non-lieu. Il s'agit d'un accident, un tragique accident, rien d'autre. Le gouvernement tient absolument à classer le dossier au plus vite. Si l'affaire Dreyfus est officiellement terminée, si une amnistie générale a été décrétée en 1900, les esprits sont loin de s'être apaisés, les réactions de haine contre Zola en sont la meilleure preuve. La révélation d'un crime serait une catastrophe, le réveil brutal des passions, peut-être un début de guerre civile.

Les amis d'Émile Zola eux-mêmes souhaitent qu'on en reste là. D'abord, ils ne croient pas au crime, Dreyfus lui-même a parlé d'un « accident imbécile ». Ensuite, ils agissent à la demande d'Alexandrine Zola. Car la presse nationaliste insinue qu'il pourrait bien s'agir d'un crime, et qu'Alexandrine pourrait en être l'auteur, par jalousie, n'ayant jamais pardonné à son mari son second ménage avec Jeanne Rozerot !

Si une enquête était ouverte, Alexandrine se retrouverait sur le devant de la scène, on fouillerait sa vie privée. Or elle n'en peut plus, elle est à bout de résistance, et sa demande à Alfred Dreyfus de ne pas assister aux obsèques le prouve. Elle n'aspire qu'au recueillement et au repos. Zola est mort d'un accident, il faut s'en tenir là, tout est dit.

Ce n'est que cinquante ans après les faits, en octobre 1953, que l'écrivain Jean Bedel fait paraître, dans le journal *Libération,* un article qui remet tout en question... Le point de départ est la lettre d'un lecteur, M. Hacquin, de Tessy-sur-Vire, dans la Manche.

Ce dernier explique comment il a fait la connaissance, à Sarcelles, avant la guerre de 1914, d'un entrepreneur de fumisterie, dont il ne donne pas le nom. Vers 1927, M. Hacquin, qui entretenait des relations amicales avec lui, l'a vu pris d'un besoin de confession. « Hacquin, je vais vous dire comment Zola est mort. J'ai confiance en vous et, du reste, il va y avoir prescription... C'est nous qui avons bouché la cheminée de son appartement. Et voilà comment : dans une maison voisine, il y avait des travaux de réfection de la toiture et des cheminées. Nous avons profité du va-et-vient continuel dans cet immeuble pour repérer la cheminée d'Émile Zola et la boucher. Nous l'avons débouchée le lendemain très tôt. Nous passâmes inaperçus. Vous savez le reste. »

Dans son article, Jean Bedel explique qu'il s'est livré à des vérifications aussi sérieuses que possible, et il a effectivement retrouvé trace de travaux de réfection sur la maison voisine. Mais il a fait mieux que cela ! Il a découvert l'identité de l'homme en question : il se nomme Henri Buronfosse et sa personnalité concorde en tous points avec celle d'un meurtrier éventuel...

Né en 1874, entrepreneur de fumisterie dans le IVe arrondissement de Paris, Henri Buronfosse était un des responsables de la Ligue des patriotes, le mouvement nationaliste et antisémite fondé par Paul Déroulède. Fait curieux : il a ajouté le prénom d'Émile à son état civil quelques mois après la mort de Zola, sans qu'on sache si c'était par remords ou s'il avait voulu en faire un trophée. Il est mort peu après ses aveux, en 1928.

D'après Jean Bedel – qui conclut ainsi son article –, il s'agissait sans doute du geste isolé d'un fanatique plutôt que d'un complot organisé. L'entrepreneur de fumisterie n'avait d'ailleurs pas forcément l'intention de tuer. Peut-être ne s'agissait-il, dans son esprit, que de jouer un méchant tour à cet homme qu'il détestait, d'« enfumer ce cochon d'Émile Zola », pour reprendre une expression qu'il employait.

À ces faits plus que troublants s'ajoutent les déclarations du commissaire Cornette, le responsable de l'enquête. Il a confié avant de mourir à un de ses proches : « Oui, Zola est mort dans des conditions très suspectes. Je crois que, si on avait cherché davantage, on aurait découvert qu'il ne s'agissait pas tellement d'un accident. Mais à ce moment, la France sortait à peine de l'affaire Dreyfus. L'autorité ne tenait pas à avoir un autre sujet d'agitation. »

De fait, l'enquête a été entachée de graves négligences et de conclusions hâtives, dans le but de conforter la thèse de l'accident. Le plus grave a été de ne pas tenir compte du résultat des deux reconstitutions. Elles n'ont donné que des taux infimes d'oxyde de carbone, bien au-dessous de la dose mortelle. Or Émile Zola et sa femme ont bien été intoxiqués par ce gaz, les analyses sanguines qu'on a pratiquées sur eux ne laissent aucun doute à ce sujet. En bonne logique, cela ne pouvait signifier qu'une chose : la cheminée avait été bouchée puis débouchée par une main criminelle.

C'est aujourd'hui la thèse qui est retenue par pratiquement tous les historiens. L'universitaire Henri Mitterand, considéré dans le monde entier comme l'autorité incontestable en ce qui concerne Zola, après être resté longtemps sceptique, s'est rangé lui aussi à ces arguments. Il a conclu ainsi sa monumentale biographie d'Émile Zola en trois volumes et c'est à lui que nous laisserons le mot de la fin : « L'aveu d'Henri Buronfosse, la révélation de Pierre Hacquin, appuient d'une force fantastique l'hypothèse criminelle, qui fait de Zola un membre de la cohorte des martyrs du Droit et la Justice. »

Marguerite Steinheil

Le mystère de l'impasse Ronsin

C'est le 31 mai 1908, dimanche de la Pentecôte, qu'on découvre, pour reprendre les termes des journalistes, « un effroyable drame, un forfait stupéfiant, entouré d'un mystère impénétrable ».

Au 6 bis, impasse Ronsin, dans le XVe arrondissement, s'élève un pavillon à un étage, demeure du peintre Adolphe Steinheil... Neveu de Meissonnier, le célèbre peintre de batailles, Steinheil est lui-même un artiste officiel, qui expose souvent au Salon. Sa toile représentant Félix Faure décorant des soldats lors de manœuvres dans les Alpes lui a valu la Légion d'honneur... La veille, le samedi 30, les époux ont reçu la visite de Mme Japy, mère de Mme Steinheil, qui était souffrante. Leur fille et leur cuisinière étaient absentes, seul restait un domestique de vingt ans, Rémy Couillard, logé sous les combles.

À 6 heures du matin, Rémy Couillard descend pour son service et trouve les trois chambres ouvertes. Dans l'une, Mme Japy est étendue morte sur le lit, une cordelette lui enserrant le cou, un morceau de ouate dans la bouche. Dans l'autre, Adolphe Steinheil gît sans vie, en chemise et la corde au cou. Dans la troisième, Marguerite Steinheil, son épouse, est encore vivante et ligotée sur le lit, poings et pieds ramenés en arrière et attachés aux barreaux.

Le valet la délivre et prévient la police. Les agents sont conduits par le chef de la Sûreté Hamard en personne. Marguerite Steinheil lui fait le récit suivant :

« Il était près de minuit. J'étais endormie, quand je me sentis tout à coup saisie par les poignets. Il y avait autour de mon lit trois hommes bruns barbus et une femme rousse. Les hommes étaient vêtus de longues lévites de rabbin et de chapeaux à large bord. Ils avaient tous les trois des revolvers. Me prenant pour ma fille, la femme me demanda, d'un ton rude :

– Ton père a vendu les tableaux. Où est l'argent ?

J'étais trop émue pour répondre. La femme hurla :

– Pas de chiqué, salope, ou on te tue !

Ses yeux verts devinrent féroces. Ils me ligotèrent, m'assénèrent quelques coups de poing sur le visage et sur le ventre, m'arrachèrent mes bagues. Me prenant toujours pour ma fille, ils me dirent :

– On ne tue pas les gosses.

Et ils me laissèrent à moitié assommée… »

La méprise des bandits venait du fait que Marguerite Steinheil couchait dans la chambre de sa fille, sa mère occupant cette nuit-là sa propre chambre. Vérification faite, une somme de six mille francs a disparu, ainsi que quelques bijoux. Après de rapides investigations, M. Hamard confie aux journalistes qui se pressent pour l'interroger que, selon son impression personnelle, « il s'agit d'un crime crapuleux ».

Si les journalistes sont si nombreux impasse Ronsin, c'est moins en raison du mystérieux double crime qu'à cause de la personnalité de la principale protagoniste, et peut-être la principale suspecte de l'affaire : Marguerite Steinheil.

Proche de la quarantaine – elle est née le 16 avril 1869, à Beaucourt, dans le Territoire de Belfort –, elle appartient à une famille protestante aisée, son père, Édouard Japy, étant industriel. Les usines Japy ont alors une production très diversifiée, dans l'horlogerie et les ustensiles ménagers entre autres. La firme se développera considérablement avec la guerre de 1914, grâce à la fabrication des gamelles de soldats, et deviendra plus tard la principale marque française de machines à écrire.

Enfant, Marguerite reçoit l'éducation des jeunes filles de bonne famille. Elle étudie le piano et le violon, fait ses débuts dans le monde en 1886, participant à des bals dans les cercles militaires. Elle s'éprend d'un jeune lieutenant, mais il est pauvre et son père met fin à l'idylle. Il expédie Marguerite à l'autre bout de la France, à Bayonne, où elle rencontre Adolphe Steinheil, qui restaure les vitraux de la cathédrale. Le peintre a vingt ans de plus qu'elle et une barbe déjà grisonnante. Elle est loin de tomber amoureuse, mais il habite Paris et fréquente les milieux artistiques, ce qui est suffisant pour la décider. Ses parents ne sont pas enchantés, le peintre n'étant guère plus riche que le lieutenant, mais c'est un parti acceptable. Ils donnent leur consentement et le mariage a lieu le 9 juillet 1890, au temple protestant de Beaucourt.

Le couple s'installe dans la capitale et la vie qu'il mène est conforme aux espérances de Marguerite. Le salon de l'impasse Ronsin reçoit une bonne partie de ce que Paris compte d'artistes : Gounod, Massenet, Coppée, Zola, Loti, Bartholdi. Si les Steinheil ont une fille, Marthe, leur union est loin d'être une réussite. À l'initiative de Marguerite, ils font chambre à part. Elle prend quelques amants et c'est là que tout bascule...

En 1897, le couple Steinheil, qui se trouve à Chamonix, est présenté au président de la République Félix Faure, en déplacement officiel en Haute-Savoie. Ce dernier se montre fort aimable et passe une commande d'État à Adolphe Steinheil : *La Remise des décorations par le président de la République aux survivants de la Redoute brûlée*. L'œuvre est payée trente mille francs, une aubaine pour les finances quelque peu vacillantes du ménage.

Âgé de cinquante-six ans, le président est resté bel homme. C'est un grand amateur de beauté féminine et Marguerite ne tarde pas à s'apercevoir qu'il est beaucoup moins attiré par le talent de son mari que par ses propres charmes. Rentré à Paris, Félix Faure se rend plusieurs fois impasse Ronsin, soi-disant pour voir l'avancement de l'œuvre... Marguerite devient sa maîtresse.

Leur liaison dure. Le président semble très épris. Leurs rencontres ont lieu dans le salon Bleu de l'Élysée, attenant aux appartements de travail présidentiels, où Marguerite Steinheil accède par une petite porte donnant sur l'avenue de Marigny. Adolphe ne se rend compte de rien ou ferme les yeux. D'autant que l'argent rentre généreusement à la maison et qu'il se voit décorer de la Légion d'honneur.

Le 16 février 1889, Félix Faure téléphone à Marguerite Steinheil et lui demande de passer le voir en fin d'après-midi. Il a eu plusieurs malaises dans la journée, mais pour rien au monde il ne remettrait ce rendez-vous. Au contraire, pour être à la hauteur, il se fait servir par l'huissier un verre d'aphrodisiaque à base de quinquina, puis disparaît dans le salon Bleu.

Quelques minutes plus tard, les domestiques entendent des coups de sonnette affolés. Ils accourent : le président est allongé sur un divan, le teint blême, en train de râler. Marguerite Steinheil rajuste ses vêtements. On appelle dans la précipitation un prêtre et un médecin, qui diagnostique une crise cardiaque fatale due à « un surmenage professionnel, alimentaire ou quelconque ». Quant à l'abbé Herzog, curé de la Madeleine, il demande en arrivant si le président a encore sa connaissance et s'entend répondre par le planton :

– Oh, non, monsieur le curé, on l'a fait partir par la porte de service !

En elle-même, la mort de Félix Faure ne cause guère d'émotion. Homme politique insignifiant jusqu'à son élection à la présidence de la République, et choisi précisément pour cette raison, il s'est seulement distingué par son opposition à la révision du procès Dreyfus. (C'est à lui qu'est adressée la lettre ouverte d'Émile Zola *J'accuse*.) En apprenant sa mort, Clemenceau a eu ce mot : « Félix Faure est retourné au néant. Il doit s'y sentir à l'aise. »

Mais les circonstances de sa disparition passionnent la France entière. Rapidement le bruit circule que le président est mort en galante compagnie. Mais avec qui ? Qui est la mystérieuse « connaissance » dont les charmes l'ont fait succomber ? Tous les journalistes se mettent sur la piste, et on apprend bientôt que son nom commence par un S. On pense à Cécile Sorel, pour découvrir enfin qu'il s'agit de la femme du peintre officiel, Marguerite Steinheil.

Désormais célèbre elle en profite pour prendre des amants fortunés. Comme, depuis la mort du président, les commandes d'État se sont taries, c'est elle qui fait vivre le ménage. Elle rencontre ses galants impasse Ronsin ou, le plus souvent, dans une maison que le couple possède à Meudon.

Voilà ce que le public sait de Marguerite Steinheil, lorsque éclate la nouvelle du double meurtre. Au plan physique, elle a plus de charme que de beauté véritable. Cette brune potelée, comme on les aime alors, est surtout extrêmement féminine. Un journaliste la décrit ainsi : « Magnifiquement conservée, elle paraît dix ans de moins que son âge. Bien proportionnée, le visage légèrement ovalisé, les lèvres charnues, la poitrine avantageuse, le teint mat, elle a de grands yeux indescriptibles, d'une mobilité étonnante, lui donnant à son gré une expression angoissée, suppliante, effarouchée, étonnée ou énergique. Le timbre de sa voix est d'une douceur infinie. Elle a une façon d'accompagner ses explications par des mouvements des bras ou des mains, très lents ou très étudiés, qui donnent à toute sa personne un charme absolument particulier. »

Alors que s'est-il passé impasse Ronsin, dans la nuit du 30 au 31 mai 1908 ? Le moins qu'on puisse dire, c'est que la situation est loin d'être claire. Les bizarreries, les incohérences sont légion. Pourquoi les voleurs ont-ils tué deux personnes et épargné la troisième ? Et pourquoi les ont-ils étranglées, au lieu de se servir de leurs revolvers ? Pourquoi le concierge de l'impasse, qui a effectué des rondes à minuit, 2 heures et 4 heures du matin, n'a-t-il rien remarqué ? Comment les bandits sont-ils entrés, alors que la porte et les fenêtres étaient fermées et qu'il n'y a pas eu d'effraction ? Et comment ont-ils fait pour ne laisser aucune trace sur les sols, les portes, les murs, les meubles et les objets ?

Et surtout, le récit de Marguerite Steinheil paraît totalement invraisemblable. La femme apache aux cheveux roux et aux yeux verts, les barbes noires des hommes, les lévites et les larges chapeaux : tout cela semble sorti tout droit d'un roman. Et jusqu'à cette coquetterie de dire qu'on l'a prise pour sa fille. Comment ne pas y sentir un mensonge typiquement féminin ?

Pourtant, la police, elle, n'émet aucune objection. Elle ne met pas en cause les déclarations de Marguerite Steinheil et s'en tient à la thèse du crime crapuleux. Face aux questions de la presse, le chef de la Sûreté Hamard, soutenu par le juge d'instruction Leydet, a réponse à tout ou presque. Mme Steinheil a trente-neuf ans, mais en paraît vingt-deux, et il est donc normal qu'on l'ait prise pour sa fille de dix-sept ans. Les agresseurs n'ont laissé aucune trace ? Cela prouve qu'il s'agissait de professionnels chevronnés !

Et les enquêteurs continuent à suivre obstinément la piste indiquée par la belle Marguerite. Ils auditionnent trois cents rousses et mille barbus bruns, ils enquêtent chez les fabricants de lévites pour rabbin. Tout cela prend plusieurs semaines pour n'aboutir strictement à rien... Pendant longtemps, le public se passionne pour le fait divers. On va visiter l'impasse Ronsin en famille. On échafaude des hypothèses, on se prend pour Sherlock Holmes, dont les aventures font alors fureur. Si Marguerite Steinheil a tué son mari et sa mère, n'aurait-elle pas tué aussi Félix Faure ?

Et puis, le temps passant sans apporter de résultat, le mystère de l'impasse Ronsin s'efface des mémoires.

À la mi-novembre 1908, l'affaire, restée selon la presse « un insondable mystère », rebondit brusquement. L'initiative en revient à Marguerite Steinheil elle-même. Elle convoque les journalistes et les reçoit en longs voiles de deuil. Très intrigués, ils espèrent quelque révélation. Ils ne vont pas être déçus... Elle leur déclare :

– Je connais le coupable, c'est Rémy Couillard, mon valet ! Je le soupçonne depuis le début.

– Et vous l'avez gardé quand même ?

– Oui, pour mieux le surveiller... Hier, pendant qu'il était parti faire une course, je suis montée dans sa chambre avec ma cuisinière et j'ai trouvé dans son portefeuille les lettres de ma fille à son fiancé et une perle provenant d'un des bijoux volés...

Elle réitère ses accusations devant le juge d'instruction Leydet et Rémy Couillard est arrêté. Les photographes le mitraillent, tandis qu'il clame de toutes ses forces :

– Je suis innocent !

Du coup, l'affaire de l'impasse Ronsin repasse au premier plan de l'actualité. Le président Fallières est en train de recevoir en grande pompe le roi Gustave V de Suède, mais tout le monde s'en moque. Seules les déclarations de Marguerite Steinheil et ses conséquences occupent tous les esprits... La perle a été soumise à un expert, qui déclare :

– C'est un professionnel qui l'a dessertie de sa monture.

Le valet reconnaît qu'il ne postait pas les lettres de Mlle Steinheil à son fiancé, mais il dit tout ignorer de la perle. Quant à Mme Steinheil, dont les journaux s'arrachent les entretiens, elle affirme qu'on a tué son mari « pour empêcher le mariage de sa fille ». Pressée de s'expliquer sur cette formule énigmatique, elle répond qu'elle ne peut pas en dire plus...

Coup de théâtre le 24 novembre. Un bijoutier déclare à la police que, quelques jours après le crime, Mme Steinheil lui a confié une bague en le chargeant d'en démonter la perle. Marguerite Steinheil, qui est justement dans les locaux de la police pour une déposition, est interrogée et s'évanouit. Les enquêteurs n'insistent pas davantage et lui permettent de rentrer chez elle.

Mais, impasse Ronsin, deux journalistes du *Matin* et de *L'Écho de Paris* l'attendent. Plus tenaces et curieux que les policiers, ils multiplient tant et si bien les questions qu'elle finit par perdre pied. Brusquement, elle s'effondre :

– Oui, c'est moi qui ai mis la perle dans le portefeuille de mon valet.

– Vous l'aviez ? Elle n'avait pas été volée ?

– Non.

– Et les autres bijoux non plus ?

– Non plus. Rien n'a été volé.

– Pourquoi avez-vous fait cette mise en scène ?

– Parce que je connais l'assassin… Je n'ai pas osé parler parce que j'avais peur. L'assassin, c'est le fils de ma cuisinière, Alexandre Wolff. Il est arrivé cette nuit-là. Il a voulu me posséder. Je me suis débattue, j'ai crié. Mon mari et ma mère sont venus, il les a tués.

– Il était seul ?

– Oui.

– Alors, les barbus en lévites et la femme rousse n'ont pas existé ?

– Non, c'était une invention de ma part.

Du coup, Rémy Couillard est libéré, et la police, qui suit docilement toutes les déclarations de la jolie Marguerite, arrête Alexandre Wolff… Le 26 novembre, la veuve Steinheil arrive à la Sûreté, suivie d'une meute de journalistes, pour une confrontation. Wolff a donné un alibi : il était ce soir-là en famille, avec ses parents et des cousins. En présence de son accusatrice affirmant qu'il a voulu la violer, le fils de la cuisinière ne s'en laisse pas conter et lui lance :

– Je me fous de vous ! Ce ne sont pas les jolies filles qui me manquent. Vous êtes une menteuse !

La confrontation se poursuit depuis un moment, lorsque les enquêteurs chargés de vérifier l'alibi entrent dans le bureau du juge et le confirment. Alexandre Wolff est hors de cause. Du coup, le magistrat explose. Il s'adresse sans ménagement à Marguerite.

– En voilà assez ! J'estime que, par vos mensonges et vos réticences, vous avez égaré la justice. Je vous inculpe de complicité de meurtre par aide et assistance !

Et la tendre et gracieuse Mme Steinheil est conduite sur-le-champ à Saint-Lazare, la prison des femmes…

L'événement fait sensation ! Il relègue au rang d'anecdote le reste de l'actualité nationale et internationale. Les Français s'arrachent les éditions spéciales des journaux, bourrés d'informations plus ou moins fantaisistes. Même l'étranger se passionne pour l'affaire. Elle fait la une des quotidiens de Londres et de Berlin…

Le lendemain, le juge Leydet, qui a pour le moins mené l'enquête avec peu d'empressement, est dessaisi. On vient seulement de s'apercevoir qu'il était un familier du ménage Steinheil, peut-être même un ancien amant de Marguerite. Un nouveau juge, M. André, est nommé pour le remplacer. On assure que lui ne se laissera pas prendre au charme de l'inculpée !

Les journaux rivalisent de détails sur la vie privée des Steinheil. Le témoin le plus précieux s'avère être la cuisinière, Mariette Wolff, au service du couple depuis seize ans. Elle adore sa patronne, « une si petite et si jolie chose », au point de lui pardonner d'avoir accusé son fils. Selon cette fidèle servante, Adolphe Steinheil était un homme doux, tranquille, peignant toute la journée et vendant rarement une toile. Elle poursuit, dans les colonnes du *Matin* : « Madame dépensait beaucoup. Jusqu'à la mort de Félix Faure, tout allait bien. Après, elle a dû avoir plusieurs amants pour subvenir aux besoins de la famille, à ses toilettes et à ses réceptions. C'était dans sa maison de Meudon qu'elle les recevait. J'allais la servir. L'été, quand la famille s'y trouvait réunie, Madame annonçait parfois : "J'attends tante Lily." Et sa fille Marthe, son mari et les invités s'en allaient, persuadés que cette tante acariâtre ne voulait voir personne. »

Bien entendu, les journalistes interrogent la cuisinière sur les talents amoureux de sa patronne. Et sa réponse correspond à leur attente : « Elle rendait fous les hommes, sans jamais être elle-même éprise. Elle savait y faire et elle ne prenait pas n'importe qui, rien que des riches qui payaient. Croyez-moi, cherchez dans le grand ! »

En attendant, l'intéressée se morfond dans la prison pour femmes de Saint-Lazare. « L'élégante, l'exquise Parisienne est à Saint-Lago », dans la cellule 12, entre deux détenues de droit commun. Elle mange peu, boit du thé qu'elle fait elle-même, ne s'entretient qu'avec son aumônier protestant et son avocat… Le temps passe. La liberté provisoire lui est refusée et l'année 1909 arrive. Pour ses étrennes, un admirateur qui ne l'a pas oubliée lui envoie une bague « en pieux hommage de qui vous savez… »

Six mois plus tard, le 18 juin 1909 l'instruction est déclarée close. La chambre des mises en accusation renvoie Marguerite

Steinheil devant les assises de la Seine, comme auteur principal du double assassinat de l'impasse Ronsin. Les experts ont estimé qu'elle en avait la force physique. Quant au mobile, elle aurait tué son mari parce qu'un de ses richissimes amants, Georges Borderel, aurait accepté de l'épouser ; et la mort de sa mère lui aurait rapporté quatre-vingt-dix mille francs d'héritage.

Le procès Steinheil s'ouvre le mercredi 3 novembre 1909. Depuis la veille au soir, des mendiants font la queue devant le Palais de justice pour vendre leur place à prix d'or. Mais les heureux élus seront peu nombreux. Le président de Valles a réduit le public au minimum, refusant jusqu'au pasteur, dont l'accusée demandait l'assistance. À l'ouverture des portes, avocats et journalistes se pressent dans l'enceinte qui leur est réservée, tandis que le public légal est debout au fond du prétoire. Un photographe a caché son appareil derrière un chapeau melon qu'il a percé pour prendre des clichés normalement interdits.

À 12 h 5, l'audience est ouverte. Marguerite Japy, veuve Steinheil, fait son entrée, en longs voiles noirs. Elle est petite et très pâle. Elle a le visage aux pommettes larges des femmes de l'Est, des traits assez lourds, mais de beaux yeux gris « qui savent rouler des regards tendres, au point que cela semble une fonction naturelle, une abondante chevelure brune et une vivacité d'expression que la photographie ne peut saisir ».

L'huissier lit l'acte d'accusation. En l'absence de traces d'effraction, l'hypothèse de cambrioleurs est exclue. Marguerite Steinheil aurait accompli le crime seule ou avec des complices, puis se serait ligotée sur son lit. L'histoire des deux hommes et de la femme rousse serait une fable, tout comme le vol des bijoux. Ce dernier point étant le seul qu'elle ait reconnu.

Le président de Valles débute son interrogatoire et un frisson parcourt l'assistance : le plus grand attrait de l'accusée est sans doute sa voix, « délicieuse, caressante et pure ». Son institutrice disait d'elle : « Elle est captivante, séduisante, mais menteuse. » Un jugement terriblement exact...

Le magistrat la questionne sur son histoire de rousse aux yeux verts et de barbus bruns en lévites. Après avoir avoué qu'il s'agissait d'une invention, lorsqu'elle accusait le fils de la cuisinière, Marguerite Steinheil en est revenue à ses premières déclarations. Elle soutient désormais que c'est la vérité et n'en démordra plus... Elle s'exprime sur un ton pathétique.

– Je jure que j'ai vu trois hommes et une femme rousse. Elle était hideuse, ah, hideuse ! Sur la tête de ma fille, je le jure, je les ai vus !

– On a retrouvé dans un roman de Louis Ulbach, qui se trouvait dans votre bibliothèque, une scène identique à celle que vous avez décrite, lui réplique calmement le président.

Elle serre ses jolis poings.

– Ce livre n'a pas été ouvert. Il est comme neuf, monsieur le président. Cela prouve bien que je ne l'ai pas lu !

Puis elle reproche au magistrat de douter qu'à trente-neuf ans elle ait pu passer pour sa fille de dix-sept ans.

– Voyons, soupire-t-elle, un peu de galanterie, s'il vous plaît !

Plus maîtresse d'elle-même qu'il n'y paraît, elle a le bon sens de ne rien nier sur le chapitre délicat de ses amants. Elle a même l'élégance de défendre son mari. Quand le président de Valles lui déclare : « Adolphe Steinheil était un homme effacé, un raté », elle rétorque d'une voix vibrante :

– Non ! Simplement un honnête homme. Il ne s'est jamais douté de rien. Il n'a jamais soupçonné ses malheurs conjugaux. Il ignorait ma vie. Je lui ai menti sans cesse et j'en suis fière ! Moi seule suis coupable. Qu'on ne le salisse pas et qu'on me pardonne !

Puis elle s'évanouit, et la séance est suspendue. À la reprise, c'est le même manège. Le président se heurte, selon l'expression d'un journaliste, « à un mur de féminité ». D'une question, elle saisit un mot, le relève et part à côté, rendant toute logique impossible. Elle se contredit sans embarras, nie l'évidence et, lorsqu'elle se trouve acculée, fond en larmes, de vraies larmes, qui désarment son interlocuteur. Le président de Valles tente bien de lui demander un peu de méthode, mais il s'entend répondre :

– Je me défends comme je peux, avec mon cœur et mon indignation ! Moi, je n'ai à observer ni un ordre ni une méthode !

C'est du grand art. Pour reprendre le mot d'un autre journaliste, que toute la presse reprend à son tour : « Marguerite Steinheil est la Sarah Bernhardt des assises ! »

Après cet interrogatoire, qui n'a strictement rien appris, on en vient aux dépositions. La première est celle de Rémy Couillard, qui fait son service militaire et qui paraît à la barre en uniforme de dragon. Il raconte comment il a trouvé la maison le lendemain du crime, comment il a défait les liens de sa maîtresse, qui n'étaient guère serrés, ce qu'il n'avait jamais dit jusque-là. Marguerite Steinheil tient à intervenir :

– Mon pauvre Couillard, j'ai beaucoup de chagrin de ce que je vous ai fait et je vous en demande pardon.

Il répond, magnanime :

– Vous n'avez pas à me demander pardon, je ne vous en veux pas pour rien du tout.

Ce qui ne l'empêche pas de lui réclamer cinq mille francs de dommages et intérêts, par l'intermédiaire de son avocat...

On entend ensuite les médecins, experts et policiers. Bertillon n'a trouvé aucune empreinte, à part celles des familiers. Le docteur Balthazar affirme que Marguerite Steinheil est assez forte pour avoir commis le crime. Son mari fut tué sans lutte, sa mère « asphyxiée par suffocation et par strangulation, sans qu'il soit possible de préciser quel mécanisme eut lieu le premier ». Le praticien admet même, dans le cas de Mme Japy, la possibilité d'une mort accidentelle...

Lors de la septième audience du procès, Mariette Wolff, la cuisinière, confirme ses dépositions, passant toutefois sous silence les détails qu'elle a livrés à la presse. Selon cette fidèle servante, Marguerite Steinheil est la meilleure des femmes, elle aimait sa mère comme elle aime sa fille. Bien sûr, elle avait des amants, mais « Monsieur ne gagnait guère ».

Deux de ces amants ont eu le courage de venir s'exprimer à la barre. Ils sont touchants, presque attendrissants, et témoignent des sentiments que savait inspirer la belle Marguerite. Le premier, Balincourt, est encore un jeune homme. Il raconte comment il a fait sa connaissance dans le métro. Elle lui a fait entrevoir sa cheville et s'est évanouie. Il l'a conduite à l'hôpital le plus proche et leur liaison n'a pas tardé.

Le second n'est autre que Georges Borderel, celui dont le ministère public prétend que l'accusée a tué son mari pour l'épouser. Et il est vrai qu'il aurait volontiers refait sa vie avec elle. Seulement il est marié de son côté et ne voulait pas déplaire à ses enfants. Georges Borderel raconte comment il lui a téléphoné le matin du 30 mai et affirme, plein de flamme :

– Sa voix était si jeune, si fraîche qu'elle ne peut, le soir, avoir commis le forfait dont on l'accuse !

Le 11 novembre, la parole est donnée au ministère public. Dans son réquisitoire, l'avocat général Trouard-Riolle abandonne l'accusation de meurtre concernant Mme Japy, dont le décès est peut-être naturel, mais maintient que Marguerite est le principal artisan du meurtre de son mari.

– Nous tenons un coupable, affirme-t-il, mais pas tous les coupables. Une chose est certaine, elle est au moins complice.

– Complice de qui ? Je vous défie de le nommer ! l'interrompt Marguerite Steinheil dressée à son banc.

Le procureur ne nomme personne et l'incident s'arrête là.

C'est le samedi 13 novembre qu'a lieu l'épilogue de ce procès qui aura tenu de bout en bout toutes ses promesses. Maître Antony Aubin plaide longuement pour la défense. Marguerite Steinheil, « femme tendre et impressionnable », n'avait aucun mobile pour commettre les deux meurtres. Elle était en bons termes avec sa mère, elle avait besoin d'argent, mais n'avait jamais demandé d'avance sur son héritage. Elle n'avait pas d'affection pour son mari, mais il ne la gênait guère.

– Il ne se dressa jamais face à face avec les amants de sa femme que pour faire leur portrait. Rien ne laisse supposer qu'elle voulait se remarier et encore, si c'était le cas, elle pouvait divorcer.

Et l'avocat conclut :

– Ce n'est ni Mme Steinheil seule, ni d'autres avec elle qui ont commis le crime, mais d'autres sans elle.

À 22 h 25, son discours est terminé, le jury se retire pour délibérer. Marguerite est emmenée, à bout de forces. Une interminable attente commence.

Enfin, à 1 h 5, les jurés sont de retour. Ils doivent répondre à deux questions : « La veuve Steinheil est-elle coupable d'homicide volontaire sur la personne de sa mère ? Est-elle coupable d'homicide volontaire sur la personne de son époux ? » Le chef du jury se lève et déclare :

– En mon âme et conscience, la réponse est « non » à toutes les questions.

On applaudit, on crie, on trépigne. Toute la salle est debout. Le président donne l'ordre de faire entrer l'accusée. Blême, esquissant cependant un sourire, elle apparaît, portée par deux gardes. Elle entend le verdict et tombe évanouie sur son banc.

Depuis le début de la soirée, la fièvre a gagné la capitale. À l'entracte des spectacles, puis à leur sortie, on est allé en vain aux nouvelles. À 1 heure du matin, les réverbères se sont éteints, mais les terrasses des cafés sont restées éclairées. Malgré le froid, elles étaient bondées. Un quart d'heure plus tard, des personnes rentrant du Palais sont passées en automobile et ont lancé : « Acquittée ! » Au même moment, des crieurs de journaux annonçaient : « *L'Intransigeant,* dernière édition : Marguerite Steinheil acquittée ! » On raconte que, pour parer à toute éventualité, le directeur avait fait imprimer quatre mille exemplaires annonçant l'acquittement et autant annonçant la condamnation.

Quant à Marguerite Steinheil, elle passe la nuit à l'hôtel Terminus, soustraite par un photographe de presse à la curiosité de ses confrères. Les jours suivants, elle se repose dans une maison de santé de la banlieue parisienne, cernée par les curieux. Puis elle gagne Londres, suivie d'une meute de journalistes. On ne la reverra plus jamais en France.

Comme beaucoup de femmes légères, elle a fini son existence de la manière la plus digne et la plus honorable. Après son acquittement, elle s'installe à Londres, sous le nom de Mme de Sérignac. Elle rédige, en 1912, ses mémoires, dans lesquels elle ne raconte malheureusement rien d'intéressant. Le 26 juin

1917, elle épouse Robert Brooke Campbell Scarlett, sixième baron Abinger, alors officier dans la Royal Navy, ce qui fait d'elle une pairesse de la Couronne.

Son époux meurt dix ans plus tard, la laissant de nouveau veuve, dans des circonstances, cette fois, toutes naturelles. Elle lui a survécu vingt-sept ans, dans son château du Lancashire, et s'est éteinte paisiblement, en juillet 1954, à l'âge de quatre-vingt-cinq ans, dans une maison de retraite de Hove. Ce jour-là, on a espéré découvrir dans ses papiers personnels quelque aveu ou, du moins, quelque indication concernant le meurtre. Mais il n'y avait pas une ligne sur l'affaire de l'impasse Ronsin. Celle-ci semble devoir rester à jamais un mystère.

Pourtant, en reprenant les faits, on peut approcher très près la vérité...

Au milieu des incertitudes qui entourent le drame, deux éléments peuvent être considérés comme acquis. Premièrement, Mme Japy n'a pas été assassinée, elle est morte soit étouffée accidentellement par son dentier, soit de peur, en assistant au meurtre de son gendre. Deuxièmement, Marguerite Steinheil connaissait le ou les meurtriers, mais n'a rien fait elle-même.

L'une de ses interventions au procès peut nous mettre sur la voie, c'est lorsqu'elle a lancé au procureur : « Complice de qui ? Je vous défie de le nommer ! » En apparence, cela signifiait que le procureur ne savait pas le nom de ce complice. Mais cela pouvait signifier aussi qu'il le connaissait et n'avait pas le droit de le dire, tout comme le chef de la Sûreté Hamard, ou la police et les autorités...

Il s'est passé quelque chose d'imprévu, impasse Ronsin, le 31 mai 1908, et c'est cela qui a causé le drame... Il faut imaginer les choses à peu près de la manière suivante. Un amant vient voir Marguerite Steinheil à l'improviste. Sans doute avait-elle eu l'intention d'envoyer son mari rejoindre sa fille à Meudon, mais l'arrivée de sa mère souffrante a changé ses projets.

Pour une raison quelconque, Adolphe Steinheil fait irruption. Ce n'est sans doute pas par jalousie, ce n'est guère dans son tempérament. Peut-être croit-il à un voleur, ou est-il surpris, et vient voir ce qui se passe. Toujours est-il que l'inconnu est surpris lui aussi et fait face. Il a rapidement le dessus et tue sans le vouloir le peintre. Mme Japy, réveillée par le vacarme, survient et meurt de saisissement.

L'amant inconnu prévient alors la police, qui accourt et maquille un homicide involontaire et une mort naturelle en un double meurtre par strangulation. Pendant ce temps, Marguerite Steinheil cache ses bijoux pour faire croire à un crime crapuleux et s'attache ou se fait attacher sur le lit de sa fille.

Bien entendu, un tel scénario n'est possible que si l'inconnu était un personnage important, si important que son identité ne devait être connue sous aucun prétexte… Une telle hypothèse n'est nullement invraisemblable. Outre le président de la République, Mme Steinheil avait eu d'autres amants illustres. « Cherchez dans le grand », avait dit la cuisinière Mariette Wolff, qui en savait certainement bien plus qu'elle n'en a dit.

Reste le nom du meurtrier involontaire. Après divers recoupements, il apparaît que le suspect le plus probable serait le propre neveu du tsar, le grand-duc Nicolas Nicolaïevitch, qui séjournait alors à Paris. Il avait la particularité d'être un colosse et avait déjà été visé par plusieurs attentats anarchistes. Cela expliquerait sa réaction violente et malheureusement fatale, lorsqu'il s'est cru agressé et en danger de mort. Sans citer le moindre nom, les policiers de l'époque ont, par la suite, confirmé à mots couverts cette version.

Le courrier de Lyon

Les sept guillotinés

Ce 8 floréal an IV (26 avril 1796), dans la cour de la poste de la rue Saint-Martin, à Paris, la malle de Lyon est sur le point de partir. Il est près de 17 heures. La malle est une robuste et longue voiture à deux roues, bâchée de cuir et attelée à trois chevaux, qui convoie le courrier entre la capitale et la grande ville du Rhône. Mais aujourd'hui, son chargement est particulier. Des employés du ministère des Finances, escortés par quatre gendarmes, viennent, en effet, d'apporter six caisses de bois. Elles contiennent sept millions en assignats, une somme considérable destinée à payer les soldats de l'armée du général Bonaparte, qui se bat en Italie.

Un homme surveille attentivement le chargement. C'est le responsable du convoyage, qu'on appelle le courrier, en l'occurrence le citoyen Excoffon. De son côté, le postillon Nanteau, conducteur du véhicule, attelle les chevaux. Il doit aller jusqu'à Villeneuve-Saint-Georges où un autre postillon le remplacera.

Il peut paraître incroyable qu'une telle fortune voyage sans escorte et pourtant, après avoir apporté les caisses, les gendarmes s'en vont et pas un de leurs collègues ne fera le trajet ; les militaires n'ont pas été mobilisés non plus. Mais, fait plus extraordinaire encore, la malle-poste accepte des passagers ! Un homme brun de taille moyenne, vêtu d'une redingote rouge, se présente peu avant le départ. Il va trouver Excoffon, lui montre un passeport établi au nom de Laborde et un billet pour Lyon, au tarif de douze sous par lieue.

Le courrier n'est guère enchanté de le voir. L'homme ne lui plaît pas, d'autant qu'il porte un sabre. Mais son passeport est en règle, de même que son billet, et aucun règlement n'interdit aux passagers d'être armés.

– Avez-vous un bagage ? lui demande Excoffon.

– Je n'emporte rien d'autre que mon corps, lui répond sobrement le nommé Laborde.

– Nous voyagerons donc ensemble, conclut le courrier en hochant la tête.

Et, tandis qu'il fait les derniers préparatifs, en compagnie du postillon, il voit l'individu rôder autour des caisses, l'air visiblement intéressé…

L'heure du départ ne tarde pas à arriver et, durant les premiers kilomètres, tout se passe normalement. À Villeneuve-Saint-Georges, comme prévu, le postillon Nanteau cède la place au postillon Étienne Audebert, qui doit aller jusqu'à Melun. Le voyage reprend. On voit passer la malle-poste à Montgeron, puis à Lieusaint, aux environs de 19 h 30. Le prochain relais est Melun, mais la malle-poste n'y arrivera jamais…

C'est à 2 heures du matin que le maître de poste de Melun, inquiet de ne pas avoir vu le véhicule, envoie un de ses postillons, nommé Caron, à sa rencontre. Caron découvre la malle-poste arrêtée près du pont de Pouilly. Les chevaux sont dételés et attachés aux arbres. Il s'avance prudemment et se fige, épouvanté : par terre gît un cadavre mutilé, un peu plus loin un autre baigne dans une mare de sang. Le postillon rentre à Melun aussi vite qu'il le peut et prévient les autorités.

Elles arrivent sur les lieux à 6 heures du matin et découvrent un spectacle terrible. Le postillon Audebert a été massacré à coups de sabre, son corps est presque haché. Dans un champ de blé vert, le courrier Excoffon gît dans le même état, avec à ses côtés l'arme du crime : un sabre brisé. Par une cruelle ironie, étant donné l'usage qui en a été fait, celui-ci porte deux nobles maximes gravées sur la lame : « L'honneur me conduit » et « Pour le salut de la patrie ».

Un éperon d'argent cassé traîne un peu plus loin. Il appartenait à l'un des agresseurs, car le postillon a toujours les siens.

Bien entendu, les caisses sont éventrées. Quelques assignats oubliés et tachés de sang sont éparpillés çà et là. Enfin, dernier indice, il ne reste que deux chevaux sur les trois au départ de Paris. Il n'y a pas besoin de réfléchir longtemps pour déduire que le passager était complice et qu'il a pris le coursier pour s'enfuir avec les autres agresseurs.

L'enquête, confiée au juge Beau, obtient immédiatement des résultats. Les témoignages abondent. Les agresseurs, faisant preuve de bien peu de discrétion, ont passé l'après-midi et la soirée à Montgeron et Lieusaint, les deux localités précédant le lieu de l'attaque, et ils ont été vus par un nombre considérable de personnes.

C'est ainsi que, vers 13 heures, un individu s'est présenté à l'auberge La Chasse, à Montgeron. Il a commandé un déjeuner pour quatre et, effectivement, quelques minutes plus tard, trois cavaliers l'ont rejoint. La servante Grossetête, qui les a servis, peut les décrire avec précision, de même qu'un client, Laurent Chabaud, marchand de vin, qui occupait la table à côté. Les quatre hommes ont demandé où ils pouvaient prendre le café, on leur a indiqué le cabaret de la citoyenne Châtelain et ils s'y sont rendus.

Là, ils ont été servis par la servante Marie Sauton, puis ont joué au billard dans la pièce attenante. Une fois la partie terminée, un jeune homme blond en redingote bleue a proposé à la servante de payer en assignats. Elle a refusé et c'est un autre, le plus grand, qui a payé en numéraire.

Peu avant 17 heures, ils ont été vus à Lieusaint, l'étape suivante. Mais là, les avis divergent sur leur nombre. Pierre Gillet, marchand de vaches, parle de cinq hommes : d'abord un groupe de trois cavaliers, puis un groupe de deux ; pour le cabaretier Champault, ils étaient six.

Le témoignage de la veuve Feuillée, limonadière à Lieusaint, peut s'interpréter de l'une ou l'autre manière : « Sont arrivés chez moi, un peu avant 5 heures du soir, quatre particuliers montés sur des chevaux. Ils ont mangé un morceau et ont fait mettre leurs chevaux à l'écurie. Ils sont partis vers 7 heures du soir environ. Peu après sont arrivés deux autres cavaliers à cheval à qui j'ai demandé s'ils étaient de la compagnie des premiers. Ils m'ont répondu que non et ils sont partis après s'être rafraîchis. » Comme il est possible que ces derniers aient menti, le groupe pouvait comprendre soit quatre, soit six individus.

Pour les autres témoins, ils étaient bien quatre. Le citoyen Sureau, aubergiste à Lieusaint, a vu passer quatre cavaliers un peu après 19 heures. Le citoyen Pinard, marchand de peaux de lapins, a lui aussi vu quatre cavaliers sortir de Lieusaint à la même heure. L'un d'eux, faisant preuve d'une rare imprudence, lui a demandé à quelle heure arrivait la malle-poste. Il lui a répondu que ce serait vers 19 h 30.

Après toutes ces auditions, le juge Beau fait son rapport. Sans relever les contradictions sur le nombre de cavaliers, il conclut qu'ils étaient quatre, soit cinq en tout, avec le passager qui s'est enfui sur l'un des chevaux.

Mais où se sont-ils enfuis ? Ils ont pu aller dans n'importe quel endroit de France, voire d'Europe, auquel cas il sera bien difficile de les retrouver. Mais ils n'ont pas eu cette sagesse et l'enquête va continuer de progresser à la même vitesse… Un garde-barrière de Paris voit arriver, entre 4 et 5 heures du matin, cinq cavaliers sur des chevaux épuisés. On retrouve un peu plus tard un cheval errant place des Vosges et on le reconnaît comme celui de la malle. Les assassins sont donc à Paris.

La police concentre ses activités sur les loueurs de chevaux et ne tarde pas à faire la découverte qu'elle espérait. Elle apprend que le 9 floréal, lendemain du crime, un certain Couriol a laissé en garde au citoyen Morin quatre chevaux à 4 heures du matin et les a repris à 7 heures. On se précipite chez ce Couriol, mais il n'est pas chez lui. Une enquête de voisinage révèle qu'il s'est réfugié avec sa maîtresse, Madeleine Brébant, chez un nommé Richard, rue de la Bûcherie, avant de quitter Paris pour Château-Thierry.

Richard est arrêté et le couple retrouvé dix jours plus tard, effectivement à Château-Thierry. L'inspecteur Heudon, qui procède à l'arrestation, les surprend au lit. Couriol se laisse prendre sans résistance. Il a sur lui la fabuleuse somme de 1 170 460 livres en assignats. Comme l'inspecteur Heudon lui demande : « Comment pouvez-vous avoir sur vous une telle somme ? », Couriol répond sans s'émouvoir :

– Citoyen, c'est toute ma fortune.

Il est emmené. Les billets, soumis à la Trésorerie nationale, seront identifiés plus tard, grâce à leurs numéros, comme ceux du courrier de Lyon. En attendant, il y a dans la même maison un nommé Guénot, qui semble étranger à l'affaire. Mais pour plus de précautions, l'inspecteur Heudon lui confisque ses papiers.

À Paris, Couriol rejoint en prison Richard. L'enquête est désormais confiée au juge d'instruction Daubenton. Devant lui, Couriol nie tout, mais sa culpabilité semble évidente... Et c'est quinze jours plus tard que se produit le fait le plus extraordinaire de toute l'affaire. Jusqu'à présent, les résultats avaient été obtenus grâce au travail très efficace de la police, mais la suite va être l'effet du hasard, et quel hasard !

Guénot, celui qui se trouvait dans la même maison que Couriol à Château-Thierry, se rend au Palais de justice, pour récupérer ses papiers, qui lui ont été confisqués. Il arrive sur le Pont-Neuf lorsqu'il croise un de ses amis, Joseph Lesurques, originaire de Douai, comme lui. Il lui explique sa mésaventure et lui demande :

– Veux-tu m'accompagner ? Tu te porteras garant de mon identité, car, sans mes papiers, par les temps qui courent, je ne me sens guère à mon aise.

Lesurques, qui n'a rien d'urgent à faire, accepte et ils prennent tous deux le chemin de l'île de la Cité et du Palais de justice...

Celui qui va devenir le personnage principal de cette affaire, Joseph Lesurques, a trente-trois ans. Fils d'un marchand, il s'est engagé à dix-huit ans dans le régiment d'Auvergne, mais un fusil, en explosant, lui a arraché un doigt de la main droite. Il est réformé et regagne Douai. La Révolution arrive sur ces entrefaites et il s'enflamme pour elle. Mais il ne perd pas le sens des réalités. Il spécule sur les Biens nationaux et, alors qu'il n'avait pas un sou en 1790, il possède douze mille livres de revenus trois ans plus tard, ce qui fait de lui un homme riche.

Marié en 1790, il a deux filles et un fils. Nanti de sa fortune, il va dans la capitale, début 1795, pour y acheter un logement. Il part seul, sans sa femme, et il y est encore un an plus tard. Tandis qu'elle se morfond à Douai avec ses enfants, il mène, semble-t-il, une vie assez dissolue à Paris…

Guénot et Lesurques arrivent au Palais de justice où on les fait attendre dans l'antichambre du juge Daubenton. Or, en face d'eux, se trouvent les femmes Grossetête et Sauton, toutes deux servantes à Montgeron, qui ont été convoquées pour être confrontées à Couriol. En apercevant les deux hommes, elles manquent de se trouver mal. La servante Sauton court trouver l'huissier et lui dit à voix basse :

– Je veux parler au juge, c'est urgent !

– Pour quelle raison voulez-vous déranger le citoyen juge ? s'étonne le fonctionnaire.

– Parce que les deux hommes qui patientent près de nous ont fait partie de l'attaque !

Toutes deux sont introduites chez Daubenton, qui les prie de s'exprimer. La servante Grossetête prend la parole :

– Ces deux hommes, ils étaient dans mon auberge ! Je me souviens parfaitement du grand blond, c'est le cavalier qui me proposait de payer en assignats. L'autre, je le reconnais aussi, il avait un gilet jaune.

Sa collègue atteste ses dires. Mais le juge reste prudent. Il décide de tester leur capacité d'observation. Il leur montre le sabre ramassé sur les lieux du crime. Toutes deux le reconnaissent. L'une d'elles ajoute qu'il manque sa dragonne rouge et l'autre confirme. Or une dragonne rouge a été retrouvée un peu plus loin. Daubenton leur montre alors Couriol par l'entrebâillement de la porte et elles le reconnaissent l'une et l'autre comme celui qui portait le sabre.

Le juge Daubenton est convaincu. Il fait immédiatement introduire les deux hommes et procède à leur interrogatoire. Ce qu'il apprend renforce immédiatement ses soupçons. Bien loin d'être étrangers à l'affaire, ils semblent avoir des liens étroits avec les autres protagonistes. Guénot, lorsqu'il se trouve à Paris, habite chez Richard, celui-là même qui a accueilli Couriol après l'attaque. Daubenton lui demande :

– Connaissez-vous Couriol ?

Il acquiesce.

– Oui, je l'ai vu chez le citoyen Richard.

Bien entendu, il nie s'être trouvé à Montgeron le 8 floréal, avec les autres cavaliers, mais le contraire aurait été étonnant... L'interrogatoire de Lesurques est en tout point semblable. Il connaît Richard « parce qu'il est de Douai ». À la question :

– Connaissez-vous Couriol ?

Il répond :

– Je l'ai connu chez Richard et je l'ai vu plusieurs fois...

Daubenton n'hésite pas, il a toutes les raisons de faire immédiatement arrêter les deux hommes. Ils connaissent Couriol, coupable indiscutable, et ont été identifiés par deux personnes dignes de foi, comme faisant partie de la bande. Un témoignage particulièrement impressionnant, et il en existe peu dans les annales judiciaires, car relevant d'une démarche spontanée concernant des personnes apparemment étrangères à l'affaire.

Dans tout cela, l'énigme, évidemment, c'est Lesurques... Pourquoi cet homme qui n'était pas le moins du monde recherché est-il venu se jeter dans la gueule du loup ? Il lui suffisait de refuser la demande de Guénot et il n'avait plus rien à craindre. Le plus logique est de conclure qu'il est innocent et qu'il a été victime d'une erreur de la part des deux femmes.

On arrête peu après un complice, David Bernard, qui a loué les chevaux à Couriol. On n'a pas retrouvé le passager Laborde, ou celui qui se faisait passer pour tel, mais l'instruction est tout de même déclarée close. Vont donc se présenter au banc des accusés Couriol, Guénot, Richard, Lesurques et Bernard.

Le 2 août 1796 s'ouvre le procès de ce qu'on appelle désormais « l'affaire du courrier de Lyon ». Une chaleur étouffante s'est abattue sur Paris. C'est sans doute cette subite canicule qui a éloigné les curieux du Palais de justice. Toujours est-il que le prétoire est loin d'être bondé quand la cour fait son entrée, à 10 heures précises, derrière son président, le citoyen Gohier. Les juges sont tout en noir, jusqu'au panache de leur chapeau. Ils portent en sautoir un ruban tricolore et une médaille dorée sur laquelle on lit simplement : « La Loi ».

On introduit les accusés. Après le rappel des faits par le greffier et les interrogatoires d'identité, le président se tourne vers Lesurques.

– Lesurques, levez-vous ! Où avez-vous passé la nuit du 8 au 9 floréal ?

– Chez moi, rue Montorgueil, numéro 38.

– La justice est persuadée que vous ne vous trouviez pas chez vous cette nuit-là…

– Je puis cependant vous donner l'assurance que j'ai couché chez moi. Depuis fructidor dernier, je n'ai pas découché une seule fois.

Le président change de sujet.

– Qu'alliez-vous faire au bureau du juge, le jour de votre arrestation ?

– J'accompagnais Guénot.

Et il raconte les circonstances dans lesquelles il a rencontré son ami…

– Comment se fait-il alors qu'on vous ait arrêté ?

– Je n'en sais rien.

– Voyons, Lesurques, vous savez parfaitement pourquoi ! Vous avez été reconnu par des témoins qui se trouvaient justement là. Par la suite, vous avez été formellement accusé par plusieurs autres personnes. Ils déclarent tous que vous avez dîné, Guénot et vous, à Montgeron, et que vous avez été vu avec eux à Lieusaint. Comment expliquez-vous cela ?

– Je ne me l'explique pas, citoyen. Les témoins font erreur. À moins qu'il n'existe une ressemblance frappante entre celui qu'ils veulent désigner et moi…

Après un bref interrogatoire des autres accusés, l'audience est suspendue. Elle reprend l'après-midi avec l'audition des témoins qui ont vu les agresseurs.

C'est d'abord Jean de la Folie, garçon d'écurie à Montgeron. Le président Gohier lui demande d'aller vers le banc des accusés et de désigner ceux qu'il reconnaît.

Jean de la Folie s'approche de Couriol :

– Je reconnais celui-ci.

– Et les autres ?

Jean de la Folie montre Lesurques.

– Je reconnais aussi celui-ci. C'est lui qui est arrivé le premier à Montgeron, vers une heure et demie.

Lesurques se dresse sur son banc :

– Cet homme se trompe ! Jamais je n'ai été à Montgeron, je le jure !

Les témoins continuent à défiler. Voici Marie Sauton, qui se trouvait dans l'antichambre du juge Daubenton.

– Je reconnais très bien le premier, dit-elle en désignant Couriol. Je reconnais aussi le deuxième (c'est Lesurques), il se trouvait avec lui. Et Guénot aussi, je le reconnais. Il est venu prendre le café.

– Reconnaissez-vous les deux autres ? demande le président.

– Non, je ne les ai jamais vus.

C'est maintenant Charles Thomas Alory, pépiniériste à Lieusaint, qui est à la barre.

– Le 8 floréal, j'ai vu deux particuliers devant l'auberge du Cheval blanc, déclare-t-il. L'un était blond, habillé en bleu. J'ai cru qu'il s'agissait d'un ami, je me suis approché de lui.

– Le reconnaissez-vous parmi les accusés ?

– Oui, le voici.

C'est encore Lesurques que désigne le témoin…

On entend enfin le cabaretier de Lieusaint, le nommé Champault.

– Ils sont arrivés chez moi sur les cinq heures du soir, raconte l'aubergiste. Quatre cavaliers qui sont partis vers 7 heures. Peu de temps après sont arrivés deux autres cavaliers. Ils avaient chacun deux pistolets.

– Et Lesurques, le reconnaissez-vous ?

– Je le reconnais très bien. C'est lui qui avait cassé son éperon argenté. Il a demandé de la ficelle pour le raccommoder et ma femme lui en a donné.

Lesurques se lève une nouvelle fois :

– Mais c'est abominable ! Je n'ai jamais eu d'éperons de ma vie et jamais je n'ai vu cet aubergiste !

Cette première journée s'est révélée accablante pour Lesurques, il le sait, mais il compte sur la deuxième pour se disculper. Il a fait citer des témoins qui l'ont vu à Paris le 8 floréal, au moment même où tous les autres se trouvaient à Montgeron et à Lieusaint.

Le principal d'entre eux, et le premier à comparaître, est le bijoutier Joseph Legrand, dont la boutique se situe au Palais-Égalité, l'actuel Palais-Royal. C'est un commerçant important et considéré. Il s'exprime avec aisance.

– Lesurques est venu dans mon magasin le 8 floréal, vers 9 heures et demie. Nous ne nous sommes séparés que vers une heure de l'après-midi.

Cette déposition, faite d'un ton assuré, impressionne l'auditoire, mais le président Gohier a des questions à poser :

– Comment pouvez-vous affirmer que c'était bien le 8 floréal ?

Le bijoutier n'a pas d'hésitation :

– Ce jour-là, j'ai demandé au citoyen Aldenhoff, bijoutier, une fourniture de sept paires de boucles d'oreilles. C'est écrit sur mon livre de comptes.

– Et où se trouve ce livre ?

– Entre les mains du défenseur du citoyen Lesurques.

Le président se fait aussitôt communiquer le livre. Il l'examine attentivement et, soudain, il sursaute :

– Témoin Legrand, il est manifeste que la mention dont vous venez de parler a été altérée ! La date du 8 floréal est une surcharge qui remplace celle du 9 !

Stupeur dans la salle. Le président Gohier continue d'une voix terrible :

– On a cherché à venir en aide à un coupable à l'aide d'un faux ! Non content de mentir, Lesurques, vous vous employez à égarer la justice !

L'accusateur public, l'équivalent du procureur actuel, se dresse à son siège :

– Je requiers l'arrestation du sieur Legrand, pour faux en écriture !

Le président Gohier fait immédiatement procéder à l'arrestation du bijoutier, qui sort entre deux gendarmes. Lesurques manque de s'évanouir… Par la suite, les dépositions reprennent, mais les autres témoins cités par sa défense auront beau affirmer qu'il était bien à Paris au moment des faits, personne ne les écoute. Ils font tous figure de faux témoins.

Lors de la troisième et dernière journée, le tribunal entend les témoins à décharge de Guénot. Et là, il n'y a pas de fausse note, comme pour Lesurques. Ils sont une vingtaine à affirmer qu'il se trouvait à Paris, puis à Meaux, au moment de l'attaque de la malle-poste. Ces témoins sont clairs, précis, affirmatifs. Parmi eux, il y a même deux inspecteurs de police. À son banc, Guénot se détend : il a de bonnes chances d'être mis hors de cause.

Le président rappelle alors à la barre le bijoutier Legrand, convaincu la veille de faux témoignage. Il paraît, misérable, les menottes aux poignets, entre deux gendarmes.

– Legrand, persistez-vous dans vos premières déclarations ? Maintenez-vous que Lesurques se trouvait chez vous le 8 floréal ?

– Non, je ne persiste pas, répond le bijoutier d'une voix brisée. Ma déclaration était fondée sur la fausse date de mon registre. Mais je ne suis pour rien dans cette falsification.

Le président se tourne vers Lesurques.

– Lesurques, qu'avez-vous à dire ?

L'accusé hésite. Il répond enfin d'une voix tremblante :

– Je demande que les citoyens jurés considèrent comme non avenue la déposition du bijoutier Legrand.

Cette rétractation est naturellement du plus mauvais effet et, après le réquisitoire de l'accusateur public, qui charge surtout Lesurques, son défenseur, maître Queroult, a bien du mal à remonter le courant. Lesurques, explique-t-il, n'est pour rien dans la falsification du registre du bijoutier. Quant aux témoins qui ont dit reconnaître l'accusé, ils se sont trompés. Et la preuve que les témoins peuvent se tromper, c'est que, dans l'antichambre du juge, les deux servantes ont reconnu Guénot aussi bien que Lesurques. Or vingt autres témoins, dont deux policiers, viennent d'établir ici même l'innocence de Guénot. Dans ce cas, Lesurques aussi est innocent !

La délibération du jury est longue et c'est à la lueur des chandelles que son président, le fabricant de faïence Robillard, donne enfin lecture du verdict :

– Couriol, Lesurques et Bernard sont convaincus d'avoir participé avec préméditation à l'homicide du courrier Excoffon et du postillon Audebert et d'avoir volé la malle. Richard n'est retenu que pour le recel des objets volés, Guénot est mis hors de cause.

Comme le veut la loi, une seconde délibération est ordonnée. Les jurés doivent maintenant se prononcer sur la peine. À l'issue de cette nouvelle suspension, c'est le président Gohier lui-même qui lit la sentence :

– Le tribunal condamne Couriol, Lesurques et Bernard à la peine de mort ; ordonne qu'ils seront conduits au lieu du supplice vêtus d'une chemise rouge et qu'ils auront la tête tranchée. Richard est condamné à vingt-quatre ans de fers, Guénot est acquitté.

Dans la salle, Mme Lesurques s'évanouit et Lesurques s'écrie :

– Un jour viendra où mon innocence sera reconnue. Mon sang rejaillira sur la tête des jurés qui m'ont condamné !

Puis il se rassied. On croit les choses terminées, on s'apprête déjà à quitter le prétoire, mais Couriol se lève à son tour. Il lance d'une voix forte :

– Lesurques et Bernard sont innocents ! Bernard n'a fait que prêter les chevaux et assister au partage du butin. Ni de loin ni de près Lesurques n'a pris part au crime !

Sensation dans la salle. On se rassoit, on attend la suite. Mais il n'y aura pas de suite. Les débats sont clos. La cour se retire.

Pourtant, durant les jours qui suivent, Couriol maintient ses déclarations. Il les précise même, dans une lettre adressée de prison aux autorités judiciaires : « Les véritables coupables sont Dubosc, qui demeure rue Croix-des-Petits-Champs, Vidal, dit la Fleur, qui demeure rue de Valois, près du Palais-Égalité, Roussi, un Italien demeurant rue Saint-Martin, Laborde, demeurant rue des Fontaines, numéro 8. L'éperon argenté retrouvé sur les lieux du crime n'appartenait pas à Lesurques, mais à Dubosc. »

Dans les milieux judiciaires, l'émotion est grande. Ainsi donc, sur les accusés condamnés par le tribunal, seul Couriol serait coupable ! Le juge d'instruction Daubenton est lui-même ébranlé. Bien que les pourvois en cassation des trois condamnés aient été rejetés, le Conseil des Cinq-Cents, la Chambre des députés de l'époque, décide de se saisir de l'affaire. Car la Cour de cassation ne peut juger que sur la forme, pas sur le fond, et le fait qu'elle ait rendu un avis négatif ne veut pas dire qu'elle n'ait pas eu elle-même des doutes.

Trois des membres du Conseil des Cinq-Cents sont chargés d'une nouvelle enquête. Mais ils se heurtent vite à la séparation des pouvoirs ; le législatif ne peut pas intervenir dans le judiciaire, sous peine d'un désordre grave dans l'administration du pays. Le rapporteur de la commission, l'avocat et juriste Joseph-Jérôme Siméon, est bien obligé d'en convenir à la tribune, en rendant ses conclusions quelques jours plus tard :

– Ce n'est point au corps législatif de juger Lesurques, il l'a été dans les formes prescrites. Et s'il est vrai que son jugement est injuste, il ne nous appartiendrait pas plus d'en connaître que de nous immiscer dans un acte de mauvaise administration. Dans tous les cas, nous serons sans regret à son égard, parce que nous sommes sans pouvoir.

Le rapport est voté à l'unanimité. L'initiative généreuse mais irréaliste des députés a donc échoué. Plus rien ne peut désormais arrêter la justice. Car il n'y a pas de droit de grâce. Il a été supprimé par la Révolution comme une manifestation de l'arbitraire royal, mesure qui, pour une fois, est allée dans le sens de la répression.

Mme Lesurques est autorisée à faire ses adieux à son mari dans sa cellule, en compagnie de ses enfants. La scène est déchirante et ne fait qu'ajouter à l'émotion générale. Le 30 octobre 1796, Couriol, Lesurques et Bernard sont conduits en charrette place de Grève, l'actuelle place de l'Hôtel-de-Ville. L'attitude des trois condamnés est parfaitement digne, mais Couriol, pendant tout le trajet, ne cesse de crier :

– Je suis coupable, Lesurques est innocent !

Au pied de l'échafaud, Couriol lance une dernière fois :

– Lesurques est innocent !

L'instant d'après, les trois têtes tombent dans le panier.

Les choses ne peuvent en rester là... Daubenton décide de reprendre toute l'affaire, ne serait-ce que parce que le dénommé Laborde, le passager de la malle-poste, n'a pas été retrouvé. Or le juge apprend qu'un homme purgeant une peine à la prison Sainte-Pélagie de Marseille répond en tout point à son signalement. Il s'agit d'un certain Jean-Baptiste Durochat, qui se fait appeler aussi Laborde. Il est extrait de sa cellule et conduit à Paris.

Dans son bureau, Daubenton le confronte avec les personnes qui ont assisté au départ de la malle. Une certaine Marguerite Dolgoff, qui a dîné avec Excoffon et lui, le reconnaît formellement, de même que le fils du courrier, qui était là lui aussi. Durochat capitule. Il avoue tout. Oui, c'est bien lui qui a pris place dans la malle-poste sous le nom de Laborde. Oui, il a bien tué le courrier Excoffon.

Mais il ne s'en tient pas là, il donne d'autres précisions. La bande devait d'abord attaquer le courrier de Brest, mais l'affaire n'avait pas été jugée suffisamment rentable et c'est Dubosc qui a alors proposé le courrier de Lyon. C'est lui qui a demandé à Durochat de prendre place dans le véhicule. Et il nomme ses complices : Couriol et Dubosc, bien sûr, mais aussi Vidal et Roussi. Ce sont exactement les noms qu'avait donnés Couriol !

Et quand Daubenton lui demande s'il connaissait Lesurques, Durochat a cette réponse qui glace le juge :

– Je n'ai jamais entendu ce nom-là !

L'enquête continue de plus belle... Vérification faite, Vidal se trouve en prison lui aussi. Il est confronté aux témoins de Montgeron et Lieusaint. Les résultats sont mitigés : trois le reconnaissent, huit autres ne peuvent rien affirmer. Bien entendu, Dubosc est recherché lui aussi et la police finit par l'arrêter dans un cabaret de la rue Saint-Denis, à Paris. C'est un repris de justice, plusieurs fois condamné pour vol. C'est aussi un spécialiste de l'évasion. Lui aussi est confronté aux témoins de Montgeron et Lieusaint. Cette fois, pas un ne le reconnaît, même si certains lui trouvent une certaine ressemblance avec Lesurques, à la différence près que celui-ci était blond et que Dubosc est brun.

C'est de ces déclarations que va naître, dans l'esprit des enquêteurs et de Daubenton lui-même, l'idée que Dubosc a bien participé à l'attaque du courrier, mais avec une perruque blonde, ce qui a conduit les témoins à désigner Lesurques à sa place... Quoi qu'il en soit, l'instruction est close : Durochat, Vidal et Dubosc sont inculpés de vol à main armée et de meurtre.

Mais une erreur de procédure s'est produite concernant les deux derniers, et seul Durochat passe devant les assises. Il est condamné à mort, le 6 avril 1797. Sa tête tombe le 9 août de la même année. C'est la quatrième. Comme Couriol, en montant sur l'échafaud, il proclame l'innocence de Lesurques...

Il faut plus d'un an pour que l'action judiciaire concernant Vidal et Dubosc aboutisse. Leur procès est prévu pour fin novembre 1798, mais c'est uniquement le cas du deuxième, Dubosc, qui passionne l'opinion. Est-ce que sa ressemblance avec Lesurques, accentuée par le port d'une perruque, a été à l'origine d'une terrible erreur judiciaire ? Le tribunal est bien décidé à faire toute la lumière sur ce point et son président fait connaître ses décisions concernant la tenue des débats : « L'accusateur public a reconnu que l'accusation admise contre Dubosc repose spécialement sur ce que, d'après les déclarations de plusieurs témoins, ce serait lui qui, dans l'assassinat du courrier de Lyon, aurait commis les diverses démarches dont le dénommé Lesurques aurait été convaincu, de telle sorte qu'il faudrait imputer la condamnation de Lesurques à une bien funeste ressemblance qu'il aurait eue avec Dubosc. L'accusation annonce que ce qui a rendu cette ressemblance plus trompeuse, c'est que, le jour de l'assassinat, Dubosc portait une perruque blonde pareille aux cheveux de Lesurques. Il est donc de la plus haute importance que cette ressemblance soit vérifiée et que les jurés comme les témoins soient à portée de voir Dubosc avec la même coiffure qui lui est attribuée. »

La veuve de Lesurques collabore, de son côté, à cette reconstitution. Pour que les jurés puissent mieux apprécier la ressemblance, elle a fourni un buste de son mari, qui trônera au milieu du tribunal, ainsi que son portrait en médaillon... Mais un nouveau rebondissement fait une nouvelle fois tout échouer. Dubosc, le spécialiste de l'évasion, s'évade une nouvelle fois et seul Vidal passe en jugement.

Le procès perd tout intérêt. La culpabilité de l'accusé, même s'il persiste à nier, est évidente. Reconnu par vingt-quatre témoins, Vidal est condamné à mort. Il est conduit en place de Grève le 2 décembre 1798. C'est la cinquième tête qui tombe dans l'affaire du courrier de Lyon.

Il faut attendre encore plus d'un an pour que se produise un événement nouveau. Après le coup d'État de Bonaparte, Fouché, nouveau ministre de la Police, rétablit énergiquement l'ordre à Paris. Le but de l'opération était essentiellement politique, mais dans les mailles du filet échoue un vieux repris de justice, Dubosc, qui, cette fois, n'échappera pas à son sort.

Son procès s'ouvre à Versailles en décembre 1800. La salle est comble et l'assistance retient son souffle. On va peut-être enfin savoir si cette erreur judiciaire dont tout le monde parle a eu lieu ou non, si celui qui est dans le box des accusés a été pris ou non pour Lesurques.

Dès le début, on peut constater qu'aucun secours ne viendra du côté de l'accusé. Non seulement Dubosc n'avoue rien, mais il se défend comme un beau diable. Il lance au président :

– On veut absolument me mêler à toute cette bande pour réhabiliter Lesurques, qui semble avoir, depuis sa mort, des amis beaucoup plus actifs et dévoués que lorsqu'il était vivant !

Les débats suivent pourtant leur cours... De nouveau, comme il y a cinq ans, on voit défiler à la barre les aubergistes et les servantes, suivis de tout le cortège des habitants de Lieusaint, de Montgeron et des environs, dont les témoignages ont déjà envoyé cinq hommes à la guillotine.

C'est peut-être ce qui les rend prudents. C'est peut-être aussi le temps écoulé, car en cinq ans les souvenirs sont moins précis. En tout cas, les témoins sont beaucoup moins affirmatifs que lors des procès précédents. Pas un ne reconnaît Dubosc comme l'un des cavaliers...

Après eux, on voit arriver à la barre le bijoutier Legrand, naguère convaincu de faux témoignage pour avoir falsifié son registre. Lui, c'est le défenseur de Dubosc qui l'a cité. Car tout ce qui peut aller dans le sens de la culpabilité de Lesurques est exploité par la défense. Pour innocenter Dubosc, il faut prouver que Lesurques était bien l'un des assassins.

Mais à présent le bijoutier Legrand n'est plus qu'une épave. Son arrestation, le déshonneur qui s'est ensuivi ont définitivement égaré sa raison. C'est à l'asile de Charenton qu'on est allé le chercher. Terrifié, il bredouille quelques mots sans suite, avant que ses gardiens le reconduisent.

Le lendemain, c'est enfin le grand jour ! Comme cela avait été déjà décidé, lors du procès qui n'avait pu avoir lieu, le président ordonne qu'on coiffe Dubosc d'une perruque blonde avant de le confronter aux témoins. Le perruquier entre dans la salle d'audience. Il dépose le postiche sur la tête de l'accusé, mais quelques cheveux dépassent. Le président lui ordonne de les couper à la bonne hauteur.

La salle retient son souffle. C'est vrai que, maintenant, Dubosc n'a plus du tout le même aspect. Est-ce qu'il ressemble vraiment à Lesurques ainsi déguisé ? Difficile de l'affirmer, mais les témoins le diront peut-être...

Le premier d'entre eux est introduit. Dubosc est très pâle, mais il se rassure rapidement.

– Non, je n'ai jamais vu cet homme-là. Pas avec cette perruque, en tout cas !

Tour à tour, les habitants de Lieusaint et de Montgeron défilent devant l'accusé affublé de sa perruque, auquel personne ne trouve la moindre similitude avec Lesurques. Non, ils n'ont jamais vu quelqu'un ressemblant à l'homme qu'ils ont sous les yeux. Seule la femme Alfroy, épouse du pépiniériste de Lieusaint, semble troublée.

– Devant le tribunal de la Seine, j'ai reconnu Lesurques. En conscience, je dois dire que je me suis trompée. Je crois fermement que, le jour du drame, ce n'est pas Lesurques que j'ai vu, mais Dubosc...

C'est tout et c'est bien peu ! L'épreuve de la perruque, dont on attendait l'élucidation du mystère, a échoué. À une exception près, personne n'a changé d'avis. Tous maintiennent qu'ils ont bien vu Lesurques à l'époque et non l'accusé revêtu d'un postiche blond.

Le verdict tombe peu après. Le jury reconnaît Dubosc coupable, mais il ajoute :

– Jean Guillaume Dubosc n'est pas convaincu d'être l'auteur de l'homicide du courrier ni du postillon de la malle de Lyon, ni du vol qui a suivi, mais seulement d'avoir aidé et assisté volontairement avec préméditation les auteurs de cet homicide et de ce vol.

Cette sentence est ressentie comme un coup terrible par la famille et les amis de Lesurques présents dans l'assistance. Le jury, en effet, a tenu à préciser que Dubosc n'est pas condamné pour les mêmes chefs d'accusation que Lesurques, autrement dit qu'il ne croit pas à l'erreur judiciaire. Dubosc et Lesurques peuvent très bien être coupables l'un et l'autre.

Les charges retenues contre Dubosc sont néanmoins suffisantes pour le faire condamner à mort. Une sixième tête tombe, mais l'affaire n'est pas close pour cela. Il reste Roussi, l'Italien désigné par Couriol et Durochat comme l'un des participants à l'agression et dont on est toujours sans nouvelles.

En 1803, il est enfin localisé en Espagne où il est devenu marchand d'huile. Le ministre des Affaires étrangères, Talleyrand, réclame son extradition et le gouvernement espagnol lui donne satisfaction. Ramené en France, Roussi commence par nier. Il essaie de gagner du temps, en affirmant qu'il existe des preuves de son innocence en Italie. Mais il finit par avouer et, à son procès, il est condamné à mort.

Avant de partir pour l'échafaud, il se confesse et remet au prêtre une courte lettre à ouvrir six mois après son décès. Elle affirme l'innocence de Lesurques.

Telle est l'issue de cet interminable feuilleton judiciaire, qui a vu se succéder les condamnations et les têtes tombant sous la guillotine. Pourtant, tout n'est pas fini sur le plan légal, car, à partir de ce moment, la famille de Lesurques remue ciel et terre pour obtenir sa réhabilitation. Elle est soutenue en cela par une bonne partie de l'opinion et même des autorités, qui sont persuadées, tout comme l'avait été le Conseil des Cinq-Cents, de l'innocence du condamné.

Mais la Cour de cassation se montre intraitable. De 1806 à 1854, elle est saisie de quinze requêtes en révision, pas moins, qui sont toutes rejetées ! En 1868, la fille du condamné, alors âgée de soixante-seize ans, introduit une seizième requête, qui est refusée elle aussi. Mais le plus grave, c'est qu'on lui signifie en même temps que plus aucune démarche ne pourra être prise en considération, la cour s'étant définitivement prononcée pour la culpabilité de Lesurques. C'est plus que n'en peut supporter la malheureuse : on retrouve peu après son corps dans la Seine...

L'obstination de la Haute Cour est d'autant plus étonnante qu'elle va à contre-courant de l'opinion générale, pour qui l'affaire du courrier de Lyon est devenue synonyme d'erreur judiciaire et Lesurques le symbole même de la victime des juges.

Car enfin, voilà un homme que la police ne recherchait en aucune manière, qui aurait pu échapper à toutes les poursuites et qui n'est mis en cause que parce qu'il s'est rendu de sa propre initiative chez le magistrat instructeur, pour accompagner un ami ! A-t-on jamais vu un coupable agir ainsi ? Et quel rôle aurait-il joué dans le crime ? La plupart des témoins ont évoqué quatre cavaliers et il y a eu sept condamnations à mort : même si on ajoute deux complices, cela fait un de trop.

Et surtout, il y a les déclarations des véritables coupables en sa faveur. Ils sont trois, Couriol, Durochat et Roussi, à avoir juré de toutes leurs forces son innocence, jusque sur les marches de l'échafaud, jusqu'aux portes de la mort. Un tel comportement est sans exemple. Qu'avaient-ils à gagner à agir ainsi ? Pourquoi auraient-ils menti ? Pour le simple plaisir de mystifier l'opinion ? C'est impossible à croire ! Si l'on doit tirer une seule leçon de cette tragique affaire, c'est l'innocence de Lesurques.

Et pourtant... Et pourtant, le cas de Lesurques n'est pas aussi clair qu'on veut bien le dire. Il faut reprendre les éléments un par un, à commencer, justement, par les spectaculaires proclamations de ses coaccusés. Elles sont loin d'être aussi probantes qu'il y paraît. Les doutes les plus sérieux ont été émis sur l'authenticité de la lettre de Roussi à son confesseur. Pour la plupart des historiens, il s'agit d'un faux pur et simple. Quant à Durochat, il était notoirement mythomane. Il ne reste que Couriol dont l'attitude pose problème. On a évoqué une corruption de la part de la famille de Lesurques, qui était riche, sans que rien n'ait pu être prouvé.

Quant au rôle de Lesurques dans le crime, il est simple : il faisait partie de la bande. Il était ce jeune homme blond en redingote bleue reconnu par de nombreux témoins, qui a voulu payer avec des assignats et qui a cassé son éperon d'argent. Certes, sept personnes ont été exécutées, cela fait beaucoup, mais pas forcément trop, si on se fie à ceux des témoignages qui ont parlé de six cavaliers. Avec Durochat, qui voyageait dans la malle-poste, on arrive à sept.

En fait, malgré ses dénégations pathétiques, malgré l'acharnement montré par les siens pour le disculper, les charges les plus lourdes continuent à peser sur Lesurques. Parmi tous les accusés, c'est lui qui a été reconnu par le plus grand nombre de témoins, sans parler de l'intervention spectaculaire des servantes dans l'antichambre du juge Daubenton.

Car sa présence chez ce dernier n'est pas une preuve d'innocence. Il peut parfaitement être coupable et avoir cédé à une tentation vieille comme le monde : jouer avec le feu. Il allait se trouver en face du magistrat chargé de l'affaire, celui-là même qui aurait dû l'arrêter : quel délicieux frisson il allait ressentir ! Seulement, il ne s'était pas imaginé qu'il y aurait sur place des témoins de l'agression.

Et il y a bien d'autres éléments contre lui. Il était lié avec deux coupables avérés : Couriol et Richard, et il était chez eux peu de temps avant et après le crime. Dubosc n'a pas été pris pour lui et l'épreuve de la perruque blonde s'est soldée par un échec. Sans oublier la falsification du registre du bijoutier Legrand, dont il est sans nul doute l'instigateur. Cela fait beaucoup, bien assez, en tout cas, pour que la Cour de cassation ait refusé de le disculper.

L'affaire du courrier de Lyon a toutes les apparences d'un mystère, mais si on admet la culpabilité de Lesurques, elle cesse d'en être un. La solution est peut-être là.

Charles-Geneviève d'Éon

Madame le chevalier

Le chevalier d'Éon était-il un homme ou une femme ? Si son histoire nous passionne tant, c'est bien sûr en raison du mystère qui l'entoure, mais pas uniquement. C'est aussi parce que, d'une certaine manière, cette interrogation sur l'identité sexuelle nous concerne tous. Même les hommes les plus masculins ont en eux quelque chose de féminin, même les femmes les plus féminines possèdent quelque chose de masculin.

La figure ambiguë du chevalier d'Éon, matérialisée par cette gravure qui le représente moitié en robe, moitié en habit masculin, véhicule toute une cohorte de tentations inavouées, de désirs refoulés : homosexualité, hermaphrodisme, changement de sexe. Qui n'a rêvé, par exemple, d'avoir ne serait-ce qu'un moment le sexe opposé pour savoir ce qu'éprouve l'autre ? Le chevalier serait-il parvenu à vivre cette expérience fascinante ? Par-delà son existence singulière, le chevalier d'Éon nous renvoie à nous-mêmes. Il nous pose cette question en apparence absurde, mais en fait génératrice de trouble, voire d'angoisse : et moi, suis-je un homme ou une femme ?

Le moins qu'on puisse dire, c'est que, dès le début de son existence, le chevalier est placé sous le signe de l'incertitude en matière de sexe. Il naît le 5 octobre 1728, à Tonnerre, en Bourgogne, aux confins de la Champagne. Fils de Louis d'Éon de Beaumont, avocat au Parlement, conseiller du roi, propriétaire, en outre, de vignes renommées, et de Françoise de Charanton, descendante d'un commissaire général aux armées, il appartient à la petite noblesse et sa famille est tout ce qu'il y a d'aisé. En apparence, une vie bien réglée se prépare pour lui, mais lorsque son père vient le faire baptiser, en l'église Notre-Dame de Tonnerre, il le déclare sous les prénoms de Charles, Geneviève, Louise, Auguste, Andrée, Timothée.

C'est extraordinaire, mais le chevalier d'Éon porte bel et bien trois prénoms masculins et trois prénoms féminins ! S'agit-il d'un hasard, qui va devenir prédestination et qui annonce ce que sera son existence ? Ou plutôt d'un aveu ? Ses parents, en découvrant le nouveau-né, n'auraient pas pu déterminer à quel sexe il appartenait et se seraient résignés à lui donner les prénoms de l'un et de l'autre. En tout cas, les deux premiers lui resteront et on l'appellera toute sa vie Charles-Geneviève, étonnant prénom composé, qu'il a peut-être été le seul à porter...

Durant ses premières années, la même interrogation persiste. Charles-Geneviève passe son enfance à l'hôtel d'Uzès, la luxueuse demeure familiale de Tonnerre, et jusqu'à l'âge de huit ans, sa mère lui fait porter les robes de sa sœur aînée. Certes, la pratique d'habiller les jeunes garçons en filles était assez courante dans la noblesse, mais compte tenu de l'ambiguïté des prénoms, on est tout de même en droit de s'interroger.

Quoi qu'il en soit, une chose est certaine : celui qui, pour l'état civil du moins, est un homme, est doué intellectuellement et même brillant. Charles-Geneviève est un élève aussi apprécié de ses maîtres que de ses camarades. Après avoir survolé les petites classes, il quitte Tonnerre pour Paris, s'inscrit au collège Mazarin et obtient, en 1749, son diplôme en droit civil et en droit canon. En raison de son jeune âge, il a dû demander une dispense.

Outre ses dons intellectuels, sa personnalité plaît à tous ceux qu'il côtoie, même si elle sort de l'ordinaire. Malgré sa petite taille, ses joues imberbes et le timbre féminin de sa voix, il aime les exercices physiques et il est de première force à l'escrime, on dit même qu'il est une des plus fines lames du royaume. Il est, en outre, fort habile cavalier. Bref, c'est un jeune homme accompli, sauf dans les choses de l'amour, car on ne lui connaît aucune aventure. L'un de ses condisciples le décrit comme « un joli blond, de figure agréable, petit de taille, mais vigoureux et plein d'entrain, qui, malgré ses allures de demoiselle, est toujours prêt lorsqu'il s'agit de rire, de boire ou de se battre ».

Décidé à suivre les traces de son père, Charles-Geneviève s'inscrit comme avocat au parlement de Paris et publie, à vingt et un ans, des *Considérations historiques et politiques* qui le font remarquer bien au-delà des milieux juridiques. Sa renommée naissante va jusqu'au roi. Louis XV le nomme censeur royal pour l'histoire et les belles-lettres. Le voici maintenant introduit à la cour : c'est ce qui va décider de sa carrière.

C'est en 1755 qu'a lieu l'événement décisif... La France, par la volonté du cardinal de Bernis, ministre des Affaires étrangères, a décidé de nouer des relations amicales avec la Russie. L'entreprise est délicate, car les deux pays sont dans les plus mauvais termes. Le marquis de La Chétardie, ambassadeur de France à Saint-Pétersbourg, risque d'être reconduit à la frontière dans les plus brefs délais. La nouvelle tsarine, Élisabeth Petrovna, fille de Pierre le Grand, qui vient d'usurper le trône de son neveu Ivan IV, âgé de un an, suit, en effet, aveuglément les avis de son conseiller Bestoujev-Rioumine, farouchement antifrançais.

La diplomatie ordinaire s'avérant inefficace, le cardinal de Bernis se tourne vers Louis-François de Bourbon, prince de Conti, responsable du Secret du roi, les services secrets du royaume. Il lui demande qu'un émissaire discret entre en contact avec la tsarine. Conti envoie un agent, mais celui-ci est rapidement découvert et incarcéré. À sa suite, plusieurs autres subissent le même sort. Cette fois, les ponts sont coupés. Plus aucune nouvelle ne parvient de Russie en France. La politique de rapprochement entre les deux pays semble devoir être abandonnée.

C'est alors qu'a lieu une nouvelle entrevue entre Bernis et Conti et, ce jour-là, le ministre des Affaires étrangères avance une idée :

– La tsarine est une femme. Pourquoi ne pas envoyer une femme ? Elle aurait plus de chances de passer inaperçue et de s'introduire dans son entourage.

Le prince de Conti n'est pas de cet avis.

– Je n'ai pas de femme dans mes agents. D'ailleurs, mon sentiment est qu'on ne peut pas faire confiance aux femmes pour ce genre de mission.

– Et si on demandait à un homme de se travestir ?

– Il serait tout de suite démasqué.

– Pas forcément… Je pense à ce jeune avocat que le roi a nommé à la censure des belles-lettres, Charles-Geneviève d'Éon.

– Il est vrai qu'il a l'apparence voulue et tout le discernement qu'il faut pour ce genre de travail.

– Alors, faites-lui la proposition…

Peu après, le chevalier d'Éon se trouve devant le prince de Conti, un peu impressionné d'être en présence de ce haut personnage qu'on dit au courant de tout ce qui se passe dans le royaume et même dans l'Europe entière. Mais le prince est tout sourire.

– Chevalier, j'ai une proposition à vous faire : que diriez-vous de faire partie du Secret du roi ?

Charles-Geneviève, qui se morfond dans les fonctions bureaucratiques qui sont les siennes, est ravi, et répond avec enthousiasme.

– J'accepte par avance n'importe quelle mission !

Mais la suite du discours le déconcerte un peu.

– Est-il vrai que vous êtes imberbe ?

– Certainement, Monseigneur, la nature m'a fait ce don.

– Alors, vous déguiser en femme ne vous poserait pas de problème ?

– J'ai passé mes huit premières années habillé en fille.

– Dans ce cas, je vous propose un voyage en Russie…

C'est ainsi que Charles-Geneviève d'Éon est promu agent secret. Il a vingt-sept ans, est rempli d'ambition et décidé à tout faire pour réussir. Il accomplit à merveille sa transformation et, au mois de juillet 1755, c'est une troublante jeune femme qui prend le chemin de Saint-Pétersbourg, sous le nom de Mlle Lia de Beaumont.

Il, ou plutôt elle, part en compagnie d'un autre agent, le chevalier Douglass, ce dernier habillé tout à fait normalement. Ils empruntent deux chemins différents, mais dès son arrivée à Saint-Pétersbourg, Douglass est arrêté et refoulé, tandis que Lia de Beaumont parvient sans difficulté jusqu'à la cour.

La chance est avec elle. Il se trouve que la tsarine Élisabeth, qui adore lire les livres français, est à la recherche d'une lectrice. Cette demoiselle, qui se rend seule en Russie pour son plaisir, chose si rare, attire tout de suite son attention. Lia de Beaumont est vive, charmante, elle est pleine d'esprit, elle connaît mille potins sur la cour de France, qu'elle fréquentait avant son départ : en peu de temps, elle fait la conquête de l'impératrice et la voici sa lectrice !

Mlle de Beaumont a pour livre de chevet *De l'esprit des lois* de Montesquieu, dont elle garde un exemplaire avec elle, l'ouvrant de temps en temps pour méditer sur tel ou tel passage. En réalité, l'ouvrage contient dans sa reliure une lettre de Louis XV pour la tsarine... Lorsqu'elle est suffisamment sûre d'être en bons termes avec elle, elle la lui remet, lui avouant en même temps la mission qui est la sienne.

L'instant est crucial. Élisabeth va-t-elle ordonner de la jeter au cachot ? Non, elle est surprise, mais pas fâchée. Elle lit la lettre et conclut :

– Lia, je veux bien vous confier ma réponse au roi de France, mais il faudra me promettre de revenir...

Lia de Beaumont promet tout ce qu'on voudra et rentre à Versailles, fin 1755. Sa mission est un éclatant succès : la tsarine accepte un traité avec la France. L'alliance voulue par le cardinal de Bernis va pouvoir se faire. Du coup, le chevalier d'Éon devient l'objet de la curiosité générale. Il a repris ses habits d'homme, mais n'est-ce pas maintenant qu'il est travesti ? Le poste de lectrice conduit à vivre dans l'intimité de la souveraine : comment la tsarine ne s'est-elle rendu compte de rien ?

On observe mieux Charles-Geneviève et on remarque avec étonnement ses joues parfaitement lisses, on lui découvre sous ses habits des formes avantageuses.

Il se trouve qu'il y a alors à la cour un grand connaisseur en matière de femmes, un aventurier italien qui accumule les aventures amoureuses, Giovanni Giacomo Casanova, et c'est lui qu'on prend pour arbitre. Son verdict est sans ambiguïté. Il l'exprimera plus tard, en ces termes, dans ses *Mémoires* : « Malgré son esprit ministériel et ses manières d'homme, je ne fus pas un quart d'heure à le reconnaître pour femme, car sa voix était trop franche pour une voix de castrat et ses formes trop arrondies pour être d'un homme. »

Mais s'agissant de l'intéressé lui-même, impossible d'apprendre quoi que ce soit. Il garde un silence plein de mystère, évitant soigneusement de se compromettre. Évidemment, le meilleur moyen de découvrir la vérité serait d'avoir une aventure avec lui et ils sont plusieurs, hommes ou femmes, à s'y être employés, sans le moindre succès. Charles-Geneviève repousse sèchement les hommes, beaucoup plus doucement les femmes, mais sans leur céder davantage. Est-ce un indice ? Pas forcément.

En attendant, le prince de Conti confie d'autres missions à son agent, qui a si brillamment réussi la première. L'année suivante, l'Angleterre déclare la guerre à la France. Le chevalier d'Éon, ou plutôt Lia de Beaumont, est envoyée en Russie pour convaincre la tsarine de rompre ses accords avec les Britanniques. Celle-ci, enchantée de retrouver sa chère lectrice, y consent sans difficulté, à la grande fureur de Bestoujev-Rioumine, qui proteste tant qu'il est expédié en Sibérie. Élisabeth veut prendre Lia de Beaumont à son service, mais en vain. À son retour et en remerciement de ses succès, Charles-Geneviève reçoit le brevet de lieutenant des dragons.

Vêtu tantôt en homme, tantôt en femme, il mène à bien plusieurs autres missions délicates dans toute l'Europe et n'en finit pas d'intriguer les esprits. Nommé capitaine, il décide d'aller à la guerre pour honorer ses galons et fait preuve au combat d'une telle bravoure qu'elle lui vaut la croix de Saint-Louis, la plus haute décoration du royaume. Ses exploits militaires font pencher l'opinion en faveur de son identité masculine. Jamais, pense-t-on, une femme n'aurait été capable de tels exploits. Vraiment ? N'est-ce pas juger un peu vite et oublier Jeanne d'Arc ?

1762 marque un tournant dans la carrière de Charles-Geneviève. C'est l'année où meurt Élisabeth de Russie et où la guerre avec l'Angleterre prend fin. Il est envoyé à Londres comme secrétaire d'ambassade et c'est dans ce pays qu'il passera désormais le plus clair de son temps.

Brusquement, son comportement change. Alors que, jusque-là, il s'était habillé en homme et n'avait pris le vêtement féminin que dans le cadre d'une mission, il paraît à la cour d'Angleterre tantôt en femme, tantôt en homme, sans qu'aucun ordre ne lui ait été donné dans un sens ou dans l'autre. Quand il est en femme, il parle de lui-même au féminin, quand il est en homme, il parle au masculin.

Il devient la grande attraction de Londres, prenant visiblement le plus vif plaisir à la curiosité qu'il suscite. Celle-ci s'accroît encore quand, chassée de Russie par Catherine II, qui a succédé à Élisabeth, la princesse d'Askoff débarque à Londres. La princesse raconte à qui veut l'entendre qu'elle a vu Charles-Geneviève en déshabillé dans les appartements de la tsarine et que c'était une demoiselle.

Un véritable vent de folie se met alors à souffler au sujet du chevalier d'Éon. Est-ce un homme, est-ce une femme ? On ne parle plus que de cela dans Londres. Les Anglais, qui adorent parier, engagent sur lui des sommes fabuleuses. Ainsi, pour la seule année 1771, les mises atteignent trois cent mille livres sterling.

S'il s'emploie, par son attitude énigmatique, à entretenir et à amplifier le mystère, le chevalier n'en continue pas moins son travail. Une coalition s'organise entre la France et la Suède d'une part, la Prusse et la Russie de l'autre. Il obtient la neutralité de l'Angleterre, élément indispensable dans le conflit qui va s'engager… Nous sommes en 1774 et ce sera son dernier succès, car Louis XV meurt de la petite vérole, le 10 mai, et sa situation va s'en trouver changée du tout au tout.

Le nouveau roi de France, Louis XVI, est un homme pieux, très soucieux de moralité, qui n'apprécie pas sa conduite tapageuse. Il envoie sur place un autre de ses agents, un brillant gentilhomme, lui aussi aventurier à ses heures, Pierre Caron, qui signe ses premiers écrits sous le nom de Beaumarchais. Ce dernier a pour mission de récupérer la correspondance que le chevalier a entretenue avec Louis XV, avec tous les secrets qu'elle peut contenir, et de trouver avec lui un arrangement qui mette fin à ses scandales.

La rencontre entre le chevalier d'Éon et Beaumarchais est l'un des plus étonnants épisodes de cette histoire. L'écrivain le découvre en femme et, tout comme Casanova, dont la réputation de séducteur dépasse de peu la sienne, il se fait immédiatement son opinion. Il note : « La chevalière boit, fume et jure comme un estafier allemand, mais c'est une femme et quelle femme ! » Il écrit aussi un peu plus tard dans son journal personnel : « Tout le monde dit que cette fille est folle de moi. » En fait, il semble bien que ce soit lui qui soit tombé amoureux d'elle, mais qui, malgré toutes ses avances, ait été impitoyablement repoussé.

Quoi qu'il en soit, les discussions et tractations se poursuivent longtemps entre les deux agents du roi, à la suite desquelles Charles-Geneviève accepte de se faire examiner par un collège de médecins, qui rendront leur verdict. Les praticiens se réunissent peu après et déclarent solennellement que le chevalier d'Éon est une femme !

La nouvelle fait sensation à Londres, ne serait-ce que parce qu'elle met un terme officiel aux paris. Dans les jours qui suivent, des sommes énormes changent de mains, faisant la fortune des uns et causant la ruine des autres... En ce qui concerne le chevalier lui-même, son sort s'en trouve scellé. Le 4 novembre 1775, il accepte de s'habiller et de se comporter définitivement en femme ; en échange, une pension lui sera versée par le gouvernement. Il demande toutefois et obtient l'autorisation de porter sa croix de Saint-Louis.

Elle – puisque c'est ainsi qu'il faut l'appeler désormais – rentre en France le 13 août 1777. Peu après, elle fait une dernière tentative pour reprendre son identité masculine. Car sa nouvelle condition entraîne pour elle un changement désastreux : elle l'écarte définitivement, non seulement de la carrière militaire, mais de la carrière diplomatique et politique, auxquelles les femmes n'ont pas accès.

Charles-Geneviève se rend à Versailles et demande audience à Louis XVI en uniforme de capitaine des dragons, espérant que ses états de service lui vaudront un retour en grâce. Mais le roi, qui ne l'aime pas, refuse purement et simplement de la recevoir. Il a décidé qu'elle était une chevalière et elle le restera ! Il lui fait parvenir peu après l'arrêté suivant : « De par le roi, il est ordonné à Charles, Geneviève, Louise, Auguste, Andrée, Timothée, chevalière d'Éon, de quitter l'uniforme des dragons qu'elle a continué à porter et de reprendre les habits de son sexe, avec défense de paraître dans le royaume avec d'autres habillements que ceux convenables aux femmes. »

Nous sommes le 21 novembre 1777... Charles-Geneviève fréquente encore un moment la cour en femme et publie sous le nom de chevalière d'Éon des pamphlets féministes préfigurant les mouvements révolutionnaires qui vont suivre : *Appel à mes contemporaines*, *Lettre aux femmes*. Mais elle s'attire la réprobation des gens en place et devient suspecte aux autorités.

Alors, en 1785, elle décide de quitter le pays. Elle se rend en Angleterre, qui est devenue sa seconde patrie. Elle a opté définitivement pour le statut de femme et demande à son entourage de la considérer comme telle. Sa mère, qui lui écrivait, dans une lettre du 5 janvier 1774, « Mon cher fils », l'appelle, dans une lettre du 1er février 1785 « Ma chère fille ».

À Londres, Charles-Geneviève, chevalière d'Éon, continue à vivre misérablement de sa pension du gouvernement. Elle améliore l'ordinaire en se battant en habit féminin dans des tournois d'escrime. Elle remporte ainsi un duel public, le 9 avril 1787, à Londres, contre Joseph de Boulogne, chevalier de Saint-Georges, devant toute l'élite du pays. Puis elle finit par passer de mode. Elle continue à se battre dans des exhibitions de moins en moins relevées. Elle expose sa vie pour quelques pièces...

La Révolution survient alors, provoquant son enthousiasme. Les idées qui sont depuis longtemps les siennes triomphent en France. Elle change son nom en Déon et songe à rentrer pour participer aux événements. Elle écrit à l'Assemblée nationale pour lui proposer de créer et de conduire une unité d'amazones. Son offre est acceptée et elle se voit accorder un passeport. Mais soit à cause de l'exécution du roi, qu'elle désapprouve, soit à cause de lourdes dettes qui l'empêchent de quitter le territoire britannique, elle change d'avis.

Elle recommence à végéter, dans une Angleterre qui l'a désormais tout à fait oubliée... Lors d'un duel avec le prévôt de Launay, en 1796, le fleuret de son adversaire se casse au moment de la toucher et elle reste entre la vie et la mort pendant près de quatre mois.

Quand elle retrouve la santé, elle jure de ne plus se battre. Elle est ruinée, vend sa bibliothèque et tous ses bijoux. Elle vit misérablement auprès d'une femme de son âge, Mrs Cole, qui l'a recueillie par charité. En 1804, elle est emprisonnée pendant cinq mois pour dettes, puis sauvée par un pauvre curé catholique qui lui apporte une demi-guinée d'or. La reine d'Angleterre, émue par son triste sort, lui accorde alors une petite rente.

Après encore quelques années de survie, Charles-Geneviève Déon s'éteint à Londres, le 21 mai 1810. C'était une vieille dame de quatre-vingt-deux ans, un âge très avancé pour l'époque. Elle a passé trente-trois ans de sa vie habillée en homme et quarante-neuf habillée en femme.

Le moment est venu de faire le point... On en revient à cette gravure évoquée au début, qui représente Charles-Geneviève moitié en robe, moitié en habit masculin, tenant un éventail dans la main droite et appuyant la gauche sur la garde de son épée. Qui était-ce ? Un homme, une femme, ou ni l'un ni l'autre, un être entre les deux ? Avant de tenter de répondre, il faut récapituler les arguments en faveur des différentes thèses.

Une femme, c'est très possible. C'est son état civil à sa mort et ce qu'ont déclaré, en 1774, les seuls médecins qui l'aient examinée de son vivant. C'est également l'avis de ces deux grands amateurs et connaisseurs de femmes qu'étaient Casanova et Beaumarchais, sans parler de la princesse d'Askoff, qui affirme avoir vu une demoiselle en déshabillé. C'est en tout cas ce qui correspond à son physique : tous les témoins parlent d'une voix féminine, de formes arrondies, d'une peau douce et veloutée, sans le moindre système pileux.

Mais un homme, c'est tout aussi possible. C'est son état civil à sa naissance. Malgré l'ambiguïté des prénoms, c'est bien un garçon qui est baptisé en octobre 1728, en l'église Notre-Dame de Tonnerre. Si c'était une fille, pourquoi ses parents ne l'auraient-ils pas déclarée comme telle ?

C'est aussi ce que laisse penser son caractère, car si son aspect est féminin, son comportement ne l'est pas. Le chevalier fait une brillante carrière militaire, il est querelleur, batailleur, autoritaire, buveur, jureur. Seule sa vie amoureuse pose problème. On ne lui connaît aucune aventure. Mais il n'était pas, en tout cas, un homosexuel prenant plaisir à se travestir. Il n'aimait pas les hommes, il n'était pas du tout attiré par eux, même lorsqu'il était en habits de femme. Il a repoussé toutes leurs avances, à commencer par celles de Beaumarchais.

Alors, s'agissait-il d'un être hybride, d'un androgyne ? Cela expliquerait le comportement de son père à sa naissance, lui donnant trois prénoms masculins et trois prénoms féminins. C'était aussi l'avis de beaucoup de ses contemporains, en particulier de Voltaire, qui l'appelait un « animal amphibie ». C'est, enfin, ce que laisse penser son absence de vie sexuelle.

On en est là des réflexions qu'on peut faire au moment de la mort de Charles-Geneviève lorsque, deux jours plus tard, contre toute attente, surgit la pièce la plus importante de tout le dossier. Sur l'initiative d'on ne sait qui, son corps est disséqué par un chirurgien et le résultat fait l'effet d'une bombe : cette vieille dame de quatre-vingt-deux ans était un homme !

M. Copeland pratique son examen en compagnie de plusieurs témoins dignes de foi et rédige ainsi son rapport : « Je certifie par la présente que j'ai examiné et disséqué le corps du chevalier d'Éon, en présence de M. Adair, de M. Wilson, du père Élysée et que j'ai trouvé les organes mâles de la reproduction parfaitement formés sous tous rapports. William Street, le 23 mai 1810. Signé : Thomas Copeland, chirurgien. »

Cette autopsie, bien sûr, ne fait que renforcer le mystère, car elle contredit formellement l'examen médical de 1774. Si on écarte l'hypothèse absurde d'un changement de sexe entre les deux, l'intéressé devenant un homme précisément au moment où il est déclaré une femme, il est évident que les praticiens ont menti la première ou la deuxième fois. Mais quand ?

Il faut trancher et on peut le faire pratiquement à coup sûr. En dernière analyse, tous les éléments vont dans le sens de l'identité masculine du chevalier d'Éon. Il n'était certainement pas un homme au sens plein du terme, il en avait les organes, tout en étant impuissant et dénué d'appétit sexuel, mais c'était bel et bien un homme. En fait, toute l'ambiguïté est venue du chevalier lui-même…

En 1775, son physique très particulier le fait désigner pour une mission auprès de la tsarine, dont il s'acquitte à merveille. À son retour, il est l'objet de la curiosité générale, ce qui le grise, et, dès lors, il va tout faire pour entretenir le mystère autour de sa personne. Il est d'un naturel égocentrique, narcissique, exhibitionniste et, plus le temps passe, plus il joue à incarner cet être exceptionnel, mi-homme mi-femme.

Car c'est bien un garçon que ses parents ont déclaré à sa naissance et l'énigme de ses prénoms, c'est sans nul doute lui qui l'a inventée. Il a reçu pour second prénom celui de sa marraine, Geneviève d'Éon, épouse Mouton, ce qui était une pratique peu courante mais admise. Mais c'était là son seul prénom féminin. Pour les deux autres, Louise et Andrée, il suffisait d'ajouter un « e » à son état civil, ce qu'il faisait régulièrement quand il signait. Le registre de Notre-Dame de Tonnerre n'a pas été conservé, mais il y a tout lieu de croire qu'y figurait « Charles, Geneviève, *Louis*, Auguste, *André*, Timothée ». De même, son prénom véritable était Charles tout court. C'est lui qui s'est fait appeler toute sa vie Charles-Geneviève, dénomination qui résonnait comme le symbole, l'emblème de son mystère.

Dans ces conditions, c'est l'expertise de 1774, pratiquée à la demande des autorités françaises, qui est mensongère. Les médecins qui ont examiné le chevalier ont menti sur ordre. Reste à savoir pour quelle raison.

D'abord, très certainement, ainsi qu'il en a beaucoup souffert, parce que l'état de femme l'écartait de toute vie publique. Louis XVI, qui voulait faire cesser ses désordres, ne pouvait trouver meilleur moyen de le mettre à l'écart. Mais il y a peut-être une autre raison, qui est, en définitive, le dernier mystère concernant le chevalier d'Éon.

Dans les archives du royaume, on trouve la curieuse mention suivante : « Si le chevalier d'Éon obtint de ne rentrer en France qu'à condition de porter toujours des vêtements féminins, c'est afin d'assurer la tranquillité d'une auguste personne... » Il se trouve que, sur le chemin de Saint-Pétersbourg, il a fait la connaissance de Sophie-Charlotte de Mecklembourg, qui se préparait à épouser l'héritier de la Couronne britannique. Une affection platonique est née entre eux et elle a persisté.

Elle durait encore lorsque Sophie-Charlotte est devenue la femme de George III d'Angleterre et que le chevalier est envoyé à Londres. Ils ont continué à se voir et, un jour, le roi les aurait surpris dans la chambre de la reine. En tout bien tout honneur : Charles-Geneviève était incapable de quoi que ce soit, mais la situation était critique et Sophie-Charlotte ne s'est tirée de ce mauvais pas qu'en assurant que le chevalier était une femme.

C'est ce qui explique que jamais, par la suite, il n'a revendiqué son état d'homme, y compris après la Révolution, quand plus rien ne l'empêchait de le faire. George III était toujours roi, Sophie-Charlotte toujours reine, et parler aurait été la compromettre. Sophie-Charlotte, qui accordera une petite rente à la vieille Mme Déon, terminant sa vie auprès d'une autre vieille dame, dans une triste maison de Londres...

Agnès Sorel

La Dame de Beauté

Nous sommes en 1443. Charles VII occupe le trône de France, Jeanne d'Arc a été brûlée il y a douze ans et la guerre de Cent Ans a dépassé le siècle depuis peu. Mais la période de malheurs semble bel et bien révolue. Les Anglais vont de défaite en défaite ; ils ne possèdent plus que Calais, la Normandie et l'Aquitaine. Une trêve a été signée et le pays est en paix.

Le roi Charles VII a quarante ans. Il est timide, triste et perpétuellement anxieux. Comment pourrait-il en être autrement après les terribles épreuves qu'il a subies lorsqu'il était dauphin ? Fils d'un père fou, il a été destitué par sa mère comme enfant adultérin, traqué par les Anglais et les Bourguignons, et n'avait pas de quoi se payer une paire de souliers.

Physiquement, il n'est guère avantagé. Il suffit pour s'en convaincre de voir le tableau qu'a fait de lui Jean Fouquet : un air boudeur, de petits yeux au regard inquiet, un long nez dominant une bouche épaisse, une mâchoire carrée. Ses membres sont grêles, ses genoux cagneux, son maintien gauche, sa démarche sans grâce. Conscient de son manque de charme, il se cantonne dans les exercices militaires. Il vit le plus souvent à l'extérieur et sa cour est réduite au minimum : quelques pièces suffisent à la loger, dans les châteaux où il se déplace sans cesse.

C'est un bon époux. Avec sa femme, Marie d'Anjou, il a eu douze enfants, dont l'aîné, Louis, si Dieu lui prête vie, régnera un jour sous le nom de Louis XI. Marie est une compagne fidèle, elle a partagé avec lui les infortunes de ses débuts. Si un lien très fort existe entre eux, il ne s'agit pas de passion. Elle est franchement laide, avec « son visage à faire peur aux Anglais ». Elle n'aime pas se montrer en public et s'occupe principalement de l'éducation de ses enfants.

Le 19 mars 1443, le roi Charles VII reçoit à Toulouse son beau-frère, René d'Anjou, et sa belle-sœur, Isabelle de Lorraine, anciens souverains de Sicile, qui viennent juste de perdre leur royaume italien. Cela ne les empêche pas de faire honneur à la fête. Pour une fois, Charles VII est lui aussi de bonne humeur et, contrairement à son habitude, il danse beaucoup. Il aperçoit alors une jeune fille au visage pur et au décolleté troublant. Il se tourne vers son chambellan :

– De qui s'agit-il ? Je ne l'ai jamais vue auparavant.

– C'est Agnès Sorel, Sire, la pupille de la reine de Sicile.

Née à Fromenteau, en Touraine, elle a vingt ans, en cette année 1443. Malgré l'absence de particule, elle est de noble origine. Son père, Jean Sorel, est seigneur de Coudem et a épousé Catherine de Maignelais. Agnès a le teint clair, une blondeur émouvante, une poitrine parfaite et une grâce irrésistible.

Charles est ébloui, mais incapable d'aller contre sa timidité maladive. Il n'ose faire les premiers pas et reste là, les bras ballants, à la contempler. Agnès qui, de son côté, a parfaitement remarqué son trouble se décide. Comme l'avait fait quelques années auparavant une autre jeune fille prénommée Jeanne, mais pour d'autres raisons, elle va à sa rencontre. Elle n'a rien d'une dévergondée, mais seulement le sentiment d'obéir à son destin.

– Sire, me ferez-vous danser ?

Il lui tend la main... Lui qui, contrairement à presque tous les souverains, n'a jamais eu d'aventure, cet homme ingrat qui n'a jamais aimé d'amour découvre un sentiment inconnu. L'attrait charnel, qu'il n'a jamais ressenti pour la pauvre Marie d'Anjou, le bouleverse. Il éprouve en cet instant la plus grande émotion de sa vie.

La liaison de Charles et d'Agnès commence et seule la mort viendra y mettre un terme… De Toulouse, ils accompagnent en Poitou les ex-roi et reine de Sicile, René d'Anjou et Isabelle de Lorraine. C'est un peu le voyage de noces des deux amants. Puis Isabelle de Lorraine regagne l'Anjou en compagnie de son mari. Agnès Sorel, qui est une de ses dames de compagnie, est obligée de la suivre.

Charles VII est désespéré. Il n'ose braver l'opinion en faisant venir sa maîtresse auprès de lui. Il fait donc ses adieux à Agnès, en lui promettant de la revoir très vite. Il rentre à Tours avec la cour. Sa femme est enceinte de leur treizième enfant. Elle a assisté à la première infidélité de son époux et en a été profondément attristée, mais elle s'est fait une raison : cela aurait pu arriver bien plus tôt et bien plus souvent. L'important est que le roi revienne auprès d'elle. Il ne tardera pas à oublier cette toute jeune fille de vingt ans de moins que lui.

Elle se trompe. L'amour donne au timide Charles VII une audace que n'avait eue aucun de ses prédécesseurs. Au bout de quelques jours seulement, il rend visite à la reine.

– Je dois me rendre à Saumur.

Saumur, c'est là que se trouvent Isabelle de Lorraine et ses suivantes, parmi lesquelles Agnès Sorel. Une expression de stupeur et de douleur apparaît sur le visage disgracieux de la reine.

– Vous n'allez pas m'infliger cet affront, alors que notre enfant va naître ?

– Je reviendrai avant la naissance…

Mais Charles ne tient pas sa promesse. Il reste plusieurs mois à Saumur, tandis que sa femme accouche seule à Tours. Pendant ce temps, il file le parfait amour avec Agnès et décide d'officialiser leur liaison en lui offrant le manoir de Beauté-sur-Marne, un bijou d'architecture, « le plus bel et joli et le mieux assis qui fût en Île-de-France » ! Bâti par Charles V près du bois de Vincennes, il domine de sa tour carrée à trois étages les méandres de la Marne. Charles V y est mort et les lieux ont abrité un peu plus tard la liaison d'Isabeau de Bavière et de Louis d'Orléans.

Isabeau de Bavière, la mère de Charles VII, et Louis d'Orléans, son oncle, peut-être son père ! C'est en tout cas ce qu'a prétendu Isabeau pour le déshériter et donner le royaume aux Anglais… On imagine ce que ce lieu représente pour lui. Si cela se trouve, c'est là qu'il a été conçu ! Charles VII quitte Saumur avec Agnès, pour se rendre à Beauté où leurs amours reprennent leur cours.

C'est pour lui la plus belle des revanches sur l'existence. Il efface ainsi toutes les souffrances liées à l'inconduite de sa mère et aux doutes sur sa naissance. Le manoir est le premier endroit où il se trouve seul avec celle qu'il aime. Il est désormais associé à son amour, les fantômes du passé sont exorcisés.

En plus, il y a le nom : Agnès Sorel devient la châtelaine de Beauté ! Ses contemporains l'ont appelée « Mademoiselle de Beauté », l'histoire lui a donné le surnom de « Dame de Beauté ».

Puis Charles la fait châtelaine de Loches et comtesse de Penthièvre. En plus de Beauté, il lui donne les seigneuries de la Roquecezière, en Rouergue, d'Issoudun, en Berry, de Bois-Trousseau, près de Vernon. Et ils abandonnent souvent la cour pour se retirer seuls dans un des châteaux qu'ils affectionnent particulièrement : les Montils, Mehun, Loches, Razilly.

Sa passion fait franchir à Charles un pas décisif. Il installe officiellement Agnès Sorel à la cour comme sa maîtresse, et en fait la première favorite de l'histoire de France. C'est un scandale terrible. Jamais la chose ne s'était produite auparavant, le roi, personnage sacré, devant donner l'exemple de la moralité, au moins dans les apparences.

Mais il n'en a cure. Il est métamorphosé. On le surprend en train de fredonner des chansons, il se met même à écrire des vers. Il organise des tournois où il joute en portant les couleurs de sa belle. Il a rajeuni de quinze ans, le bonheur le rend presque beau. « À table, au lit, au Conseil », Agnès ne le quitte plus. Elle assume sans trembler son rôle inédit de favorite et fait front à la réprobation générale qui l'entoure. Pour la plupart des membres de la cour, elle est, en effet, la pécheresse qui damne le roi très chrétien. En ce sens, elle inaugure les temps nouveaux, elle marque la fin du Moyen Âge, elle est la première figure de la Renaissance en France…

Loin d'être uniquement décorative, la Dame de Beauté joue aussi un rôle politique. Tout comme celle qui l'avait précédée auprès du roi, Jeanne d'Arc, elle est du parti de la guerre. Elle considère que la tâche prioritaire est de chasser les Anglais hors du pays. Elle veut aussi développer les arts et les lettres, rendre la France aussi brillante que sa voisine italienne, qui rayonne d'un éclat incomparable. Pour cela, elle va favoriser deux hommes, qu'elle appuie de tout son poids…

Pierre de Brézé, sénéchal d'Angers et de Poitou, a trente-trois ans. Aussi bel homme qu'intelligent, il est résolument pour la reprise des hostilités. La Dame de Beauté le prend sous sa protection et lui donne rapidement la première place auprès du roi, qui malgré sa passion amoureuse n'a pas entièrement changé de caractère. Il est toujours d'une pusillanimité et d'une irrésolution maladives. Brézé entreprend patiemment de le convaincre de reprendre la guerre.

Le second, Jacques Cœur, né à Bourges en 1400, est contemporain de Charles VII. De modeste origine – son père était pelletier, fournisseur de la cour de Jean de Berry –, il a fait fortune. Depuis 1436, il est argentier du roi, c'est-à-dire qu'en échange d'une redevance fixe il doit pourvoir aux dépenses de la cour.

En entreprenant d'importer en France les mœurs et les coutumes italiennes, Jacques Cœur se heurte à l'Église, aux traditions et à l'esprit irrésolu du roi. Mais le soutien d'Agnès se révèle déterminant et, bientôt, ce sont de folles dépenses qu'engage le souverain, dépenses dont elle est, bien sûr, la principale bénéficiaire.

Pour elle, Charles VII fait venir de Flandres et de Byzance les plus beaux bijoux, les plus belles parures. Elle impose une nouvelle mode, la mettant en valeur et lui permettant d'éclipser les autres femmes. Les robes sont non seulement décolletées, mais serrées et lacées sur le ventre, leurs traînes atteignent jusqu'à huit mètres et les coiffures s'enflent. Jean Fouquet fait son portrait le sein nu et la représente, également le sein nu, en Vierge Marie. On imagine le scandale que cela provoque.

Le luxe devient extravagance. Aux fêtes données pour le mariage de Marguerite d'Anjou et d'Henri VI d'Angleterre, Agnès Sorel paraît après un tournoi dans une armure d'argent entièrement recouverte de pierres précieuses. Charles VII la couvre de bijoux, dont le premier diamant taillé connu dans l'histoire ! Et, délaissant sa femme et la cour, il s'installe avec elle pendant huit mois dans le petit château de Razilly...

La Dame de Beauté donne trois filles au roi, qui seront reconnues et porteront le nom de Valois. Elle insulte Isabelle de Lorraine en la quittant pour entrer dans la maison de la reine, et en étant constamment privilégiée par rapport à la souveraine. Elle a, selon les chroniqueurs du temps, « meilleure tapisserie, meilleur linge, meilleure vaisselle, meilleure cuisine, meilleur tout ! »

Mais en accaparant ainsi la première place, Agnès Sorel se fait des ennemis acharnés. L'Église ne cesse de la vitupérer. Un ecclésiastique écrit : « Jour et nuit, elle n'étudiait que vanité pour débaucher les gens et donner aux prudes femmes exemple de perdition d'honneur et vergogne de bonnes mœurs. » Les prédicateurs et l'évêque de Paris en personne tonnent en chaire contre ces « habillements déplaisants, par lesquels on voit tétins, tétines, seins de femmes et autres choses déplaisantes à Dieu ».

Quant au peuple, il ne cessera de se montrer un adversaire aussi résolu que l'Église, n'appréciant pas celle qui « a pris la place de la bonne reine ». Elle a beau multiplier les donations charitables, elle ne recueille que l'hostilité. Elle fait son entrée à Paris, sous prétexte d'aller faire un pèlerinage à Sainte-Geneviève, dans le costume de la reine des fées, avec « une ceinture de velours rouge rajustée sur le devant d'orfèvrerie d'or, un long voile d'azur flottant comme une aile jusqu'à terre, une parure de diamants, un collier d'or et d'émeraudes ». Mais elle est accueillie avec la plus grande froideur. Bien loin d'éblouir, ce train princier irrite la population. Un bourgeois de Paris note dans son journal : « Parce que le peuple de Paris ne lui fit pas l'accueil que son grand orgueil demandait, elle dit en partant que ce n'étaient que vilains, que si elle avait su qu'on lui aurait fait si peu d'honneur, elle n'y eût jamais mis les pieds... Ainsi s'en alla la belle Agnès, retournant à son péché. Hélas, quelle pitié quand le chef du royaume donne un si mauvais exemple à son peuple ! »

Son troisième ennemi est sans doute le plus redoutable, en tout cas le plus violent : le dauphin Louis, héritier du royaume. Il a, comme elle, juste un peu plus de vingt ans et la déteste, ne supportant pas de voir, jour après jour, sa mère bafouée. Ses rapports avec son père n'ont jamais été cordiaux, ils deviennent franchement détestables. Louis songe même à un coup d'État pour le destituer.

Tous les moyens sont bons pour tenter de le faire entrer en fureur. Il courtise Agnès pour exciter sa jalousie, et fait courir le bruit qu'elle accorde des faveurs secrètes à Brézé, mais ces stratagèmes échouent. Il passe donc aux attaques directes contre la favorite. Il s'en prend à elle verbalement, puis physiquement. Il la poursuit un jour, l'épée à la main, et elle ne lui échappe qu'en se réfugiant sous le lit du roi. C'en est trop pour ce dernier. Charles VII exile son fils en Dauphiné, province qui appartient en propre aux héritiers de la Couronne. Louis quitte la cour le 1er janvier 1447, en proclamant haut et fort :

– Je me vengerai de tous ceux qui m'ont mis hors de ma maison !

Une fois en Dauphiné, il entreprend d'en faire un véritable État et de le gouverner comme un souverain. Une de ses premières mesures est d'instaurer des droits de douane avec le royaume de France. Décidé à ne jamais rentrer du vivant de son père, il critique violemment son comportement scandaleux avec Agnès. Il se tient informé de la situation à la cour et ne cesse de nouer des intrigues autour de lui. Il a gardé des amis, qu'il utilise habilement. De temps à autre, Charles VII trouve dans sa chambre des billets anonymes dénonçant des complots. Le dauphin connaît le caractère ombrageux et hésitant de son père et il espère le faire retomber dans sa mélancolie.

En attendant, les efforts de Brézé portent leurs fruits. Après avoir longtemps tergiversé, comme à son habitude, Charles VII finit par opter en faveur de la guerre. Celle-ci reprend en 1449. Les opérations sont engagées en Normandie. C'est immédiatement une suite de succès. La province ne tarde pas à être pratiquement reconquise et, le 10 novembre 1449, Charles VII fait son entrée solennelle à Rouen. De là, les opérations continuent pour prendre les dernières poches de résistance anglaises.

Le roi a laissé derrière lui la Dame de Beauté, de nouveau enceinte, jugeant que son état ne lui permettait pas de l'accompagner durant une campagne militaire en mauvaise saison. Agnès se morfond à Loches, tandis que l'armée royale manœuvre en Normandie. Brusquement, n'y tenant plus, malgré le froid et le scandale qu'elle va de nouveau provoquer, elle prend la route pour rejoindre le roi. Elle arrive à l'abbaye de Jumièges, où se trouve le souverain, le 5 janvier 1450. Charles VII est stupéfait, mais radieux. Pour justifier sa venue, elle a imaginé un prétexte :

– Sire, je suis venue vous prévenir d'un complot !

Pas un instant, Charles ne la prend au sérieux. Il éclate de rire et elle lui fait écho. Ils s'en vont enlacés et passent plusieurs semaines merveilleuses. Elle accouche d'un enfant prématuré qui ne vivra pas un mois. C'est son quatrième enfant, encore une fille. Mais ses jours à elle aussi sont comptés. Elle se remet difficilement de son accouchement et le froid environnant n'arrange rien. Le médecin de la reine, maître Robert Poitevin, est chargé de la soigner. Il est réputé le meilleur praticien du royaume.

Le 9 février 1450, Agnès Sorel est prise d'un « flux de ventre » et se trouve en quelques heures dans un état désespéré. Elle comprend tout de suite la situation et fait preuve de la plus grande fermeté. Elle prend ses dispositions testamentaires, choisit pour exécuteurs Jacques Cœur et Robert Poitevin, confie la garde de ses filles à sa cousine, veille à la rémunération de ses serviteurs. Elle fait une somptueuse donation à Loches et demande qu'une messe anniversaire soit célébrée chaque année en son église. Après avoir exprimé toutes ses volontés, elle ferme les yeux et se laisse tomber sur son oreiller. On la croit morte, mais elle se redresse et dit faiblement :

– C'est peu de chose que notre fragilité !

Ce sont ses dernières paroles. Charles VII ne s'en remettra jamais. Il quitte Jumièges après avoir fait ériger un monument, disparu depuis. Il ordonne que les entrailles de la favorite soient enterrées dans la collégiale du lieu et son corps rapatrié à Loches... Peu après, la Dame de Beauté repose dans le chœur de Notre-Dame de Loches. Son gisant en albâtre la représente les mains jointes, vêtue d'une de ses robes de féerie. Deux angelots soutiennent son coussin de chevet, deux agneaux, symboles de douceur, dorment à ses pieds.

La mort de la favorite est suivie de peu par la disgrâce du grand argentier. Le 31 juillet 1451, Jacques Cœur est arrêté. On lui reproche de s'être enrichi malhonnêtement, mais aussi et surtout d'avoir commandité l'assassinat d'Agnès Sorel. Car la brutalité de sa disparition a fait penser à tout le monde, à commencer par le roi, qu'elle avait été empoisonnée.

Soumis à la question, Jacques Cœur reconnaît des manœuvres frauduleuses sur le plan financier, mais nie énergiquement l'empoisonnement. Le 29 mai 1453, il est condamné à mort et à une amende de cinq cent cinquante mille livres, mais l'accusation d'empoisonnement n'est pas retenue contre lui. L'année d'après, il s'évade, trouve refuge auprès du pape et meurt en 1456, dans l'île grecque de Chio, en combattant les Turcs. Il sera réhabilité par Louis XI, qui rendra une partie de ses biens à sa famille.

Charles VII, quant à lui, s'éteint cinq ans plus tard, le 21 juillet 1461, après avoir repris aux Anglais la totalité du territoire français, sauf Calais, mais sans avoir réussi à se réconcilier avec son fils.

Tel est l'épilogue de ce règne, finalement victorieux après avoir débuté de manière si dramatique. Lorsqu'ils l'évoquent, au milieu de tant d'événements de premier plan, comme l'épopée de Jeanne d'Arc, les historiens ne manifestent pratiquement aucune curiosité pour la mort d'Agnès Sorel. Certes, les contemporains ont parlé d'empoisonnement, mais c'était le cas devant tous les décès brutaux qu'on ne pouvait expliquer et on pouvait en expliquer bien peu. Selon l'avis le plus communément répandu, elle est morte d'une dysenterie contractée sur la route, ou d'une fièvre puerpérale, c'est-à-dire consécutive à son accouchement.

C'est dire la surprise, le coup de théâtre que va réserver la destinée posthume de la Dame de Beauté. Peu soucieux de conserver une dépouille scandaleuse, les chanoines de la collégiale Saint-Ours de Loches demandent, après la mort de Charles VII, l'autorisation de la déplacer. Louis XI n'y consent qu'à condition qu'ils rendent toute la donation qu'ils ont reçue d'elle et, bien entendu, ils refusent. En 1777, Louis XVI lève l'interdit. Le tombeau est déplacé, le cercueil ouvert, et on trouve un corps en très bon état, notamment la chevelure blonde coiffée en tresses !

À la Révolution, des émeutiers profanent le tombeau, croyant qu'il s'agit de celui d'une sainte, puis mettent les restes dans une urne, qu'ils déposent contre un mur de l'abbaye. Le 21 prairial an III, un soldat ouvre l'urne et, pensant toujours qu'il s'agit d'une sainte, prend des cheveux et des dents pour les vendre comme des reliques. En 1801, l'urne est retrouvée et remise dans le tombeau restauré, au logis royal, devenu sous-préfecture de Loches. Mais s'agit-il bien d'Agnès Sorel ?

En juillet 2004, le conseil général d'Indre-et-Loire décide de remettre les restes dans la collégiale Saint-Ours de Loches et demande à une équipe scientifique d'identifier la dépouille. L'analyse est confiée à Philippe Charlier, paléopathologiste au CHU de Lille. L'urne contient des os, qui ne représentent que dix pour cent d'un squelette, mais appartiennent à toutes les parties du corps. Les restes d'un enfant né à sept mois sont aussi retrouvés, ce qui correspond à sa fille née avant terme et morte quelques jours avant elle.

Les autres éléments sont également en conformité avec ce qu'on sait de la Dame de Beauté. Les poils qui restent indiquent qu'elle était blonde, le crâne, presque intact, correspond aux tableaux de Jean Fouquet, elle a bien accouché à quatre reprises et elle avait moins de trente ans. Ces deux derniers points se décèlent sur le cément des dents, un des constituants de la racine, qui prend un tour par an, tout comme l'écorce des arbres, avec un tour plus large en cas de gestation.

Et c'est en analysant un poil d'aisselle qu'on fait la découverte. Il contient du mercure en quantité absolument inimaginable, astronomique : environ dix mille fois la dose normale ! Le roi et les contemporains avaient raison : Agnès Sorel a été empoisonnée au mercure, c'est la cause de sa mort, notamment du « flux de ventre » qui l'a emportée.

Alors, accident ou crime ? A priori, on peut penser à un accident. Atteinte d'ascaridiose, Agnès Sorel avait dans ses intestins des parasites appelés ascaris et était soignée avec de la fougère mâle et du mercure, également employé lors des grossesses difficiles. Mais une erreur de dosage est impensable : ce traitement était maîtrisé depuis l'Antiquité et l'énormité de la dose rend impossible toute confusion dans les soins. Il s'agit bel et bien d'un meurtre. Son assassin a dû profiter de la situation pour lui en administrer une quantité massive.

Reste à savoir qui... La main qui a mis le poison est vraisemblablement celle du médecin. Maître Robert Poitevin avait les meilleures possibilités pour le faire et, après le décès, il a proclamé haut et fort qu'un empoisonnement était impossible, ce qui contribue à le rendre suspect. Mais il est évident qu'il n'a pas agi de sa propre initiative, l'empoisonnement lui a été commandé par quelqu'un d'autre, peut-être payé.

Formellement accusé, Jacques Cœur doit pourtant être écarté. Non seulement il a nié avec la dernière énergie, mais il n'avait aucun intérêt à la disparition de la favorite. Ils étaient alliés en politique, elle l'avait constamment soutenu et le grand argentier n'aurait peut-être pas connu la disgrâce si elle était restée en vie.

La reine Marie d'Anjou est une coupable beaucoup plus crédible. Robert Poitevin était son médecin et aurait fort bien pu agir sur son ordre. On peut d'ailleurs s'étonner que Charles VII lui ait confié le sort de la favorite. Lassée d'être continuellement bafouée, la souveraine aurait fini par éliminer sa jeune rivale...

Mais si elle avait sans conteste un mobile, un tel acte cadre mal avec son caractère, sa grande douceur de tempérament, alliée à une piété véritable. Elle n'avait pas le profil d'un assassin. En fin de compte, le principal suspect est celui qui a quitté la cour en jurant qu'il se vengerait de ceux qui l'en avaient chassé et qui continuait, depuis les montagnes du Dauphiné, à poursuivre la favorite de sa haine : le dauphin, futur Louis XI. Il la détestait, n'en a jamais fait mystère et avait déjà tenté de la tuer de son épée. D'autre part, même s'il était éloigné physiquement, il avait des gens à lui à la cour et n'avait jamais cessé de comploter depuis son départ. Quant à son caractère, le moins qu'on puisse dire, c'est qu'il n'était en rien celui de sa mère et qu'il n'aurait pas reculé devant un assassinat !

Louis XI a été un grand roi. Il ne méritait pas le portrait sinistre qu'on a parfois fait de lui, mais son tempérament jaloux, vindicatif, violent, est indéniable, et la Dame de Beauté a sans doute été sa première victime.

Le monstre du Loch Ness

Objet nageant non identifié

Son appareil photo à la main, le colonel Robert Wilson s'approche des eaux glauques du lac. Il est 4 heures de l'après-midi, ce 21 mars 1934, mais la lumière baisse déjà. Il fait si sombre en Écosse, même le premier jour du printemps !

À cinquante-cinq ans, avec sa petite moustache grisonnante, sa haute stature et son maintien rigide, le colonel Robert Wilson possède le physique caricatural du Britannique qu'il est, ancien colonel de l'armée des Indes, de surcroît.

Ses exploits, il les a accomplis sous un tout autre climat. Dans la jungle luxuriante et étouffante des Indes, il n'y avait pas meilleur que lui pour chasser le tigre. Combien sont tombés sous ses balles, qu'on disait d'une précision absolue ? Il ne le sait pas lui-même, depuis longtemps, il abandonnait ses trophées à d'autres, n'ayant plus rien à prouver... S'il est là, c'est pour rendre service à un ami, mais il le regrette déjà. Il maugrée, tandis qu'il prend place sur un promontoire rocheux, maudissant entre ses dents Marmaduke Wetherell, son ancien camarade de collège.

Il l'a rencontré par hasard, pendant ses vacances en Écosse. Marmaduke avait un reportage à faire pour le *Daily Mail*. Il s'agissait de photographier la bête mystérieuse qui habiterait ce lac. Il lui a demandé de participer à cette chasse photographique. Robert Wilson lui a rétorqué :

– Pourquoi moi ? Je ne suis pas journaliste.

– Parce que tu es le meilleur chasseur de tigres de l'Empire. Je suis sûr que c'est toi qui tomberas sur lui.

Il a ajouté :

– Tu es en vacances. C'est une excursion à ne pas manquer. Tu verras, c'est un endroit formidable, le Loch Ness !

Ils sont partis ensemble et, arrivés près de la rive, ils ont décidé de se séparer… À présent qu'il se retrouve seul, le colonel Wilson est loin de trouver l'endroit aussi formidable qu'annoncé. L'environnement est triste et désolé : des terres hostiles recouvertes de fougères, pas âme qui vive à l'horizon. En dessous de lui, les eaux troubles sont presque noires, comme si on y avait déversé de l'encre… Il sait pourquoi. Sous l'eau la visibilité est très mauvaise, en raison des particules de tourbe en suspension. Car, en chemin, Marmaduke lui a raconté tout ce qu'il savait sur ce Loch Ness, dont on commence à parler depuis quelque temps, en raison de phénomènes étranges.

Le lac Ness (*loch* signifie « lac » en écossais) est situé au nord du pays, à cent cinquante kilomètres de Glasgow, non loin d'Inverness, dans les Highlands, terres sauvages, peuplées de mystères, de légendes et de fantômes. C'est une vaste étendue de trente-cinq kilomètres de long sur deux de large. C'est le plus grand plan d'eau douce de Grande-Bretagne et le colonel, maintenant qu'il l'a sous les yeux, a envie d'ajouter le plus sinistre.

Il n'y a pas que son étendue qui soit remarquable : sa profondeur aussi. Elle peut atteindre deux cent trente mètres, voire plus, car tout n'a pas été sondé. En raison de cette masse liquide, le Ness ne gèle jamais. Sa température va de 5 °C en hiver à 12 °C en été, une stabilité thermique tout à fait exceptionnelle.

Il y a dix mille ans, quand les glaciers recouvraient l'Écosse, le Loch Ness communiquait avec la mer. À la fonte des glaces, lors du réchauffement planétaire, le sol s'est soulevé de seize mètres, sous l'effet de la disparition du poids, et le lac a été isolé de la mer. Il communique maintenant avec elle par l'intermédiaire d'une rivière, appelée tout naturellement la rivière Ness…

Une longue attente commence pour l'ancien chasseur de tigres. La luminosité baisse rapidement. Bientôt, il sera trop tard. Et c'est alors que le colonel Robert Wilson a une exclamation :

– Bonté divine !

Un animal au long cou, qui ne ressemble à rien, ou du moins à rien d'actuel, vient d'émerger des eaux troubles du lac. Il est de couleur grise et, autant qu'on puisse voir, a la peau lisse, sans les écailles qui caractérisent les poissons. Mais c'est sa masse le plus prodigieux : une masse énorme, plus grosse que tous les éléphants que le colonel a pu voir dans son existence. Seuls les monstres préhistoriques qui figurent sur les gravures peuvent lui être comparés.

L'animal avance en ondulant lentement, presque avec nonchalance. Le colonel Wilson est si stupéfait qu'il en a oublié de prendre sa photo. Il se ressaisit enfin et presse sur le déclencheur. Il était temps car, aussi vite qu'il était apparu, l'animal replonge et disparaît pour ne plus réapparaître…

Le lendemain, Marmaduke Wetherell se présente devant le rédacteur en chef du *Daily Mail*. Il lui tend triomphalement une photo.

– Je vous apporte Nessie !

« Nessie » est le surnom familier qu'on donne à la bête qui hanterait les eaux du lac… Sur le cliché, on discerne un animal au long cou et à la tête de petite taille, ressemblant un peu à celle d'une autruche, mais sans bec, qui émerge de l'eau. Le haut de son corps est également visible. Stupéfait, le rédacteur en chef en reste sans voix. Le journaliste poursuit :

– Et ce n'est pas moi qui ai pris la photo. C'est le colonel Robert Wilson, le fameux chasseur de tigres !

Le rédacteur en chef lui serre les mains avec effusion.

– C'est prodigieux ! C'est unique ! Ce sera le reportage du siècle.

Oui, le reportage du siècle… Sous le titre « La première photo de Nessie », le *Daily Mail* tient ce qu'on appelle un scoop. Et, à la suite à sa publication, ce qui n'était qu'une curiosité locale, qu'une légende à laquelle on croyait plus ou moins dans la région, va faire le tour du monde. Le Loch Ness va devenir l'endroit le plus célèbre d'Écosse et l'une des plus grandes énigmes de notre temps.

Il y a pourtant longtemps qu'on parle du monstre du Loch Ness, puisque les premières mentions datent de la préhistoire. On trouve, en effet, non loin du lac, une série de pierres gravées remontant à plusieurs milliers d'années et représentant toutes sortes d'animaux connus, sauf un, qui a un long bec ou museau ovale et des nageoires au lieu de pattes. Aucune explication satisfaisante n'a pu être donnée à cette étrange représentation.

Le premier témoignage historique apparaît au VIe siècle. En 565, saint Colomban aurait enterré sur la rive un homme mordu par le Niseag, le nom celte de Nessie. Se promenant au bord du lac, Colomban demande à un de ses moines de nager pour aller rechercher une barque qui s'est détachée, quand le monstre surgit des flots et fond sur lui. Colomban fait face à la bête et lui ordonne de rebrousser chemin. Celle-ci disparaît sans demander son reste. Il est pourtant trop tard pour le moine, qui ne survit pas à ses blessures... Le récit est sans doute légendaire, mais il est troublant que cette apparition d'un monstre marin soit située précisément dans le Loch Ness. De là à y voir la transcription d'un épisode s'étant réellement produit, il n'y a qu'un pas.

Si on trouve quelques mentions de Nessie au XVIe siècle, c'est à partir du XIXe que les témoignages commencent à devenir précis. En 1871, une aristocratique chasse à courre traverse les Highlands. Au petit matin, un groupe de cavaliers aperçoit la bête sortant des flots. L'un d'entre eux dira :

– C'est la chose la plus grande que j'aie vue dans ma vie.

Il précise :

– Il avait une tête de cheval et une queue gigantesque.

En 1895, quatre personnes observent « un grand monstre horrible dans le Loch Ness ». Les apparitions continuent : entre 1900 et le début de la Première Guerre mondiale, un tailleur de pierre, un groupe d'écoliers et un forestier travaillant pour le duc de Portland l'aperçoivent nageant dans l'eau. D'autres témoignages sont mentionnés en 1922, 1927 et 1930. Quelques articles sur la bête paraissent alors dans les journaux de Glasgow. Mais c'est l'année 1933 qui va tout changer.

C'est à ce moment, en effet, que les autorités décident la construction d'une route entre Inverness et Forth William, longeant la rive nord du lac. Les habitants des environs, qui tous croient dur comme fer à l'existence de Nessie, protestent. Le bruit des terrassements, les vibrations des machines, les explosions de mines, risquent de déranger l'animal, dans son refuge à quelques centaines de mètres sous l'eau. Et ils ajoutent :

– Maintenant, il va sortir et il va tout dévaster !

Plus concrètement, la route amène sur les lieux quantité d'automobilistes, alors qu'on ne pouvait s'y rendre autrefois qu'à pied ou à cheval, et les témoignages vont commencer à affluer.

Le 2 mai 1933, revenant à Londres après un voyage d'agrément en Écosse, M. et Mme Spicer voient une énorme créature sortir des hautes fougères qui bordent la route. Selon leur témoignage, « elle avait un long cou ondulant, un peu plus gros qu'une trompe d'éléphant, une tête minuscule, un corps massif et quatre pattes ou ailerons. Tenant dans sa gueule ce qui semblait être un jeune animal, elle traversa la route en se dandinant, pénétra dans le sous-bois de la rive et disparut avec un bruit d'éclaboussures dans le lac ». Mme Spicer, « très choquée par ce spectacle repoussant », ajoute :

– Elle ressemblait à un énorme escargot surmonté d'un long cou...

En août de la même année, nouveau témoignage de Mme MacLennan, une habitante de Glasgow. Elle l'a vu sortir de l'eau, alors qu'elle passait à proximité en auto.

– Il avait des pattes courtes, épaisses, mais c'étaient bien des pattes quand même, avec une sorte de sabot, comme celui d'un porc, en beaucoup plus grand. Il ne semblait pas avoir d'oreilles. Il se dressa sur ses deux pattes antérieures, puis il glissa de la falaise où il était grimpé. Il gardait ses pattes postérieures sur le sol comme un phoque.

Quelques semaines plus tard, un agent de l'Automobile-Club aperçoit au même endroit un « serpent de mer ». Il le décrit comme « une chose présentant un certain nombre d'anneaux au-dessus de la surface... Elle possède, ajoute-t-il, une petite tête et un très long cou élancé ».

Peu après, un habitant des environs, nommé Hugh Gray, prend la première photo de Nessie. Elle n'est malheureusement pas très nette et les incrédules sont les plus nombreux. Pour eux, il s'agit d'un simple tronc d'arbre ou d'un madrier. Ils ajoutent que le phénomène peut être une conséquence de la construction de la route, les ouvriers du chantier ayant dû, par négligence, faire tomber une grande pièce de bois dans le lac.

Telle est la situation au moment où, pour la première fois, un quotidien national, le *Daily Mail*, s'intéresse à l'affaire et demande à son journaliste Marmaduke Wetherell de tirer la chose au clair...

À la suite de cela les témoignages reprennent de plus belle. Il est impossible de les citer tous. Voici, par exemple, celui de Marjorie Moir, d'Inverness : « Sa longueur me sembla être de trente pieds (neuf mètres). Il avait trois bosses, celle du milieu étant la plus grande, celle près du cou étant la plus petite. Le cou était mince, la tête était petite et sans détails visibles. Très souvent, la bête plongeait, comme si elle se nourrissait, mais peut-être ne le faisait-elle que pour s'amuser. »

Les témoignages semblent suffisamment nombreux et concordants pour que les savants fassent entendre leurs voix. En 1934, Rupert Gould avance l'hypothèse d'un animal préhistorique pris au piège lors de la fonte du glacier. D'après les descriptions, il pourrait s'agir d'un mosasaure, un lézard marin belliqueux, mesurant douze mètres de long. Bien entendu, chacun sait que les grands reptiles ont disparu brutalement à la fin de l'ère secondaire, mais cela ne concerne que les espèces terrestres. Il est fort possible que certains spécimens aquatiques aient pu survivre, protégés par leur milieu.

Cette hypothèse ne rencontre que le scepticisme dans les milieux scientifiques, mais quelques années plus tard, en 1938, la découverte dans l'océan Indien d'une espèce fossile marine, le cœlacanthe, remontant à trois cent cinquante millions d'années, lui apporte brusquement une crédibilité nouvelle. Dès lors, Nessie entre dans le domaine des probabilités sérieuses, étudiées avec des moyens scientifiques…

Après une parenthèse due à la Seconde Guerre mondiale, les observations reprennent. En 1951, Lachlan Stuart, un ouvrier forestier, qui habite non loin du Loch Ness, voit un curieux remous avec trois bosses. Il court chercher son appareil et prend une photo, la plus nette avec celle du colonel Wilson. Elle connaît la même renommée mondiale que la sienne.

Les années 1960 voient une importante recrudescence des apparitions. Le 23 avril 1960, Tim Dinsdale filme pour la première fois la créature. On peut distinguer une silhouette semblant être le dos de l'animal, qui nage sur quelques mètres avant de plonger. Le film est analysé par les spécialistes de la Royal Air Force et aucune supercherie n'y est détectée.

Il n'y pas de supercherie non plus dans le film du 13 juin 1967, pris par Richard Raynor, dans lequel une silhouette nage à la surface du lac. Des expéditions sous-marines sont alors organisées et donnent des échos intéressants. Quelques années plus tard, une première photo sous-marine révèle une nageoire.

En 1972 et 1975, les photos de Robert Rines, de l'Académie des sciences appliquées de Boston, montrent une créature volumineuse munie d'une tête minuscule. Elles sont à rapprocher des échos relevés par les sonars. Le déplacement constaté est de 20 km/h, ce qui ne peut qu'être la vitesse d'un animal. Entre 1976 et 1979, Roy Mackal enregistre à l'aide d'hydrophones des cris sous-marins.

Toutes ces observations et tous ces témoignages sont considérés par les partisans de Nessie, comme la preuve de l'existence d'un « ONNI », « objet nageant non identifié ». On peut résumer ainsi son aspect probable : un animal de plusieurs mètres de long, pesant plusieurs tonnes, avec une petite tête, un long cou, un corps massif surmonté de deux ou trois bosses ; ses membres sont constitués soit de quatre nageoires, dont les deux dernières formeraient une sorte de queue, soit de quatre pattes et d'une queue ; la présence de poils est quelquefois rapportée, ainsi que celle d'une moustache ; l'animal évolue dans l'eau en ondulant ; il a été vu à terre se déplaçant sur ses nageoires, mais aussi avançant sur ses pattes.

En 1965, le savant belge Bernard Heuvelmans, spécialisé dans l'étude des animaux disparus, a décrit le monstre comme une gigantesque otarie à long cou et l'a baptisé *Magalotaria longicollis.* C'est le nom scientifique qu'il porte pour ses partisans. On peut ajouter enfin que Nessie a été officiellement inscrit sur la liste britannique de la faune protégée.

Tels sont les arguments qui peuvent être avancés en faveur de l'existence du monstre du Loch Ness. Malheureusement, ce joli feuilleton zoologique ne résiste pas longtemps à une étude critique sérieuse. D'une part, l'existence de Nessie pose des problèmes théoriques insurmontables et, d'autre part, contrairement aux apparences, aucune des observations faites n'est sérieuse.

Comment, en effet, cet animal ou plutôt ces animaux, car il en faut plusieurs pour qu'ils se soient reproduits, pourraient-ils se nourrir ?

Du fait de la saturation des eaux en tourbe, les plantes sont extrêmement rares dans le Loch Ness. La production de matière vivante est très réduite. Les zoologistes ont calculé que le Loch Ness ne permettait pas de nourrir un animal de plus de trois cents kilos. On voit la différence énorme avec les besoins d'un animal de la taille supposée du monstre. Car il s'agirait d'une population de sujets pesant chacun plusieurs tonnes, au nombre d'une dizaine au moins, pour assurer la diversité génétique nécessaire.

Et ces monstres, à quelle race peuvent-ils bien appartenir ? L'hypothèse émise la première fait de Nessie un reptile du type dinosaure, mais c'est tout bonnement impossible, car les reptiles ont besoin de chaleur. Plongés dans une eau ne dépassant pas 12 °C, ils mourraient en quelques heures. D'autre part, les reptiles vont pondre leurs œufs au bord du rivage et on n'a jamais rien observé de tel.

La piste d'un mammifère est plus vraisemblable. Ce serait, dans ce cas, un genre d'otarie gigantesque et c'est, à la suite de

Bernard Heuvelmans, la version qu'ont adoptée la plupart des partisans de Nessie. Mais là encore, on se heurte à une impossibilité : les mammifères du type otarie viennent se reproduire à terre et y élèvent leurs petits. Jamais rien de tel n'a été observé non plus. Enfin, ces animaux quels qu'ils soient ne sont pas éternels, ils doivent bien mourir un jour et laisser leur squelette au fond de l'eau. Le fond du Loch Ness a été passé au peigne fin et on n'a pas retrouvé la moindre dépouille.

Mais, dira-t-on, il y a quand même toutes ces observations. On ne peut pas les rejeter purement et simplement, faire comme si elles n'existaient pas... Il faut effectivement les examiner avec soin et la première chose à en dire, c'est que, contrairement à ce qu'on pourrait croire, elles sont loin d'être nombreuses.

Qu'il s'agisse d'un reptile ou d'un mammifère, Nessie est décrit par tous les témoins comme un animal terrestre vivant en milieu aquatique et non comme un poisson. Il est doté de poumons et doit faire régulièrement surface pour respirer. Si on admet qu'il soit capable d'apnées d'une heure, ce qui est considérable, il lui faut émerger vingt-quatre fois par jour, soit deux cent quarante fois pour dix individus, le nombre strictement minimal pour la reproduction de l'espèce, ce qui représente 87 660 apparitions annuelles. Or, malgré le nombre de personnes résidant dans les parages, malgré une armée de touristes munis de caméscopes et d'appareils photo, malgré des caméras installées désormais de manière permanente sur les rives, on ne recense que quelques observations par an.

Cela étant, il faut quand même les expliquer. Pourquoi a-t-on vu un monstre dans le Loch Ness et pas ailleurs ? Là encore, la réponse peut être donnée sans trop de mal.

Cela provient certainement, au départ, du cadre environnant. Le Loch Ness est un endroit qui fait peur, ses rives sont d'aspect peu engageant, son eau noire semble cacher d'effrayants mystères et cet environnement sinistre est propice à tous les débordements de l'imagination, surtout si on y ajoute les légendes qui courent dans la région, comme celle de saint Colomban. En outre, la brume se lève très souvent, même en plein jour, et elle crée des formes qu'on peut prendre pour celles d'un monstre.

Telle est certainement la raison des premiers témoignages et ceux-ci, par la suite, ont créé un effet d'autosuggestion. Les milliers de touristes qui viennent, parfois de fort loin, pour voir Nessie sont si impatients de le voir que certains finissent par le voir réellement. Une étude très intéressante a été menée à ce sujet par une université écossaise. Au bord du Loch Ness, les personnes voyant un madrier disaient avoir vu un animal. Au bord d'un autre lac, voyant le même madrier, elles disaient avoir vu un madrier. À ce phénomène d'autosuggestion, il faut sans doute ajouter des hallucinations pures et simples, car cet environnement étrange doit attirer toutes sortes de personnes à l'équilibre instable.

Les partisans du monstre du Loch Ness feront quand même une dernière objection. Il y a plusieurs photos de lui. Il s'agit d'un fait, pas d'hallucinations. Seraient-ce des faux, des trucages ?

Pour presque toutes, certainement pas, mais elles sont loin d'être probantes. Elles sont très sombres, en raison des mauvaises conditions climatiques, et montrent quelque chose qui peut être un tronc d'arbre, un remous dans l'eau ou bien une écharpe de brume. Là encore, le même cliché pris ailleurs que sur le Loch Ness ne susciterait pas la même curiosité.

Mais parmi les photos, il y en a au moins une qui est un canular. Il s'agit de la plus célèbre d'entre elles, celle qui est à l'origine de la renommée mondiale du monstre du Loch Ness et que le *Daily Mail* a publiée en 1934.

Car toute l'histoire que nous évoquions au début, l'exploit du colonel Wilson, le grand chasseur de tigres, est totalement inventée. C'est ce qu'a raconté Marmaduke Wheterell en apportant son cliché au journal et c'est ce que tout le monde a cru jusqu'à une époque récente. En réalité, Robert Wilson n'a jamais mis les pieds au Loch Ness et le prétendu monstre qui figure sur la photo n'est qu'un montage grossier.

Christian Spurling, décédé à l'automne 1993, a tout avoué sur son lit de mort. Christian Spurling était le beau-frère de

Marmaduke Wetherell et il était lui-même au courant de toute l'histoire... Wetherell, chargé par le journal d'un reportage sur le monstre du Loch Ness, ne croyait pas à son existence et il était certain de n'arriver à aucun résultat. Alors, il a fabriqué un modèle réduit de dinosaure en pâte de bois, attaché à un sous-marin jouet de quatorze pouces, et il l'a photographié. Pour donner plus de crédibilité à son affaire, il a demandé au colonel Wilson, qui était l'une de ses connaissances, d'endosser la paternité du cliché. Ce dernier a accepté par amusement. Par la suite, la supercherie a pris de telles proportions que l'un et l'autre ont préféré se taire...

Mais plusieurs années avant cet aveu, la cause était déjà entendue et c'était la science qui avait tranché. En 1987, l'expédition « Deepscan » a ratissé le Loch Ness au moyen d'une flottille de bateaux équipés de sonars. Ils étaient cent quarante-quatre, disposés en une grille de douze sur douze. Ils pouvaient balayer la masse liquide jusqu'à trente-trois mètres de profondeur. Des caméras devaient se déclencher en cas d'écho. Ils étaient même munis de harpons non dangereux, qui devaient rapporter un échantillon de la peau de Nessie.

Or cette expédition n'a révélé que deux ou trois échos non identifiés, ce qui est parfaitement normal (troncs d'arbres, objets ayant sombré), prouvant de manière indiscutable que le lac n'abritait aucune population inconnue. Malgré une surveillance ininterrompue de sept semaines, pas une fois le système d'alarme ne s'est déclenché. L'animal le plus gros découvert a été un poisson de un mètre de long.

Telle est la vérité scientifique et telle est la vérité tout court. Mais cela ne décourage pas les curieux et Nessie a encore de beaux jours devant lui. En bonne logique, il est impossible de prouver l'inexistence d'une réalité quelconque et, face à tous les arguments, à toutes les évidences, il sera toujours possible de rétorquer qu'on n'a pas assez bien cherché.

Et puis il y a tant d'intérêts en jeu ! Le monstre du Loch Ness constitue une manne pour la région, qui a tout avantage à perpétuer le mythe. Le tourisme écossait a représenté l'équivalent de trente millions d'euros en 1997 et n'a pas faibli depuis. Il y a toujours des amateurs pour faire un tour en sous-marin dans le lac, à cent dollars l'heure, et strictement ne rien voir, au milieu d'une eau noire de tourbe. Il y a toujours des journaux en mal de copie et des auteurs en mal de sensationnel pour relancer périodiquement l'affaire. Un assureur britannique propose même aux touristes un contrat couvrant une attaque du monstre. La somme promise est d'un million de livres, soit 1,46 million d'euros, en cas de rencontre, même sans dommage pour l'intéressé.

Alors, si le cœur vous en dit, allez vous promener sur les bords inhospitaliers du Loch Ness, pour éprouver un petit frisson de peur ou simplement pour rêver. Le monstre du Loch Ness n'est qu'une illusion, mais c'est peut-être cela qui en fait le prix.

Sébastien Peytel

Balzac mène l'enquête

Ce n'est sans doute pas une des grandes énigmes de notre temps, une de celles qui ont inspiré des films et des romans, suscité des controverses scientifiques et historiques, mais c'est un mystère, qui fit couler beaucoup d'encre à son époque. L'affaire a surtout causé, en raison de la personnalité de son protagoniste principal, une vive émotion dans les milieux littéraires. On a vu artistes et écrivains se mobiliser en faveur de l'accusé. On a même vu Honoré de Balzac se rendre sur les lieux pour refaire l'enquête de A à Z.

Alors, pour quelle raison celui qui consacrait chaque instant de sa vie à l'écriture a-t-il tout abandonné pour se transformer en policier improvisé ? La réponse est dans les péripéties et les rebondissements de l'étonnante affaire Peytel.

Sébastien Peytel, né en 1808, appartient à une vieille famille bourguignonne. Adolescent, il monte à Paris faire des études de droit et fréquente les milieux littéraires. Il est beau, intelligent, plaît à tous, avec ses brillants discours et ses allures romantiques. Il se lie avec des personnalités aussi célèbres que Balzac, Lamartine, le dessinateur Gavarni ou le journaliste Émile de Girardin.

Esprit caustique, il est libéral et frondeur. Il prend une part active à la révolution de 1830 et il est furieux de l'accession au trône de Louis-Philippe, à la place de la république qu'il appelait de ses vœux. C'est lui qui a le premier l'idée irrévérencieuse de comparer la tête du souverain à une poire, dans un pamphlet retentissant paru en 1832 : *La Physiologie de la poire.* L'image fait aussitôt fortune, elle accompagnera Louis-Philippe pendant tout son règne, contribuant à le ridiculiser et à le déstabiliser.

Pourquoi ce polémiste si plein d'avenir abandonne-t-il brusquement Paris et ses amis ? Pourquoi cet anticonformiste choisit-il de devenir un bourgeois de province ? Il ne s'est jamais expliqué sur ce point. Toujours est-il que, du jour au lendemain, il quitte les milieux littéraires et intellectuels pour s'établir comme notaire dans sa Bourgogne natale, tente en vain d'acheter une étude notariale à Mâcon et se rabat sur celle de Belley.

Il se marie. L'argent semble la seule raison qu'il ait eu d'épouser Félicie Alcazar. Sinon, pourquoi avoir choisi cette créole de vingt ans, fille d'un colonel anglais ? Elle n'est pas jolie, elle est sotte et fantasque, elle est myope au point de s'excuser quand elle se cogne à un réverbère, mais elle possède une dot de cinquante mille francs.

Le mariage a lieu en mai 1838. Signe que ses illustres amis ne l'ont quand même pas oublié, c'est Lamartine qui est son témoin. Mais dès le début, l'union tourne au grotesque. Comme Sébastien Peytel veut se retirer avec Félicie à la fin de la réception, elle fond en larmes et appelle sa mère. Elle finit par se calmer et, par la suite, les choses s'arrangent un peu, mais le couple qu'ils forment est pour le moins étrange.

Elle ne l'aime pas. Elle est terrorisée à l'idée d'accomplir son devoir conjugal et le supplie de l'enfermer au couvent, ce qui ne l'empêche pas de tomber enceinte. Mais son attitude à lui est plus étonnante encore. Il lui dicte des lettres où elle avoue les fautes les plus monstrueuses, mais en termes assez vagues pour qu'on ne sache pas lesquelles. Enfin et surtout, il rédige pour elle et lui fait signer un testament, dans lequel elle fait de lui son légataire universel au cas où elle viendrait à mourir avant l'enfant !

C'est peu après que se produit le drame… Le 31 octobre 1838, Sébastien Peytel et Félicie, enceinte de cinq mois, rentrent à Belley à la suite d'un voyage d'affaires à Mâcon. Ils emportent avec eux sept mille cinq cents francs dans huit sacs. Les époux voyagent dans un cabriolet ; leur domestique, Louis Rey, les suit dans un chariot découvert.

Il fait un temps épouvantable, il pleut et il vente… Vers une heure du matin, le 1er novembre, à proximité du pont d'Andert, qui surplombe le Furant, torrent coulant loin de Belley, Sébastien Peytel frappe, affolé, à la porte des Thermet, une famille de forgerons. Il leur tient un discours terrifié :

– Venez vite, ma femme est blessée et mon domestique est mort !

Et il ajoute :

– J'ai été obligé de le tuer…

M. Thermet et son fils aîné se précipitent sur les lieux et découvrent un abominable spectacle. Félicie gît au bord de la route, près du cabriolet. Elle n'est pas blessée, comme l'a dit son mari, mais morte. Il n'y a pas besoin d'être médecin pour s'en rendre compte : elle a reçu un ou plusieurs coups de feu en pleine tête. Peytel les conduit ensuite en contrebas, en direction d'un autre cadavre encore plus atroce. Il s'agit de Louis Rey, le domestique ; sa face a été réduite en bouillie à coups de marteau…

Les gendarmes de Belley arrivent au petit matin. Sébastien Peytel, qui jusque-là était resté prostré, raconte les faits. Tout est arrivé après qu'ils eurent franchi le pont d'Andert. Il s'était assoupi dans le cabriolet qui roulait au pas, quand il a été réveillé par une détonation et la voix de sa femme qui lui criait :

– Prends tes pistolets, Sébastien, je suis morte !

Il s'est alors emparé d'un des deux pistolets qu'il avait dans la voiture et a fait feu sur un individu qui fuyait dans la nuit. Puis, il a saisi un marteau et s'est lancé à la poursuite de l'homme. C'était son domestique, Louis Rey ; il l'a rattrapé et l'a tué à coups de marteau.

Pas un instant les gendarmes ne croient à sa version et l'arrêtent immédiatement. Comme il proteste, le lieutenant de gendarmerie lui rétorque sobrement :

– Vous êtes partis à trois, deux sont morts, vous revenez sans blessure, je vous arrête.

Et les éléments de l'enquête ne font que confirmer les charges qui pèsent contre lui. Les médecins légistes établissent que Félicie a été tuée par deux balles tirées à sa droite à bout portant. Or, d'après ses dires, Sébastien Peytel était justement à sa droite. D'autre part, comment a-t-il fait pour rattraper et tuer à coups de marteau Louis Rey, qui avait dix ans de moins que lui ? Enfin, il y a le testament. Il fallait absolument que sa femme meure avant l'accouchement pour qu'il hérite. Non seulement cela implique la préméditation, mais il s'agirait d'un meurtre particulièrement odieux, puisqu'il n'aurait pas hésité à tuer aussi son enfant à naître pour toucher l'argent. Sébastien Peytel est inculpé d'assassinat.

Son procès s'ouvre le 26 août 1839, dans le palais de justice de Bourg-en-Bresse, installé dans l'ancien palais des ducs de Savoie. Le cadre est prestigieux, mais incommode. L'immense pièce est mal éclairée, les juges sont dans un angle si obscur qu'on peut à peine les voir ; quant à l'accusé, il est presque caché par un immense poêle.

La salle est comble, et l'assistance farouchement hostile. Cela peut paraître étonnant car, dans les petites villes de province, on est traditionnellement du côté des notables. Mais Sébastien Peytel n'est pas un notable comme les autres. Il est notaire, bien sûr, mais si peu. Même s'il est né dans la région, tout le monde le considère comme un Parisien, un ami de ces gens à la mode que sont Lamartine ou Balzac. Et surtout personne ne peut oublier que c'est lui qui a comparé le roi à une poire ! Pour tous ces gens, ce n'est pas loin d'être un sacrilège. C'est, en tout cas, impardonnable !

D'autre part, lorsqu'il est revenu de la capitale pour se fixer dans son pays d'origine, Sébastien Peytel n'a rien fait pour s'intégrer, bien au contraire. Il est resté distant, hautain et il a épousé une créole au lieu de prendre une jeune fille de la ville. C'est une manifestation de non-conformisme insupportable à tout le monde, un véritable affront.

Voilà pourquoi le notaire de Belley n'aura rien à attendre de ses concitoyens lors de son procès. Mais tous lui sont reconnaissants d'une chose : grâce à lui et à ses relations, la France entière a les yeux fixés sur le chef-lieu de l'Ain. Un événement sans précédent pour cette petite ville où il ne se passe jamais rien, et on est venu de tout le département et même d'au-delà pour assister aux débats...

Sébastien Peytel fait son entrée dans le box, salué par les cris « À mort ! » qui s'élèvent de l'assistance. Il a belle allure avec ses longs cheveux noirs et son visage inspiré, qui n'est pas sans rappeler celui de Musset. Il semble désemparé et cherche dans le public les visages d'amis, mais bien qu'ils soient quelques-uns à être venus pour le soutenir, il ne les voit pas et prend place, résigné, auprès de son avocat.

Après la lecture de l'acte d'accusation, qui n'intéresse personne, car les faits sont connus non seulement de tout Bourg-en-Bresse, mais de toute la France, le président Durieu interroge l'accusé sur l'une des particularités de cette affaire : les lettres extravagantes qu'il faisait écrire à sa femme.

– C'est vous qui les rédigiez avant de les lui dicter. On a retrouvé un modèle écrit de votre main.

– Je n'ai pas fait de modèle. Ma femme était très gourmande. C'est pourquoi elle écrivait ces lettres.

– C'est donc parce qu'elle était gourmande qu'elle écrivait : « J'ai horreur de moi-même. Je ne sais pas maîtriser mes penchants ignobles » ?

– Certainement, il n'y a pas d'autre explication...

La réponse fait très mauvaise impression, mais c'est pire encore quand le président passe au testament.

– Comment se fait-il que, à vingt ans et après deux ans de mariage, votre femme ait songé à faire son testament ?

– Moi-même, je courais de grands dangers. J'avais un cheval fougueux, qui avait failli plusieurs fois me jeter dans le précipice. Alors, j'ai fait mon testament et ma femme, voyant cela, a voulu faire de même.

Le président ne l'entend évidemment pas ainsi.

– Allons, vous ne nous ferez pas croire cela ! Une jeune épousée ne songe pas à ces choses-là. Dites-moi plutôt qui lui a remis le modèle de son testament.

Et Sébastien Peytel est bien obligé de répondre :

– C'est moi...

On en arrive au drame du pont d'Andert. Un frisson parcourt l'assistance lorsque le greffier ouvre la caisse contenant les pistolets, le marteau, ainsi que les vêtements de Félicie et de Louis Rey. Le tout est maculé de taches brunes... Sébastien Peytel maintient sa version : il a tué son domestique, qui les avait agressés pour les voler.

– Comment avez-vous fait pour le rattraper et le tuer à coups de marteau, alors qu'il était plus jeune et plus grand que vous ? s'étonne le président.

Peytel ne peut que répondre :

– Je ne me l'explique pas, monsieur le président.

S'agissant de Félicie, tuée de deux balles dans la tête, toutes deux mortelles, les experts viennent affirmer à la barre qu'elle n'a pas eu la possibilité de dire : « Prends tes pistolets, Sébastien, je suis morte ! », comme le jure l'accusé.

C'est un peu plus tard, lors de l'audition des gendarmes, que se produit le seul incident inattendu. Le maréchal des logis Chaillon, qui était sur les lieux avec d'autres collègues, relate un curieux événement :

– Alors que nous nous en allions, le notaire m'a pris par le bras et m'a dit : « Vous ne connaissez pas tout mon malheur. Ma femme aimait mon domestique. Oui, elle l'aimait... »

Sébastien Peytel se dresse dans son box et s'écrie d'une voix indignée :

– Il n'est pas possible que je me sois exprimé ainsi ! Jamais un tel soupçon n'est entré dans mon esprit.

Le gendarme maintient ses dires. On se demande d'ailleurs pourquoi il aurait inventé un tel détail. Le président en profite pour intervenir.

– N'est-ce pas plutôt dans cette voie qu'il faut chercher ? Auriez-vous surpris votre femme et votre domestique ?

– Jamais ! Absolument pas ! C'est indigne ! hurle Peytel hors de lui.

L'incident est clos et les débats se poursuivent sans autre fait notable jusqu'à leur terme. Comme on pouvait s'y attendre, le réquisitoire du procureur Perrot est d'une particulière sévérité.

– Jamais assassinat ne fut plus longuement prémédité. Dès le jour même du mariage, le crime était projeté. L'exécution en fut arrêtée le jour du testament. En le signant, la jeune épouse signait son arrêt de mort. Tout dans ce crime est révoltant. C'est sa femme, c'est son enfant, l'enfant qui allait naître, c'est son serviteur que Sébastien Peytel assassine, dans un triple meurtre longuement préparé et commis dans l'ombre. La société réclame une éclatante réparation !

À sa suite, maître Margerand, le défenseur de l'accusé, prononce une longue plaidoirie, pleine de sensibilité, bien dans l'atmosphère romantique du temps, et tente de persuader les jurés de l'innocence de son client. Mais leur conviction est faite depuis longtemps. Le 30 août 1839, après une courte délibération d'à peine une heure, Sébastien Peytel est condamné à mort sous les acclamations du public. Une voix fuse dans la salle :

– Vive les jurés !

Le président Durieu ordonne l'arrestation de l'intéressé, mais il a disparu dans la foule.

Si les habitants de Belley se sont réjouis bruyamment du verdict, il n'en est pas de même dans les cercles littéraires parisiens. À l'annonce de la condamnation, c'est la consternation. Ses amis savent que c'est impossible, les événements n'ont pas pu se dérouler ainsi. Peytel, ils le connaissent, ils l'ont fréquenté pendant des années, ils ont échangé avec lui des idées, des confidences, et il est incapable d'un crime pareil. Il aurait pu à la rigueur – qui n'en est pas capable ? – tuer sous l'effet de la colère ou d'une émotion quelconque. Mais commettre ce meurtre odieux, longuement et froidement prémédité, aller jusqu'à tuer son enfant à naître, uniquement pour de l'argent ? Non !

Balzac est le plus véhément. Il a quarante ans tout juste. Il est au sommet de son art et de sa puissance créatrice. Il vient de terminer *César Birotteau* et il est en train de concevoir le plan d'ensemble de *La Comédie humaine*. Mais il est prêt à tout abandonner pour défendre cette cause. Lors d'une soirée chez lui, au cours de laquelle on discute passionnément de l'affaire, il s'écrie soudain :

– J'y vais ! Qui vient avec moi ?

Seul le dessinateur Gavarni est volontaire et, dès le lendemain, les deux hommes partent pour le département de l'Ain. À Bourg-en-Bresse, leur premier soin est de rencontrer Peytel dans sa cellule. Ce dernier est bouleversé de voir que ses amis d'hier ne l'ont pas oublié.

– Je vous jure devant Dieu que je suis innocent ! Sauvez-moi, je vous en supplie !

– Tout s'est-il passé exactement comme tu l'as dit au procès ?

– Exactement...

Balzac et Gavarni discutent encore longuement avec lui, puis ils entreprennent de refaire l'enquête, se livrant à un travail remarquable, que Balzac résume dans trois articles, publiés par le journal *Le Siècle* les 27, 28 et 29 septembre. Ils démontrent que l'enquête des gendarmes, sans être mensongère à proprement parler, comporte de criantes lacunes et de graves incertitudes. Et, s'ils n'apportent pas vraiment la preuve de l'innocence de Sébastien Peytel, ils soulèvent des problèmes dont il n'a jamais été question au procès.

Lors de leur entretien avec leur ami, Balzac et Gavarni se sont renseignés sur l'état de sa fortune et ils ont eu accès plus tard aux écritures comptables, qui se trouvaient dans son étude. Ils ont pu ainsi établir que le mobile avancé pour le crime, l'argent, ne tenait pas. Peytel était, en effet, beaucoup plus riche que Félicie Alcazar, il possédait plus du double : cent vingt mille francs et elle cinquante. Pourquoi, dans ces conditions, l'a-t-il épousée ? Peytel, à qui ils ont posé la question, a répondu que c'était par amour, mais cela semble surprenant. Sa vraie raison était peut-être de choquer les gens de Belley, en se mariant avec une étrangère.

Balzac et Gavarni se sont également rendus sur les lieux du drame, qu'ils ont passé au peigne fin et, non contents de cela, ils ont parcouru durant plusieurs jours toute la région. Ils en ont tiré des conclusions troublantes, que Balzac expose longuement dans ses articles.

Selon l'accusation, il s'agissait d'un crime soigneusement prémédité. Or Sébastien Peytel, qui est un homme intelligent, n'aurait jamais assassiné sa femme dans le lieu où il l'a fait. Balzac précise : « Dans ce col, il existe une vingtaine d'endroits où Peytel aurait pu accomplir ses desseins, s'il en avait eu. Notamment un petit lac, dans la région où s'est fait le voyage, contenait assez d'eau pour qu'il y précipitât sa femme, le cheval, le domestique et sa voiture. Il n'avait plus alors qu'à se mettre à barboter lui-même en criant "Au secours !". Il y aurait peut-être gagné un rhume, mais il aurait certainement évité l'échafaud. »

D'autre part, des soupçons pèsent sur le domestique. Il est établi qu'il avait acheté à Mâcon, avant de partir, chez un armurier, des balles semblables à celles retrouvées dans la tête de Félicie et il y en avait dans son bagage ; il avait aussi sur lui un sachet de poudre dont un coin avait été déchiré, sans nul doute pour servir de charge à un pistolet. L'accusation de vol lancée contre lui par Peytel reprend, de ce fait, du poids...

Après plusieurs semaines d'efforts acharnés et après avoir publié leurs conclusions, les deux hommes rentrent à Paris. Mais malgré leur vibrant plaidoyer, le pourvoi en cassation est rejeté le 10 octobre 1839. Sébastien Peytel se refuse obstinément à signer son recours en grâce, il a trop peur du bagne, il préfère mourir et il faut toute l'obstination de son avocat pour qu'il y consente enfin.

Il est désespéré. Quelques jours plus tard, il jette un billet dans la rue, par la fenêtre de sa cellule. Sur l'enveloppe est écrit : « Envoyez ce billet sans l'ouvrir à Gavarni, rue Fontaine-Saint-Georges, à Paris. » La lettre contient le texte suivant : « Le malheureux prie son bon frère Gavarni de lui faire parvenir de l'opium en quantité suffisante pour produire l'effet complet. Il faut lui envoyer cet opium ou toute autre matière produisant le même effet dissimulé dans une bible. »

Le billet est ramassé par un passant, qui le transmet à la police, qui transmet au ministre de l'Intérieur, qui transmet au roi... Louis-Philippe a lu les articles de Balzac et il y a des partisans de Sébastien Peytel jusque dans son entourage, mais peut-il oublier que ce dernier l'a comparé à une poire ? D'autant que la comparaison a fait mouche et que l'opposition reprend inlassablement le thème.

Le 21 octobre 1839, Louis-Philippe refuse la grâce. Le 28 à midi, Sébastien Peytel est conduit au supplice sur la place du Marché de Bourg-en-Bresse, devant une foule considérable. Il meurt courageusement, après avoir une dernière fois proclamé son innocence.

Alors que faut-il penser ? Sébastien Peytel était-il effectivement innocent ? La réponse est nuancée. En définitive, sans doute pas, mais il n'était pas aussi coupable que l'a montré l'enquête et que l'ont décidé les jurés.

On trouve, dans un des articles de Balzac, une phrase étrange : « L'explication que je donne est la plus naturelle, les autres font partie d'un système dans lequel, sous aucun prétexte, je ne veux et ne dois entrer. » Pour comprendre cette phrase mystérieuse, il faut revenir à la déposition du maréchal des logis de gendarmerie Chaillon.

D'après lui, Peytel lui aurait dit que sa femme avait une liaison avec son domestique. Il n'avait aucune raison d'inventer ces propos. Le fait a, d'ailleurs, été établi par la suite : une liaison existait entre Félicie et Louis Rey. Sébastien Peytel en a parlé à plusieurs de ses amis, dont Balzac. Mais il leur a fait jurer de ne pas en faire état. Pour lui, son infortune conjugale était un tel déshonneur qu'il lui préférait la mort. Et c'est ce qui est effectivement arrivé. S'il avait parlé, il aurait évité la guillotine...

On peut imaginer deux scénarios possibles. Dans la première version, c'est Louis Rey le coupable. Avec sa maîtresse, il a décidé de tuer Peytel et de s'enfuir avec l'argent. Il s'approche du cabriolet et blesse mortellement Félicie par erreur. Sébastien Peytel se met à sa poursuite et le tue à coups de marteau.

Dans le second, Peytel surprend sur les lieux du drame l'intimité de Félicie et de son domestique. Il tire deux fois sur Félicie et abat Louis Rey à coups de marteau. Il laisse le corps de la morte dans le cabriolet et va porter plus loin celui du domestique, pour faire croire qu'il s'est enfui.

Dans les deux cas, Sébastien Peytel a tué, mais dans le premier il s'agit de légitime défense, dans le second d'un crime passionnel, qui lui aurait valu des circonstances atténuantes, surtout à l'époque. La loi accordait alors les plus larges justifications au mari qui surprenait sa femme en position d'adultère.

Voilà ce qu'on peut dire de l'affaire Peytel. Ce n'est pas l'affaire Calas, et Balzac n'a pas, comme Voltaire, dénoncé une grande erreur judiciaire. Son acte n'en demeure pas moins une courageuse intervention au nom de l'amitié et un plaidoyer généreux en faveur d'un homme injustement exécuté.

Louis II de Bavière

Le crépuscule des rois

La Bavière présente une curieuse particularité au sein de l'ensemble allemand. Alors que les États voisins ont été, tout au long de leur histoire, administrés de manière rigoureuse et ordonnée, à l'image du peuple germanique lui-même, elle a été dirigée le plus souvent par des souverains originaux, voire fantasques.

C'est la même famille, celle des Wittelsbach, qui est à sa tête depuis le XIIe siècle. En 1180, Frédéric Barberousse, empereur d'Allemagne, nomme Othon de Wittelsbach premier duc de Bavière. Dès lors, décennie après décennie, siècle après siècle, ses descendants se succèdent et manifestent tous ou presque les mêmes penchants artistiques, le même dédain des réalités matérielles. Tandis que les autres princes allemands s'intéressent avant tout aux choses militaires, eux sont surtout soucieux d'embellir leur pays, construisant des châteaux, aménageant les villes. Nuremberg devient ainsi la perle de l'Allemagne. Mais dans le même temps, les Wittelsbach font preuve d'une inquiétante instabilité. L'historien Jacques Bainville a pu écrire : « La Bavière a toujours été gouvernée par des névropathes. »

En 1806, celle-ci est élevée au rang de royaume, par la volonté de Napoléon, qui veut un État lié à la France pour contrecarrer la Prusse. Le duc régnant, Max Joseph de Wittelsbach, devient le roi Maximilien Ier et fait épouser à sa fille Eugène de Beauharnais pour sceller l'alliance avec la France.

Maximilien Ier règne jusqu'en 1828, puis son fils Louis Ier lui succède et on franchit un pas de plus dans la démesure. Louis Ier est un admirateur passionné de l'Antiquité. Il orne sa capitale d'immenses monuments gréco-romains, déclarant : « Je n'aurai de cesse que Munich ressemble en tout point à Athènes. »

C'est ainsi que les Munichois, mi-admiratifs, mi-moqueurs, voient s'élever dans leur ville des propylées, une glyptothèque, un obélisque, un arc de triomphe, tandis qu'en même temps la Bavière devient le plus brillant centre artistique d'Allemagne.

Tout cela, bien évidemment, coûte cher. Le trésor public est bientôt à sec et Louis Ier est obligé de puiser dans sa cassette personnelle. Son extrême avarice en fait la risée de l'Europe. Il porte des redingotes élimées et reçoit ses visiteurs dans une robe de chambre graisseuse, dont il ne changera pas pendant dix ans.

Il a bien d'autres côtés étranges. Il compose des vers médiocres relatant ses aventures amoureuses et les déclame en public. Car il a le goût, le culte de la beauté féminine. Il a fait installer dans son palais une galerie de portraits représentant les trente-six femmes les plus remarquables à ses yeux. Y voisinent l'archiduchesse Sophie, mère du futur empereur d'Autriche, une danseuse d'opéra, une courtisane célèbre, mais aussi la femme d'un marchand de volailles.

Il a plus de soixante ans lorsque éclate le grand scandale de son règne. On lui présente Lola Montès, une superbe créature brune, qui se prétend espagnole, mais qui est en réalité une aventurière irlandaise, collectionnant les amants. Immédiatement, il en tombe passionnément amoureux au point de perdre la raison, si ce n'était déjà fait. Il l'anoblit et la couvre de richesses, alors que les caisses de l'État sont vides. Non seulement il se ridiculise à ses côtés, mais il met en danger l'existence même du pays. Une émeute finit par le contraindre à l'exil, le 21 mars 1848.

Son fils et successeur, Maximilien II, est assez terne. Il se soucie surtout de restaurer la confiance de son peuple. Mais il est quand même un Wittelsbach et son comportement reste surprenant. Il demande un jour à un professeur de théologie s'il peut lui prouver que les seigneurs de ce monde auront aussi une situation privilégiée dans l'au-delà et, comme son interlocuteur s'en avoue incapable, il le chasse en l'accablant d'injures. Maximilien est marié à une Hohenzollern, dont il a deux fils, Louis et Othon. Avec eux, la bizarrerie des Wittelsbach va faire place à la folie pure et simple.

Louis II de Bavière naît le 25 août 1845, dans le château de Nymphenburg, près de Munich. Dès son plus jeune âge, il manifeste un caractère rêveur et une sensibilité maladive. On lui donne une éducation militaire, mais c'est peine perdue : il ne s'intéresse qu'aux arts et fait preuve d'un tempérament dangereusement dépressif. Son précepteur français, Théodore de La Rosée, en est jour après jour le témoin. « Il faut, écrit-il, lutter constamment contre sa mélancolie. J'essaie de l'empêcher de s'attarder aux impressions désagréables et de faire en sorte qu'il les ressente le moins profondément possible. »

À côté de ses moments de tristesse, Louis a parfois de terribles accès de violence. En 1857, à douze ans, il se jette sur son frère Othon, l'attache des pieds à la tête et l'aurait étranglé sans l'intervention de La Rosée. Comme ce dernier le réprimande, il lui réplique :

– J'en ai le droit, puisque c'est mon vassal !

Cette idée de sa toute-puissance est génératrice d'un profond déséquilibre. Il ne se sent maintenu par aucune règle et en éprouve un constant vertige. Pour tenter d'y échapper, Louis se passionne pour toutes sortes de récits, en particulier pour la mythologie germanique, dont il aime le merveilleux, la démesure, le côté obscur et dramatique.

Le jour de ses seize ans, il assiste à une représentation de *Lohengrin* de Richard Wagner et l'opéra produit sur lui un effet extraordinaire, qui le marque à tout jamais. La Rosée le décrit en ces termes : « Le corps du prince fut secoué de spasmes véritables. C'était si violent que je redoutais une crise d'épilepsie. » Louis veut faire immédiatement la connaissance du compositeur et l'inviter à la cour, mais son père s'y oppose.

Ce dernier meurt prématurément en 1864. Le jour de son couronnement, Louis II de Bavière fait l'admiration de ses sujets. Il a tout d'un jeune dieu. Il n'a que dix-neuf ans, il est beau, altier, très grand, très brun, avec un regard sombre et passionné. Il est intelligent, sérieux, soucieux du bonheur de son peuple, il aimerait devenir un souverain sage et respecté, mais il n'y a rien à faire : seul l'art l'intéresse.

Son premier acte est, bien entendu, de faire venir auprès de lui Richard Wagner et, à partir de ce moment-là, plus rien d'autre ne compte. Il le comble d'or et de bienfaits et il entend que tout le monde à la cour lui rende hommage. Les lettres qu'il lui adresse sont de véritables déclarations d'amour. Il lui envoie ce billet à la sortie d'une représentation de *Tristan et Yseult* : « Je suis entièrement conquis. Je brûle de revivre ces délices. Gloire à leur créateur ! Je m'agenouille devant lui. Je vous supplie de ne pas abandonner celui qui n'a que vous et Dieu. Jusqu'à la mort et après la mort. Fidèlement vôtre, Louis. » On recensera plus de six cents lettres entre les deux hommes.

Wagner tire parti sans vergogne de cette passion dévorante. Le caractère de l'homme n'est pas à la hauteur de son génie musical. Il n'est que vanité, il parade, se gargarise des faveurs dont il est l'objet. Son comportement est à ce point insupportable que l'opinion publique se révolte. Il y a plusieurs émeutes contre le musicien. Louis II est tenté par la répression, mais il cède : il renvoie Wagner, en décembre 1865. Cela ne l'empêchera pas, par la suite, de rencontrer clandestinement celui qu'il nomme « l'Unique ».

Il n'a jamais eu de goût pour la politique, pourtant il est bien obligé de s'y intéresser, les événements le lui imposent ; l'existence même de la Bavière est peut-être en jeu... L'unité allemande est à l'ordre du jour. Deux pays veulent la faire autour d'eux : la Prusse et l'Autriche. Viscéralement antiprussien, Louis II se range aux côtés de l'Autriche. La guerre est déclarée en 1866 ; la coalition austro-bavaroise est battue la même année, par les troupes prussiennes, à la bataille de Sadowa.

Cette défaite marque à terme la fin de l'indépendance bavaroise. Mais passé le moment d'abattement, Louis II cesse définitivement de s'intéresser aux événements du monde. Il ne se soucie plus que de lui. Or il a un problème : son homosexualité. Tous ses penchants le poussent vers les hommes, mais ses conceptions morales s'y opposent. D'où une lutte perpétuelle, qui le déchire. Son grand amour a été sans nul doute Wagner, mais il est resté sans suite, car le musicien n'aimait que les femmes. Alors, il se rabat vers les jeunes gens de son entourage, avec lesquels il a de brèves liaisons, accompagnées d'un intense sentiment de culpabilité.

Au début 1867, ses problèmes intimes deviennent plus aigus encore. Son peuple le presse de se marier, la cour lui demande d'avoir des héritiers. Cela fait partie des devoirs d'un souverain, or l'idée même d'approcher une femme le terrifie... C'est sa cousine Élisabeth, que tout le monde surnomme Sissi, qui finit par le convaincre. L'épouse de l'empereur François-Joseph d'Autriche est pour lui une amie et rien d'autre ; mieux que cela, elle est sa complice. C'est la seule présence féminine qu'il accepte, peut-être parce qu'il sent en elle le même trouble profond que chez lui. Sissi est une Wittelsbach, il le sait, et c'est pour cela qu'il l'écoute...

– Tu dois te marier, Louis.

– Je ne veux pas ! Je préfère mourir !

– On ne te demandera pas de vivre avec elle, simplement de lui faire un enfant. Si c'est un garçon, on te laissera tranquille. Tout redeviendra comme avant.

Et Élisabeth parle... Elle lui confesse le peu de plaisir qu'elle a eu à épouser François-Joseph, jeune homme autoritaire et borné, à l'esprit militaire. Elle lui raconte comment elle oublie sa vie de couple en voyageant aux quatre coins de l'Europe.

– Tu n'auras qu'à faire de même. D'autant que celle à qui j'ai pensé pour toi est la mieux faite pour te plaire.

– Qui ?

– Sophie, ma sœur. Elle me ressemble. En la voyant, tu penseras à moi et tu auras moins peur...

C'est sans doute cet argument qui emporte sa décision. Les fiançailles de Louis II de Bavière et de sa cousine Sophie de Wittelsbach sont proclamées dans la liesse générale. Les deux jeunes gens posent pour les peintres et les photographes. Jamais on n'a vu un tel couple royal. Elle est aussi blonde qu'il est brun, d'une beauté aussi éclatante que la sienne est sombre. Ils semblent faits l'un pour l'autre, leurs enfants seront magnifiques !

Seulement il est impossible à Louis II d'aller contre sa nature, même pour un moment, même avec l'aide affectueuse de Sissi. Il n'a rien à reprocher à Sophie, elle est douce et gaie ; sans doute chapitrée par sa sœur, elle évite tout geste de tendresse, elle tient en toutes circonstances ses distances. Il n'a rien à lui reprocher, sauf d'être une femme, et les angoisses qu'elle génère en lui deviennent chaque jour plus insupportables.

À mesure que la date de la cérémonie approche, sa santé décline. Bientôt, il ne quitte plus son lit. Ses médecins n'y comprennent rien, ils ne constatent qu'une chose : les symptômes sont de plus en plus inquiétants. Il n'y a pas d'autre solution que d'annuler le mariage. Aussitôt, Louis II se rétablit comme par miracle. Il écrit peu après, dans son journal intime : « Je suis débarrassé de Sophie. Je revis, après ce cauchemar épouvantable. »

Il est débarrassé de Sophie, mais cela veut dire qu'il se retrouve seul avec lui-même et son problème : l'homosexualité. Pour lutter contre elle, il se réfugie dans le mysticisme, ou cherche un apaisement dans la contemplation de la nature. Suivant le conseil que lui a donné Sissi, il se livre à des escapades, qui se déroulent toujours la nuit et ne s'achèvent qu'à l'aurore. Afin d'aller plus vite et plus loin, il fait équiper des premières piles électriques, construites par l'industriel Siemens, un attelage glissant sur les routes enneigées des forêts bavaroises. Quand le temps est trop mauvais, il boit du champagne jusqu'à l'aube, seul ou en compagnie de jeunes gens. Ses ministres tentent en vain de le ramener aux affaires du royaume...

Il consent pourtant à faire un voyage officiel, mais c'est plus pour son agrément que pour des considérations politiques. En 1867, il se rend en France, le pays de ses rêves, son ancien allié, dont il a dû se séparer après la victoire de la Prusse. Il est reçu somptueusement par Napoléon III et découvre Versailles. C'est, écrit-il dans son journal, « un choc décisif ». Il est éperdu d'admiration pour Louis XIV, qui a conçu et mené à bien une telle merveille. Il a découvert sa vocation. Il va marcher sur ses traces, et passer le reste de sa vie à construire, lui aussi, des châteaux.

Et il ne perd pas de temps. Dès son retour en Bavière, au début de 1868, il entreprend la construction d'un château à Neuschwanstein. C'est un projet fou et somptueux à la fois. Car il ne bâtit pas selon l'architecture de son temps, il fait ériger sur un piton rocheux un extraordinaire nid d'aigle médiéval inspiré de Pierrefonds. Neuschwanstein inspirera à son tour Walt Disney pour le château de *La Belle au bois dormant*.

Mais le temps qu'il passe à visiter le chantier ne le guérit pas de ses insurmontables angoisses. Son journal intime se fait de plus en plus sombre, de plus en plus agité. On y assiste à sa lutte désespérée contre l'homosexualité et à l'apparition d'une schizophrénie grandissante... En 1870, pour sauver la Bavière, il se résigne à entrer en guerre contre la France aux côtés de la Prusse. Après la victoire de 1871, il se résigne, pour les mêmes raisons, à attribuer la couronne impériale d'Allemagne au roi de Prusse, Guillaume Ier.

La même année, il commence la construction du château de Linderhof, une réplique du Petit Trianon. Il a entamé une liaison avec un écuyer du nom de Richard Horning, un bel éphèbe qui lui a tourné la tête. Elle va durer des années. Il affirme dans son journal qu'elle est platonique, mais il n'en est rien. En 1874, il visite Versailles et Reims, ce qui le renforce dans sa passion pour les rois de France. Depuis 1871, la politique bavaroise connaît de graves crises, mais il ne s'y intéresse pas. Il passe son temps à faire des expéditions dans la nature et à s'occuper de ses châteaux.

Il dort le jour et vit la nuit, faisant donner des représentations musicales et théâtrales pour lui seul. Il ne voit pratiquement personne, excepté ses favoris. D'autres succèdent à Richard Horning, comme l'acteur Joseph Kainz, auquel il fait réciter des poèmes et des pièces des nuits entières. Il n'a pas de cour ni de famille autour de lui, simplement une escorte et un état-major strictement masculins.

En 1875, il renoue avec Sissi, avec laquelle il était fâché depuis la rupture des fiançailles avec sa sœur Sophie. Ils s'appellent dans leur correspondance « la colombe » et « l'aigle ». Ils se revoient en Bavière. Avec les années, elle est devenue presque aussi tourmentée que lui. Eux seuls se comprennent et peuvent s'aider l'un l'autre. Ils sont sans illusion sur le mal qui est le leur. Othon, le frère de Louis, vient d'être interné et les médecins l'ont déclaré incurable. Ils savent que ce qui frappe les Wittelsbach est plus grave qu'une malédiction, c'est une hérédité.

Alors, pour conjurer le sort, pour s'étourdir, pour continuer à vivre, tout simplement, Louis de Bavière construit et construit encore. En 1878, il pose la première pierre de son dernier château, Herremchiemsee, au bord d'un grand lac. Jamais il n'était allé si loin dans la démesure. Cette fois, il a franchi le pas, il va vraiment réaliser son rêve : ce ne sera ni plus ni moins que la copie de Versailles !

Sa construction va s'avérer un véritable gouffre, qui va amener les finances du royaume au bord de la faillite. Herremchiemsee ne sera pas achevé à sa mort et Louis II n'y passera qu'une seule nuit, en 1885... En attendant, il donne des signes de plus en plus visibles de déséquilibre. Les personnes de son entourage l'entendent dialoguer avec Louis XIV ou Marie-Antoinette. Il leur parle de Versailles et du Trianon. Il passe son temps à manger et à boire. Le jeune et beau souverain du couronnement a fait place à un homme empâté, aux dents gâtées par les sucreries.

En 1883, la mort de Wagner le laisse prostré pendant plusieurs semaines. Il lui fait des funérailles grandioses, auxquelles il ne participe pas, car il lui est venu une peur pathologique de la foule. Durant les semaines qui suivent, il fait représenter dans l'ordre chronologique toutes les œuvres du maître. Il y assiste dans un état second. Son émotion est telle que son entourage craint de le voir mourir à chaque instant.

À partir de ce moment se produit une nouvelle coupure dans son existence. Il ne vit plus à Munich, mais tantôt à Linderhof, la réplique du Petit Trianon, tantôt dans l'ancien château de sa jeunesse, Hohenschwangau. Il ne reçoit plus ses ministres. Seuls les paysans et les montagnards des environs ont le droit de le rencontrer et de lui parler. Pour la première fois, aussi bien dans le peuple qu'à la cour, on évoque ouvertement sa folie.

Si son état mental est effectivement préoccupant, il fait preuve dans le même temps d'une lucidité étonnante, voire prophétique. Il porte les jugements les plus sévères sur la politique allemande. La situation, affirme-t-il, ne peut que s'aggraver. La France voudra sa revanche, ce qui entraînera un nouveau conflit, dans lequel toute l'Europe risquera de disparaître... Souverain hors du temps, perdu dans son rêve grandiose, il fascine toute une génération. Verlaine lui consacre un poème, dans lequel il l'appelle « le seul vrai roi de ce siècle ».

Mais si les artistes chantent ses louanges, les autres comprennent la gravité de la situation. Ses dépenses vertigineuses ruinent la Bavière. Ses ministres et ses conseillers, qu'il refuse de voir depuis si longtemps, se réunissent entre eux. Pour éviter la banqueroute, il n'y a pas d'autre choix que de déposer le roi, en invoquant la folie. Il n'est pas question de le remplacer par son frère Othon, qui est définitivement fou. Il faut confier la régence à son oncle Luitpold. C'est ainsi que divers aliénistes sont convoqués au palais de Munich, qu'il n'habite plus. Les médecins, sans l'examiner, concluent à sa folie. Le dernier acte va pouvoir se dérouler.

Nous sommes le 9 juin 1886. Une commission gouvernementale part pour Hohenschwangau où se trouve le roi, avec mission de le persuader de la suivre pour être soigné et, s'il résiste, de l'enlever. Elle est composée d'officiels, de médecins et d'infirmiers. Elle est emmenée par Bernhard von Gudden, neurologue et psychiatre de renom, qui suit le roi depuis des années. C'est sur lui que reposent tous les espoirs. Il a la confiance de Louis II et il devrait parvenir à le convaincre. Car l'emploi de la force reste aléatoire...

Lorsqu'elle arrive à Hohenschwangau, la commission a une mauvaise surprise : le roi n'est plus là. Les paysans, qui ont été prévenus on ne sait comment, lui ont donné l'alerte et il a pu s'enfuir. Comme Louis de Bavière ne réside plus que dans deux endroits, Hohenschwangau et Linderhof, c'est vers ce dernier château que la petite troupe se dirige. Mais là, nouvelle mauvaise surprise : le souverain s'est enfermé, protégé par sa garde et par des paysans en armes. Il faut parlementer. Bernhard von Gudden parvient, après beaucoup d'efforts, à être admis auprès de lui.

Le médecin est âgé de soixante-quatre ans, il a les cheveux blancs, un visage distingué et bienveillant. Il diffère d'ailleurs de ses confrères psychiatres par son choix de la douceur dans le traitement des malades... Louis II est prostré, entouré de militaires et de civils armés, tous des jeunes gens. Il considère pourtant l'arrivant sans hostilité. Ce dernier a toujours fait preuve d'une grande humanité à son égard et il a sur lui un pouvoir apaisant.

– Qu'est-ce que vous me voulez ? Ce sont mes ministres qui vous envoient ?

– Je suis là de ma propre initiative, Sire. Je suis venu vous proposer de prendre un moment de repos au château de Berg.

– Vous voulez m'enfermer, comme mon frère Othon ?

– Non, Sire. Je considère que la liberté est indispensable dans tout traitement.

C'est parfaitement exact. Le docteur von Gudden défend cette conception révolutionnaire pour son époque, Louis II le sait, et il a besoin de repos. Il est même épuisé. Il décide de lui faire confiance. Il demande aux jeunes gens en armes de ne pas bouger et se met en marche à la suite du praticien. Quelques heures plus tard, il pénètre dans le château de Berg, une magnifique demeure bâtie au bord du lac Starnberg...

Mais là, il comprend immédiatement que von Gudden a trahi sa confiance. Car, si sa santé mentale est altérée, son jugement est resté parfaitement normal. Il y a des barreaux aux fenêtres, des judas aux portes et, lors de son premier repas, on ne lui a pas donné de couteau : cela signifie qu'il est prisonnier. Pourtant, contrairement aux craintes de l'entourage médical, il n'entre pas en fureur. Il semble avoir pris son parti de la situation ; il est abattu, mais pas révolté.

Quatre jours plus tard, le 13 juin, dimanche de la Pentecôte, vers 6 heures du soir, Louis obtient la permission de se promener au bord du lac, en compagnie du docteur von Gudden. Ce dernier repousse l'escorte qui voulait les accompagner. Le temps est mauvais, il pleut. Ils s'éloignent seuls dans le parc et on les perd de vue.

Ce n'est que deux heures plus tard, en ne les voyant pas revenir, qu'on s'inquiète enfin. Le personnel part à leur recherche. On retrouve d'abord le parapluie et la redingote du souverain, abandonnés sur la berge. Et puis, un peu plus loin, c'est la découverte du drame : les corps du roi et du médecin flottent dans l'eau peu profonde. On a beau tenter de les réanimer, il n'y a rien à faire : ils sont morts tous les deux.

Le corps du docteur porte de nombreuses traces de violence : des marques de strangulation et des écorchures au visage. C'est la raison pour laquelle le rapport officiel conclut à un accès de folie furieuse. Louis II a d'abord tué son médecin, ensuite il s'est donné la mort, en se laissant couler.

Ce scénario tragique n'empêche pas le disparu d'être pleuré par tous les Bavarois. Malgré ses bizarreries, le souverain s'était toujours montré très proche du peuple. Une foule immense défile devant son corps embaumé, dans la crypte Saint-Michel, à Munich. Après son inhumation, une croix est érigée dans le lac Starnberg, à l'endroit précis de sa mort. On n'a jamais cessé d'y venir en pèlerinage.

Alors que s'est-il passé ? La thèse de l'accident doit être rejetée, en raison des blessures que portait Bernhard von Gudden. Il y a eu lutte entre les deux hommes, une lutte dont l'issue ne pouvait faire de doute : le médecin était âgé de soixante-quatre ans, le roi n'en avait que quarante et c'était, de plus, un colosse de 1,90 mètre, pour quatre-vingt-dix kilos.

Mais s'agissait-il vraiment d'un acte de folie furieuse totalement impulsif, Louis II se jetant brusquement sur son médecin pour le tuer et se noyant volontairement ensuite ? On ne peut l'exclure mais, s'il avait voulu tuer son compagnon de promenade, il aurait pu le faire n'importe où ailleurs. Le fait que l'affrontement ait eu lieu dans l'eau laisse au contraire penser à une tentative d'évasion par le lac. Or Louis II était un excellent nageur.

On est même allé plus loin... On a dit qu'Élisabeth d'Autriche, apprenant l'internement de son cousin, avait décidé de le faire évader et qu'elle se tenait en face, sur l'autre rive, avec une calèche. Cela, le docteur von Gudden l'ignorait et, conformément à ses principes libéraux, avait renvoyé l'escorte qui devait les accompagner.

Toujours selon la même thèse, les autorités bavaroises, elles, étaient au courant et ont laissé faire. Quelques hommes ont suivi le roi et son médecin de loin. À l'endroit convenu avec sa cousine, Louis de Bavière se débarrasse de son parapluie et de sa redingote et se jette à l'eau. Von Gudden tente de s'interposer : il n'est pas de taille. Les hommes de main assistent au pugilat, mais n'interviennent que lorsque Louis II a éliminé son adversaire et s'est mis à nager. Alors, ils le rattrapent et le noient. Pourquoi ce meurtre délibéré ? Certainement parce que le souverain était populaire et qu'il était plus sûr qu'il disparaisse.

L'hypothèse n'est pas absurde, mais elle se heurte à une impossibilité qui n'a été connue que longtemps après. Sans qu'on sache pourquoi, l'autopsie du roi a été rendue publique en 1924 seulement. Elle est pourtant d'une importance extrême. Il n'y avait pas d'eau dans ses poumons, il n'est pas mort noyé, mais des suites d'une congestion, au contact de l'eau froide du lac, en raison sans doute d'un état d'agitation extrême. Or ce genre de mort ne peut pas se provoquer, elle est accidentelle.

Ce qui semble probable, en revanche, c'est la tentative d'évasion... Comprenant qu'il était trahi, Louis II prend la décision de s'enfuir. Pour cela, il ne doit pas éveiller les soupçons. Il reste donc parfaitement calme durant les premiers jours de son internement et, lorsqu'il demande au docteur de se promener en sa compagnie, ce dernier accepte sans difficulté.

Il ne semble pas que Sissi ait joué un rôle. Elle pouvait difficilement communiquer avec Louis, à Berg où il était surveillé. Il serait, en outre, bien étonnant que celle qui était impératrice d'Autriche, malgré toute l'affection qu'elle avait pour son cousin, se soit compromise dans un projet aussi insensé. C'est seul que le roi a pris sa décision et, même s'il avait peu de chances de réussir, il préférait sans doute la mort à la captivité qu'on voulait lui imposer...

Tout cela est probable, mais pas absolument certain. Il reste et il restera toujours, autour de la disparition du dernier roi de Bavière, un mystère. Et sans doute est-ce mieux ainsi, s'agissant de celui qui avait déclaré un jour : « Je veux être une énigme pour moi-même et pour la postérité. »

Napoléon Bonaparte

Que s'est-il passé à Sainte-Hélène ?

15 juillet 1815. Il y a près d'un mois qu'a eu lieu la bataille de Waterloo. Après avoir espéré encore quelque temps, Napoléon capitule. Il embarque sur le *Bellérophon*, pour traverser la Manche et se rendre aux Anglais. Ceux-ci lui annoncent qu'il va être interné à Sainte-Hélène, une île perdue dans l'Atlantique sud, à deux mille kilomètres de l'Afrique. Ils l'informent qu'outre ses domestiques il pourra se faire accompagner de trois officiers. L'Empereur choisit le maréchal Bertrand, les généraux de Montholon et Gourgaud et parvient à faire accepter Las Cases en qualité de secrétaire de cabinet. Mmes Bertrand et de Montholon pourront venir avec leurs maris. Napoléon disposera de onze domestiques, à la tête desquels se trouve Marchand, son premier valet de chambre. C'est en compagnie de cette petite suite qu'il quitte l'Europe pour un voyage sans retour, le 7 août 1815, à bord du *Northumberland*, commandé par le contre-amiral George Cockburn.

Avant d'aller plus loin, il faut s'interroger sur le choix qu'a fait l'Empereur de ces fidèles entre les fidèles, qui vont partager son sort jusqu'à la fin. En particulier, le général Montholon, car le moins qu'on puisse dire, c'est qu'il ne s'est fait guère remarquer jusqu'alors par ses qualités ou ses états de service…

Né en 1783, Charles Tristan de Montholon n'a pas vingt ans au début de l'Empire, il n'a donc participé à aucun des événements qui ont précédé et il ne jouera par la suite aucun rôle non plus. Il appartient à un milieu privilégié. Avant la Révolution, son père était un aristocrate, un colonel propriétaire de son régiment, qui exerçait la charge de premier veneur du comte de Provence, le futur Louis XVIII. À sa mort, sa veuve se remarie avec le comte de Sémonville, qui est, lui, très proche des milieux bonapartistes, et c'est grâce à sa protection que Charles Tristan va faire carrière.

Malgré sa jeunesse, il entre à l'état-major des maréchaux Augereau et Berthier. Sa sœur favorise son avancement en se mariant une première fois avec le maréchal Joubert, dont Charles de Montholon devient l'aide de camp ; après la mort du maréchal, elle se remarie avec le maréchal Macdonald, dont son frère devient également l'aide de camp. Il affirme avoir reçu cinq blessures au cours de ses campagnes, mais on n'en trouve nulle trace dans son dossier, conservé au ministère de la Guerre, à Vincennes.

À vingt-six ans, Charles de Montholon devient colonel et il est nommé chambellan. Son beau-père lui transmet le titre de comte et obtient pour lui le poste de ministre plénipotentiaire auprès du grand-duc de Wurtzbourg, oncle de l'impératrice Marie-Louise. Mais il gâche cette belle ascension pour une affaire de cœur. Il s'éprend et épouse une jeune femme au passé agité : Albine de Vassal, divorcée deux fois. Napoléon ne l'admet pas et lui signifie sa destitution par lettre : « Sa Majesté a jugé le mariage que vous avez contracté incompatible avec les honorables fonctions qu'elle a daigné vous confier. »

Suite à cette disgrâce, le couple se morfond à la campagne. Heureusement pour lui, l'Empire ne tarde pas à s'effondrer. Montholon change immédiatement de camp et propose ses services à Louis XVIII, qui le nomme commandant du département de la Loire. Or à peine arrivé en fonction, il se fait remettre 5 970 francs, sous prétexte de payer ses soldats, et les garde pour lui. Le roi, qui n'est pas encore au courant du vol, le fait maréchal de camp, c'est-à-dire général de brigade, mais cette situation est précaire et il risque les plus graves ennuis quand la vérité sera connue.

Aussi, aux Cent-Jours, Montholon rallie immédiatement Napoléon. Il affirme avoir été nommé par lui général de division, mais on ne trouve trace nulle part de cette nomination et il ne participe pas à la bataille de Waterloo non plus. Il suit pourtant, en compagnie de sa femme Albine, l'Empereur dans sa fuite, à la Malmaison d'abord, puis à l'île d'Aix. Entre-temps, Louis XVIII a été informé du vol, et Montholon sait qu'il n'a aucune indulgence à espérer s'il reste en France. Il a la chance de pouvoir embarquer sur le *Bellérophon,* à destination de l'Angleterre.

Comment Napoléon, qui ne le connaissait pour ainsi dire pas, a pu choisir un tel personnage ? Parce qu'il était là ! L'empereur avait d'ailleurs demandé à être accompagné par les généraux Savary et Lallemand, eux aussi présents, mais récusés par les Anglais, qui les jugeaient trop dangereux. Il s'est rabattu sur le seul qui restait...

Quelque deux mois après l'embarquement, ce dernier découvre avec les autres leur destination finale. Le dimanche 15 octobre 1815, le *Northumberland* arrive à Sainte-Hélène. Dans son château de Jamestown, la seule ville de l'île, le gouverneur anglais note, avec un laconisme glacial, l'arrivée du bateau « ayant à son bord le général Napoléon Bonaparte et certains individus comme prisonniers d'État ».

Pour eux, la première vision de l'île est terrible. Ils s'attendaient à un cadre tropical aimable et luxuriant, et se trouvent face à un rocher désolé et nu, une muraille rouge et brun de trois cents à huit cents mètres de haut, qui tombe à pic sur une mer houleuse. Et leur lieu de séjour est pire encore ! Le plateau de Longwood est situé à l'intérieur des terres. Il y pleut presque tous les jours. Le sol surchauffé transforme la pluie en un brouillard gluant et le vent extrêmement violent ne chasse pas la brume, mais se contente de l'agiter. Et, si le plateau est dégagé, le soleil est caché par des nuages plombés.

Les conditions d'hébergement sont à l'avenant. La résidence qu'on leur a préparée est en fait « une agglomération de baraques construites pour servir d'abri à bestiaux ». L'Empereur lui-même dispose de quatre pièces exiguës, bientôt encombrées de papiers et de livres, et sa suite doit s'entasser dans une promiscuité de jour en jour plus difficile à supporter. À cela s'ajoutent des mesures de surveillance exceptionnelles. Il y a dans l'île cinq cents officiers, ce qui correspond à l'encadrement d'une armée de trente mille hommes, et deux mille cinq cents soldats ! Deux vaisseaux de guerre tournent sans relâche autour des côtes et un réseau de signaux optiques permet de diffuser la moindre nouvelle concernant les prisonniers…

Il faut malgré tout s'organiser et vivre le moins mal possible. Napoléon essaye de lutter en recréant à Sainte-Hélène les usages de la cour. Grâce à cette étiquette, il se sent encore empereur. Au salon, les valets servent le café dans des tasses en porcelaine de Sèvres. On joue au reversi ou aux échecs. Mme de Montholon se met au piano et chante. Napoléon déclame parfois (mal) une tragédie. À 10 heures, il va se coucher et dit :

– Encore une journée de passée !

Avec le temps, l'illustre prisonnier tyrannise de plus en plus fréquemment son entourage. Il appelle en pleine nuit un de ses officiers pour lui dicter une protestation adressée au monde ou donner une nouvelle explication de la défaite de Waterloo. Mmes Bertrand et de Montholon ont bien du mal à donner de la fraîcheur à leurs tenues et à se composer une apparence convenable. Il le leur fait remarquer avec aigreur : « Elle vient de Chine, votre robe, pour être froissée comme cela ? » Ou encore : « Vous êtes mal coiffée ! »

Les compagnons de l'Empereur en arrivent rapidement à se jalouser, puis à se détester. Les hommes ont des querelles de préséance, les deux femmes se traitent mutuellement de catin. Mme Bertrand préfère rester chez elle que dîner chez l'Empereur. Elle est d'origine irlandaise et trouve plus d'agrément à parler avec le contre-amiral Cockburn qu'avec Napoléon.

Ce dernier tente pourtant de désarmer ces conflits. Au matin du lundi 1er janvier 1816, à l'aube d'une nouvelle année de détention, il leur adresse une exhortation pressante :

– Vous ne composez plus qu'une poignée au bout du monde. Votre consolation doit être au moins de vous y aimer.

Peine perdue ! Les inimitiés ne font que se renforcer. Gourgaud jalouse à un point extrême les Montholon. Il prétend que « Napoléon verse du miel sur eux et du vinaigre sur lui ». C'est un militaire, lui, un vrai. Il est entré le premier au Kremlin et il a sauvé la vie de l'empereur à la bataille de Brienne, en tuant un cosaque qui s'élançait vers lui. On comprend qu'il n'ait que mépris pour l'arriviste qu'est Montholon. Il ne cesse de répéter :

– Dans l'armée, je n'aurais jamais obéi à M. de Montholon !

Il n'en veut pas moins à Mme de Montholon. La blonde Albine au regard bleu fait, selon lui, du charme à l'Empereur. La description qu'il en donne en dit long sur ses sentiments :

– Elle fait les yeux doux, les pieds en avant, pinçant sa robe. Elle cherche à faire la belle et ce n'est pas facile. Elle ouvre son fichu et laisse voir une peau ridée.

Gourgaud est persuadé que « la Montholon », comme il l'appelle, a des bontés pour l'Empereur et que son mari, par intérêt, ferme les yeux. Napoléon lui a dit pourtant :

– Bah, les femmes, quand on n'y pense pas, on n'en a pas besoin !

Cela n'empêche pas Gourgaud de prendre un malin plaisir à dire à Montholon que sa femme est chez l'Empereur à 7 h 30 et que ce dernier vient la surprendre en déshabillé. Mais, le temps passant, ces soupçons finissent sans doute par correspondre à la vérité. Cet homme à femmes qu'est Napoléon est sans doute passé à l'acte. Car, contrairement à ce qu'affirme Gourgaud, Albine de Montholon est loin d'être laide. Un beau jour, Napoléon déclare à l'officier :

– Ici, il faudrait faire sa société d'une perruche, si on n'avait pas autre chose.

Un peu plus tard, il se fait plus explicite.

– Quand je coucherais avec elle, quel mal y aurait-il ?

– Je ne suppose pas que Sa Majesté ait un goût si dépravé ! rétorque Gourgaud, furieux.

Il veut se battre avec Montholon. Un duel est évité de justesse... Le temps passe, dans une atmosphère qui oscille entre la page d'histoire et le vaudeville. Napoléon dicte pour la postérité ses mémoires à son secrétaire Las Cases, au milieu de ces conflits de bas étage. En 1818, Albine de Montholon met au monde une petite Napoléone, sans qu'on sache vraiment qui est le père. Redoutant pour la santé du nouveau-né le climat malsain de Sainte-Hélène et voulant retrouver ses deux autres enfants, elle demande à rentrer en France. En promettant au couple une donation très importante sur son testament, Napoléon parvient à la garder encore deux ans.

Mais le 1er juillet 1820, Mme de Montholon et sa fille quittent Longwood pour toujours. Son mari, lui, sans doute après avoir obtenu la promesse d'un legs plus important, a décidé de rester. Il note au départ d'Albine : « L'Empereur pleure, peut-être pour la première fois de sa vie. » Le 6 novembre 1820, ce dernier, pourtant, décide de lui rendre sa liberté. Il lui permet de rejoindre sa femme :

– De toutes les privations que j'éprouve, la plus pénible pour moi, c'est d'être séparé de ma femme et de mon fils. Je ne peux exiger la même chose de vous.

Mais Montholon refuse. La situation vient, en effet, de changer. La santé de l'Empereur s'est brusquement dégradée. Il y a longtemps qu'il souffre de l'estomac, et c'est d'ailleurs pour cette raison qu'il a l'habitude de passer sa main sous son gilet, posture qu'ont immortalisée les peintres. Mais son état s'aggrave de jour en jour et Montholon ne peut décemment plus le quitter.

Ses lettres témoignent de la déchéance tragique de celui qui fut le maître du monde et qui n'est plus qu'un corps brisé par son mal. Montholon écrit à sa femme, le 5 décembre 1820 : « Le maladie de l'Empereur a pris une mauvaise tournure. À son affection chronique s'est jointe une maladie de langueur bien caractérisée. Sa faiblesse est devenue telle qu'il ne peut faire aucune fonction vitale sans éprouver une fatigue extrême et souvent perdre connaissance. »

Bientôt à la fatigue s'ajoute la douleur. Napoléon confie à son entourage :

– Je ne sais ce que j'ai à l'estomac. Ce que je ressens est comme un couteau qu'on aurait enfoncé et qu'on se plairait à remuer.

En ce début de l'été austral, il sort encore le matin en robe de chambre et s'assoit pesamment dans son fauteuil pliant dans le jardin. Mais par moments, la souffrance est trop forte, et il s'écrie :

– Ah, pauvre de moi !

Il se prend de plus en plus d'affection pour Montholon, qui écrit à Albine : « Ma vie se passe avec lui depuis qu'il est tout à fait tombé. Il veut que je sois toujours là. Il ne veut prendre d'autre remède que celui que je lui donne ou lui conseille. Son médecin en perd la tête. Seul, je trouve grâce auprès de lui. »

La maladie fait des progrès rapides et inexorables... Le 5 mars 1821, Montholon envoie une lettre à sa femme. « C'est aujourd'hui un cadavre, qu'un souffle de vie anime au physique comme au moral. Cette maudite Sainte-Hélène l'aura tué ! » Le 16 mars, il ne peut plus se lever. Toujours selon les lettres de Montholon : « Son teint est jaune à faire peur. Il est au dernier degré de la faiblesse, plongé dans un abattement et un affaiblissement dont rien ne le tire. »

C'est bientôt la fin du calvaire. Napoléon meurt le 5 mai 1821. Les Anglais font pratiquer l'autopsie le lendemain. « La surface interne de l'estomac, dans presque toute son étendue, n'est qu'une masse d'affections cancéreuses. Cela est surtout remarquable près du pylore. À l'exception des adhérences causées par la maladie de l'estomac, aucune altération morbide n'est apparente au foie. »

Montholon écrit de son côté à Albine : « L'ouverture de son corps a prouvé qu'il était mort de la même maladie que son père, un ulcère cancéreux de l'estomac, près du pylore. Il est probable que, depuis quatre ou cinq ans, l'ulcère avait commencé. »

Rentré en France, Charles de Montholon devient un homme riche, très riche. L'Empereur lui a légué par testament deux millions de francs or, « comme preuve, a-t-il écrit, de ma satisfaction des soins filiaux qu'il m'a rendus depuis six ans et pour l'indemniser des pertes que son séjour lui a occasionnées ». De plus, Albine s'est vu accorder une rente de quarante-huit mille francs, plus une somme de cent quarante mille francs.

L'ensemble est proprement faramineux, quand on sait que le revenu moyen annuel d'un ménage est d'environ mille francs. C'est ce que gagnerait un Français de l'époque en travaillant pendant plusieurs millénaires. À cela s'ajoutent les sommes considérables que Montholon retire de la publication de ses mémoires. Cela ne l'empêche pourtant pas de tout perdre en quelques années, dans des spéculations malheureuses.

Couvert de dettes, il se réfugie à Londres et y retrouve le futur Napoléon III en exil. Il complote pour l'aider à prendre le pouvoir. Il débarque en sa compagnie à Boulogne, mais il est pris en même temps que lui et condamné à vingt ans de prison. Le futur empereur s'évade, mais pas lui. Arrivé au pouvoir, Napoléon III se contente de le faire libérer et de lui octroyer cinquante mille francs, en avril 1852. Charles de Montholon mourra peu après, en 1853, totalement oublié.

Telles sont les circonstances de la mort de Napoléon, du moins telles qu'on croyait les connaître jusqu'au début des années 1960. En 1961, coup de théâtre : deux journalistes canadiens, Ben Werder et David Hapgood, publient une interview du dentiste suédois Sten Forshufvud, qui affirme pouvoir démontrer que Napoléon a été empoisonné à l'arsenic. Cette conclusion est le résultat de l'expertise d'une mèche de cheveux de l'Empereur, par le tout nouveau procédé de bombardement nucléaire.

La nouvelle fait l'effet qu'on imagine et s'ensuit une polémique qui agite encore les historiens. De quoi s'agit-il exactement ? Le mieux, pour exposer cette thèse, est de reprendre la conférence de presse tenue en 1997 par Ben Weider, dans laquelle il a résumé tous ses arguments. Et il faut reconnaître qu'ils sont convaincants…

Tout part de Marchand, le premier valet de chambre de l'Empereur, qui a dirigé le personnel domestique à Sainte-

Hélène. Il avait tenu son journal et demandé à ses proches de ne jamais le publier. Ces derniers ont si bien tenu parole qu'on en avait oublié l'existence. Toutefois, lorsque les biens de Marchand ont été vendus, en 1950, on l'a découvert, ainsi qu'une mèche de cheveux de Napoléon, prélevée, selon le journal, le lendemain de sa mort. Cette mèche, coupée au ras du crâne, mesurait 7,5 centimètres de long. Comme un cheveu pousse de 1,5 centimètre par mois, ces cheveux donnaient des indications sur les trois derniers mois de la vie de l'Empereur.

C'est cette mèche qui a été analysée par le dentiste suédois et a mis en évidence des traces d'arsenic, mais en doses très variables selon la portion du cheveu. Ces résultats en dents de scie indiquent que Napoléon absorbait de l'arsenic par périodes. Maintenant, si on rapporte ces taux d'arsenic aux récits des témoins, on constate que les symptômes d'empoisonnement coïncident avec une forte présence de ce composé chimique.

Par exemple, à la date du 26 février 1821, on trouve cette description du docteur Antommarchi, médecin corse de l'illustre prisonnier : « L'Empereur, qui était assez bien depuis le 21, a eu une brusque rechute : toux sèche, vomissements, chaleur dans les entrailles, agitation générale, anxiété, accompagnée d'une soif intense. » Ce sont exactement les symptômes de l'empoisonnement à l'arsenic. Le lendemain, il note : « L'Empereur est encore moins bien qu'hier. La toux est devenue plus violente et les nausées pénibles n'ont pas cessé jusqu'à 7 heures du matin. » Or tous ces symptômes coïncident avec un pic d'arsenic dans la portion correspondante du cheveu.

Napoléon n'a pourtant pas été empoisonné par l'arsenic, mais en deux temps, selon la méthode des empoisonneurs de l'époque. L'arsenic a été employé pour que sa santé diminue progressivement de manière à faire croire à une mort naturelle. L'empoisonnement mortel est dû à la combinaison de trois substances : l'antimoine, l'acide prussique et le calomel. L'antimoine était contenu dans l'émétique, médicament prescrit par le docteur Antommarchi. Napoléon ne voulait pas le prendre, mais Marchand note dans son journal : « L'Empereur a fini par accepter le remède sur l'insistance du comte de Montholon. Il prend l'émétique, en deux doses qui lui sont administrées à quelque temps l'une de l'autre. Les efforts de vomissements qui en résultent sont des plus violents. »

Le traitement est répété les jours suivants. Il n'est plus utilisé de nos jours à cause de la toxicité de l'antimoine qu'il contient. Mais les médecins d'alors ont l'idée qu'en vomissant le malade expulsera sa maladie. Il n'en est évidemment rien. Les vomissements ne font qu'affaiblir l'organisme et hâter l'issue fatale.

Le 22 avril, une nouvelle boisson est servie à Napoléon, pour étancher sa soif, l'orgeat, liquide au goût d'orange, qui contient souvent de l'huile d'amandes amères, riche en acide prussique. Il n'y a pas d'amandes amères dans l'orgeat qui est donné à l'Empereur, mais le 25 avril, Luytens, officier de Hudson Lowe, gouverneur de l'île, écrit : « Le comte de Montholon demande qu'on lui fournisse des amandes amères, car il ne peut en trouver. » Le même jour, Bertrand note : « Hudson Lowe a envoyé des amandes amères dans une caisse. »

Napoléon a donc bien ingurgité deux des substances toxiques qui vont avoir raison de lui, il reste à passer au dernier acte. Quelques jours avant sa mort, le 3 mai 1821, alors qu'il est constipé, Antommarchi lui administre dix grains de calomel dissous dans de l'eau sucrée. La dose normale est d'un quart de grain. Ce remède désespéré était recommandé par les médecins anglais, contre l'avis d'Antommarchi lui-même, qui le trouvait trop brutal. Mais sur l'insistance de Montholon, il finit par se ranger à l'avis de ses collègues britanniques. C'est Marchand qui fait boire le calomel à l'Empereur. Or, combiné avec l'antimoine du vomitif et à l'acide prussique des amandes amères, le chlorure de mercure contenu dans le calomel devient du cyanure de mercure fatal.

Le résultat est foudroyant. Bertrand écrit : « Peu de temps après, Napoléon devint inconscient. Il était complètement immobilisé par une paralysie totale. Il ne pouvait même plus avaler. » Le malade meurt deux jours plus tard, sans avoir repris pleinement conscience.

Reste l'autopsie qui n'a pas trouvé d'arsenic, mais a conclu à un cancer. Cela ne peut pourtant pas être un argument contre la thèse de l'empoisonnement. La présence d'arsenic ne peut, en effet, être décelée avec les moyens dont on dispose alors. D'autre part, le cyanure de mercure corrode la paroi stomacale et provoque une enflure du muscle du pylore, donnant toutes les apparences d'un cancer. D'ailleurs plusieurs médecins de l'époque, dont Larrey, le chirurgien de la Grande Armée, ont exprimé leurs doutes sur la valeur de cette autopsie. C'est le cas également du docteur Gooch, célèbre praticien anglais, qui a écrit à Hudson Lowe : « Le calomel est responsable de la mort de Napoléon et non le cancer. »

Ajoutons enfin que, quand le corps de Napoléon a été exhumé, dix-neuf ans plus tard, pour être rapatrié en France et enterré aux Invalides, il était en parfait état de conservation, ce qui est un des effets de l'arsenic, dont on se servait à l'époque pour conserver les corps.

Alors, en considérant que l'empoisonnement soit acquis, il reste à trouver le nom du coupable... Il y avait un meurtrier dans l'île, mais qui ? Pour le découvrir, il faut remonter à un événement se situant deux ans avant la mort de l'Empereur.

Le 24 février 1818, Cipriani, son majordome, tombe malade, alors qu'il avait toujours été en parfaite santé, et meurt en deux jours. Il avait été saisi de violentes douleurs d'estomac, accompagnées de frissons glacés, symptômes classiques d'un empoisonnement à l'arsenic. Ce Corse au service des Bonaparte depuis l'enfance, bien avant l'ascension de Napoléon, avait avec lui un lien privilégié, ce qui indisposait l'entourage de l'Empereur à Sainte-Hélène. Montholon, en particulier, ne cachait pas son aversion à son égard : « L'Empereur préfère Cipriani à nous tous. Il possède toutes les qualités d'un ministre de la Police. »

Mais ce n'est pas par antipathie qu'on a tué Cipriani, c'est pour une raison plus précise. Il entrait dans ses fonctions de servir son vin à Napoléon, qui avait une bouteille personnelle. Si on voulait l'empoisonner, c'était le moyen tout trouvé, mais pour cela, il fallait d'abord supprimer Cipriani... À partir de là, si on sait qui l'a remplacé à son poste, on a toutes les chances de découvrir l'assassin. Or ce n'est pas un domestique, mais Montholon qui a demandé et obtenu la fonction de sommelier.

Montholon assassin de Napoléon ? C'est tout à fait vraisemblable. Si on considère tous ceux qui se trouvaient à Sainte-Hélène, force est de reconnaître que lui seul en était moralement capable. Reste à trouver son mobile... Est-il d'ordre politique ou personnel ?

Si on retient la thèse politique, Montholon aurait agi à l'instigation des Bourbons. C'était un jouisseur impénitent. Pourquoi aurait-il eu l'idée de s'exiler pour des années à Sainte-Hélène ? Tout simplement parce qu'il aurait reçu mission de tuer Napoléon. Il aurait accepté non par idéologie, mais pour de l'argent. En échange aussi de l'impunité pour son vol dans le département de la Loire, qui lui aurait valu la peine de mort. En rentrant en France, effectivement il n'a jamais été inquiété à ce sujet...

Mais son mobile peut être tout aussi bien la jalousie. Il adorait sa femme. Le fait que l'arriviste qu'il était n'ait pas hésité à briser sa carrière pour l'épouser le prouve suffisamment. La liaison entre Napoléon et Albine de Montholon ne peut être mise en doute et on ne peut pas davantage douter que son mari ait été au courant. Il a fermé les yeux par intérêt, espérant que cela pourrait leur rapporter gros à tous les deux, ce qui a été le cas.

Seulement, il était toujours aussi amoureux d'Albine et la situation a fini par lui devenir insupportable, d'où l'idée d'y mettre fin en tuant son rival. Il a commencé par assassiner Cipriani, pour avoir accès à la fonction de sommelier, puis il a mis l'empoisonnement en pratique... Crime politique ou crime passionnel, telle est peut-être, en définitive, la vérité sur la mort de Napoléon.

Pourtant, il faut rejeter la thèse de l'empoisonnement. Et cela pour plusieurs raisons. D'abord, Montholon n'était pas quelqu'un de confiance. Les Bourbons ne pouvaient charger d'une mission délicate entre toutes et ultraconfidentielle un homme aussi peu fiable, aussi versatile, qui avait rallié l'Empereur pendant les Cent-Jours. D'ailleurs, loin d'être royaliste, Montholon était bonapartiste de cœur, comme l'a prouvé par la suite son action auprès du futur Napoléon III, qui lui a valu d'être condamné à vingt ans de prison.

Reste, toujours dans l'hypothèse de la culpabilité de Montholon, l'éventualité d'un crime personnel, par jalousie, par vengeance, pour avoir été bafoué par l'Empereur, ou bien pour hâter la fin du prisonnier et rejoindre plus vite sa femme en France.

La chose n'est pas invraisemblable, mais elle se heurte à une impossibilité radicale : Napoléon n'a pas été empoisonné, il est mort d'un cancer. Une étude scientifique, parue en février 2007, réalisée par des pathologistes américains, suisses et canadiens, qui ont examiné toutes les pièces historiques à la lumière des dernières connaissances médicales, conclut de manière catégorique à un cancer de l'estomac. Les auteurs ont même ajouté que, si de tels symptômes se déclaraient aujourd'hui chez un malade, ses chances de survie seraient minimes.

Il faut ajouter que le père de Napoléon est mort d'un cancer de l'estomac et que l'hérédité joue un facteur important dans ce genre d'affection. En ce qui concerne l'Empereur lui-même, son cancer a très vraisemblablement été déclenché par un ulcère du pylore. L'alimentation du soldat en campagne, riche en aliments saumurés et pauvre en fruits et légumes frais, augmente le risque de ce genre d'ulcère, qui donne au cancer un terrain propice.

Si on se tourne maintenant vers les observations des témoins, les symptômes relevés sont également ceux d'un cancer et non d'un empoisonnement à l'arsenic : la coloration jaune, notée par Montholon, et surtout l'amaigrissement. L'Empereur a perdu une dizaine de kilos dans les six derniers mois de sa vie. Il suffit de comparer le croquis fait sur son lit de mort avec celui où il se repose avant la bataille d'Austerlitz pour constater l'énorme perte de poids. Thiers, à l'ouverture du cercueil, à son arrivée en France, en 1840, a remarqué « cette figure d'une rare beauté revenue à la maigreur de sa jeunesse ». Quant à la conservation anormale du corps, elle n'est pas forcément due à l'arsenic. Le corps d'Henri IV, dont les révolutionnaires ont ouvert le cercueil, était, lui aussi, remarquablement conservé. Et s'il a bien été assassiné, Ravaillac n'a pas, autant qu'on le sache, utilisé l'arsenic.

Enfin il y a l'autopsie, qui est parfaitement concluante. Si on ne savait rien, à l'époque, sur le cancer, on savait parfaitement reconnaître ses manifestations dans l'organisme. L'autopsie pratiquée par Antommarchi en présence de plusieurs médecins anglais a été faite avec un soin extrême compte tenu de la personnalité du sujet, et tous ont reconnu un cancer de l'estomac.

Reste un fait indéniable : les cheveux de Napoléon contenaient de l'arsenic. Mais on ne sait pas quel était le taux normal d'arsenic à l'époque, notamment à Sainte-Hélène. L'arsenic était présent dans nombre de produits de la vie quotidienne. L'étain dont on faisait des pichets en contenait, le pigment des papiers peints également, principalement ceux de couleur vert impérial, dont on avait recouvert les murs. À cela, il faut ajouter l'arsenic dégagé par la combustion du charbon. En outre, de nombreux médicaments en contenaient, comme ceux servant à lutter contre les parasites, et une liqueur à base d'arsenic était prescrite contre l'anorexie, principal symptôme du cancer à l'estomac.

Selon la thèse du dentiste suédois et des journalistes canadiens, ce n'est pourtant pas l'arsenic qui a entraîné la mort, mais le mélange antimoine, acide prussique et calomel. Mais, là encore, il y a une impossibilité scientifique. Le sirop d'orgeat à base d'amandes amères contient 0,3 gramme d'acide prussique pour 5 litres, une dose infime, trop faible pour produire du cyanure de mercure. Ce qui est plus que probable, en revanche, c'est que les vomitifs à répétition et l'administration massive de calomel ont eu une action destructrice sur un organisme de toute manière condamné.

Ainsi il faut en revenir à ce qu'apprennent tous les petits écoliers de France : Napoléon est mort à Sainte-Hélène de mort naturelle. Il est inutile de refaire les livres d'histoire.

Albert Prince

L'honneur d'un magistrat

8 janvier 1934. Un homme attend dans l'antichambre du premier président Dreyfus, au Palais de justice de Paris. Il a cinquante ans, il est grand, distingué, avec les cheveux argentés sur les tempes et une petite moustache brune. Tout en lui indique un personnage important et respectable. Il se nomme Albert Prince et il est un des magistrats les plus en vue du moment. Il faut malheureusement ajouter : trop en vue, beaucoup trop.

Né en 1883, Albert Prince choisit très tôt de faire carrière dans la justice. La guerre vient interrompre un moment ses activités. Loin de chercher à se dérober, il tient à accomplir son devoir. Il est constamment en première ligne, de Verdun au Chemin des Dames où il est fait prisonnier. Après l'armistice, ses brillants états de service lui valent d'être nommé procureur général auprès de la cour alliée de Haute-Silésie.

Il revient en France cinq ans plus tard. D'abord procureur à Troyes, il est nommé, en 1926, responsable de la section financière du parquet de Paris, sous les ordres du procureur général Pressard, beau-frère de Camille Chautemps, président du Conseil. Il occupe ce poste jusqu'en octobre 1931, date à laquelle il devient conseiller à la cour ; il siège depuis aux assises.

Cette rapide ascension ne lui a pas fait négliger sa vie de famille. Marié en 1912 à la fille d'un magistrat, il est père de deux enfants. Il reçoit beaucoup dans son grand appartement de la rue de Babylone. Il aime la musique, joue du piano et du violoncelle. Il est catholique pratiquant, bref, il est l'image même du grand bourgeois à la vie irréprochable.

Et pourtant, tandis qu'il attend devant la porte du juge Dreyfus, le conseiller Prince ne donne pas l'apparence de la sérénité, bien au contraire. Il est blême. De temps à autre, il sort un mouchoir brodé à ses initiales pour essuyer les gouttes de sueur qui coulent sur son visage. Son regard est sombre, sa mine inquiète.

D'où lui viennent ces craintes ? La réponse tient en un seul mot, un nom qui est sur toutes les lèvres : Stavisky. L'affaire Stavisky ébranle la France entière et c'est à cause d'elle qu'Albert Prince a été convoqué par le premier président Dreyfus, il le sait parfaitement. Ce qu'il ignore, c'est que, par une extraordinaire coïncidence, l'affaire Stavisky est en train de se terminer exactement au même instant à l'autre bout du pays.

Alexandre Stavisky est né le 20 novembre 1886 à Slobodka, en Russie, dans une pauvre famille juive, qui a émigré à cause des persécutions. Installé à Paris, son père réussit, à force de travail, à se faire une belle situation de dentiste. Mais le jeune Alexandre ne marche pas sur ses traces, loin de là. Dès qu'il est en âge, il multiplie les escroqueries, tout en prenant soin de se créer des relations dans la classe politique, lui permettant d'échapper à la plupart des poursuites.

Mobilisé en 1914, il parvient à se faire réformer un an plus tard et, ayant appartenu à une unité combattante, il bénéficie de l'amnistie automatique. C'est donc avec un casier judiciaire vierge qu'il reprend ses escroqueries, échappant toujours aux poursuites grâce à ses relations. La police ne se fait pourtant aucune illusion sur lui. Au début des années 1920, elle a rédigé cette note à son sujet : « Type parfait du chevalier d'industrie capable d'entreprendre n'importe quoi. Il sait utiliser avec une habileté incroyable les appuis qu'il a su se ménager dans les milieux les plus divers. »

Le commissaire Pachot, de la police judiciaire, après l'avoir traqué en vain pendant des années, parvient enfin à l'arrêter, début 1926, suite à un vol chez un agent de change. Mais Stavisky s'évade lors de sa comparution dans le bureau du juge d'instruction, encore une fois grâce à des complicités. Or cette arrestation fait une victime : M. Stavisky père se suicide de honte et de désespoir.

Le commissaire Pachot ne lâche pourtant pas sa proie. Par un indicateur, il apprend que l'escroc se cache dans une somptueuse villa de Marly-le-Roi. Il l'arrête de nouveau, en compagnie de sa maîtresse, Arlette Simon, un ravissant mannequin de chez Chanel. Pour la première fois, le bel Alexandre se retrouve en prison. Il y reste dix-huit mois, jusqu'à ce qu'il bénéficie d'une remise en liberté médicale pour « une tumeur abdominale profonde ».

Une fois dehors, il se rétablit comme par miracle et épouse Arlette, qui lui a déjà donné un enfant. Théoriquement, il devrait passer en jugement, mais son procès tarde. C'est le moins qu'on puisse dire : de 1926 à 1933, il n'y a pas moins de dix-neuf reports !

Les policiers sont certains qu'il a un complice au Palais de justice et pensent même savoir qui : l'avocat André Hesse, député radical et ancien ministre. Mais a-t-il aussi des complicités au parquet ? À sa tête se trouve le procureur général Pressard, le beau-frère de Camille Chautemps, qui est fortement suspecté d'avoir favorisé le chevalier d'industrie. Les policiers s'interrogent aussi sur le rôle du conseiller Prince, responsable de la section financière, plus particulièrement concernée par les poursuites. Mais ce ne sont pour l'heure que des soupçons.

En attendant, Alexandre Stavisky disparaît. Plus question donc de le faire passer en jugement. Au même moment, un autre escroc se manifeste pour la première fois, un nommé Serge Alexandre, qui entreprend des opérations frauduleuses sur une plus grande échelle encore. S'assurant d'appuis politiques de premier plan, il monte à Orléans et à Bayonne deux opérations qui lui rapportent des fortunes. Serge Alexandre devient une des vedettes du Tout-Paris. Le commissaire Pachot multiplie les rapports, adressés en particulier au parquet de Paris, selon lesquels il s'agit en réalité de Stavisky, mais ces rapports disparaissent mystérieusement…

Dans toute escroquerie, la vérité finit par éclater tôt ou tard. Une victime moins crédule que les autres porte plainte, un complice passe aux aveux et, le 24 décembre 1933, la police lance un mandat d'arrêt contre « Stavisky, Alexandre, dit Alexandre, Serge ». Tandis qu'un énorme scandale éclate, en raison des complicités politiques enfin révélées, l'intéressé se réfugie dans un chalet de Chamonix, en compagnie d'un ami.

Toutes les polices du pays sont à ses trousses. Sa cachette est découverte et, le 8 janvier 1934 au matin, le chalet est cerné et investi. Plutôt que de se rendre, Stavisky se suicide d'une balle dans la tête.

Ce même 8 janvier 1934 au matin, la porte du président Dreyfus s'ouvre et un greffier fait son apparition.

– Monsieur le conseiller, si vous voulez bien me suivre…

Albert Prince pénètre dans le bureau. Le premier président Dreyfus l'invite à s'asseoir. Le procureur général Pressard a été lui aussi convoqué. Il est déjà dans la pièce. Le greffier se retire, les laissant seuls tous les trois… Le premier président prend la parole.

– Monsieur Prince, je suis chargé d'enquêter sur les activités du parquet et, en particulier, de la section financière. De 1926 à 1931, vous avez reçu de nombreux rapports de police vous indiquant que Serge Alexandre était en réalité Stavisky, mais vous n'avez rien fait. Pourquoi ?

Albert Prince s'attendait évidemment à la question, mais feint la surprise pour essayer de gagner du temps.

– C'est que… vous me prenez au dépourvu…

Le magistrat lui pose alors une seconde question, plus précise :

– Le 3 juin 1931, vous avez reçu un rapport du commissaire Pachot. Qu'en avez-vous fait ? L'avez-vous transmis au procureur de la République ?

Le conseiller Prince est de plus en plus mal à l'aise.

– Je ne sais pas. Il faudrait que je consulte mes notes... que je rassemble mes souvenirs.

Il a l'air tellement désemparé que le président Dreyfus se fait bienveillant :

– Mon cher ami, ne vous épouvantez pas. Vous ne comparaissez pas devant un conseil de discipline. Nous sommes réunis ici pour chercher ensemble la vérité.

Cette première entrevue s'arrête là. Dreyfus le raccompagne.

– Si vous vous souvenez de quelque chose, il est bien entendu que vous viendrez me voir...

Mais le conseiller Prince n'aura pas à revenir devant le juge Dreyfus. L'affaire prend vite une telle ampleur que l'enquête est confiée au premier magistrat de France, le président de la Cour de cassation Lescouvé. Celui-ci étudie le dossier avec soin. Il constate, lui aussi, que les rapports de la police au parquet sont restés sans suite et qu'en outre ce même parquet a ordonné dix-neuf reports du procès Stavisky.

Le premier président Lescouvé convoque d'abord le procureur général Pressard, qui charge sans hésitation son collaborateur.

– J'ai près de cent mille dossiers par an, monsieur le président, comment aurais-je pu remarquer quelque chose d'anormal ? C'est Prince, le responsable de la section financière, qui pouvait le faire.

– Et il ne vous a averti de rien ?

– Non.

Le 15 février 1934, Albert Prince est reçu à son tour par Lescouvé. Il annonce en entrant dans le cabinet :

– Je viens libérer ma conscience.

Et il raconte :

– Le 18 mars 1930, j'ai reçu un rapport de l'inspecteur Gripois sur Stavisky. Je l'ai aussitôt porté à M. Pressard. Il l'a pris et m'a dit : « Laissez-moi ce rapport, je veux le montrer. »

Le premier président Lescouvé bondit.

– Le montrer à qui ?

– Je ne sais pas. Mais étant donné la gravité du rapport, il s'agit peut-être du garde des Sceaux.

Et Prince ajoute :

– Ce n'est que plusieurs mois après que M. Pressard m'a rendu le rapport, en me disant de le classer dans le dossier Stavisky.

L'accusation est extrêmement grave. Elle met en cause un haut magistrat, beau-frère d'un président du Conseil, et d'une certaine manière, le garde des Sceaux lui-même. Le président Lescouvé est devenu très pâle :

– Vous êtes bien sûr de vous ? Vos souvenirs sont bien nets ?

Albert Prince fait alors cette réponse lourde de conséquences :

– J'ai chez moi des notes et des documents qui me permettront de préciser d'une façon plus exacte ces deux entrevues que j'ai eues avec M. Pressard.

Il confirme ces propos le soir même à l'un de ses amis, le directeur de l'identité judiciaire Caujolle, devant un verre au café de Flore. Et il poursuit :

– J'ai retrouvé chez moi deux lettres de Pressard. Est-ce que les services de l'identité pourraient les photographier ?

Malgré la gravité de l'affaire, Caujolle lui donne son accord.

Les jours passent... Bien qu'il ait promis au président Lescouvé les preuves matérielles de ses révélations, Albert Prince ne se manifeste pas. Le 18 février, il lui adresse un mot : le dossier est extrêmement compliqué ; il ne pourra pas le lui remettre avant le 20. Le 20 février au matin, Lescouvé fait transmettre à son tour un message à Prince. Il compte absolument avoir son rapport dans la journée ; il a rendez-vous le lendemain à ce sujet avec le garde des Sceaux.

Mais beaucoup de choses vont se passer, ce 20 février 1934.

Tout de suite après avoir reçu le billet du président de la Cour de cassation, Albert Prince quitte son domicile, 6, rue de Babylone. Il prend congé de sa femme et, comme tous les jours avant de se rendre au Palais, il conduit son fils à Sciences-Po.

Peu après son départ, le téléphone sonne à son domicile. Mme Prince décroche. À l'appareil, une voix d'homme qu'elle ne connaît pas :

– Allô, ici le docteur Hallinger, le médecin de Mme Prince. Elle souffre d'une occlusion intestinale, qui a nécessité son transport à la clinique ce matin.

Mme Prince ressent l'émotion qu'on imagine. Sa belle-mère, déjà âgée, vit seule à Dijon. Elle sait que son mari lui est très attaché. Au bout du fil, la voix demande :

– Pensez-vous que votre mari pourra prendre le train de midi ?

– C'est qu'il est allé au Palais. Et il m'est très difficile de le déranger.

L'homme insiste.

– Il faut pourtant qu'il vienne, car nous devons décider de l'opération. Une voiture l'attendra à la gare.

Mme Prince a compris la situation.

– Je vais prévenir mon mari et je l'accompagnerai.

Mais son correspondant l'interrompt aussitôt :

– Surtout pas ! Vous pourriez impressionner votre belle-mère...

Mme Prince a alors une curieuse sensation. À l'époque, les communications interurbaines sont le plus souvent médiocres. Mais la voix est aussi claire que si on appelait de Paris. Elle demande :

– D'où me téléphonez-vous ?

– De Dijon, madame. Mon numéro est le 147.

Mme Prince raccroche. Il n'y a pas de temps à perdre. Elle sait que téléphoner au Palais ne servirait à rien. Personne n'a le droit de déranger son mari, pas même elle. Alors qu'elle s'habille pour sortir, elle entend la clé dans la serrure. Son époux vient de rentrer, dix minutes seulement après le coup de téléphone. C'est une coïncidence extraordinaire. Cela ne lui était pas arrivé en vingt ans de mariage. Il s'explique :

– J'ai oublié mon porte-monnaie...

Mais il se tait aussitôt, en voyant le visage grave de sa femme... Celle-ci le met au courant de la situation en quelques mots. Il n'hésite pas. Il va prendre le train de midi. Mme Prince veut l'accompagner. Il refuse pour la même raison qu'avait mise en avant le docteur : sa mère serait trop impressionnée par sa présence. Il lui demande simplement de lui préparer une petite valise avec un minimum de linge et sa trousse de toilette. Lorsqu'elle la lui apporte, il y glisse une serviette de cuir jaune.

– C'est mon rapport pour Lescouvé. Je le relirai dans le train.

Albert Prince arrive à la gare de Lyon un peu avant midi. Il prend un aller-retour pour Dijon. Contrairement à ce qu'a dit le correspondant, le train ne part pas à 12 heures, mais à 12 h 32. Pendant cette attente, Prince téléphone à sa femme. Il a l'air étrangement abattu. Il lui fait part du contretemps et lui dit aussi qu'il s'est trompé de papiers. Il ne pourra pas travailler sur son rapport dans le train.

Il arrive à Dijon à 16 h 44. À 16 h 50, il expédie un télégramme à sa femme depuis le bureau de poste de la gare : « Prince, 6, rue de Babylone Paris. Arrivé. Vais à la clinique. Consultation à 6 heures. Docteur Hallinger déclare état aussi normal que possible. Albert. »

Un très mystérieux télégramme. D'après le coup de téléphone, le docteur devait l'attendre en voiture. Pourquoi Prince n'est-il pas parti aussitôt avec lui ? De plus, le médecin de Mme Prince mère ne s'appelle pas Hallinger, mais Ehringer. L'erreur du télégramme est exactement la même que celle du correspondant téléphonique. Encore un fait étrange.

Toujours est-il que le conseiller Prince, lorsqu'il quitte la gare, ne monte dans aucune voiture. Il traverse la place et se rend à l'hôtel Morot, juste en face. Il loue une chambre, dépose sa valise et repart à 17 heures, seul. On ne le reverra pas vivant.

21 heures. La locomotive conduite par le mécanicien Chausard arrive au dépôt de Périgny, après avoir effectué le trajet Laroche-Migennes-Dijon à la tête du train de marchandises 4805.

Le mécanicien amène son engin au-dessus de la fosse. Comme après chaque trajet, il doit faire la vérification technique de sa locomotive. C'est alors qu'à la lueur de sa lampe il aperçoit un lambeau d'étoffe dans les freins, une étoffe sanglante qui ressemble à un foulard. Il poursuit son examen et découvre un morceau de guêtre sous le tender. Il se dirige vers l'avant et blêmit : le crochet, situé entre les tampons, est maculé de matière cérébrale. Il balbutie :

– J'ai écrasé quelqu'un...

L'alerte est donnée. Les garde-voies refont à pied le trajet à partir de Dijon... Vers 1 heure du matin, le garde Boisselet s'immobilise à la hauteur du kilomètre 112... Il appelle un de ses collègues, le garde Basset :

– Regarde !

Il n'y a rien à ajouter. À la lueur des lampes à acétylène, on distingue une tête humaine collée au rail par le cou. Le crâne est ouvert... Les deux hommes continuent d'avancer. Sur une longueur de cinquante mètres environ, ils trouvent des fragments de cervelle, puis un pardessus et un chapeau déchiré et, enfin, le corps mutilé.

Les gendarmes arrivent à 2 h 50. Ils font leurs premières constatations. La plus troublante est un mince ruban, du genre de ceux qu'on emploie pour les paquets-cadeaux, qui est attaché au pied droit de la victime. Il y a d'autres fragments de ruban un peu plus loin. Si on les met bout à bout, on s'aperçoit que la longueur est suffisante pour que le pied ait été fixé au rail.

Ce n'est pas tout. Les gendarmes ramassent aussi deux billets de cent francs, trois de cinquante, des clés, un porte-monnaie, une houppette à poudre de riz et surtout un couteau à cran d'arrêt ouvert et taché de sang sur une seule face de la lame.

La dernière découverte est la plus grave. Il s'agit d'une serviette en cuir jaune, dans laquelle se trouvent une carte de visite au nom d'Albert Prince, 6, rue de Babylone, et une convocation pour le 20 février 1934 à 17 heures, dans le bureau du premier président de la Cour de cassation Lescouvé. Les gendarmes comprennent que leur mission cette nuit-là les a mis en présence d'un événement considérable. Il n'y a pas un instant à perdre pour alerter les autorités !

Elles arrivent à 8 h 30. L'avocat général Durand, un ami de Prince, reconnaît sans hésitation la tête coupée. Le docteur Morlot, médecin légiste, fait un rapide examen. Il constate en particulier que le corps ne présente pas de blessure par arme blanche, ce qui est étonnant, vu la présence du couteau sanglant. Sur la cause de la mort, il n'y a pas d'ambiguïté : le conseiller Prince a été écrasé par le train. Mais s'est-il suicidé ou a-t-il été déposé endormi et attaché sur la voie ? C'est tout le problème…

L'annonce de la mort d'Albert Prince fait l'effet d'une bombe. Il faut rappeler qu'elle éclate au milieu d'une des plus graves crises de la IIIe République. Suite à la mort d'Alexandre Stavisky et à la révélation des complicités qu'il s'était faites dans le monde politique, une émeute a éclaté le 6 février 1934, faisant une vingtaine de morts et deux mille blessés. Gaston Doumergue a formé un cabinet dans l'urgence ; manifestations et contre-manifestations se succèdent dans une atmosphère de fin de régime.

En titres énormes, la presse exige qu'on démasque les instigateurs de cet assassinat à quelque niveau qu'ils se situent. Car il s'agit d'un assassinat, comment en douterait-on ? Voilà un homme qui a été par ses fonctions au cœur de l'affaire et, le jour même où il s'apprêtait à tout révéler, on le retrouve en morceaux ! Les secrets qu'il détenait sont la cause de sa mort, des secrets d'une gravité exceptionnelle, pour justifier l'élimination d'un personnage de son importance.

C'est ce que dit la famille Prince. Le disparu était très croyant, jamais il n'aurait pu se suicider. Albert Sarraut, ministre de l'Intérieur, est du même avis.

– M. Prince a été assassiné. Il existe une mafia qui se charge de faire disparaître les gêneurs.

Et le président Lescouvé lui-même abonde dans ce sens : « En annonçant qu'il allait m'apporter son prochain rapport, dit-il à un journaliste, Prince a signé son arrêt de mort. »

Il y a en effet de nombreuses raisons de croire à un meurtre. Le mystérieux coup de téléphone qui a attiré le conseiller à Dijon sent le guet-apens à plein nez. En réalité, Mme Prince mère se porte comme un charme et n'a pas vu son docteur depuis des mois. Le numéro donné par le correspondant, le 147 à Dijon, est celui d'une mercerie. Et le pseudo-médecin auteur du coup de fil s'est présenté sous le nom d'Hallinger au lieu d'Ehringer.

Cependant, les arguments les plus forts en faveur du crime proviennent des deux autopsies qui ont eu lieu, l'une à Dijon, l'autre à Paris. Les médecins dijonnais concluent que la victime était morte avant d'être écrasée. Pour les médecins parisiens, Prince était seulement endormi, mais cela revient au même. Et ils ajoutent des précisions techniques impressionnantes : « On constate la trace d'une forte pression autour de la bouche. La victime a inhalé une substance, dont l'effet irritant est visible dans les bronches et même dans les reins. » Ils ne se prononcent pas sur la nature exacte de cette substance, mais tout laisse à penser qu'il s'agit de chloroforme.

Reste un détail qui ne cadre pas : le couteau. Les médecins légistes confirment la déclaration de leur confrère Morlot. Le corps ne porte pas de blessure par arme blanche. Alors que vient faire ce couteau sanglant ? On a beau réfléchir, on ne comprend pas. Il est en trop dans cette histoire.

Sa provenance est néanmoins rapidement établie. Il a été acheté le 17 février au Bazar de l'Hôtel de Ville. La vendeuse reconnaît le conseiller Prince comme l'acheteur, mais, curieusement, elle dit qu'il pourrait s'agir aussi de l'inspecteur Bonny dont elle a vu la photo dans les journaux. Il est vrai que les deux hommes se ressemblent.

L'inspecteur Bonny, dont le nom vient d'être cité de si étrange manière, occupe le devant de la scène depuis quelque temps. Ce policier aux méthodes peu orthodoxes se dépense sans compter depuis la mort de Stavisky. C'est lui qui a retrouvé d'une manière quasi miraculeuse les talons de chèques de l'escroc. Si certains ont compris que c'est parce qu'il était lui-même compromis dans l'affaire, pour la majeure partie de l'opinion, l'inspecteur Bonny est une sorte de super-flic, de héros, dont elle attend la vérité.

Et l'exemple vient de haut, puisque le garde des Sceaux Cheron le sacre publiquement « premier policier de France » et lui demande de retrouver les assassins. Car, pour Cheron, comme pour son collègue Sarraut, ministre de l'Intérieur, il s'agit bien d'un crime…

La recherche des assassins de Prince, toute la France s'y met. Chaque journal engage un policier à la retraite ou un auteur de série noire pour faire son enquête personnelle. Mais aucune n'aboutit. Au bout de quelques semaines, elles cessent de paraître les unes après les autres.

Quant à Bonny, il n'a pas plus de succès. Il organise l'arrestation spectaculaire de deux truands marseillais, Spirito et Carbone, qui auraient commis le meurtre. C'est un fiasco complet. Aucun témoin ne les reconnaît et, en plus, ils ont des alibis. Bonny, le « premier policier de France », se retire piteusement. Il est dessaisi de l'enquête. On reparlera de lui quelques années plus tard, quand il sera un des responsables de la Gestapo française avec, en particulier, sous ses ordres, Spirito et Carbone…

C'est à ce moment que l'affaire Prince rebondit une dernière fois, et de quelle manière ! Le 27 décembre 1944, le matin de son exécution pour ses crimes dans la Gestapo, Bonny demande à faire des révélations et avoue être l'assassin.

Le 7 février 1934, il aurait été convoqué par « une importante personnalité de la République », dont il ne cite pas le nom. Deux autres personnages importants assistaient à l'entretien. Ils étaient les seuls à savoir ce que contenaient les documents du conseiller Prince qui les mettaient en cause et ont demandé à Bonny de le faire disparaître.

Bonny charge alors de la besogne des hommes de main du milieu. L'un d'eux appelle Albert Prince le 19 février et lui propose les talons des chèques de Stavisky où son nom figure, contre une importante somme d'argent. Mais par prudence, la transaction ne doit pas avoir lieu à Paris. L'interlocuteur de Prince lui demande s'il ne connaîtrait pas quelqu'un en province. Comme il s'y attend, celui-ci lui répond que sa mère habite à Dijon.

C'est donc avec la complicité du conseiller que le faux coup de téléphone est donné à sa femme. Albert Prince revient chez lui en disant qu'il a oublié son porte-monnaie et part pour Dijon. Peu après être arrivé à destination, il est enlevé, chloroformé et attaché sur la voie...

Cette déclaration, faite par le coupable quelques minutes avant de mourir, à un moment où on ne peut mentir, met, semble-t-il, un point final à l'affaire. L'opinion publique pratiquement dans son ensemble est persuadée de l'assassinat et continue d'y croire. Certes, entre-temps, l'enquête officielle a conclu au suicide, mais quel crédit peut-on lui accorder ? Tant de gens importants ont été payés pour travestir la vérité qu'il devait aussi s'en trouver dans la police. Bonny en est la meilleure preuve.

Le conseiller Prince a été assassiné et les commanditaires de son meurtre ne seront jamais retrouvés. C'est la conclusion logique qui s'impose.

Pourtant, avant de clore le dossier, il faut reprendre les éléments un à un, à commencer justement par cette déclaration faite au seuil de l'exécution. Il est vrai qu'à l'instant suprême on n'a normalement aucune raison de mentir, mais Bonny était une personnalité étrange et mythomane, qui était fort capable d'inventer n'importe quoi pour se rendre intéressant, même de manière posthume.

Et son récit n'est pas loin d'être n'importe quoi. D'une part, les chéquiers de Stavisky ont été retrouvés, précisément par Bonny, et le nom de Prince n'y figurait pas. D'autre part, en admettant qu'Albert Prince ait été compromis, tout en ayant détenu lui-même des pièces compromettantes, le plus simple n'était-il pas de faire l'échange ? Un assassinat ne représentait qu'un risque inutile.

En fait, même si la majeure partie de l'opinion n'a eu que mépris pour elle, l'enquête officielle mérite tout de même qu'on s'y attarde. Celui à qui elle a été confiée, le commissaire Guillaume, était un honnête homme, au-dessus de tout soupçon de collusion avec les coupables. C'était aussi un esprit rationnel, soucieux de s'en tenir aux faits sans idée préconçue.

Dès le début, plusieurs points l'ont troublé. D'abord, cette extraordinaire coïncidence : Albert Prince rentre chez lui précisément dix minutes après le coup de téléphone parce qu'il aurait oublié son porte-monnaie. En outre, Mme Prince a répété à son mari le numéro de téléphone que lui avait donné le pseudo-docteur : le 147 à Dijon.

La réaction normale d'un homme qui sait sa mère mourante aurait été d'appeler pour avoir des précisions. Mais Prince ne l'a pas fait. De là à penser qu'il était lui-même l'auteur du coup de téléphone, il n'y a qu'un pas. Le commissaire s'est livré alors à plusieurs expériences concluantes. N'importe qui, en appelant de Paris, peut maquiller sa voix de manière que même ses proches ne le reconnaissent pas.

Le commissaire Guillaume a fait ensuite ce que personne n'avait fait avant lui. Il s'est intéressé à la personnalité du disparu. Et il a découvert des choses troublantes. Le conseiller avait une amie de cœur, Mme Nolin, avec laquelle il entretenait une relation platonique. Or elle est formelle. Elle a vu Albert Prince à plusieurs reprises juste avant sa mort et il lui a paru dans un état moral inquiétant ; c'était un homme déprimé, à bout.

Le commissaire Guillaume a commencé alors à voir les choses de manière exactement inverse. Il a cherché dans les papiers du conseiller Prince le fameux rapport, les révélations à Lescouvé et il n'a rien trouvé. Évidemment, les documents avaient pu être dérobés par les assassins. Mais si tout était plus simple ? Si les pièces innocentant le conseiller et mettant en cause on ne sait quels personnages importants n'avaient jamais existé ?

À partir de là, il a imaginé un scénario radicalement différent, que retiennent aujourd'hui les historiens…

Albert Prince est convoqué dans le bureau du juge Dreyfus, qui lui pose des questions terriblement précises. Il se trouble et demande un délai pour répondre. Car il n'a pas transmis les rapports de police à son supérieur Pressard. Non qu'il soit complice de Stavisky, qu'il ait été acheté par lui – on en aurait trouvé trace d'une manière ou d'une autre –, mais parce qu'il est débordé de travail et n'a pas saisi l'importance de ces rapports.

En réalité, le conseiller Prince n'est coupable que d'une faute professionnelle. Mais, dans l'esprit de ce magistrat à la conscience rigide, c'est le déshonneur, l'infamie. Son nom va être traîné dans la boue. C'est plus qu'il ne peut en supporter. Il décide de disparaître.

Seulement, il ne veut pas de n'importe quel suicide. Se tirer une balle dans la tête à son bureau serait un aveu et le scandale posthume serait tout aussi grand. C'est pourquoi il imagine une incroyable mise en scène pour maquiller son suicide en meurtre.

C'est lui qui téléphone à sa femme le matin du 20 février. Il a oublié le nom du médecin de sa mère et commet une erreur, qu'il reproduira à Dijon en envoyant le télégramme. Lorsqu'il part seul, à pied, vers le kilomètre 112 de la voie Laroche-Migennes-Dijon, il a en main le couteau à cran d'arrêt qu'il a acheté trois jours plus tôt... Le train approche, Albert Prince a noué à son pied droit un mince ruban pour faire croire qu'il était attaché au rail. Lorsque la locomotive l'écrase, le couteau est éclaboussé par son sang sur une seule de ses faces.

Quant aux circonstances précises du drame, elles sont décrites par un document capital, que tout le monde ou presque a négligé : le rapport de l'expert des chemins de fer expliquant la manière dont la tête a été frappée. « La victime était placée au milieu des rails, dans une posture telle que la tête arrivait à hauteur du crochet de traction. Or un corps humain ne peut avoir cette position que s'il est libre de ses mouvements. »

Car c'est bien sur le crochet de la locomotive qu'on a retrouvé de la matière cérébrale, c'est sur lui qu'a eu lieu le choc initial. Si Albert Prince était inconscient ou mort, la chose était absolument impossible. Le crochet se situe entre les deux tampons, à hauteur d'un homme agenouillé. Dans ces conditions, le conseiller était obligatoirement à genoux au milieu de la voie, exactement face à la locomotive.

Force est de constater que cette version est en contradiction absolue avec les deux rapports d'autopsie, dont l'un parle d'assassinat avant l'écrasement et l'autre décrit avec la plus extrême précision l'inhalation de drogue. Mais cela ne remet pas en question la thèse du suicide, cela signifie simplement que les experts se sont trompés, ce qui ne serait pas la première fois.

D'après tout ce qu'on sait aujourd'hui, l'affaire Prince est le drame intime d'un homme victime de son sens de l'honneur, qui s'est jugé et condamné avec bien plus de sévérité que ne l'aurait fait un tribunal… Le 20 février 1934, Albert Prince a choisi de se faire justice lui-même.

N'était-il pas magistrat ?

Marie Besnard

La bonne dame de Loudun

Seuls les plus âgés ont vécu l'affaire Marie Besnard, mais même les plus jeunes en ont entendu parler. Elle restera comme l'illustration de la rumeur, des jalousies, du climat étouffant, empoisonné au sens figuré comme au sens propre du terme, qui règnent dans une petite ville de province. Si elle s'était passée un siècle plus tôt, Balzac aurait pu en faire un roman. De nos jours, elle a inspiré, à vingt ans de distance, en 1986 et 2006, deux téléfilms remarquables, avec, dans le rôle principal, Alice Sapritch et Muriel Robin.

Et sans nul doute Marie Besnard inspirera longtemps encore les auteurs de fiction, les historiens et les sociologues, tant son personnage est exemplaire. Mais est-ce celui d'un monstre ou celui d'une victime ? Voici les faits. À chacun d'en juger.

Marie Davaillaud naît à Saint-Pierre-de-Maillé, près de Loudun, le 15 août 1896, de parents agriculteurs modestes. Elle aimerait faire des études, mais la typhoïde l'empêche de passer son certificat, elle sera donc agricultrice... Jeune fille, elle tombe amoureuse de son cousin germain Auguste Antigny, son aîné de neuf ans. Celui-ci est de constitution faible, il a eu plusieurs atteintes de tuberculose. D'une certaine manière, c'est une chance pour lui, car il est réformé en 1914 et il échappe ainsi à la Grande Guerre.

Ils se marient après le conflit, en 1920. Marie dira plus tard qu'Auguste Antigny a été son « premier et grand amour ». Ils trouvent une place de concierges dans un château proche de Loudun et mènent une vie heureuse. Mais les beaux jours ne durent pas. La santé d'Auguste, depuis toujours fragile, décline brusquement. Il meurt de tuberculose en juillet 1927.

La jeune femme se retrouve veuve à trente ans et ne se remet pas de ce drame. Elle refuse de rester au château. Sa cousine Pascaline Vérité l'accueille chez elle, à Loudun. Marie découvre pour la première fois la vie dans cette petite ville. Elle n'est pas dans la gêne, puisqu'elle a hérité de quinze mille francs à la mort de son mari, et se remet doucement de son deuil, lorsqu'un prétendant se manifeste. Il a cinq ans de plus qu'elle, s'appelle Léon Besnard, il est cordier et gros propriétaire foncier. Il vient souvent déjeuner chez Pascaline Vérité, qui est sa voisine, et ne tarde pas à demander la main de Marie. Elle refuse, mais sans le décourager, uniquement parce que son deuil est trop récent.

Léon Besnard revient à la charge six mois plus tard et, cette fois, elle accepte. Le mariage a lieu à Saint-Pierre-de-Maillé, en août 1929. La famille de Léon Besnard, avec laquelle il est brouillé, ne vient pas. Le couple s'installe dans la maison de Léon, à Loudun. Le premier soin de Marie Besnard est de se débarrasser de Pascaline Vérité, dont elle est persuadée qu'elle a eu une liaison avec son mari ; de toute manière, elle les trouve trop proches l'un de l'autre. Elle intime à Pascaline l'ordre de ne plus jamais remettre les pieds chez elle, en ajoutant :

– Madame, quand on a un amant, on ne cherche pas à le marier avec une parente. Vous avez cru, parce que j'étais de la campagne, que j'étais une bonne poire, que je me laisserais faire. Mais ce n'est pas le cas !

Les années passent et force est de reconnaître que tout sourit au couple Besnard. Le commerce de cordes de Léon marche remarquablement, ses terres et en particulier ses vignes sont d'un rendement qui s'améliore constamment. Le couple possède, en outre, des biens immobiliers, dont l'hôtel du Cheval blanc, situé juste en face de chez eux, qui fait le plein de clientèle.

Bien sûr, il y a quelques à-côtés désagréables. Alphonse Baraudon, le gérant de l'hôtel, fait des avances à Marie Besnard, qui les repousse sèchement, sans en parler à son mari. L'hôtelier en conçoit un vif ressentiment ; avec Pascaline Vérité, qu'elle a éconduite, elle s'est fait deux ennemis. En outre, les Besnard sont considérés comme riches, ce qui, dans une petite ville, favorise toujours les rancœurs. Quelques lettres anonymes viennent échouer chez eux. Ni Léon ni Marie n'y prêtent attention. Tout cela ne mérite pas qu'on s'y attarde...

La Seconde Guerre mondiale survient, puis la défaite de 1940, puis l'Occupation. Les Besnard traversent cette sombre période avec moins de difficultés que d'autres. Loudun héberge de nombreux réfugiés et l'hôtel du Cheval blanc ne désemplit pas. D'autre part, en ces temps de disette, les produits agricoles sont très recherchés. C'est pourtant à ce moment, entre 1938 et 1941, qu'une série de décès se produit dans l'entourage des Besnard. En voici la liste par ordre chronologique. Bientôt, la France entière la connaîtra :

– Mme Lecomte, grand-tante maternelle de Léon, à quatre-vingt-treize ans ;

– Toussaint Rivet, ami des Besnard, de tuberculose ;

– Pierre Davaillaud, père de Marie, d'un arrêt cardiaque, à soixante-huit ans ; Marie hérite de 58 800 francs ;

– Louise Gouin, grand-mère maternelle de Léon, à quatre-vingt-douze ans ;

– Marcellin Besnard, père de Léon, à soixante-dix-huit ans ;

– Marie-Louise Besnard, mère de Léon, à soixante et onze ans ; Léon touche 227 734 francs d'héritage ;

– Louise Bodin, sœur de Léon, à quarante-sept ans, retrouvée pendue chez elle ;

– Blanche Rivet, amie du couple, à soixante ans ; elle laisse aux Besnard, qui la logeaient chez eux, 84 000 francs.

Ces morts, parfois suivies d'un héritage, semblent tout ce qu'il y a de naturel, exception faite pour la sœur de Léon Besnard. Mais là encore, cela peut s'expliquer. La cause de son suicide est vraisemblablement une dépression consécutive à la mort coup sur coup de ses parents. Cette hécatombe semble n'être qu'une coïncidence. D'ailleurs, sur le moment, elle n'attire l'attention de personne...

En attendant, la vie continue. Les Besnard s'installent chez les parents de Léon et laissent leur maison à deux de ses vieilles cousines, Pauline et Virginie Lalleron. C'est, d'autre part, à cette époque que Marie Besnard rencontre Louise Pintou, qui vient d'être nommée postière à Loudun. Les deux femmes sympathisent et Marie entreprend de faire connaître à Louise sa petite ville.

Bientôt, la plus vive amitié s'installe entre elles. Elles ne se quittent plus. Louise Pintou loue même une maison près de chez eux. Elle vient au domicile des Besnard tous les jours ou presque. Elle aide à la cuisine ou au ménage, quelquefois elle reste coucher. C'est à un tel point que Marie finit par avoir des doutes. Est-ce qu'il n'y aurait pas une liaison ou du moins des sentiments entre son mari et elle ? En apparence, rien n'est changé, mais quelque chose ne va plus entre les deux femmes...

La guerre se termine. La paix retrouvée s'accompagne de deux nouveaux décès dans l'entourage des Besnard : Pauline et Virginie Lalleron, les deux cousines installées dans la maison du couple, meurent à une semaine de distance, en juillet 1945, âgées de quatre-vingt-huit et quatre-vingt-trois ans. Dans les deux cas, leur médecin diagnostique une crise d'urémie, un empoisonnement du sang dû à un mauvais fonctionnement des reins, qu'on ne sait pas soigner à l'époque. Les deux vieilles demoiselles laissent quelques milliers de francs d'héritage aux Besnard.

Au même moment apparaît un personnage appelé à jouer un rôle important dans l'affaire... Les exploitations agricoles des Besnard marchant toujours aussi bien et, les bras manquant pour les faire fonctionner, Léon demande aux autorités l'aide d'un ex-prisonnier allemand. Ce dernier ne tarde pas à arriver : Alfred Dietz, vingt-quatre ans, surnommé par tout le monde Ady. C'est un brave garçon, courageux et travailleur, qui se plaît immédiatement chez eux.

C'est donc une excellente initiative à tous points de vue. Enfin, à une exception près, car il y a l'opinion publique, la rumeur. On reproche aux Besnard d'employer un « Boche » et on les traite de « collabos ». Et puis, la présence de ce beau garçon chez eux fait jaser. Est-ce qu'il n'y aurait pas quelque chose entre Marie et lui ? Léon est ravi de la présence du jeune Ady, il ne tarit pas d'éloges sur lui mais, c'est bien connu, les cocus sont les derniers à s'apercevoir de quelque chose... À cause de son aisance, déjà, le couple Besnard suscitait la jalousie à Loudun, désormais le climat qui les entoure s'alourdit davantage. Et c'est dans ces circonstances que va survenir le fait principal de toute l'histoire.

Le 1er octobre 1947, Marie et Léon Besnard se rendent à Saint-Pierre-de-Maillé dans la ferme des Libourneaux, lieu de naissance de Marie et ancienne exploitation de ses parents. Elle n'a pas été entretenue depuis longtemps et le travail ne manque pas. Le couple est accompagné d'Alphonse Baraudon, le gérant du Cheval blanc, qui a lui même une ferme dans les environs.

Les Besnard y restent quinze jours et, le 16 novembre, décident de rentrer à Loudun. Léon gonfle les pneus de la voiture, lorsqu'il est pris de vertiges, puis de vomissements. Cela ne l'empêche pas de prendre le volant et de conduire jusque chez eux.

Là, son état de santé s'aggrave et il est obligé de s'aliter. Le médecin de famille, le docteur Gallois, est appelé, ne s'émeut pas outre mesure et diagnostique une crise de foie. Mais les jours suivants, le mal empire. Le médecin décide de faire des examens. Une prise de sang révèle un taux d'urée de 1,41 gramme, dose considérable. C'est une crise d'urémie, qui a déjà été fatale aux sœurs Lalleron et contre laquelle on ne peut rien, le rein artificiel, qui vient juste d'être inventé, n'étant pas encore utilisé.

Le médecin assiste impuissant à la progression du mal. Léon Besnard sombre dans le coma et meurt le 25 octobre 1947, après une courte agonie. À cinquante et un ans, Marie Besnard est veuve pour la seconde fois. Elle se retrouve seule avec sa vieille mère, qui vit avec elle, et Ady, l'ex-prisonnier... Il y a beaucoup de monde à l'enterrement, un petit événement à Loudun. Les amis, les connaissances proches ou lointaines de Marie se pressent autour d'elle. En apparence, la sympathie est générale, en apparence seulement.

Louise Pintou, la postière, la grande amie de Marie, était bien sûr présente aux funérailles, tout comme elle avait été là durant la maladie de Léon... Le jour de la Toussaint, elle est invitée à déjeuner au château de Montpensier, à Vézières, non loin de là. Le château appartient à Auguste et Joseph Massip, deux personnalités bien connues dans la région, deux originaux peu fréquentables. Auguste Massip a, entre autres, la manie d'écrire pour un oui ou pour un non au président de la République.

À table, Louise Pintou est nerveuse. Ses hôtes s'en aperçoivent et lui demandent ce qui ne va pas. La postière hésite un instant et finit par déclarer d'une voix blanche :

– Léon Besnard a été assassiné !

Les deux frères, abasourdis, se récrient :

– Ce n'est pas possible ! C'était une crise d'urémie.

– Non, il a été empoisonné.

– Mais qui aurait fait cela ?

– Marie. C'est elle la coupable. J'étais auprès de Léon. Il m'a tout dit avant de mourir...

Et Louise Pintou raconte la scène... Elle était seule dans la chambre du moribond, qui était au plus mal. Il lui a fait signe qu'il voulait lui parler. Elle s'est approchée. Il lui a dit d'une voix faible :

– On m'a fait boire quelque chose.

Louise a ouvert de grands yeux.

– C'est le prisonnier ?

– Non, c'est Marie. On allait manger la soupe. J'ai vu un liquide dans mon assiette et elle a versé la soupe dessus. Je l'ai mangée, et tout de suite après j'ai vomi...

Tel est le récit que Louise Pintou fait aux Massip, dans leur château. Les deux frères, qui ont le sang chaud, bondissent. Auguste va chercher un dictionnaire médical. Il demande à la postière quels étaient les symptômes de Léon Besnard pendant sa maladie. Celle-ci les décrit de son mieux. Auguste Massip ouvre son encyclopédie à « urémie » et secoue la tête négativement. Cela ne concorde pas du tout. Il lit alors l'article « arsenic » et s'exclame :

– C'est exactement cela ! Il faut alerter la justice.

Alerter les autorités, c'est la marotte d'Auguste Massip, lui qui dérange le président de la République pour des bagatelles ! Les jours qui suivent, le procureur de Poitiers reçoit une lettre relatant ces accusations. Le châtelain se montre toutefois prudent. Il fait toutes réserves sur ces affirmations, qui ne peuvent être prouvées. Il demande d'autre part, au cas où une enquête serait menée, qu'on ne cite pas son nom ni celui de Louise Pintou.

Le procureur de Poitiers prend la situation très au sérieux et convoque les uns et les autres dans la plus grande discrétion. Ne voulant pas se fâcher avec Marie, Louise Pintou se rétracte.

– Je n'ai jamais dit cela, déclare-t-elle devant lui. M. Massip a mal compris.

Le procureur connaît la réputation d'original, pour ne pas dire de mythomane, de ce dernier et, comme le docteur Gallois confirme la crise d'urémie, il décide de classer l'affaire sans suite.

Malheureusement, le mal est fait. Malgré les précautions prises par le magistrat, la dénonciation est venue aux oreilles des Loudunais et la rumeur enfle. Elle a pris pour quartier général l'hôtel du Cheval blanc et pour chef d'orchestre Alphonse Baraudon, qui n'a jamais pardonné à Marie l'affront qu'elle lui avait fait. On discute à voix basse autour d'un verre, avec des clins d'œil et des sourires entendus.

– Le pauvre Léon n'est pas mort d'urémie. C'est l'arsenic !

– Et vous savez combien elle hérite de lui ? Deux millions et demi ! Ah, elle va pouvoir s'en payer du bon temps avec son petit Boche !

– Ils ne sont pas seuls à la maison, il y a aussi la mère de Marie.

– Pas pour longtemps, croyez-moi ! Celle-là, je n'aimerais pas être à sa place. Cela ne va pas traîner, faites-moi confiance...

Ces propos ne sont pas tous mensongers. Marie Besnard a bien hérité deux millions et demi de francs de son mari, une véritable fortune en 1947. Quant à Ady, bien qu'elle soit plus ou moins au courant des racontars le concernant, elle refuse de lui demander de s'en aller. Mais il préfère rentrer en Allemagne et part de lui-même.

Au point où en sont les choses, on ne voit guère comment la situation pourrait évoluer : l'action judiciaire a été abandonnée avant même d'avoir commencé ; le jeune éx-prisonnier allemand, le « petit Boche », comme disent les commères, n'est plus là. Marie Besnard est seule avec sa mère et ses millions. Certes, elle n'est pas aimée à Loudun, c'est le moins qu'on puisse dire, mais elle est de taille à braver l'opinion publique. Pourtant, plusieurs événements étrangers les uns aux autres vont alors survenir et, sous leur impulsion, la mécanique va se mettre en marche de manière inexorable.

Le premier a lieu le 17 octobre 1948. Ce jour-là, un incendie se déclare au château de Montpensier. Les pompiers ont beau faire, au bout de quelques heures il n'en reste plus que des cendres. Les frères Massip sont fous furieux et accusent sans détour Marie Besnard d'avoir mis le feu à cause de la lettre de dénonciation. L'enquête des gendarmes établit au contraire que ce sont les enfants d'un de leurs domestiques qui ont causé le sinistre, en jouant avec des allumettes. Mais cela n'y change rien, Auguste et Joseph Massip ne parlent que de se venger.

Le second événement, c'est la mort de Mme Davaillaud, la mère de Marie Besnard, en janvier 1949, à l'âge de quatre-vingt-sept ans. Un décès qui en apparence n'a rien de curieux puisque la vieille dame succombe au cours d'une épidémie de grippe qui touche la région. Mais les commères n'avaient-elles pas prédit sa disparition pour laisser la place à Ady ? Et, de fait, celui-ci revient quelques mois plus tard, pour reprendre du service chez un fermier de Marie. Elle l'accueille avec joie, et les racontars reprennent de plus belle.

Le troisième événement est de loin le plus étrange. Toujours au début de l'année 1949, un « cambriolage » se produit au domicile de Louise Pintou. Elle n'habite plus la région, elle est à la retraite et vit en Savoie, chez sa fille. Toutefois, elle revient pour constater les dommages. C'est à la fois très extraordinaire et très inquiétant : rien n'a été volé, les objets qui ont été pris ont ensuite été déposés dans le jardin. Comme si on avait simplement voulu la faire revenir...

L'enquête des gendarmes n'aboutit à aucun résultat. Cela n'empêche pas Auguste Massip, qui n'a pas renoncé à ses projets de vengeance, d'envoyer une nouvelle lettre au procureur de Poitiers dénonçant Marie Besnard comme l'auteur de l'effraction. Comme il le dira plus tard :

– Quand j'entreprends une affaire, il faut que cela tourne et cela a tourné !

En effet, avec toutes les rumeurs qui circulent dans la ville, le procureur décide d'en savoir plus. Pour la première fois, une enquête est menée. Elle est confiée au commissaire Nocquet, assisté de l'inspecteur Normand et, dès lors, tout va changer...

Les deux policiers se morfondent à Limoges depuis longtemps et, en recueillant les premières déclarations, ils ont la sensation de se trouver devant une affaire considérable, peut-être même l'affaire du siècle ! Leur carrière est peut-être en train de se jouer à Loudun et ils ne vont pas laisser passer l'occasion !

Les témoignages qui leur parviennent sont nombreux, concordants et accablants. Auguste Massip est le plus volubile. Il leur détaille tous les décès survenus dans l'entourage des Besnard depuis 1938, presque tous suivis d'un héritage, ce qui est à ses yeux, sinon une preuve, du moins une lourde présomption d'assassinat.

Et, à sa suite, tous les habitués du Cheval blanc, s'y mettent ! Il ne s'agit plus de discuter entre soi, de ruminer des accusations dans le vide : à présent, ils ont en face d'eux les représentants de l'ordre et leurs accusations peuvent déboucher sur une arrestation. Alors, c'est la bousculade. Une certaine Mme Rossignol affirme que Marie Besnard lui a déclaré un jour :

– Empoisonnez donc votre mari à l'arsenic, cela ne laisse pas de trace !

Une demoiselle Berger lui fait écho :

– Je les ai vus, le petit Boche et elle. Ils se bécotaient. C'était le soir, dans l'ombre, mais c'étaient eux, je ne peux pas me tromper !

Il faut dire que, depuis qu'Ady est revenu, c'est lui que les Loudunais mettent en avant comme mobile, plus que les deux millions et demi de l'héritage... Pourtant, le témoignage capital est celui de Louise Pintou, qui se trouve toujours à Loudun, en train de restaurer sa maison pour la louer. Si elle n'avait pas été là, attirée par le cambriolage, les policiers ne se seraient trouvés en présence que de racontars. Mais elle, c'est différent. Elle affirme avoir recueilli les déclarations de la victime sur son lit de mort.

– Il m'a dit qu'il y avait un liquide au fond de l'assiette et qu'elle a versé la soupe par-dessus.

– Il a accusé formellement sa femme ?

– Formellement.

Quelques jours plus tard, Louise Pintou, ayant terminé les travaux dans sa maison de Loudun, repart pour la Savoie. Mais les dés sont jetés. Suite à son témoignage et au rapport du commissaire Nocquet, le juge Roger, de Poitiers, décide l'ouverture d'une enquête sur « la mort suspecte de Léon Besnard ». La procédure prévoit l'exhumation de ce dernier et l'audition immédiate de sa veuve.

Marie voit arriver les gendarmes. Elle apprend en même temps qu'elle doit les suivre pour interrogatoire et que son mari va être exhumé... Pour elle, le monde s'écroule. Jusque-là, elle n'avait eu que du mépris pour tous ces ragots, auxquels elle n'attachait pas d'importance. Elle découvre tout à coup une réalité qu'elle ne soupçonnait pas. Elle est plongée brutalement dans une épreuve où son sort va se jouer, peut-être sa vie...

À la gendarmerie, les questions fusent. Ses interlocuteurs, convaincus de sa culpabilité, ne la ménagent pas.

– Qu'est-ce qu'il y avait dans la soupe ?
– De la soupe, rien d'autre...
– L'arsenic qu'on a trouvé chez vous, c'était pour quoi ?
– Contre les doryphores. Tous les agriculteurs en ont.
– Qu'est-ce qu'il y a entre l'Allemand et vous ?
– Rien.
– Vous avez bien des sentiments pour lui ?
– C'est un bon garçon. J'ai pour lui les sentiments d'une mère...

Les questions continuent à pleuvoir... Les heures passent sans qu'on lui donne ni à boire ni à manger, mais plus elle est pressée, bousculée, agressée, plus Marie Besnard se défend. Cette petite femme sans grâce, au regard impénétrable derrière ses lunettes, est capable de tenir tête à un interrogatoire mieux que les malfaiteurs les plus chevronnés. Les gendarmes se résignent à la relâcher. Elle leur déclare en partant :

– Je ne vous crains pas, messieurs. Je ne manque pas de patience et la vérité se fera !

À défaut de la patronne, les gendarmes se rabattent sur l'employé, si ce n'est l'amant. Le jeune Ady est convoqué à son tour et interrogé avec moins de ménagements encore. Mais il fait preuve, lui aussi, de la plus grande fermeté. Non, il n'y a rien entre Marie Besnard et lui. Ce sont des mensonges. Au bout de quelques heures, il faut le relâcher...

Si, pour Marie Besnard, l'interrogatoire a été une terrible épreuve, ce qui l'attend le 11 mai 1949 est pire encore. Ce jour-là a lieu, au cimetière de Loudun, l'exhumation de Léon, à laquelle il lui est fait obligation d'assister... Les médecins légistes Guillon et Seta ouvrent le cercueil et s'affairent sur le cadavre, dont ils prélèvent le contenu de dix bocaux. Ils seront confiés pour expertise au docteur Béroud, de Marseille, une sommité en la matière. Ensuite, Marie doit rentrer chez elle sous les regards des Loudunais venus en masse pour assister à la scène.

La femme combattante qu'elle est décide de faire front. Mais sa fougue lui fait commettre une erreur. Furieuse d'avoir été ainsi calomniée par une partie de la ville, elle engage un détective privé, M. Loccident, pour savoir de qui viennent les dénonciations. Ce dernier a la mauvaise idée d'interroger les habitants en se faisant passer pour un policier, ce qui lui vaut une condamnation à six mois de prison pour usurpation de fonctions et jette une suspicion supplémentaire sur celle qui l'a engagé.

Quelques jours plus tard survient pour elle un nouveau coup de tonnerre, le résultat de l'expertise du docteur Béroud. Elle est positive. On a retrouvé 19 grammes d'arsenic dans le corps de Léon Besnard, une dose qui peut être mortelle. Du coup, Marie se retrouve une nouvelle fois chez les gendarmes où elle est interrogée plus rudement.

– Pourquoi tu as empoisonné ton mari ? Pour l'héritage ou pour l'Allemand ?

– Je ne l'ai pas empoisonné.

– Alors, pourquoi on a retrouvé de l'arsenic dans son corps ? Hein, pourquoi ?

– C'est sûrement une erreur. Est-ce qu'on ne pourrait pas demander une autre expertise par quelqu'un d'autre ?

Pas plus que la première fois, Marie Besnard ne craque devant les gendarmes, qui sont obligés de la laisser rentrer chez elle, sans avoir obtenu le moindre aveu. Quant à sa demande de seconde expertise, elle est catégoriquement refusée par le juge Roger au motif qu'« on ne discute pas les conclusions du docteur Béroud ».

Tandis que les premiers articles commencent à paraître dans la presse locale, Marie prend des avocats : maître du Cluzeau, du barreau de Poitiers, maîtres Hayot et Jacqueline Favreau-Colombier du barreau de Paris. Ils sont tous trois persuadés de son innocence et la soutiendront tout au long de son parcours judiciaire.

En attendant, elle n'a pas encore été inculpée, elle est toujours libre, et bien des personnes à Loudun trouvent la chose intolérable, à commencer par Auguste Massip. Il dépose une plainte contre X à propos de tous les décès survenus dans l'entourage des Besnard depuis une dizaine d'années. Le juge Roger rend peu après sa décision : l'enquête s'étendra à eux aussi. Il décide l'exhumation de tout le monde et il y ajoute Auguste Antigny, le premier époux de Marie, mort en 1927 !

Jamais auparavant une telle exhumation en masse n'avait eu lieu. Du coup, ce qui n'était qu'un fait divers local prend une dimension nationale. Tous les journaux font leurs gros titres sur l'affaire et, avec une étonnante unanimité, prennent tous position contre la suspecte. L'un parle de « l'empoisonneuse du siècle », un autre évoque « la nouvelle Brinvilliers », un autre encore « la femme au venin ».

Du 27 juillet au 30 août 1949, c'est un spectacle macabre qui a lieu au cimetière de Loudun et dans plusieurs autres de la région, en présence de dizaines de journalistes. Les prélèvements sont envoyés au docteur Béroud, à Marseille, et les résultats ne tardent pas. À l'exception de Mme Gouin, grand-mère maternelle de Léon, il y a de l'arsenic dans tous les corps ! Dans celui d'Auguste Antigny, mort tuberculeux au dernier degré, dans celui de Louise Bodin, qui s'est pendue, il y en a même trente grammes, beaucoup plus que chez Léon Besnard !

Le résultat est immédiat. Marie Besnard est inculpée de meurtre et incarcérée. À cinquante-trois ans, elle commence une vie de prisonnière. Elle continue de proclamer son innocence, mais ce n'est pas facile, d'autant que le commissaire Nocquet ne relâche pas la pression. Il a juré qu'il obtiendrait ses aveux et il les aura !

Il vient la trouver dans sa cellule avec un paquet de journaux titrant sur « la plus grande empoisonneuse des annales judiciaires ». Il les lui brandit sous le nez.

– Tu es coupable, toute la France le dit. Alors, qu'est-ce que tu attends ? Parle !

Marie tient bon, mais ces confrontations, ajoutées à sa vie carcérale, agissent sur son moral. Elle devient dépressive. Le commissaire Nocquet décide alors de recourir à un autre moyen : les moutons, c'est-à-dire des prisonniers agissant de connivence avec la police. Trois détenues sont placées dans sa cellule. Elles parviennent à la convaincre qu'elle n'arrivera à rien avec ses avocats ; sa seule chance est de s'évader.

L'une des prisonnières, Marylou, est transférée dans une autre cellule. Marie Besnard est désormais obligée de communiquer avec elle par des messages écrits, ce qui peut éventuellement apporter une preuve tangible. Et, effectivement, Marylou fait parvenir peu après au commissaire un billet de la main de Marie : « Je suis suis coupable. » Est-ce un aveu ? Non. Ainsi que pourront le démontrer les avocats, c'est un faux grossier. Le second « suis » est un ajout sur le mot « pas », qui a été gommé.

Marie Besnard est mise au courant de l'incident. Elle comprend qu'on s'est joué d'elle et elle jure que cela ne se reproduira pas... En février 1950, elle est conduite à Paris pour une expertise psychiatrique. Les médecins la reconnaissent responsable mentalement, précisant qu'elle possède « une intelligence normale, mais avec une pensée peu évoluée, une imagination pauvre, une absence d'émotivité et d'affectivité ».

Ces conclusions, somme toute assez banales, sont interprétées d'une manière accablante par la presse, qui lui est toujours aussi hostile. L'absence d'émotivité, notamment, évoque pour les journalistes une tueuse implacable. Plus que jamais, Marie Besnard est la veuve noire, l'araignée mortelle, qui emprisonne ses proies dans sa toile et les pique de son venin...

À partir de là, on pourrait penser que la situation judiciaire va évoluer rapidement, mais inexplicablement, il ne se passe rien pendant deux ans. La prévenue reste en prison, tandis que ses avocats demandent en vain une contre-expertise.

Ce n'est que le 20 février 1952 que s'ouvre à Poitiers le procès de Marie Besnard, « le procès du siècle » de l'avis général, en tout cas le plus grand procès d'empoisonnement en France, depuis l'affaire Lafarge, en 1840.

C'est alors qu'à travers les commentaires des articles et les photos des magazines, on découvre un élément capital de cette affaire : le physique de l'accusée. Avec ses cheveux recouverts d'une mantille noire, son regard dissimulé derrière ses lunettes, Marie Besnard n'inspire aucune sympathie. Pire, elle a le physique caricatural d'une empoisonneuse. À part les doigts crochus, on dirait la sorcière de *Blanche-Neige* !

Les journaux, même les plus sérieux, s'en donnent à cœur joie. *Le Figaro* écrit le 21 février 1952 : « Cette femme montrait des traits épais, un nez fort, des yeux de chouette, derrière ses bésicles à la monture étrange, des chairs flasques et blêmes, de grosses lèvres mauves sous lesquelles, quand lui échappait un rictus de rage, on voyait briller des dents de louve. » *Le Monde* ajoute le lendemain : « Même visage qu'hier, mêmes vêtements, même attitude lente, mêmes gestes avares. J'ai pu la voir d'un peu plus près, mieux détailler ses lèvres épaisses, son front court, son teint de cire jaunâtre, découvrir derrière ses lunettes un peu de son regard mort, insaisissable. »

Dans ces conditions, on imagine ce qui peut se dire à Loudun, où des dizaines de journalistes sont là pour sonder l'opinion. Entre autres, une chanson circule en ville, composée sur l'air de *La Paimpolaise* :

La bonne ville de Loudun
Célèbre par Urbain Grandier,
Se réveilla un beau matin,
Avec sa super-Brinvilliers,
Une femme assassin,
Pire que la Voisin.

Dans ce concert unanime, il y a quand même une note discordante. Frédéric Pottecher, qui suit le procès pour la radio, déclare sur les ondes : « Qu'elle ait un visage d'empoisonneuse, c'est fort possible. Beaucoup de gens ont des visages inquiétants, mais cela n'en fait pas pour cela des assassins. L'opinion publique l'a jugée coupable sur sa mine, en raison de ses attitudes courtoises, de ses regards ambigus, de sa voix de fausset et de certains propos qu'elle aurait tenus. »

En attendant, le procès de Poitiers commence devant une salle comble où on peut remarquer plus d'une célébrité : Paul Vialar et Hervé Bazin, entre autres... Curieusement, les débats s'ouvrent sur une autre affaire sans rapport avec les empoisonnements. Marie Besnard est accusée d'avoir touché un mandat de 9 750 francs destiné à une de ses tantes, en imitant sa signature.

Elle nie énergiquement, mais les experts graphologues, venus à la barre, confirment qu'il s'agit bien de son écriture. Elle est donc condamnée à deux ans de prison avec sursis et douze mille francs d'amende, condamnation qui, on s'en doute, pèse lourd dans l'esprit des jurés. Marie Besnard a été reconnue comme une voleuse et une menteuse, ce qui rime terriblement avec empoisonneuse...

Le lendemain, on entre enfin dans le vif du sujet. L'atmosphère devient tout à coup tendue. L'enjeu est capital, au sens juridique du terme : ce n'est ni plus ni moins que la tête de l'accusée. Elle est poursuivie, il ne faut pas l'oublier, pour douze assassinats, dont celui de son père et de sa mère, ce qui entraîne la circonstance aggravante de parricide.

Rapidement, les débats tournent autour des exhumations et des expertises toxicologiques. Et là, on se rend compte que la situation est loin d'être aussi claire qu'on le pensait. La défense a fait un travail remarquable d'investigation, en particulier maître Gautrat, qui a, depuis, rejoint le trio de départ.

Au cours des exhumations, des dizaines et des dizaines de bocaux contenant les restes humains des victimes présumées ont été expédiés au docteur Béroud, à Marseille. Or les bocaux ont été mélangés, certains ne sont pas arrivés, d'autres sont arrivés alors qu'ils n'étaient pas prévus. Bref, c'est une véritable pagaille !

C'est dire que, lorsque le docteur Béroud paraît à la barre, il est attendu avec impatience, en particulier par la défense, qui est décidée à ne pas le ménager.

– Docteur, vous aviez bien dit que vous pouviez distinguer de l'arsenic dans un tube à l'œil nu ? lui demande maître Gautrat.

– Parfaitement.

L'avocat exhibe alors huit tubes qu'il avait préparés et les place devant lui.

– Vous pouvez donc nous dire lesquels de ceux-ci en contiennent ?

L'expert en désigne deux et maître Gautrat annonce au tribunal :

– Il n'y avait de l'arsenic dans aucun !

La suite de l'interrogatoire des défenseurs, sur les échanges, les disparitions et réapparitions de bocaux, tourne à la totale confusion de l'expert. Le docteur Béroud, celui dont « on ne discute pas les conclusions », selon le juge Roger, se retire complètement discrédité. Sa carrière n'y survivra pas.

Dans ces conditions, la suite s'impose d'elle-même. La défense demande la nomination de nouveaux experts et le renvoi du procès. Marie Besnard ajoute, depuis son box, ce seul commentaire :

– Deux yeux voient mieux qu'un seul.

Le président est bien obligé de se ranger à cet avis. Le procès est ajourné. Bien que sa culpabilité n'ait pas été établie, Marie retourne en prison. Elle est, cette fois, internée au fort du Hâ, un château de Bordeaux transformé en prison où les conditions de détention sont beaucoup moins dures qu'à Poitiers.

Elle va y rester encore deux ans avant d'être jugée, car les nouvelles expertises se font attendre. Les restes humains ayant tous été utilisés par le docteur Béroud, il faut procéder à de nouvelles exhumations. Et il est décidé de recourir à la toute nouvelle technique de détection nucléaire, ce qui allonge les délais.

Une polémique s'engage sur la provenance de l'arsenic. Pour la première fois, certains experts émettent l'hypothèse que le poison se trouverait dans la terre du cimetière de Loudun et aurait contaminé les cadavres. Le sol est, en effet, gorgé d'eau et celle-ci peut recueillir de l'arsenic de diverses provenances. D'autres experts affirment le contraire et le débat traîne interminablement jusqu'à ce qu'enfin le second procès de Marie Besnard s'ouvre, le 15 mars 1954.

Il a été, selon le langage juridique, « délocalisé », une mesure prise quand la sérénité des débats risque d'être troublée. Il se tient cette fois à Bordeaux, où l'atmosphère est effectivement bien plus calme que dans le chef-lieu du département de la Vienne, si proche de Loudun.

Mais il n'y a pas que cela qui a changé. L'attitude de la presse n'est plus la même. Les incertitudes concernant les expertises, manifestées au premier procès, ont semé le doute. Et l'accusée ne fait pas la même impression non plus. Elle a beaucoup vieilli, les épreuves qu'elle a subies sont nettement visibles. Pour la première fois, l'idée vient aux commentateurs qu'au lieu d'un monstre elle pourrait être une victime. *Le Figaro* brosse d'elle un portrait bien différent de celui qu'il faisait deux ans auparavant : « C'est une aïeule triste et désabusée, au teint de vieux buis ciré, amaigrie par sa détention et marquée cruellement par l'âge. »

Les débats recommencent... Le président Pourquery de Boisserin évoque des sujets que tout le monde, à présent, connaît par cœur : le repas de Libourneaux, la soupe versée sur un liquide qui se trouvait déjà dans l'assiette, les relations entre l'accusée et Ady. Chaque fois, Marie nie tout en bloc.

La mort du chien Castor est, en revanche, un épisode inédit et, cette fois, l'accusée semble un peu moins à l'aise. Il s'agissait du chien de sa mère, qui était mourant et que Marie Besnard a euthanasié en employant de l'arsenic.

– Pourquoi avez-vous eu recours à un moyen aussi cruel ? s'étonne le président.

– Je n'avais que cela à ma disposition, monsieur le président. Et c'est la seule fois où je me suis servie d'arsenic...

La déposition des experts psychiatres, le lendemain, va créer un petit événement. Le docteur Cellier conclut sa déposition avec la phrase suivante :

– Marie Besnard est normale, tellement normale qu'elle est anormalement normale.

« Anormalement normale ». La formule fait sensation. Elle est répétée dans toute la presse et restera dans les annales judiciaires. Pourtant, si on y réfléchit bien, elle ne veut strictement rien dire : on est normal ou on ne l'est pas. En fait, l'expression imaginée par le docteur Cellier est surtout terriblement insidieuse, elle laisse entendre que, derrière l'apparence de normalité, se cache une réalité monstrueuse.

On entre dans un débat beaucoup plus sérieux avec l'audition du commissaire Nocquet. Il arrive plein d'assurance à la barre, mais les attaques des avocats vont lui faire perdre peu à peu sa morgue. Ils l'accusent explicitement d'être l'instigateur du mystérieux vol chez Louise Pintou, afin de l'obliger à revenir de Grenoble et d'être présente à Loudun, pour y être interrogée.

Le policier dément catégoriquement, mais cette hypothèse, somme toute vraisemblable, sème le trouble dans l'assistance et peut-être bien dans l'esprit des jurés... Le commissaire Nocquet est, en revanche, beaucoup moins à l'aise lorsqu'il est question de l'affaire des moutons dans la prison de Poitiers. Les trois détenues, qui ont été depuis libérées, sont citées à la barre. Toutes avouent qu'il leur avait promis la liberté en échange d'une preuve de la culpabilité de l'accusée.

– C'est faux ! Ce sont des racontars ! se récrie le commissaire.

Malheureusement pour lui, l'ancienne surveillante-chef, Mme Dupuis, citée elle aussi par la défense, vient le contredire à la barre.

– J'ai reçu, dit-elle, l'ordre de diriger vers le bureau du juge tous les papiers que les détenues pouvaient recevoir de Marie Besnard.

Parmi ces papiers, il y a le fameux message : « Je suis pas coupable », transformé en « Je suis suis coupable ». Maître Gautrat le brandit dans le prétoire.

– Qui a pu faire ce faux, commissaire, si ce n'est les policiers, c'est-à-dire un de vos hommes ou – pourquoi pas – vous-même ?

Lorsque le commissaire Nocquet quitte la barre, il n'est pas loin d'être totalement discrédité... Lui succèdent les habitants de Loudun, qui, avec leur partialité et leur hargne, servent l'accusée en croyant l'accabler. Auguste Massip se montre tellement excité et outrancier qu'il est expulsé par le président.

Alphonse Baraudon, le gérant du Cheval blanc, résume dans sa déposition tous les commérages de la ville et conclut :

– Marie Besnard est mon amie, mais c'est une empoisonneuse !

Bien entendu, les avocats ne se privent pas d'évoquer ses avances auprès de leur cliente, que celle-ci a repoussées. L'hôtelier ne peut que reconnaître les faits. Il se trouble et sa déposition prend, pour la majorité du public, des allures de mesquine vengeance.

Le témoignage suivant est d'une tout autre importance. Celle qui paraît à la barre est le témoin principal, celle qui est à l'origine de tout, Louise Pintou, la postière, l'« amie » de Marie Besnard.

Elle réitère ses accusations : les confidences que lui aurait faites Léon Besnard sur son lit de mort. Elle énonce ensuite les autres crimes dont elle croit Marie coupable. Pourtant, elle n'est pas aussi assurée qu'on aurait pu le croire. La défense s'en rend compte. Lorsqu'elle a terminé, maître Gautrat lui demande :

– À l'heure actuelle, avez-vous toujours un doute sur la culpabilité de votre amie ?

Louise Pintou hésite un moment et répond :

– J'en ai toujours un...

Les audiences suivantes sont consacrées aux débats d'experts et, comme lors du procès de Poitiers, c'est autour d'eux que tout va se jouer.

Il faut d'abord préciser que les résultats ont reproduit ceux de la première expertise : il y a de l'arsenic dans tous les corps. Seulement, celui-ci est-il le résultat d'un empoisonnement ou provient-il de la terre du cimetière ? Cette question va occuper plusieurs jours d'audience.

Les experts de l'accusation affirment que l'arsenic découvert n'a pu être qu'ingéré par les victimes. L'arsenic qui se dépose de manière extérieure est, en effet, facilement détachable et celui-ci a résisté à toutes les manipulations de laboratoire.

Les contre-experts de la défense contredisent évidemment cette théorie. Ils s'emploient d'abord à établir que la terre du cimetière de Loudun contient de l'arsenic. Or, en raison d'une forte humidité, l'eau du sol s'infiltre dans les cercueils. Le corps de Léon Besnard, en particulier, baignait dans l'eau... Le gardien du cimetière est cité à la barre. Il reconnaît qu'il cultivait pour son compte personnel un petit carré de pommes de terre.

– Et vous les traitiez avec quelque chose, ces pommes de terre ? lui demande un des avocats.

– Oui, un insecticide.

– Quel genre d'insecticide ?

– À base d'arsenic...

Ce témoignage impressionne vivement le public. Il n'en reste pas moins que tout cela ne contredit pas les déclarations de l'accusation sur l'arsenic absorbé et l'arsenic apporté de l'extérieur. Celui-ci peut-il lui aussi se fixer durablement dans les corps ? C'est la question qu'il faut maintenant trancher.

Paraît alors un dernier expert, M. Truffert, ingénieur des services de l'hygiène de Paris, qui a réalisé des expérimentations importantes sur le sujet. C'est même, à l'époque, le meilleur spécialiste de la question. Or il affirme, termes scientifiques à l'appui, que des cheveux ayant macéré dans l'arsenic fixent ce dernier de manière telle qu'il ne peut plus être éliminé. En conséquence, quand on constate la présence du poison dans un corps, on ne peut dire si son origine est interne ou externe.

L'exposé est technique et les termes employés dépassent le plus souvent le public, mais une chose est claire : il y a désormais plus qu'un doute en faveur de la défense. L'accusation est bien obligée d'en prendre acte. Une fois la déposition de l'expert terminée, l'avocat général déclare :

– Il n'y a plus d'éléments suffisants pour établir avec certitude la culpabilité de l'accusée.

Alors, va-t-on vers un acquittement ? Eh bien non, car le président Pourquery de Boisserin décide le report des débats. Il y aura donc une troisième série d'expertises et un troisième procès Marie Besnard ! Reste à savoir si celle-ci va devoir retourner en prison et y attendre encore une fois, pendant deux ans ou peut-être plus, d'être jugée. Après délibération, la cour rend sa décision, qu'annonce le président dans un silence total :

– En l'état actuel de l'information, il apparaît que la détention de l'accusée n'est plus nécessaire à la manifestation de la vérité. Mais cette mise en liberté ne deviendra effective qu'après le dépôt d'une caution d'un million deux cent mille francs.

À cinquante-huit ans et après plus de quatre ans et demi de prison, Marie Besnard est enfin libre, même si cette exigence d'une caution est jugée comme excessivement sévère. Plusieurs personnes se proposent pour la payer, dont le chanteur Charles Trenet, qui a suivi tous les débats et qui lui offre un million. Marie Besnard lui envoie une lettre de remerciements chaleureux, mais sur les conseils de ses avocats, qui pensent que le côté spectaculaire de cette offre pourrait la desservir, elle refuse cette généreuse proposition. Par la suite, la caution sera ramenée à deux cent mille francs et versée par ses cousins.

Cet empressement manifeste le revirement de l'opinion en sa faveur. La presse, qui lui avait été si hostile au début, prend majoritairement fait et cause pour elle. On l'appelle maintenant « la bonne dame de Loudun » et le surnom lui restera. Frédéric Pottecher, qui a été son premier défenseur, à contre-courant de l'opinion générale, lui rend hommage en ces termes : « On avait tout fait pour la dompter. On avait placé des moutons dans sa cellule, on avait fait dire par les journaux locaux toutes sortes d'énormités. Rien ne l'avait touchée. Elle était ferme comme un roc. »

Cette fermeté évoquée par le chroniqueur judiciaire, Marie Besnard la manifeste dès son premier jour de liberté : elle rentre chez elle, dans cette maison qui se trouve en face de l'hôtel du Cheval blanc où Alphonse Baraudon continue d'orchestrer la rumeur. Elle n'hésite pas à affronter le regard de ses accusateurs, dans les rues, chez les commerçants, au marché…

Mais si elle est libre, elle est loin d'être tirée d'affaire sur le plan judiciaire. Elle est toujours accusée de douze meurtres, dont celui de ses parents, et la troisième série d'expertises va commencer. Pour mettre toutes les chances de son côté, la justice a demandé à Frédéric Joliot-Curie, la plus haute autorité en la matière, de réaliser la recherche d'arsenic selon le procédé nucléaire. Le savant décédera malheureusement peu après, sans avoir pu entreprendre ses travaux, et sera remplacé par le professeur Savel.

Avec le début des expertises reprend l'inévitable débat à propos de l'arsenic absorbé par empoisonnement ou provenant de la terre du cimetière. La défense demande qu'on pratique à Loudun de nouvelles exhumations de cadavres étrangers à l'affaire, afin de voir si oui ou non ils contiennent de l'arsenic. Le juge finit par y consentir, « à condition que les corps soient ceux de défunts disparus sans laisser de famille ou d'amis, dont le souvenir est perdu et dont les sépultures ne sont plus entretenues ».

Trois exhumations ont donc lieu, au milieu d'une cohue de journalistes, et les résultats sont négatifs. Cela ne signifie pourtant rien, car ces cadavres témoins, qui répondaient aux conditions du juge, ont été prélevés dans une autre partie du cimetière où le sol, au lieu d'être gorgé d'eau, est totalement sec.

Pendant longtemps encore – en fait, pendant plusieurs années – les expériences, les analyses de toutes sortes se succèdent et ce n'est qu'en juillet 1960 que le rapport définitif est achevé. Pour d'obscures raisons, il faudra encore attendre plus d'un an pour qu'ait lieu le troisième procès.

Celui-ci s'ouvre, comme le précédent, à Bordeaux. Ainsi que la loi l'exige, Marie Besnard est obligée de retourner en prison pendant la durée des débats. Pourtant, en raison de son âge – elle a soixante-cinq ans – et de son état de santé, elle est admise à l'hôpital Pellegrin, qui dépend de la prison du fort du Hâ.

La salle est aussi bondée que les deux premières fois, les journalistes et les personnalités s'y bousculent. La première audience, présidée par M. Nussy-Saint-Saëns, commence par l'interminable acte d'accusation, avec la liste des douze victimes qu'on impute à l'accusée. Marie Besnard écoute, en apparence impassible, cette litanie. Elle dira plus tard que ce fut pour elle une occasion de trouver les forces nécessaires pour la suite du procès.

– Ce qui m'a donné le courage de retenir mes larmes, c'est peut-être d'entendre à nouveau égrener mot à mot ces accusations absurdes sorties de la boue des commérages organisés par de vilains policiers. D'entendre prononcer les noms de ceux que j'avais tant aimés et qui me protégeaient là-haut me faisait repenser aux jours heureux que nous avions eus ensemble.

Dès le début, le président Nussy-Saint-Saëns se démarque des deux premiers procès en énonçant une hypothèse inédite. Ce ne serait pas Marie, mais Léon Besnard qui aurait été coupable des premiers empoisonnements. Son épouse en aurait acquis la certitude et l'aurait empoisonné à son tour, de crainte d'être la prochaine victime, agissant donc, pour ainsi dire, en légitime défense.

Mais l'accusée rejette avec force cette nouvelle version des faits, qui aurait pu lui ménager une porte de sortie.

– Jamais je n'ai eu peur de mon mari, qui était aussi bon pour moi que je l'étais pour lui. Vous ne me ferez pas dire du mal de Léon !

Les débats se poursuivent donc sur l'interminable querelle d'experts à propos de l'arsenic. Ceux de l'accusation sont malmenés par la défense et plus d'un, comme naguère le docteur Béroud, y laisse une part de sa réputation. Les experts de la défense viennent dire exactement l'inverse et, entre les deux thèses, le public reste perplexe.

Cette indécision profite pourtant à la défense et, comme le procureur déclare : « Trop de facteurs nous échappent », maître Gautrat ne se prive pas de lui rétorquer :

– Vous avez l'air d'oublier que vous êtes le ministère public et que c'est à vous d'apporter des certitudes...

Tout comme les deux premières fois, le débat scientifique ne débouche sur rien de concluant. Malgré les progrès de la science, en particulier en matière nucléaire, on en reste au même point qu'en 1952 et 1954. Toutefois, dès que le dernier des savants a quitté la barre, le président Nussy-Saint-Saëns déclare :

– Il n'y aura pas de nouveau renvoi.

Cela signifie qu'on n'assistera pas à d'autres exhumations, qu'il n'y aura pas de quatrième expertise. Le troisième procès sera, quoi qu'il arrive, le dernier. Les jurés échangent des regards graves. Ils comprennent la responsabilité qui est la leur : ce sera à eux de décider du sort de Marie Besnard !

Après les hommes de science défilent à la barre les habitants de Loudun, qui exposent leur certitude de la culpabilité de l'accusée. Il ne manque qu'Auguste Massip. Il est en fuite à Tanger, après avoir été condamné pour outrage au chef de l'État, suite à l'une de ses innombrables lettres au président de la République.

Alphonse Baraudon, lui, est fidèle au poste. Avec une assurance inébranlable, le gérant de l'hôtel du Cheval blanc raconte comment Marie a empoisonné son mari, à cause de la liaison qu'elle avait avec le jeune Allemand. Et quand l'un des avocats lui demande comment il peut savoir tout cela, il répond sans se démonter :

– Parce que tout le monde le dit à Loudun !

Comme les fois précédentes, Louise Pintou, la postière, clôt ce défilé. À soixante-quatorze ans, elle a gardé toute sa pugnacité ! La défense cherche à la déstabiliser en insinuant qu'elle était la maîtresse de Léon Besnard, mais rien n'y fait. Cette fois-ci, elle n'émet pas de doute sur la culpabilité de son « amie ».

L'heure du dénouement approche… Le procureur général Robert prononce un réquisitoire modéré puisqu'il se borne à réclamer « une sanction équitable ». Il termine en ces termes :

– Je m'en remets à la très haute sagesse des jurés.

La parole est à la défense, qui revient sur les faiblesses, pour ne pas dire plus, de l'enquête et de l'instruction.

– Où sont vos preuves, monsieur le procureur général ? Vous avez oublié de dire aux jurés les vrais débuts de l'affaire Besnard. Vous leur avez caché que, pendant deux ans, ce dossier avait été une affaire classée, bien qu'il contienne la dénonciation de Mme Pintou, qui donc, à elle seule, ne pouvait suffire. Vous avez omis de rappeler comment deux personnages, Massip et Baraudon, ont exhumé cette affaire, en travaillant la rumeur publique.

Comme les fois précédentes, maître Gautrat s'exprime en dernier. Il revient sur les circonstances dans lesquelles il a rejoint ses trois autres confrères, qui assuraient déjà la défense de l'accusée.

– Lorsque ses avocats sont venus me demander de leur apporter mon concours, j'ai demandé à réfléchir. J'ai voulu connaître cette femme. Je suis allé la voir à la prison de Poitiers. Je suis resté auprès d'elle tout l'après-midi. Je l'ai interrogée, j'ai multiplié les questions. Pas une fois elle n'a hésité, pas une fois elle n'a dévié, fût-ce sur un détail. À la fin du jour, ma conviction était faite, ma décision prise : je pouvais défendre Marie Besnard et la défendre parce qu'elle était innocente.

Et il conclut :

– Attachez vos noms, messieurs les jurés, à autre chose qu'à une erreur judiciaire !

Conformément à l'usage, le président Nussy-Saint-Saëns demande à l'accusée si elle a une dernière déclaration à faire. Marie Besnard se lève. Il y a longtemps qu'elle ne met plus de mantille noire. Elle prend soin de s'habiller de couleurs plus claires. Elles sont loin, ses allures de sorcière et d'empoisonneuse...

– Si je suis ici, dit-elle d'une voix émue, mais parfaitement audible, c'est que je suis innocente, sinon le remords m'aurait tuée. Je refuse de croire que ma famille a été empoisonnée. J'ai toujours été soutenue par mes chers défunts et ma chère maman. J'ai confiance en la justice de Dieu. Le Seigneur sait que je n'ai rien fait de mal.

Le jury se retire pour délibérer. Nous sommes le 12 décembre 1961. Il est 15 heures. L'affaire Marie Besnard, qui a commencé il y a plus de quatorze ans, un triste jour d'octobre 1947, va enfin connaître son épilogue.

À 18 h 45, le jury revient et donne connaissance de ses décisions. C'est long, car il faut répondre sur la culpabilité à propos de chacun des douze empoisonnements. Mais c'est « non » à toutes les questions. Marie Besnard tombe dans les bras de ses défenseurs : elle est acquittée !

Le soir, Frédéric Pottecher conclut par ces mots la série d'interventions qu'il faisait quotidiennement, pour le compte d'une chaîne de radio : « J'ai longtemps cru qu'elle était coupable. Peu à peu, cependant, j'ai acquis la conviction qu'elle avait été la victime des ragots de Loudun. Il me semble aussi que, du côté de la police comme du côté du parquet, pour toutes sortes de raisons, on avait voulu “avoir sa peau”. Cinq cents personnes au moins chaque année sont emprisonnées à la suite d'interrogatoires, par des policiers ou des juges qui les soupçonnaient de bonne foi. Presque toujours, ces suspects incapables de se défendre, ces innocents ou semi-innocents jetés en prison, sont libérés après vérification ou confrontation. On en a vu passer plusieurs mois voire des années avant d'être mis hors de cause. La justice, qui n'aime pas reconnaître qu'elle s'est trompée, se garde bien d'évoquer ces bavures. Mais nous le savons, des experts se trompent, des magistrats se trompent, des policiers se trompent, des témoins se trompent. De ces incidents naissent les erreurs judiciaires... »

Cette fois, tout est fini et bien fini. Il ne se passera strictement plus rien par la suite. Celle qui avait mobilisé l'attention de l'opinion publique pendant des années a poursuivi sa vie dans une discrétion totale. Elle est retournée vivre chez elle. En 1962, six mois après son acquittement, elle a publié un livre de souvenirs, intitulé sobrement *Mes mémoires,* où elle retraçait l'affaire, sans faire de révélation particulière. Pendant des années, un peu moins souvent vers la fin, elle a reçu des journalistes, venus l'interroger du monde entier. À la fin de l'entretien, elle concluait parfois, avec malice :

– J'espère que je ne vous ai pas empoisonné !

Marie Besnard est morte le 15 février 1980, à Loudun, âgée de quatre-vingt-trois ans, après avoir pardonné publiquement à Louise Pintou. Elle a légué son corps à la science, pour qu'il n'aille pas rejoindre le cimetière.

Au moment de conclure, nous ne pèserons pas le pour et le contre, comme dans les autres dossiers de cet ouvrage. On ne discute pas une décision de justice, à plus forte raison un verdict d'acquittement.

Et, de toute manière, la décision du second procès de Bordeaux était la seule qui s'imposait, pas seulement en vertu du principe selon lequel le doute doit profiter à l'accusé. Il n'y avait rien de sérieux dans l'acte d'accusation, reposant sur des témoignages invérifiables et résultant d'une enquête et d'une instruction menées uniquement à charge.

Quant aux expertises qui ont, en définitive, fait pencher la balance de la justice du côté de l'accusée, elles n'étaient pas crédibles non plus. Il suffit de citer un seul exemple : dans le corps de Louise Bodin, sœur de Léon, qui s'est pendue, on a retrouvé le même taux d'arsenic que chez les autres. Cela ne peut signifier que deux choses : soit les analyses ne voulaient rien dire, soit le poison provenait du sol dans lequel étaient ensevelis les corps.

Il faut le dire et le redire : Marie Besnard, victime des jalousies, des ragots et des médisances d'une petite ville de province, Marie Besnard, qui a été traitée d'empoisonneuse par la presse pendant des années, au mépris de la présomption d'innocence, Marie Besnard, qui a accompli quatre ans, sept mois et vingt-sept jours de prison, sans toucher un centime d'indemnisation, Marie Besnard est une victime !

Le maréchal Ney

Le fusillé de l'Observatoire

La carrière du maréchal Ney est assurément ce qu'on peut faire de mieux en matière militaire, peut-être parce que chez lui, à la différence de beaucoup d'autres, l'armée a été dès le début une véritable vocation... Michel Ney naît le 10 janvier 1769 (la même année que Napoléon), à Sarrelouis, dans la Sarre. Il est le fils d'un ouvrier tonnelier, qui a pour lui de grandes ambitions. Après ses études, il le met en apprentissage chez un avocat.

Mais Michel Ney n'a aucune envie de moisir dans une étude, il veut se battre et rien d'autre. En 1787, à dix-huit ans, il s'enfuit et entre comme simple hussard dans le régiment de Colonel-Général, à Metz. Il se révèle un soldat exemplaire : courageux, endurant et discipliné. À tel point qu'en deux ans seulement, il gravit tous les grades inférieurs. Il est sous-officier sorti du rang lorsque éclate la Révolution.

Il suit le général Kléber dans l'armée du Rhin. Son chef remarque tout de suite ses talents et ne tarde pas à le distinguer. Il le nomme lieutenant en 1792 et capitaine en 1794. Aussi exigeant pour lui-même que pour ses hommes, Ney leur demande beaucoup et en obtient plus encore. Ses soldats, qui l'apprécient, le surnomment « l'infatigable ». En 1796, il prend Wurtzbourg avec cent cavaliers seulement, puis force le passage de la Rednitz et prend Forchheim, gagnant soixante-dix pièces d'artillerie, ainsi que d'immenses approvisionnements, ce qui lui vaut d'être fait général de brigade sur le champ de bataille.

En 1797, il contribue, à la tête de ses hussards, aux victoires de Neuwied et de Dierdorf. En 1798, il s'empare de Mannheim par la ruse, avec seulement cent cinquante hommes, et il est promu, pour ce fait d'armes, général de division. En septembre 1799, il commande provisoirement l'armée du Rhin. Peu après, il épouse Aglaé Auguié, amie de pension d'Hortense de Beauharnais, ce qui crée des liens supplémentaires entre Bonaparte et lui.

Le 3 décembre 1800, il remporte avec Moreau la bataille décisive de Hohenlinden. Un peu plus tard, nommé ministre plénipotentiaire auprès de la République helvétique, il sait imposer le gouvernement unitaire voulu par le Premier consul. Enfin, il est nommé maréchal, le 19 mai 1804.

Ce qui est considéré par beaucoup comme un honneur suprême n'est, pour lui, qu'une incitation à s'illustrer davantage. Dès lors, il devient le plus brillant des soldats de l'Empire. Le 14 octobre 1805, il gagne à lui seul la bataille d'Elchingen, qui prélude à la prise de la forteresse d'Ulm, une semaine plus tard. Il joue un rôle capital à Austerlitz, comme à Iéna. À Eylau, le 8 février 1807, il emporte la victoire par son intervention, repoussant soixante-dix mille Russes avec quatorze mille hommes.

Quelques mois plus tard, son action est tout aussi décisive lors de la bataille de Friedland, qui contraint les Russes à demander l'armistice. Pour tous ces exploits, le maréchal Ney est fait duc d'Elchingen, le 6 juin 1808. La même année, il rencontre ses seuls revers, lors de la guerre d'Espagne. Il est même relevé de son commandement et doit revenir à Paris. Il faut dire que ce genre de conflit contre des troupes de guérilla n'était pas fait pour lui convenir et l'empereur ne lui fait aucun reproche.

Paradoxalement, c'est pendant la campagne la plus désastreuse de l'Empire, celle de Russie, qu'il remporte ses plus éclatants succès. Lors de la phase offensive, il joue un rôle décisif dans les batailles de Smolensk et de la Moskova. Il est blessé d'une balle dans le cou lors de ce dernier affrontement, ce qui lui vaut le titre de prince de la Moskova.

Pendant la retraite, il a la tâche délicate entre toutes de commander l'arrière-garde. Lors de la bataille de Krasnoïe, il fait front à d'énormes troupes russes avec seulement six mille hommes et permet à l'armée française de s'échapper. Napoléon lui décerne alors le surnom qui lui restera pour la postérité, en s'écriant :

– Je donnerais trois cents millions pour sauver le Brave des braves !

Lors du passage de la Bérézina, il remporte les seuls succès de l'armée, faisant cinq mille prisonniers avec seulement sept mille hommes, et continue à protéger la retraite, toujours à l'extrême fin de l'arrière-garde.

Par la suite, après les dernières défaites, il incite vivement Napoléon à abdiquer et, à la Restauration, il est le premier maréchal à se rallier aux Bourbons, ce qui lui vaut d'être couvert d'honneurs. Il est fait pair de France, commandant en chef de la cavalerie et gouverneur de la 6e région militaire. Lors du débarquement de Napoléon à Golfe-Juan, le 1er mars 1815, il promet à Louis XVIII de « le ramener dans une cage de fer », mais quand il rencontre son ancien souverain à Auxerre, il se rallie à lui.

Tout s'est décidé lors d'une rencontre à huis clos entre les deux hommes. On ignore ce qu'ils se sont dit, mais ce qui est certain, c'est que, malgré son ralliement, l'Empereur reste en froid avec lui. Ils ne se revoient pas avant la campagne de Belgique. Le maréchal Ney arrive sur place le 15 juin. Il ne parvient pas, malgré des effectifs supérieurs en nombre, à déloger les Britanniques des Quatre-Bras. Son action à la bataille de Waterloo, le 18 juin, est controversée. L'Empereur, dans ses mémoires, le rend responsable de la défaite tout autant que Grouchy.

C'est de cette triste manière que se termine sa carrière militaire et sa carrière tout court. À la seconde Restauration, il est décidé que tous ceux qui se sont mis au service de Napoléon lors des Cent-Jours seront considérés comme traîtres ; un seul nom de maréchal y figure, celui de Ney. Fouché, ministre de la Police, lui donne des passeports pour fuir en Suisse ou aux États-Unis, mais il refuse. Il reste en France, chez une cousine de sa femme, au château de Bessonis, près d'Aurillac. Il y est arrêté et conduit à Paris sous escorte le 19 août.

Le maréchal Ney est incarcéré à la Conciergerie, en attendant d'être jugé par un conseil de guerre présidé par le maréchal Jourdan. Il sera défendu par les avocats Berryer et Dupin. Mais à la surprise de tous, il refuse la compétence du tribunal, pourtant dirigé par un vieux camarade de combat, auprès duquel il pouvait espérer une certaine compréhension. Au contraire, en tant que pair, il demande à être jugé par la Chambre des pairs. C'est parfaitement son droit, mais l'assemblée regroupe tout ce que le pays compte de personnalités royalistes et il n'a aucune indulgence à attendre d'elle.

Les débats s'ouvrent le 6 décembre et sont prévus pour durer une seule journée. La défense fait de son mieux, mais ne rencontre aucun écho dans un milieu aussi hostile. Elle ne peut espérer aboutir que grâce à des arguments juridiques... Lors d'une de ses campagnes, le maréchal Ney avait obtenu à titre honorifique la nationalité prussienne. L'avocat Dupin déclare donc :

– Ney ne peut être jugé, car il est prussien et sa nationalité le protège.

Mais son client vient ruiner ses efforts. Il se lève et proclame :

– Je suis français et je resterai français !

Tout est dit. Dans la soirée, le maréchal Ney, reconnu coupable de haute trahison, est condamné à mort par 128 voix, contre 17 en faveur de la déportation. Il est, en outre, radié de la Légion d'honneur. Le verdict est rendu en son absence. C'est le lendemain, le 7 décembre 1815, à 3 heures du matin, que le secrétaire-archiviste de la Chambre des pairs vient lui lire la sentence, dans la cellule du palais du Luxembourg où il est incarcéré. Il lui propose l'assistance d'un prêtre. Ney lui répond :

– Vous m'ennuyez avec votre prêtraille !

Il passe le reste de la nuit à jouer mélancoliquement de la flûte en attendant son exécution. À 8 h 30, un fiacre escorté de soldats vient le chercher. Il ne s'est pas habillé en maréchal, mais en civil. Sa femme ira un peu plus tard demander sa grâce à Louis XVIII. Mais, volontairement ou non, on l'a mal renseignée sur l'heure de l'exécution. Quand elle se présentera au palais, son mari a déjà été fusillé. C'est le comte d'Artois, frère du roi et futur Charles X, qui la recevra et lui annoncera laconiquement :

– Madame, votre demande n'a plus d'objet...

Après avoir été extrait de sa cellule, le maréchal Ney est conduit non dans la plaine de Grenelle où ont lieu traditionnellement les exécutions par fusillade, mais tout près de son lieu d'incarcération, à l'Observatoire, car on craint des manifestations bonapartistes, voire des tentatives pour le faire évader.

Arrivé à l'extrémité des jardins qui prolongent celui du Luxembourg, Ney descend de son véhicule. Un abbé s'approche de lui. Il choisit de ne pas le repousser. Il enlève son chapeau et s'agenouille, tandis que le religieux lui donne une courte bénédiction... Les soldats qui vont le fusiller sont là. Il se relève et dit d'une voix forte :

– Je proteste que le jugement qui me condamne est inique ! J'en appelle à l'Europe et à la postérité.

Le maréchal demande au commandant du peloton d'exécution comment il doit se placer. Ce dernier lui indique le mur en face de lui. Il requiert alors la faveur de commander le peloton. L'officier accepte. Ney prend place, face aux soldats. Il s'écrie, montrant sa poitrine :

– Faites votre devoir. C'est là qu'il faut frapper. Ne me manquez pas.

Il veut commencer un discours :

– Mon honneur...

Mais c'est plus que n'en peut supporter le commandant. Il reprend la parole, tourné vers ses hommes :

– En joue. Feu !

Il y a une grande détonation. Le maréchal Ney tombe face contre terre, d'une seule masse, sans aucune convulsion, dans une mare de sang. Les tambours battent, les soldats crient :

– Vive le roi !

Contrairement aux craintes des autorités, aucun rassemblement n'a eu lieu. Seuls de rares badauds sont présents. Une femme qui passe a ce commentaire désabusé :

– Voilà un homme mort de plus. On n'en est pas plus riches !

La dépouille reste quinze minutes par terre, veillée par le prêtre à genoux, en prière. Des soldats arrivent enfin, portant une civière. Le corps est emmené à l'hospice voisin de la Maternité où il demeure deux jours avant d'être mis en bière. Il est alors inhumé au Père-Lachaise sous une simple dalle sans nom.

Apprenant la nouvelle à Sainte-Hélène, Napoléon aurait dit, en guise d'oraison funèbre :

– C'était un brave, personne ne l'était plus que lui, mais c'était un fou !

Ce jugement sévère sanctionne une fin de carrière au cours de laquelle, par ses revirements successifs, le maréchal aura fini par dresser contre lui les uns et les autres… Mais cette désaffection ne dure pas. En 1831, Louis-Philippe réhabilite le maréchal Ney et le réinscrit sur les listes de la Légion d'honneur. En 1848, le gouvernement provisoire de la IIe République décide d'ériger une statue à l'endroit même où il a été fusillé. Confiée à François Rude, elle est considérée comme un de ses chefs-d'œuvre. Elle a été inaugurée en 1853 et légèrement déplacée lors de la réalisation du RER B.

Comme on peut le constater, l'épopée glorieuse et violente à la fois qu'a été l'existence du maréchal Ney ne laisse place à aucun mystère. De fait, c'est seulement quatre ans après sa mort et à l'autre bout du monde que des interrogations vont se manifester…

Vers 1819, dans la petite bourgade de Cheraw, en Caroline du Sud, un grand gaillard aux cheveux roux clairsemés vient trouver le maire. Il sait qu'une place d'instituteur est libre à l'école et il propose ses services. Ce dernier le considère avec circonspection : l'homme a plus l'air d'un vagabond que d'un instituteur.

– Vous avez déjà enseigné ?

– Ici et là. Prenez-moi à l'essai. Si je ne vous donne pas satisfaction, je m'en irai…

– C'est d'accord. Comment vous appelez-vous ?

– Ney. Peter Stuart Ney.

– Pas courant, comme nom. C'est français ?

– Oui, c'est français…

Non seulement Peter Stuart Ney donne pleinement satisfaction, mais il devient vite une personnalité à Cheraw. Il est beaucoup plus instruit qu'un instituteur, il connaît le latin, le grec et même l'hébreu, et sa conversation est des plus intéressantes. Mais il attire surtout l'attention par son mystère. Il doit avoir cinquante ans, c'est tout ce qu'on peut dire à son sujet. Pour le reste, pas moyen de savoir où et quand il est né ni ce qu'il a fait durant les années qui ont précédé. Une fois seulement, alors qu'il a un peu bu et que le père d'un de ses élèves l'interroge, il laisse échapper une confidence :

– Avant, j'étais à l'armée… j'étais soldat, avec Napoléon.

Son interlocuteur le presse de questions, mais il se tait obstinément et, comme s'il regrettait d'en avoir trop dit, dès le lendemain il quitte le village… Dès lors, Peter Stuart Ney exerce son métier à droite et à gauche, partant s'installer ailleurs chaque fois qu'il sent une curiosité un peu trop grande autour de lui.

Car la rumeur s'est répandue dans toute la région : Peter Stuart est le maréchal Ney, qui a trouvé refuge aux États-Unis, et le fait que celui-ci soit mort fusillé renforce encore le mystère. Comme on connaît la susceptibilité de l'instituteur, on se garde de l'interroger, mais on note soigneusement tous les détails qui vont dans le sens de sa prestigieuse origine.

Il a été militaire, cela ne fait aucun doute, et même vraisemblablement officier. Il émane de lui une autorité singulière, qui en impose aux plus hardis. Il exige que ses élèves se tiennent au garde-à-vous quand ils récitent leurs leçons. Il monte remarquablement à cheval, c'est un redoutable escrimeur et il adore les parades militaires, qu'il regarde pourtant d'un œil critique. Enfin, il aime la musique et joue de la flûte. A priori, ces deux dernières caractéristiques n'ont rien de militaire, mais on a appris que le maréchal Ney était mélomane et que la flûte était son passe-temps favori.

Tous remarquent sa passion pour la France et, en particulier, pour la période napoléonienne. Un jour de l'été 1821, un élève apporte en classe une gazette, il la lit et tombe évanoui. Elle annonçait la mort de l'Empereur à Sainte-Hélène. Le soir même, il tente de se suicider. Quelques années plus tard, lorsque lui parvient la mort de l'Aiglon, il manifeste un désespoir affreux.

En outre, il entretient une correspondance suivie avec une mystérieuse personne et il part régulièrement pour des voyages dont on ignore la destination. Ceux qui ont essayé d'en savoir plus à ce sujet en ont été pour leurs frais, car il prend de telles précautions qu'il est impossible d'apprendre quoi que ce soit... Avec le temps, pourtant, il se fait plus bavard. À quelques personnes, il montre la trace d'anciennes blessures. Allant chez le charpentier du village et le surprenant en train d'assembler un cercueil, il lui déclare, avec un sourire :

– Moi aussi, ils ont bien cru qu'ils me mettraient dans un cercueil !

Une autre fois, alors qu'on lui demande le prénom de sa mère, il répond :

– Catherine.

On se renseigne. C'était celui de la mère du maréchal... Il ne parle jamais français. Toutefois, quand on lui demande s'il connaît cette langue, il répond que oui. Une seule fois il s'explique sur son refus de la parler, faisant une réponse quasi inaudible, dans laquelle on peut discerner :

– Trop de souvenirs...

À mesure qu'il avance en âge, il s'adonne de plus en plus à la boisson et, un jour, il avoue à un de ses élèves :

– Je suis le maréchal Ney. J'ai survécu miraculeusement à l'exécution.

– Alors vous vous cachez ?

– Oui. Je suis toujours condamné à mort. Si je rentrais, je serais exécuté…

Peter Stuart Ney réside alors dans la petite ville de Brownsville, en Caroline du Nord. Nous sommes en 1846 et il ne tarde pas à être atteint d'une grave maladie. Bientôt, il se trouve à l'article de la mort. C'est alors qu'il déclare sans détour à son médecin :

– Je suis le maréchal Ney, de France.

– Êtes-vous vraiment sûr de ce que vous dites ?

– J'ai toute ma tête et je ne mourrais pas avec un mensonge sur les lèvres…

Peter Stuart Ney rend peu après le dernier soupir. Les autorités municipales de Brownsville décident de l'enterrer avec une inscription qui, sans être absolument affirmative, laissera planer un doute. Elle fait de lui un des militaires ayant servi sous Napoléon et lui donne l'âge qu'aurait eu le maréchal Ney, s'il avait vécu. C'est ainsi que, sous un petit drapeau français, on peut lire, aujourd'hui encore sur sa tombe, dans le beau cimetière de la ville, ombragé de cyprès et d'eucalyptus :

« À la mémoire
de Peter Stuart Ney
natif de France
et soldat de la Révolution française
sous Napoléon Bonaparte
qui a quitté cette vie
le 15 novembre 1846
à l'âge de 77 ans. »

Le moment est venu de récapituler les arguments qu'on peut énoncer, dans l'un et l'autre sens, à propos de cette étrange histoire.

En faveur de l'authenticité, on a fait remarquer le côté troublant du nom de Peter Stuart. Pierre était, en effet, le prénom du père du maréchal et sa mère affirmait descendre des Stuart écossais. D'autre part, plusieurs soldats de la Grande Armée ayant émigré aux États-Unis sont venus voir l'instituteur et ils ont été catégoriques : il s'agissait bien du maréchal qui les avait commandés. Ils n'étaient pas nombreux à avoir traversé l'Atlantique, mais tous ont été affirmatifs : Peter Stuart Ney n'était pas un simulateur.

Dans ce cas, comment aurait-il survécu au peloton d'exécution ? Un livre donne la réponse : *Mémoires d'une contemporaine*, d'Ida de Saint-Elme, paru en 1828. Amoureuse du maréchal Ney, elle aurait séduit Wellington, le maître du moment à Paris, et aurait eu d'autant moins de mal à le convaincre de sauver le maréchal qu'ils étaient tous deux francs-maçons. Une mise en scène aurait donc été décidée par le dirigeant anglais.

Ida de Saint-Elme aurait assisté à la fausse exécution, déguisée en homme et dissimulée dans un carrosse. Voici le récit qu'elle en donne. Quand les coups de feu retentissent, le maréchal se frappe la poitrine, faisant éclater une poche de sang, et il se jette face contre terre. Les soldats, qui sont tous de fidèles grognards, ont accepté avec enthousiasme de participer au simulacre. Ils ont tiré au-dessus ou à côté.

Quinze minutes plus tard, on emmène le corps sur un brancard et on le dépose à l'hospice de la Maternité. Là, sœur Thérèse, dont le frère a été soldat du maréchal, fait remplir un cercueil avec des pierres ou avec un autre cadavre. Après quoi, le maréchal Ney va faire ses adieux à sa femme et prend secrètement à Bordeaux le bateau pour les États-Unis.

Notons à ce sujet qu'en 1874 un reporter du *Dayton Journal* a publié le témoignage d'un certain Pétrie, vétéran français de Waterloo. S'embarquant pour les États-Unis à Bordeaux, il aurait vu le maréchal Ney sur le bateau. À Charleston, il l'aurait suivi de loin dans les rues et il l'aurait vu acheter une flûte. Il n'a malheureusement pas osé se faire connaître de lui et l'aborder.

Il y a encore une dernière pièce à verser en faveur de Peter Stuart Ney. En 1903, la IIIe République a décidé de donner au maréchal Ney une tombe digne de ce nom, au cimetière du Père-Lachaise. Le cercueil, qui se trouvait sous une dalle anonyme, division 29, à l'angle du chemin des Acacias et du chemin Masséna, a été ouvert et le fossoyeur a juré qu'il était vide.

Mais, comme on peut s'en douter, les arguments contraires sont de loin les plus nombreux et les plus convaincants. D'abord, la personnalité de Peter Stuart Ney ne coïncide pas avec celle du maréchal, et ce pour de multiples raisons. Il ne parlait pas français et les rares fois où il s'y est essayé, il s'est exprimé de manière très incorrecte. En revanche, cet instituteur maniait parfaitement l'anglais, rédigeant même dans cette langue des poèmes à la gloire de l'Empereur. Ce n'était pas le cas du maréchal qui, lorsqu'il avait à lire un texte en anglais, était obligé de faire appel à un interprète. Même chose pour le latin, le grec et l'hébreu, que Peter Stuart a enseignés, alors que Michel Ney, qui était sans instruction classique, aurait été bien en peine de le faire.

On pourrait multiplier les exemples : Peter Stuart Ney tenait un journal, dans lequel il faisait des commentaires sur les campagnes de Napoléon ; il fait à un moment un chaleureux éloge de Masséna, que Ney détestait et dont il évitait même de prononcer le nom. À un autre moment, il parle de la bataille de Borodino, que le maréchal Ney n'a jamais voulu appeler autrement que « bataille de la Moskova », lui qui avait été fait prince de la Moskova. Dans ses confidences sous l'effet de l'alcool, Peter Stuart a dit qu'il avait été blessé à Waterloo, ce qui n'est pas le cas du maréchal, etc.

Enfin, quand il déclare pour la première fois être le maréchal Ney à l'un de ses élèves, Peter Stuart ajoute qu'il se cache et que, s'il rentrait en France, il serait exécuté. Or c'est faux. Ney était alors réhabilité depuis longtemps, sa mémoire et sa famille étaient même particulièrement honorées. En 1830, le banquier Jacques Laffitte, alors président du Conseil, a donné sa fille en mariage au fils du maréchal. Certains députés ont demandé, à la même époque, qu'on transporte au Panthéon les restes du Brave des braves.

Oui, le maréchal Ney a bien été fusillé à l'extrémité des jardins de l'Observatoire, là où se dresse, aujourd'hui encore, sa statue. Tous les témoins sont formels. Après la salve, il est tombé en avant d'une seule masse, sans esquisser un geste, et cela prouve qu'il était mort. Un homme en vie ne peut pas s'écraser face contre terre, il est obligé d'avoir un réflexe pour se retenir…

On ne sait pas qui était Peter Stuart Ney. Certainement pas un Français, sans doute un Anglais ou un Écossais qui avait combattu dans les rangs alliés et qui avait été blessé à la tête lors de la bataille de Waterloo. Peut-être cette blessure a-t-elle dérangé son esprit et peut-être, l'alcool aidant, s'est-il peu à peu identifié au prince de la Moskova. En tout cas, on y a cru longtemps en Caroline du Nord et du Sud. À tel point que, pour le centenaire de sa mort, en 1946, les habitants de Brownsville ont fait une grande cérémonie religieuse et militaire à la gloire du maréchal Ney, de France.

Le trésor des Templiers

L'énigme de Gisors

Nous sommes au début des années 1960. Lorsque Gérard de Sède, journaliste et écrivain, décide d'acquérir une résidence secondaire à Gisors, dans l'Eure, à soixante-quinze kilomètres de Paris, personne ne peut s'imaginer que cette circonstance va être à l'origine d'un mystère dont on n'a pas fini de parler !

Gisors, chef-lieu de canton d'un peu moins de dix mille habitants qu'arrose l'Epte, est, de nos jours, une localité riante et paisible. Mais au Moyen Âge cette cité était beaucoup moins tranquille. Elle se trouvait au centre du conflit qui opposait la France et l'Angleterre...

Lorsque Guillaume le Conquérant, duc de Normandie, s'empare de la Grande-Bretagne, en 1066, on se réjouit d'abord, de ce côté de la Manche, qu'un Français occupe le trône anglais, mais on ne tarde pas à s'apercevoir que ce sont les rois d'Angleterre qui sont devenus possesseurs de la Normandie.

À la fin du XIe siècle, ils décident de bâtir à l'extrémité de leur province sur le continent, c'est-à-dire à Gisors, un puissant château fort, face à leur voisin français. Le site étant sans relief, le donjon est bâti sur une butte artificielle de dimensions considérables, le reste de l'édifice étant entouré de murailles impressionnantes. C'est, à l'époque, ce qui se fait de mieux en matière militaire.

Bien entendu, les rois de France ne peuvent tolérer la présence de cet ouvrage fortifié si près de leur capitale et, dès lors, Gisors devient l'objet d'une rivalité constante entre les deux pays. Au milieu du XIIe siècle, un accord amiable donne la propriété du château à la France et le roi Louis VII en confie la garde aux Templiers. Cela ne dure que deux ans, de 1158 à 1160, date à laquelle les souverains anglais reprennent possession de la forteresse.

En 1195, profitant de ce que Richard Cœur de Lion a été fait prisonnier au retour de la croisade, Philippe Auguste s'empare du château, qui reste, dès lors, définitivement aux mains des Français. Pour lui faire face et défendre ce qui leur reste de la Normandie, les Anglais construisent un peu plus à l'ouest, aux Andelys, le monumental ouvrage fortifié de Château-Gaillard. Après cela, le château de Gisors n'apparaît plus dans l'histoire, sauf pour avoir servi de prison au dernier grand maître des Templiers, Jacques de Molay.

Gérard de Sède ne tarde pas à engager comme homme à tout faire Roger Lhomoy, qui a été longtemps gardien du château. L'homme est sympathique, ce qui ne l'empêche pas d'être renfermé. Il y a une histoire à son sujet, mais les habitants de la région répugnent à en parler. Tout ce qu'on sait, c'est qu'il a été en conflit avec la mairie et que, pour cette raison, il a perdu son poste de gardien. Cela remonterait aux années 1940. On dit aussi que Roger Lhomoy aurait un secret…

Bien entendu, le journaliste qu'est Gérard de Sède est aussitôt intrigué.

– Qu'est-ce que c'est que cette histoire ?

Roger Lhomoy hausse les épaules.

– À quoi bon ? C'est vieux. Et puis, vous ne me croirez pas, comme les autres…

– Cela se passait dans les années 1940, d'après ce qu'on dit. C'est une histoire de guerre ?

– Non, une histoire de trésor…

La curiosité professionnelle de Gérard de Sède s'accroît encore.

– Vous ne voulez vraiment pas me raconter ?

L'homme devient pensif. C'est la première fois qu'il reparle de cela à quelqu'un depuis des années…

– On a toujours dit dans la région qu'il y avait un trésor au château. On disait aussi que c'était le fameux trésor des Templiers. J'entendais déjà cela quand j'étais gosse.

– Et alors ? Vous l'avez trouvé ?

– Oui.

À ce point du récit, il faut rappeler en quelques mots qui étaient les Templiers, dont le nom est universellement connu, mais dont l'histoire l'est souvent beaucoup moins.

Après la prise de Jérusalem par les croisés, en 1099, la Ville sainte devient la principale destination de pèlerinage. Mais les routes qui y mènent sont loin d'être sûres. Les musulmans, qui n'acceptent pas la présence des chrétiens, leur tendent des embuscades, sans parler des brigands qui en veulent simplement à leur argent.

Un noble français, Hugues de Paynes, décide alors de créer, en 1119, un nouvel ordre de chevalerie, les Pauvres Chevaliers du Christ. Cet ordre, radicalement différent de tous les précédents, sera composé de moines soldats. À la fois religieux et chevaliers, ses membres prononceront les vœux monastiques : foi, obéissance, pauvreté, chasteté, mais au lieu de vivre uniquement dans la prière, ils porteront les armes et protégeront les fidèles se rendant sur le tombeau du Christ.

Le roi de Jérusalem, Baudoin II, leur accorde le droit de s'installer dans la Ville sainte, à l'intérieur d'un bâtiment proche des ruines du Temple de Salomon. C'est de là que vient le surnom qui leur est resté, les Templiers…

Leur succès est immédiat. Ces chevaliers intègres et redoutables, portant une chasuble blanche décorée d'une grande croix rouge, défendent efficacement les routes de Jérusalem. Les dons affluent de la part des nobles pèlerins et des souverains eux-mêmes. C'est la période de gloire du Temple.

La perte de la Palestine, reconquise par Saladin, va tout changer. À partir de 1291, les Templiers sont obligés de se replier dans les nombreux châteaux et les commanderies, qu'ils ont achetés partout en Europe. Ayant perdu leur raison d'être originelle, ils se reconvertissent dans une autre activité : la banque.

Ils prêtent aux bourgeois, aux seigneurs et même aux rois. Ils entreposent les richesses des uns et des autres dans leurs châteaux, qui deviennent de véritables coffres-forts. Ils inventent même la pratique des chèques : une personne voulant envoyer une somme dans un pays lointain la dépose dans une commanderie proche et les Templiers, grâce à une simple lettre, font payer la somme par une commanderie du pays concerné. Ainsi sont évités les dangereux transports de fonds.

Bien entendu, pour toutes ces opérations, les membres de l'ordre prélèvent un pourcentage et leur richesse, déjà considérable au départ, ne cesse de s'accroître. Les Templiers finissent par devenir une énorme puissance financière, ne dépendant de personne, pas même du pape. C'est plus que n'en peut supporter le roi de France Philippe le Bel, qui décide leur élimination.

Le 13 octobre 1307, au cours d'une opération policière sans précédent dans l'histoire, ses soldats arrêtent simultanément tous les Templiers. L'ordre du Temple est dissous et ses membres traduits devant des tribunaux de l'Inquisition. Interrogés sans relâche, torturés, ils avouent les fautes les plus invraisemblables, comme la pratique de la sodomie, l'adoration d'une idole satanique nommée Baphomet, etc.

Beaucoup sont exécutés, dont le grand maître Jacques de Molay, brûlé vif à Paris, en 1314. Mais où est passé leur trésor ? Les archives de Philippe le Bel n'en disent pas un mot. Les Templiers auraient-ils eu le temps de le cacher avant leur arrestation ? C'est la question qui se pose depuis des siècles.

Or ce qui se raconte à Gisors, depuis des siècles également, c'est que le trésor est là, dans le château. Et Roger Lhomoy affirme l'avoir trouvé ! Bien entendu Gérard de Sède le presse de questions. L'homme est d'abord réticent, mais finit par raconter son histoire, une histoire extraordinaire...

Dès son enfance, retrouver le trésor est une obsession. Les bouleversements nés de la défaite de 1940 vont lui donner l'occasion qu'il cherche. Le poste de gardien du château est vacant et il réussit à obtenir la place auprès de la mairie de Gisors, propriétaire de l'édifice.

Roger Lhomoy ne pouvait rêver de conditions plus favorables à la réalisation de son projet ! Il est logé dans un petit bâtiment à l'intérieur des murailles. Le soir, lorsque les visites sont terminées et les portes fermées, il se retrouve seul et n'a plus qu'à s'armer de sa pelle et de ses instruments de terrassement pour creuser. Personne ne viendra le déranger.

Il a son idée sur l'emplacement. L'endroit le plus remarquable du château est le donjon et, plus précisément, la butte de terre artificielle sur laquelle il est bâti. C'est une réalisation tout à fait étonnante, dont il existe peu d'équivalents dans l'art médiéval. Ses dimensions sont de soixante-dix mètres de diamètre à la base, de vingt-cinq mètres de diamètre au sommet, pour une hauteur de vingt mètres. Il s'agit d'un volume énorme et, si une cachette existe, c'est là qu'elle doit se trouver.

Roger Lhomoy explore la plate-forme sur laquelle est bâti le donjon, qui est lui-même entouré de sa propre enceinte. À côté de la tour se trouve un puits, bouché depuis de nombreuses années. Il décide d'en faire le point de départ de son exploration. Il y descend à l'aide d'une échelle de corde et entreprend de dégager le fond...

C'est à un travail épuisant que se livre le gardien du château. Il lui faut retirer les pierres, les dégager en empruntant l'échelle de corde, puis les dissimuler plus loin, pour ne pas attirer l'attention. Et, tout se passant la nuit, il s'éclaire comme il peut, à l'aide de bougies ou de torches qu'il confectionne lui-même. Il parvient ainsi à descendre jusqu'à près de trente mètres de profondeur. Malheureusement, il ne dispose pas du matériel nécessaire. Il ne peut, en particulier, étayer les parois comme il le voudrait.

Un jour, un fragment de maçonnerie s'écroule sur lui et il se retrouve enseveli au fond du puits. Il n'a pas le moindre secours à espérer. Il est seul, en pleine nuit, au centre d'un château fermé au monde extérieur. Il croit sa dernière heure arrivée. Dans un effort surhumain il parvient pourtant à se dégager. Il a une jambe cassée. Il lui faut encore remonter l'échelle de corde dans des conditions très difficiles, mais il y arrive.

Lhomoy connaît alors un moment de profond abattement. Tandis qu'il se remet lentement de sa fracture, il décide de renoncer à sa tentative. C'est au-dessus des forces d'un homme solitaire. Il faudrait, pour avoir des chances de réussite, une équipe d'archéologues convenablement équipés. Et la guerre s'éternise. On est en 1942 et les nouvelles sont mauvaises. Les Allemands font des incursions sans prévenir dans le château, même la nuit, à la recherche de résistants. Continuer devient trop dangereux. Mieux vaut être raisonnable, et oublier le trésor !

1944. Avec le Débarquement, la Normandie est la première province de France à être libérée. Le départ des Allemands et l'optimisme général redonnent des forces à Roger Lhomoy. Il se remet au travail avec plus d'acharnement que jamais. Estimant qu'il est descendu assez bas, il décide d'aller désormais horizontalement, vers le centre du tertre.

Le danger est encore plus grand qu'auparavant, car la galerie qu'il creuse va s'ébouler s'il ne l'étaye pas. Il la consolide donc de son mieux, à l'aide de planches qu'il trouve un peu partout, mais il tremble de se retrouver coincé sous terre et de mourir étouffé, sans que personne ne puisse lui porter secours.

Peut-être est-ce pour cette raison que, pour la première fois, il se confie à quelqu'un. S'il lui arrive quelque chose, l'alerte pourra être donnée. Michel Lessene est un de ses vieux amis, et deviendra d'ailleurs plus tard gardien du château à son tour. Il a toujours partagé avec lui sa passion pour le trésor des Templiers.

– Cela te dirait de venir une nuit au château ? lui demande un jour Lhomoy.

Ce dernier comprend tout de suite.

– Ne me dis pas que tu fais des fouilles en cachette ?

– Si.

– Et tu as trouvé quelque chose ?

– Pas encore, mais je sens que je brûle...

C'est ainsi qu'à l'automne 1944 Michel Lessene est convié par Roger Lhomoy à voir la première de ses découvertes. Malgré le danger, il accepte de le suivre dans le boyau qu'il a pratiqué... Après une descente de trente mètres à partir du puits, suivie d'une quinzaine de mètres de progression horizontale en position couchée, les deux hommes débouchent sur une pièce de dimensions moyennes, d'environ quatre mètres sur quatre. Elle est malheureusement vide.

Une fois qu'ils sont sortis, Roger Lhomoy explique à son ami que, cette fois, il est sûr de toucher au but. L'existence de cette salle inconnue est la preuve qu'il y en a d'autres, dont celle qui cache le trésor. Michel Lessene est effectivement très impressionné.

– Où vas-tu creuser, maintenant ?

– Dans l'autre direction.

– Pourquoi ?

– Une intuition et, tu vas voir, ce coup-ci, je vais réussir !

Michel Lessene ne reviendra pas sur le chantier clandestin. La suite, c'est Roger Lhomoy qui en est le seul témoin... Malgré son optimisme, il met longtemps avant d'arriver à quoi que ce soit. Il creuse dans un sens, puis dans un autre, sans résultat. Il n'est pas loin de céder au découragement et de renoncer.

Et, brusquement, par une belle nuit de mars 1946, il heurte quelque chose de dur. C'est un mur. Il s'acharne sur les pierres pendant des heures et parvient à pratiquer une ouverture suffisante pour entrer. Il s'avance, une bougie à la main. Gérard de Sède a décrit la scène, dans le livre *Les Templiers sont parmi nous,* qu'il a consacré à cette aventure.

« Ce que j'ai vu à ce moment-là, dit Roger Lhomoy, je ne l'oublierai jamais, car c'était un spectacle fantastique. Je suis dans une chapelle romane en pierre de Louveciennes, longue de trente mètres, large de neuf, haute d'environ quatre mètres cinquante à la clef de voûte. Tout de suite à ma gauche, près du trou par lequel je suis passé, il y a un autel, en pierre, lui aussi, ainsi que son tabernacle. À ma droite, tout le reste du bâtiment. Sur les murs, à mi-hauteur, soutenus par des corbeaux de pierre, les statues du Christ et des douze apôtres, grandeur nature. Le long des murs, posés sur le sol, des sarcophages de pierre de deux mètres de long et de soixante centimètres de large : il y en a dix-neuf. Et, dans la nef, ce qu'éclaire ma lumière est incroyable : trente coffres en métal précieux, rangés par colonnes de dix. Et le mot "coffre" est insuffisant : c'est plutôt d'armoires couchées qu'il faudrait parler, d'armoires dont chacune mesure 2,20 mètres de long, 1,80 mètre de haut, 1,90 mètre de large. »

Telle est la découverte que Lhomoy affirme avoir faite... Il ne peut plus garder le silence. C'est trop important et puis, après tout, en tant qu'inventeur du trésor, pour employer le terme juridique, il a droit à la moitié de sa découverte, ce qui ferait de lui un homme démesurément riche !

Il se rend immédiatement à la mairie. Il se doute bien qu'on ne le croira pas et craint de perdre sa place pour avoir entrepris ces fouilles illégales, mais il prend le risque... Effectivement, à la mairie de Gisors, il ne rencontre que scepticisme et hostilité. Une réunion était en train de se tenir avec un représentant de la préfecture. Ce dernier déclare en l'entendant :

– Messieurs, nous avons affaire à un fou !

Roger Lhomoy insiste, et comme la mairie, en tant que propriétaire du château, toucherait l'autre moitié du trésor, cela vaut la peine de se déplacer... Une fois arrivé devant le puits, tout le monde recule, effrayé. Il n'y a qu'un volontaire, Émile Beyne, un ancien officier du génie, pour s'introduire dans l'orifice. Il s'enfonce dans la galerie, mais devant le risque et le manque d'air, il rebrousse chemin. Avant de partir, il lance une pierre dans l'ouverture, qui est supposée être celle de la chapelle, et constate :

– Cela résonne...

Mais cette déclaration ne suffit pas à convaincre le maire de Gisors, qui affirme, sans effectuer la moindre fouille complémentaire, que tout n'est qu'invention. Les excavations seront rebouchées, pour empêcher des curieux de mettre leur vie en danger en s'y aventurant. Quant au gardien du château, il est immédiatement révoqué de ses fonctions.

Tel est le récit que fait Roger Lhomoy à Gérard de Sède. Le journaliste n'en reste pas là. Il en tire le contenu d'un article sensationnel, qui paraît dans *Paris-Match* et publie, peu après, *Les Templiers sont parmi nous,* qui raconte l'histoire dans tous les détails.

L'article et le livre ont un retentissement considérable. L'opinion s'émeut et, malgré le scepticisme général des spécialistes, on se sent, en haut lieu, obligé de réagir. C'est ainsi qu'en 1962 André Malraux, alors ministre de la Culture, décide de faire des fouilles sur le site de Gisors.

Cette fois, les moyens qui ont fait si cruellement défaut à Lhomoy sont mis en œuvre. Une véritable équipe de spécialistes, munis de l'appareillage le plus moderne, se met à l'ouvrage. Malheureusement, après avoir fouillé le tertre artificiel en tous sens pendant des mois, ils ne parviennent à aucun résultat. Et comme, d'après les déclarations de l'ancien gardien, la chapelle secrète ferait au moins deux cent cinquante mètres carrés de superficie, force est de conclure qu'elle n'existe pas.

C'est donc un échec. Pire, ces nouvelles excavations, succédant à celles qu'avait faites Roger Lhomoy lui-même, ont fini par mettre en péril l'équilibre du donjon, qui menace de s'écrouler. Il faudra de longs et coûteux travaux de consolidation pour que la situation redevienne normale. Non seulement le trésor des Templiers n'a pas été découvert, mais l'aventure a failli détruire un des plus remarquables vestiges du Moyen Âge. Depuis, les fouilles sont rigoureusement interdites et le site surveillé pour éviter toute initiative susceptible de causer un accident.

À l'heure actuelle, nous en sommes toujours là. Selon la thèse officielle, il n'y a jamais eu de trésor à Gisors et Roger Lhomoy a fini par perdre la raison à force de se livrer à ce travail épuisant. La chapelle secrète n'a existé que dans son imagination troublée.

Cela n'empêche pas les partisans du contraire de rester nombreux. Ils rappellent que, si personne n'a vu la chapelle en question, Émile Beyne, l'ancien officier du génie, a entendu une résonance à cet endroit. D'autre part, l'existence de la pièce souterraine de quatre mètres sur quatre découverte par Roger Lhomoy a eu un témoin, Michel Lessene, preuve qu'il y avait bien quelque chose sous terre.

Ce n'est pas tout. Plusieurs raisons historiques militent en faveur d'un trésor templier à Gisors... Ainsi qu'il a été dit, l'ordre a été possesseur du château entre 1158 et 1160, période suffisante pour aménager une cachette pouvant abriter le trésor de l'ordre.

On parle aussi d'un document très troublant, qui serait conservé au Vatican, et dans lequel un Templier du nom de Jean de Chalon affirme que, la veille de la date fatidique du 13 octobre 1307, trois chariots remplis d'un trésor auraient quitté la commanderie de Paris, la plus importante de toutes, celle qu'on appelait couramment « le Temple » et où sera emprisonnée la famille royale à la Révolution.

Les trois chariots auraient eu pour destination l'Angleterre, le seul pays qui échappait totalement au pouvoir de Philippe le Bel et où, d'ailleurs, les Templiers ne seront pas inquiétés. On peut, dès lors, imaginer que le convoi n'a pas eu le temps de se rendre à sa destination et qu'il s'est arrêté en chemin, à Gisors, où l'ordre avait une cachette sûre.

Tels sont les arguments des partisans du trésor, mais au risque de détruire une belle histoire, on doit pourtant les rejeter. En 1307, le château était entre les mains du roi de France, qui le contrôlait entièrement. La meilleure preuve, c'est que c'est précisément l'endroit où il a fait interner le grand maître Jacques de Molay. Même si on imagine un souterrain communiquant depuis l'extérieur avec la chapelle secrète, il est impensable qu'une opération aussi voyante que le déchargement de trois lourds véhicules ait pu passer inaperçue des soldats royaux.

Une raison plus radicale encore s'oppose à cette version : les Templiers n'avaient pas de trésor ! Ni à Gisors ni à Rennes-le-

Château, dont il est question dans cet ouvrage, et où on a situé également leur trésor...

Malgré sa spécificité, il s'agissait d'un ordre monastique, qui avait fait vœu de pauvreté et dont les membres n'avaient pas le droit de s'enrichir. La fortune de l'ordre était réelle, elle était même immense, mais elle était presque entièrement immobilière. L'ordre des Templiers était le plus grand propriétaire foncier de la Chrétienté, mais c'était tout. Certes, les Templiers faisaient des prêts très importants, en particulier au roi de France, mais pour cela, ils vendaient un de leurs biens. Inversement, ils convertissaient les bénéfices qu'ils réalisaient en terres ou en châteaux.

Les richesses considérables qui étaient entreposées dans les commanderies comme dans des coffres-forts ne leur appartenaient pas et, après leur arrestation, elles ont été rendues à leurs propriétaires.

La meilleure preuve, c'est que Philippe le Bel n'a pas trouvé le trésor. Les membres de l'ordre, soumis aux pires tortures de l'Inquisition, n'ont rien dit, simplement parce qu'ils n'avaient rien à dire.

Tout cela, pourtant, soyons-en sûrs, n'empêchera pas les partisans du trésor de continuer à chercher à Gisors ou ailleurs.

Table